Osnabrücker Schriften zum

UNTERNEHMENS- UND WIRTSCHAFTSRECHT

Herausgegeben von Andreas Fuchs,
Markus Stoffels und Dirk A. Verse

Band 15

PETER LANG
Frankfurt am Main·Berlin·Bern·Bruxelles·New York·Oxford·Wien

Die Leihgabe von Berufssportlern

Michael Berkemeyer

Die Leihgabe von Berufssportlern

PETER LANG
Internationaler Verlag der Wissenschaften

Bibliografische Information der Deutschen Nationalbibliothek
Die Deutsche Nationalbibliothek verzeichnet diese Publikation in der Deutschen Nationalbibliografie; detaillierte bibliografische Daten sind im Internet über http://dnb.d-nb.de abrufbar.

Zugl.: Osnabrück, Univ., Diss., 2010

Umschlaggestaltung:
Olaf Glöckler, Atelier Platen, Friedberg

Gedruckt auf alterungsbeständigem,
säurefreiem Papier.

D 700
ISSN 1865-696X
ISBN 978-3-631-60679-7

www.peterlang.de

Meinen Eltern,

meinen Geschwistern

Vorwort

Die vorliegende Arbeit wurde im Dezember 2010 vom Fachbereich Rechtswissenschaften der Universität Osnabrück als Dissertation angenommen.

An erster Stelle danken möchte ich meinem Doktorvater Herrn Professor Dr. Markus Stoffels für die hervorragende Betreuung meiner Arbeit. Ich habe die kritischen Anmerkungen und Denkanstöße für ebenso hilfreich empfunden wie das mir in jeder Phase entgegengebrachte Vertrauen sowie die mir eingeräumte Gestaltungsfreiheit. Bedanken möchte ich mich bei Herrn Professor Dr. Stoffels insbesondere auch für die Möglichkeit, lehrreiche Jahre als Wissenschaftlicher Mitarbeiter an seinem Lehrstuhl verbringen zu können.

Mein Dank gilt zudem Herrn Prof. Dr. Dirk A. Verse M.Jur. (Oxford) für die intensive Auseinandersetzung mit meiner Arbeit im Rahmen des Zweitgutachtens.

Schließlich möchte ich mich bei allen Mitarbeitern des Lehrstuhls bedanken, die mich über die gesamte Zeit der Erstellung der Dissertation begleitet haben. Mein besonderer Dank gilt in diesem Zusammenhang Herrn Dr. Marcus Bieder, Herrn Martin Gerigk sowie Herrn Markus Gralla für viele Gespräche, hilfreiche Anregungen und intensive Diskussionen.

Inhaltsübersicht

Inhaltsverzeichnis

Abkürzungsverzeichnis

a. A.	andere(r) Ansicht
a. E.	am Ende
a. F.	alte Fassung
Abs.	Absatz
AcP	Archiv für die civilistische Praxis
AEUV	Vertrag über die Arbeitsweise der Europäischen Union
AG	Aktiengesellschaft
AGG	Allgemeines Gleichbehandlungsgesetz
Anm.	Anmerkung
AP	Arbeitsrechtliche Praxis
ArbG	Arbeitsgericht
ArbGG	Arbeitsgerichtsgesetz
ArbVG	Arbeitsvertragsgesetz
ArbZG	Arbeitszeitgesetz
Art.	Artikel
AT	Allgemeiner Teil
AÜG	Gesetz zur Regelung der gewerbsmäßigen Arbeitnehmerüberlassung
AuR	Arbeit und Recht, Zeitschrift
AVAVG	Gesetz über die Arbeitsvermittlung und Arbeitslosenversicherung
BAG	Bundesarbeitsgericht
BAT	Bundesangestelltentarifvertrag
BayObLG	Bayerisches Oberstes Landesgericht
BB	Betriebs-Berater, Zeitschrift
BBL	Basketball Bundesliga
Beschl.	Beschluss
BetrVG	Betriebsverfassungsgesetz

NJW	Neue Juristische Wochenschrift
NJW-RR	NJW-Rechtsprechungsreport Zivilrecht
Nr.	Nummer
NZA	Neue Zeitschrift für Arbeitsrecht
NZA-RR	NZA-Rechtsprechungsreport Arbeitsrecht
NZG	Neue Zeitschrift für Gesellschaftsrecht
OLG	Oberlandesgericht
RdA	Recht der Arbeit, Zeitschrift
Rn.	Randnummer
RuS	Recht und Sport, Schriftenreihe
SchiedsVZ	Zeitschrift für Schiedsverfahren
SGB III	Sozialgesetzbuch Drittes Buch - Arbeitsförderung
Slg.	Rechtsprechungssammlung des EuGH
sog.	sogenannte(r)
SpuRt	Sport und Recht, Zeitschrift
StGB	Strafgesetzbuch
TVG	Tarifvertragsgesetz
TzBfG	Gesetz über Teilzeitarbeit und befristete Arbeitsverträge
u. a.	unter anderem/anderen
UEFA	Union of European Football Associations
UrhG	Gesetz über die Urheber und verwandte Schutzrechte
Urt.	Urteil
UWG	Gesetz gegen den unlauteren Wettbewerb
vgl.	vergleiche
VO	Verordnung
WM	Wertpapier-Mitteilungen, Zeitschrift
WpHG	Wertpapierhandelsgesetz
WRP	Wettbewerb in Recht und Praxis, Zeitschrift

ZfA	Zeitschrift für Arbeitsrecht
ZPO	Zivilprozessordnung
ZRP	Zeitschrift für Rechtspolitik

Einleitung

A. Wesen und Bedeutung des Sportrechts

Bereits 1994 stellte *Arens* der Einleitung eines Aufsatzes in der Zeitschrift Sport und Recht (SpuRt) die Bemerkung voran, es sei zu dem folgenden Thema schon so viel geschrieben worden, dass man Hemmungen haben müsse, dem noch weitere Diskussionsbeiträge hinzuzufügen.[1] Ähnlich verhält es sich mit sportrechtlichen Dissertationen: Nach kurzer Recherche kommt man auf nicht weniger als 15 Dissertationen zu sportrechtlichen Themen, die allein im Jahre 2009 erschienen sind. Es drängt sich dann aber die Frage auf, was es reizvoll macht, sich mit Problemen aus dem Gebiet des Sportrechts zu beschäftigen, und warum es gerechtfertigt ist, dieser „Flut an Beiträgen" eine weitere sportrechtliche Dissertation hinzuzufügen.

Unter dem Begriff des Sportrechts ist die Anwendung des staatlichen Rechts auf Sportsachverhalte zu verstehen. Sportrecht ist kein eigenständiges Rechtsgebiet, sondern stellt lediglich einen Querschnittsbereich derjenigen Rechtsgebiete dar, die von ihm in relevanter Art und Weise berührt werden; es ist somit Teil des Wirtschaftsrechts.[2] Anders als in anderen Ländern existiert in Deutschland weder ein Sonderprivatrecht noch ein Sonderstrafrecht für Sportler. Auch ist der Sport nicht im Sinne einer Staatszielbestimmung im Grundgesetz verfassungsrechtlich verankert.[3] Dennoch gibt es gewisse charakterisierende Merkmale, die zu einer Besonderheit des Sportrechts im Vergleich zu anderen Rechtsmaterien führen.

I. Spannungsverhältnis zwischen Verbandsregelwerken und staatlichem Recht

Sportvereine und -verbände unterfallen dem Schutzbereich der Vereinigungsfreiheit gemäß Art. 9 Abs. 1 GG. Die Vereinigungsfreiheit gewährleistet dabei nicht nur die Gründung und den Bestand eines Vereins, sondern schützt auch die Betätigung der Vereinigung selbst. Teil der Vereinigungsfreiheit ist daher

1 Arens, SpuRt 1994, 179. Thema seines Beitrages war die arbeitsrechtliche Zulässigkeit und verfassungsrechtliche Problematik der Transferentschädigung.

2 Fritzweiler, NJW 2000, 997; PHB SportR-Pfister, Einführung, Rn. 9.

3 Zu den Vor- und Nachteilen bzw. den Auswirkungen der Aufnahme einer solchen Staatszielbestimmung in das Grundgesetz Humberg, ZRP 2007, 57 (58 f.) m. w. N.

dungserheblichen Verbandsvorschriften durch eine Instanz, die außerhalb des Sports steht.

IV. Kommerzialisierung des Sports

Diese das Sportrecht prägende Merkmale – das Spannungsverhältnis zwischen Verbandsrecht und staatlichem Recht, die monopolistische Struktur der Sportverbände sowie der Ausschluss des staatlichen Rechtsschutzes durch Schiedsvereinbarungen – führen zu Problemen in den Beziehungen der am Berufssport beteiligten Personen und zu rechtswissenschaftlich interessanten Fragestellungen. Verstärkt wird dies dadurch, dass der Sport neben einer immer größer werdenden gesellschaftlichen auch eine stetig wachsende kommerzielle Bedeutung erlangt.[12] Entscheidungen der Verbände bzw. Maßnahmen der Vereine, die die Ausübung des Sports durch den Sportler berühren, haben aufgrund der Professionalisierung nun eine deutlich gesteigerte Grundrechtsrelevanz. Ging es früher bei der Sportausübung zumeist „um nichts"[13], können heute (Fehl-)Entscheidungen der Schiedsrichter oder (unberechtigte) Strafen der Sportverbände die wirtschaftliche Existenz von Sportlern betreffen. Nicht zuletzt deshalb führt die Kommerzialisierung des Sports zu einer Verrechtlichung des Sports.[14]

Die Kommerzialisierung hat aber auch eine verstärkte Einflussnahme von außen zur Folge. Die „Branche Sport" wird zu einem lohnenswerten Investitionsobjekt. Nicht zuletzt deshalb streiten Vereine und Verbände beispielsweise über die Zulässigkeit der „50+1"-Regel im deutschen Lizenzfußball.[15]

---

12 Im Zeitraum der Saison 2009/2010 stiegen zum Beispiel die Erlöse im deutschen Profifußball auf über 2 Milliarden Euro; vgl. DFL Bundesliga 2010 – Die wirtschaftliche Situation im Lizenzfußball, 8 f.

13 Vgl. PHB SportR-Pfister, Einführung, Rn. 6.

14 Allgemein zur Verrechtlichung des Sports Adolphsen, SchiedsVZ 2004, 169 ff., der in der Einführung von Schiedsgerichtsbarkeit im (internationalen) Sport eine Reaktion auf die staatliche Verrechtlichung des Sports sieht.

15 Nach der „50+1"-Regel muss der Verein, sofern der Lizenzspielerbereich auf eine Kapitalgesellschaft ausgelagert worden ist, mindestens über 50 % der Stimmanteile zuzüglich eines weiteren Stimmanteils in der Versammlung der Anteilseigner verfügen. Dadurch soll der Einfluss vereinsfremder Personen auf die Fußballkapitalgesellschaften verhindert werden. Ob diese Verbandsvorschrift zulässig ist, ist sehr umstritten. Für die Rechtmäßigkeit spricht sich zum Beispiel Verse, CaS 2010, 28 (39), aus, zum gegenteiligen Ergebnis kommt beispielsweise Ouart, WRP 2010, 85 (91) – jeweils m. w. N.

Aber auch die Missbrauchsgefahr steigt mit Zunahme der Erlöse, die im Sport zu erzielen sind. Sportler greifen vermehrt zu unerlaubten Substanzen, um so gleichermaßen ihre Leistungsfähigkeit und die Aussicht auf sportlichen Erfolg zu steigern. Zudem versuchen Dritte auf Sportler einerseits und auf Angehörige der Verbände – wie zum Beispiel Schiedsrichter – einzuwirken, um Spielausgänge zu manipulieren und Gewinne über Sportwetten einzustreichen.

Diese Ausführungen zeigen zum einen die Vielschichtigkeit sportrechtlicher Probleme. Zum anderen lassen die Zunahme der wirtschaftlichen Bedeutung des Sports und insbesondere auch der Ausschluss der staatlichen Gerichtsbarkeit als Kontrollinstanz es sogar erforderlich erscheinen, dass sich die Rechtswissenschaft vermehrt mit Fragen des Sportrechts befasst.

B. Das Ver- und Entleihen von Sportlern

Gegenstand der vorliegenden Arbeit ist die Leihgabe von Berufssportlern. Ist zum Transfer[16] und zur Zulässigkeit von Transferentschädigungen in der Vergangenheit tatsächlich viel geschrieben worden, überrascht es doch etwas, dass die Wechselform der Ausleihe bislang weitestgehend unbeachtet geblieben ist. Lediglich zwei Monographien haben sich mit der Spielerleihe im Sport ausführlich beschäftigt.[17] Dabei ist die Leihgabe von Sportlern in tatsächlicher und wirtschaftlicher Hinsicht bedeutsam und wirft auch rechtlich viele interessante Fragen auf.

---

16 Unter Transfer ist die dauerhafte Verpflichtung (der „Kauf“) eines Spielers zu verstehen; die Ausleihe eines Spielers an einen anderen Verein erfolgt dagegen lediglich auf Zeit. Zum verbandsrechtlichen Verhältnis von Spielerleihe zu Transfer vgl. unten Kapitel 2/F.

17 Brömmekamp, Die Spielerleihe, 1988, 59. Bohnau, Der Vereinswechsel des Lizenzfußballspielers, 2003, 138 ff., hat sich neben dem Transfer zumindest auch mit der Ausleihe von Spielern beschäftigt.

I. Bedeutung der Spielerleihe

1. Anzahl der im Fußball vorgenommenen Ausleihgeschäfte

Ausleihgeschäfte werden nicht nur im Fußball, sondern auch in vielen anderen Sportarten wie Handball, Basketball oder Eishockey vorgenommen. Da allerdings der Lizenzfußball die in Deutschland kommerzialisierteste Sportart ist, ist die Leihgabe von Sportlern in diesem Bereich sowohl in wirtschaftlicher als auch in quantitativer Hinsicht am bedeutsamsten. Dabei ist insbesondere in den letzten Jahren ein deutlicher Zuwachs an Leihgeschäften zu verzeichnen. Waren die Vereine der 1. und 2. Fußball-Bundesliga in der Saison 2006/2007 noch an 69 Ausleihgeschäften als Ver- oder Entleiher beteiligt, stieg diese Zahl in den Folgespielzeiten kontinuierlich über 77 und 83 auf nunmehr 96 Ausleihgeschäfte in der aktuellen Spielzeit 2009/2010 an.[18] In den letzten sechs Jahren hat sich die Anzahl an Leihgaben sogar verdoppelt.[19]

Vergleicht man die Zahlen der deutschen Bundesliga mit den Zahlen aus den anderen europäischen Topligen, so wird deutlich, dass in diesen Ländern von der Möglichkeit der Spielerleihe noch deutlich häufiger Gebrauch gemacht wird. So liegt die Anzahl an Leihgeschäften in der Saison 2004/2005, an denen Erstligavereine beteiligt waren, in Deutschland bei nur 38. Deutlich mehr Leihgaben wurden dagegen in Spanien (51), Frankreich (99), Italien (146) und England (170) getätigt. Ein Grund dafür dürfte sein, dass die Vereine in diesen Ligen eine größere Kaderstärke aufweisen als die Vereine der Bundesliga. Jeder Club hat also mehr Spieler, die für eine Leihe an einen anderen Verein in Betracht kommen. Die hohe Anzahl an Leihgeschäften in England lässt sich darüber hinaus damit erklären, dass die dortigen Verbandsvorschriften die Leihgabe von Spielern weit weniger restriktiv regeln als in den anderen europäischen Ligen.[20]

---

18 Diese und alle nachfolgenden Zahlen beruhen auf einer Analyse der Datenbank der Transfermarkt GmbH & Co. KG (http://www.transfermarkt.de). Die Daten zu Anzahl, Zeitpunkt und Dauer der Ausleihgeschäfte können als sicher angesehen werden. Da die an einer Ausleihe beteiligten Vereine jedoch oftmals Stillschweigen über das Ob und die Höhe einer gegebenenfalls zu entrichtenden Ausleihgebühr vereinbaren, sind Zahlen in dieser Hinsicht zumeist Schätzungen.

19 In der Spielzeit 2004/2005 hatten die deutschen Lizenzfußballvereine insgesamt nur 48 Leihgeschäfte abgeschlossen.

20 Zur Spielerleihe im englischen Fußball vgl. unten Kapitel 5/B/II.

2. Wirtschaftliche Bedeutung der Spielerleihe

Auch in wirtschaftlicher Hinsicht sind die Ausleihgeschäfte bedeutsam. Immerhin erfolgen ca. 50 - 60 % aller Leihgaben im deutschen Fußball gegen Zahlung einer Ausleihgebühr durch den Entleiher.[21] Allein in der Saison 2009/2010 wurden durch die Ausleihgeschäfte der Vereine der 1. und 2. Bundesliga immerhin knapp 16 Mio. Euro umgesetzt.

> In den Fällen, in denen die Vereine sich auf die Zahlung einer Ausleihgebühr verständigten, betrug diese somit durchschnittlich knapp 400.000 Euro. Die höchste Ablöse zahlte in dieser Saison der VfB Stuttgart, der in die einjährige Leihe des Spielers Aliaksandr Hleb vom FC Barcelona ca. 2 Mio. Euro investierte.

II. Motive für das Ver- und Entleihen von Spielern

Steht damit fest, dass die Vereine regelmäßig von der Möglichkeit der Leihgabe von Spielern Gebrauch machen, drängt sich aber die Frage auf, aus welchen Gründen sich die Beteiligten für den Abschluss eines Leihgeschäfts entscheiden. Denn seit dem Bosman-Urteil[22] des Europäischen Gerichtshofs aus dem Jahr 1995 können Spieler, deren Vertrag durch Zeitablauf endet, auch ohne Zahlung einer Entschädigung dauerhaft verpflichtet werden. Dennoch entscheiden sich die Vereine oftmals dazu, sich einen Spieler kurzfristig zu leihen und dafür gegebenenfalls sogar eine Ablöse zu bezahlen.

1. Gründe der Vereine, einen Spieler zu entleihen

a. Kostenersparnis

Gute Spieler sind in den seltensten Fällen ablösefrei nach Ablauf des Vertrages zu haben. Vielmehr drängen die Vereine auf eine vorzeitige Verlängerung eines Vertrages oder streben einen „Verkauf" des Spielers an, um die für sie nachteiligen Folgen des Bosman-Urteils zu umgehen und für den Spieler ei-

21 Die übrigen Spieler werden ablösefrei verliehen. Auch eine Leihgabe ohne Ablöse kann sich für den Verleiher lohnen, da der entleihende Verein für die Dauer der Ausleihe regelmäßig das Gehalt des Spielers trägt und der Verleiher somit Personalkosten spart; zu diesem Motiv des Verleihers vgl. Punkt II/2/b.

22 EuGH, Urt. v. 15.12.1995, Slg. I-04921 - Bosman. Zu Inhalt und Auswirkung des Urteils vgl. auch unten Kapitel 4/C/I.

nicht zum Einsatz kommen wird, bietet es sich an, diesen Spieler an einen interessierten Verein zu verleihen. Aufgrund der zumindest im Profifußball oftmals sehr hohen Gehälter der Spieler lohnt es sich für einen Verein allein aus diesem Grund – und unabhängig vom Erhalt einer Ausleihgebühr –, einen Spieler zu verleihen.

> Nachdem Felix Magath im Sommer 2007 Trainer des VfL Wolfsburg wurde, verpflichtete der Verein auf seinen Wunsch hin zunächst 16 neue Spieler. Als sich der Erfolg auch bis zur Winterpause nicht einstellte, stießen weitere 6 Spieler zum Kader hinzu, so dass der Kader über 40 Spieler umfasst hätte.[29] Da absehbar war, dass einige Spieler nicht zum Einsatz gekommen wären, entschloss man sich, 5 Spieler kurzfristig – jeweils für ein halbes Jahr – an andere Vereine auszuleihen, und konnte so gleichzeitig Personalkosten einsparen.

Auch der Vorstandsvorsitzende des FC Bayern München Karl-Heinz Rummenigge hebt das Einsparpotential bei den Gehältern als Motiv für die Vereine, Spieler zu verleihen, hervor. In einem aktuellen Interview mit der Wirtschaftswoche sagte Rummenigge: „Ich habe noch kein Jahr erlebt, in dem so viele Spieler von einem Verein an einen anderen ausgeliehen werden wie in diesem – zum Teil sogar kostenlos, nur, damit sie von der Gehaltsliste verschwinden."[30]

3. Gründe der Spieler, einem Leihgeschäft zuzustimmen

Schließlich liegt es auch oftmals im Interesse der Spieler, an einen anderen Verein verliehen zu werden. Sowohl für junge als auch für bereits etablierte Spieler ist der regelmäßige Einsatz in Wettkämpfen wichtig, um die Leistungsfähigkeit zu erhalten bzw. sogar noch zu steigern.[31] In nicht wenigen Fällen geht daher die Initiative zum Abschluss eines Leihgeschäfts vom Spieler aus, wenn dieser erkennt, dass er bei seinem jetzigen Verein nicht regelmäßig zum

---

29 Die durchschnittliche Kaderstärke beläuft sich in der Fußball-Bundesliga auf ca. 30 Spieler pro Mannschaft.

30 Wirtschaftswoche Online v. 14.08.2010 – abrufbar unter http://www.wiwo.de/unternehmen-maerkte/bayern-vorstandschef-rummenigge-die-spielergehaelter-werden-dramatisch-gekuerzt-438385/ (Letzte Einsichtnahme: 16.09.2010).

31 Vgl. dazu auch die Ausführungen des ArbG Solingen, Beschl. v. 16.1.1996, AuR 1996, 198 (199): „Der sogenannte Marktwert bzw. Spielerwert hängt insbesondere davon ab, dass sich der Spieler durch ein gezieltes Training fit hält und seine technischen, spielerischen und strategischen Qualitäten ständig durch ein kollektives Training in einem entsprechend qualifizierten Spielerkreis fördert"; gleiches gilt auch für den Einsatz in Wettkampfspielen.

Einsatz kommt. Selbst Nationalspieler sehen vor großen Turnieren oftmals in der Spielerleihe die Möglichkeit, ihre Leistungsfähigkeit unter Beweis zu stellen und so die Chance für eine Nominierung zu erhöhen.

> Der italienische Nationalstürmer Luca Toni hatte Anfang der Saison 2009/2010 seinen Stammplatz im Sturm des FC Bayern München verloren. Um die Chance zu wahren, als Spieler mit zur WM nach Südafrika zu fahren, entschloss er sich in der Winterpause, auf Leihbasis zum AS Rom zu wechseln. Der Trainer der englischen Nationalmannschaft Fabio Capello machte einen leihweisen Wechsel von David Beckham von LA Galaxy zum AC Mailand sogar zur Bedingung für eine Nominierung des Spielers für die WM 2010.

III. Rechtsfragen hinsichtlich der Leihgabe von Berufssportlern / Gang der Bearbeitung

1. Die Rechtliche Qualifizierung von Ausleihgeschäften

Zunächst einmal stellen sich einige grundsätzliche Fragen, die zu beantworten sind:[32] Wie sieht die vertragliche Ausgestaltung der Spielerleihe aus? Was ist insbesondere der Gegenstand des Leihvertrages, den die an der Ausleihe beteiligten Vereine miteinander schließen? Und wie ist ein Leihgeschäft in verbandsrechtlicher Hinsicht sowie in das Vertragssystem des Bürgerlichen Rechts einzuordnen? In diesem Zusammenhang ist insbesondere zu prüfen, ob die Leihgabe von Berufssportlern nicht wohlmöglich als ein Fall der Überlassung von Arbeitnehmern zu qualifizieren ist mit der Folge, dass die Vorschriften des Arbeitnehmerüberlassungsgesetzes Anwendung finden. Bejaht man dies, würden sich die Vereine ordnungswidrig verhalten, da sie nicht die nach § 1 AÜG für das gewerbsmäßige Überlassen von Arbeitnehmern erforderliche Erlaubnis besitzen.

2. Die Rechtsbeziehungen der an der Spielerleihe Beteiligten

Neben diesen grundsätzlichen Fragen ergeben sich viele Rechtsprobleme aus der Besonderheit, dass es sich bei der Leihgabe von Berufssportlern um ein Drei-Personen-Verhältnis handelt. Dies gilt im Übrigen nicht nur für den Abschluss des Leihgeschäfts, an dem neben den beiden Vereinen zwingend auch

---

32 Dazu die Ausführungen in Kapitel 2 der Arbeit.

der Spieler mitzuwirken hat.[33] Auch während der Leihdauer stehen alle Parteien in (vertraglichen) Beziehungen zueinander und verfolgen zum Teil divergierende Interessen. Ein Schwerpunkt der Bearbeitung liegt deshalb auf der Darstellung der Rechtsbeziehungen der an der Ausleihe Beteiligten sowie der sich daraus ergebenden Rechte und Pflichten der Parteien.[34] Was ist beispielsweise die Folge, wenn sich nach Abschluss des Leihvertrages herausstellt, dass der verliehene Spieler aufgrund einer Verletzung gar nicht spielfähig ist? Hätte der Verleiher den Entleiher bei Kenntnis der Verletzung darüber aufklären müssen, und kann der Entleiher sogar ihm daraus entstandene Schäden vom verleihenden Verein ersetzt verlangen? Nicht weniger problematisch ist die Frage, wie Handlungen[35] des Spielers während der Leihdauer, die (auch) den Verleiher schädigen, rechtlich zu bewerten sind. Unabhängig von der noch näher zu beleuchtenden vertraglichen Ausgestaltung der Spielerleihe ist zu klären, ob und nach welchen Vorschriften der Spieler dem Verleiher gegenüber für diese Handlungen haftet.[36]

Ein weiteres Problem, das sich regelmäßig bei Drei-Personen-Beziehungen stellt, ist die Auswirkung eines schwerwiegenden Mangels in einem der Vertragsverhältnisse auf das Rechtsgeschäft insgesamt. Dies gilt auch für die Spielerleihe. Anhand eines konkreten Falles aus der Praxis ist zu prüfen, ob sich die Folgen eines solchen Mangels auf die rechtliche Beziehung der beiden an dem mangelhaften Vertrag Beteiligten beschränken oder ob der Mangel das gesamte Leihgeschäft zu Fall bringt.

3. Die Rechtmäßigkeit der Leihgabe von Berufssportlern

Die Leihgabe von Berufssportlern muss zudem im Einklang mit dem staatlichen Recht stehen. Wie oben bereits erwähnt, führt die Vereinigungsfreiheit bzw. die sich daraus ergebende Satzungsautonomie der Verbände nicht dazu, dass sich die Verbandsregelwerke in einer Art „rechtsfreiem Raum" befinden

---

33 Zur Erforderlichkeit der Zustimmung des Spielers vgl. Kapitel 2/B/II.

34 Vgl. dazu Kapitel 3 der Arbeit.

35 Solche Handlungen des Spielers könnten beispielsweise der Abschluss eines Werbevertrages mit einem Unternehmen, das in Konkurrenz zum (Haupt-)Sponsor des Verleihers steht, oder die Einnahme verbotener Substanzen sein.

36 Lehnt man das Bestehen einer Sonderverbindung zwischen Verleiher und Spieler während der Leihdauer ab, käme grundsätzlich nur eine deliktsrechtliche Haftung des Spielers in Betracht mit der Folge, dass die Vermutung des Verschuldens gemäß § 280 Abs. 1 S. 2 BGB nicht eingriffe sowie dem Verleiher kein Anspruch auf Ersatz reiner Vermögensschäden zustünde; vgl. dazu unten Kapitel 3/D.

und nicht kontrollierbar wären. Vielmehr müssen die Vorschriften der Sportverbände – und damit auch die Regelungen zur Spielerleihe – zumindest dem zwingenden (Arbeits-)Recht genügen. Problematisch könnte aber insbesondere die Vereinbarkeit der von den Parteien zur Ermöglichung der Spielerleihe geschlossenen Verträge mit den Vorschriften des Teilzeit- und Befristungsgesetzes sowie den Wertungen des Arbeitnehmerüberlassungsgesetzes sein.[37]

4. Weitere Gestaltungsmöglichkeiten der Leihgabe von Berufssportlern

Schließlich zeigt ein Blick auf die Regelung der Leihgabe im internationalen Fußball sowie in anderen deutschen Mannschaftssportarten, dass Leihgeschäfte sowohl in tatsächlicher als auch in rechtlicher Hinsicht auch anders als im deutschen Lizenzfußball ausgestaltet werden können. Es stellt sich dann aber die Frage, inwieweit sich diese alternativen Ausgestaltungen auf die Leihgabe von Profifußballern übertragen lassen und welche Konsequenzen sich daraus für die Rechtsbeziehungen bzw. die konkreten Rechte und Pflichten der am Leihgeschäft Beteiligten ergeben.[38]

5. Mannschaftssportler als Arbeitnehmer

Vor Begutachtung dieser vielfältigen Rechtsprobleme der Leihgabe von Berufssportlern ist allerdings zunächst auf die in der rechtswissenschaftlichen Literatur umstrittene Frage einzugehen, ob Mannschaftssportler überhaupt Arbeitnehmer ihrer Vereine sind, für die sie spielen.[39] Denn nur bei Bejahung der Arbeitnehmereigenschaft der Sportler kommt beispielsweise die Anwendbarkeit der Vorschriften des Arbeitnehmerüberlassungsgesetzes oder des Teilzeit- und Befristungsgesetzes überhaupt in Betracht. Zudem hat die Qualifizierung der rechtlichen Beziehung zwischen Verein und Spieler als Arbeitsverhältnis Auswirkungen auf die Bestimmung der konkreten Rechte und Pflichten der Parteien während der Überlassungszeit.

---

37 Vgl. dazu die Ausführungen in Kapitel 4 der Arbeit.

38 Die alternativen Gestaltungsmöglichkeiten der Spielerleihe sowie die sich daraus ergebenden Folgen sind Gegenstand des Kapitels 5 der Arbeit.

39 Dazu sogleich in Kapitel 1 der Arbeit.

ob Sportler als Arbeitnehmer zu qualifizieren sind. Erst anschließend wird erörtert, ob Profisportler in den Anwendungsbereich der Arbeitnehmerschutzgesetze fallen. Dabei beschränkt sich der Gegenstand der Untersuchung auf Berufssportler in den klassischen Mannschaftssportarten.[43] Denn nur in diesen, nicht aber in den Individualsportarten werden Leihgeschäfte vorgenommen.

B. Arbeitnehmereigenschaft von Berufssportlern

I. Verwendung des Arbeitnehmerbegriffs durch die Sportverbände

Viele Sportverbände stellen den Vereinen und den Sportlern zur Regelung ihrer Vertragsbeziehungen Musterverträge zur Verfügung. Zudem finden sich in den Verbandsregelwerken zwingende Vorschriften, die gerade das Verhältnis zwischen Spieler und Verein betreffen. Anhand dieser Regelungen lässt sich nachvollziehen, inwieweit die Sportverbände von einer Arbeitnehmereigenschaft der Spieler ausgehen. Zwar ist selbst bei Verwendung der Musterverträge für die Qualifizierung des Rechtsverhältnisses nicht allein auf die Bezeichnung der Parteien abzustellen, sondern es kommt entscheidend darauf an, wie die Rechtsbeziehung nach ihrem Geschäftsinhalt objektiv einzuordnen ist.[44] Jedoch geben die Vertragswerke zumindest einen Hinweis darauf, wie die Beteiligten selbst den Arbeitnehmerstatus der Berufsspieler beurteilen.

---

43 Zu den klassischen Mannschaftssportarten zählen insbesondere die Sportarten wie Fußball, Handball, Basketball oder Eishockey, die zwingend als Gruppe gespielt werden. In Sportarten wie Tennis oder Tischtennis werden zwar auch Mannschaftswettbewerbe ausgetragen - so zum Beispiel auf internationaler Ebene der Davis Cup oder auf nationaler Ebene die (Tisch-)Tennis-Bundesliga. Jedoch stehen bei diesen Sportarten die Leistungen des Individuums im Mittelpunkt, so dass diese trotz der möglichen Mannschaftswettbewerbe zu den Individualsportarten zu zählen sind.

44 Vgl. BAG, Urt. v. 21.1.1966, AP Nr. 2 zu § 92 HGB; Buchner, NZA 1998, 1144 (1145); ErfK-Preis, § 611, Rn. 48; zur Unbeachtlichkeit des früher geltenden § 10 DFB-Lizenzspielerstatut, der die Spieler als „Arbeitnehmer besonderer Art" qualifizierte, Buchner, NJW 1976, 2242; ders., RdA 1982, 1 (5); Reuter, Anm. zu BAG, Urt. v. 17.1.1979, AP Nr. 2 zu § 611 BGB Berufssport. Arens, SpuRt 1994, 179

1. Die Verbandsvorschriften der DFL bzw. des Ligaverbands

"Die Liga – Fußballverband e.V." (im Folgenden: Ligaverband) ist der Zusammenschluss der lizenzierten Vereine und Kapitalgesellschaften der Bundesliga und der 2. Bundesliga. Die Leitung des operativen Geschäfts des Ligaverbands obliegt der „DFL Deutsche Fußball Liga GmbH" (DFL).[45] Hauptaufgabe der DFL ist die Ausrichtung der Wettbewerbe des Ligaverbands, insbesondere die Durchführung der Meisterschaften der 1. und 2. Bundesliga[46], sowie die Vermarktung sämtlicher sich daraus ergebender Rechte.

Die DFL stellt den Lizenzvereinen einen Vertragsentwurf zur Verfügung, um das Rechtsverhältnis zu den Spielern zu regeln.[47] Bereits die Wortwahl im Entwurf zeigt, dass die DFL von einer Arbeitnehmerstellung der Lizenzfußballspieler ausgeht. Zwar werden die Vertragsparteien nicht als Arbeitgeber und Arbeitnehmer benannt, sondern im Vertragstext die Begriffe „Club" und „Spieler" verwendet. Jedoch ist das Rechtsverhältnis von Verein und Spieler gleich an fünf Stellen des Vertrages als Arbeitsverhältnis bezeichnet.[48] In § 3 Buchst. c) des Vertrages ist von den Arbeitsvertragsparteien die Rede. Und Buchst. f) derselben Vorschrift beschränkt in zeitlicher Hinsicht die Übertragung bestimmter Rechte auf den Verein „auf die Laufzeit dieses Arbeitsvertrages". Konsequenterweise ist der Vertragsentwurf auch mit dem Begriff „Musterarbeitsvertrag" überschrieben.

Die Qualifizierung des Lizenzspielers als Arbeitnehmer des Vereins findet auch in den Statuten des Ligaverbandes ihren Niederschlag. So geht sowohl die Lizenzordnung Spieler (im Folgenden: LOS) als auch die Lizenzierungsordnung (LO) vom Bestehen eines Arbeitsvertrages bzw. eines Arbeitsverhältnisses zwischen den Parteien aus.[49] § 9 LOS stellt schließlich klar, dass für

---

(180), geht aber von einer gewissen Indizwirkung der Bezeichnung durch den DFB aus.

45 Vgl. § 16 der DFB-Satzung sowie die Präambel der DFL-Satzung.

46 Grundsätzlich sind die Bundesligen zwar Vereinseinrichtungen des DFB. Der DFB hat diese jedoch dem Ligaverband zur Nutzung überlassen; vgl. die Präambel des DFB/Ligaverband - Grundlagenvertrages sowie §§ 16 ff. der DFB-Satzung.

47 Vgl. Anlage A der Arbeit. Der vollständige Vertragsentwurf der DFL ist abgedruckt im PHB SportR, Anhang C / 2.

48 So sind beispielsweise nach § 14 im Falle der Beendigung des Arbeitsverhältnisses Ansprüche aus dem Vertrag innerhalb von drei Monaten nach der Beendigung schriftlich geltend zu machen.

49 Vgl. zum Beispiel die Bezeichnungen in § 5 Nr. 7 LOS und § 5 Nr. 6 LO.

Streitigkeiten aus Verträgen zwischen Verein oder Kapitalgesellschaft und Spieler die Arbeitsgerichte zuständig sind.[50]

2. Der Mustervertrag des Deutschen Fußball Bundes

Auch der Deutsche Fußball Bund (DFB) stellt den Vereinen und Spielern einen Mustervertrag zur Verfügung, der ein „unverbindlicher Vorschlag" für die Parteien sein soll, wie das Rechtsverhältnis zwischen Verein und Spieler ausgestaltet werden kann.[51] Aufgrund der Zuständigkeit der DFL für den Lizenzspielbetrieb der 36 Profimannschaften der 1. und 2. Bundesliga richtet sich der Entwurf des DFB ausschließlich an die Vereine und Vertragsspieler der darunter angesiedelten Ligen.[52] Dies dürfte der Grund dafür sein, dass sich der DFB – anders als die DFL – bei der Frage, ob der Spieler Arbeitnehmer seines Vereins ist, nicht festlegt.

Zunächst einmal bezeichnet der DFB seinen aktuellen Vertragsentwurf als „Mustervertrag für Vertragsspieler". Wäre der Verband der Überzeugung, dass es sich bei dem Rechtsverhältnis zwischen Verein und Vertragsfußballer regelmäßig um ein Arbeitsverhältnis handelt, so wäre die Bezeichnung des Entwurfs als „Musterarbeitsvertrag" naheliegender gewesen. Auch im weiteren Vertragstext werden die Begriffe „Arbeitsvertrag" und „Arbeitsverhältnis" nicht verwendet. Dass der DFB keine Stellung beziehen möchte, ob der Berufsfußballspieler Arbeitnehmer des Vereins ist, ergibt sich auch aus § 4 Nr. 3 des Mustervertrages. Danach ist der Verein zur Abführung der steuerlichen und sozialversicherungsrechtlichen Abgaben verpflichtet, wenn „der Spieler als Arbeitnehmer gilt".

---

50 Der nach § 25 Nr. 3 LOS zwingend abzuschließende Schiedsgerichtsvertrag bezieht sich ausschließlich auf Streitigkeiten zwischen dem Spieler und dem Ligaverband, der DFL oder dem DFB, nicht jedoch auf (arbeits-)vertragliche Streitigkeiten mit dem Verein, da gemäß §§ 4, 101 ff. ArbGG ist in diesen Fällen ein Schiedsverfahren unzulässig wäre; vgl. Zöllner/Loritz/Hergenröder, Arbeitsrecht, § 55, III.

51 So die Einleitung des DFB zum Mustervertrag.

52 Beim Status der Fußballspieler wird unterschieden zwischen Amateuren und Nicht-Amateuren. Zu den Nicht-Amateuren zählen zum einen die Vertragsspieler – also die Spieler, die aufgrund eines Vertrages für einen Verein tätig werden und eine Vergütung von mindestens 150 Euro erhalten, – und zum anderen die Lizenzspieler, die sich nicht nur vertraglich an ihren Verein gebunden haben, sondern auch durch Abschluss eines schriftlichen Lizenzvertrages mit dem Ligaverband zum Spielbetrieb zugelassen sind. Vgl. dazu § 8 der DFB-Spielordnung.

> § 4 Nr. 3 des Mustervertrages lautet: „Für die Abführung der anfallenden steuerlichen und sozialversicherungsrechtlichen Abgaben gelten die jeweiligen gesetzlichen Bestimmungen. Der Verein [...] führt diese Abgaben ab, wenn der Spieler als Arbeitnehmer gilt. Gilt der Spieler nicht als Arbeitnehmer, so ist der Spieler verpflichtet, die Abgaben selbst abzuführen. [...]“

Der DFB überlässt es also ausdrücklich den Vereinen zu prüfen, ob ein Arbeitsverhältnis vorliegt. Kommt der Verein nach dieser Prüfung zu dem Ergebnis, dass der Sportler Arbeitnehmer ist und damit die Verpflichtung zur Abführung der gesetzlichen Abgaben besteht, hat der Verein die Erfüllung dieser gesetzlichen Pflichten dem zuständigen DFB-Mitgliedsverband glaubhaft darzulegen.[53] Kommt der Verein zum gegenteiligen Ergebnis, so muss er gemäß § 8 Nr. 2 der DFB-Spielordnung, auf den der Mustervertrag Bezug nimmt, nachweisen, dass die Abführungspflicht nicht besteht.

3. Musterverträge und Statuten anderer Sportverbände

Uneinheitlich in Bezug auf die Qualifizierung der Profisportler als Arbeitnehmer sind auch die Regularien der anderen deutschen Mannschaftssportverbände. Während die Verbände im Basketball und Volleyball offensichtlich von der Arbeitnehmereigenschaft der Spieler ausgehen, verzichten die Organisationen im Eishockey und Handball auf eine Bewertung des Rechtsverhältnisses zwischen Spieler und Verein.

Im Basketball ist für die Organisation und Durchführung der Bundesligen die Basketball Bundesliga GmbH (BBL) zuständig.[54] Nach § 19 Nr. 5 des BBL-Lizenzstatuts ist Voraussetzung für die Erteilung der Spielerlizenz unter anderem die Vorlage eines Arbeitsvertrages zwischen dem Spieler und dem Bundesligisten. Die BBL geht also eindeutig davon aus, dass die Profibasketballer Arbeitnehmer der Vereine sind. Zur Regelung des Rechtsverhältnisses zwischen Verein und Spieler stellt die BBL den Parteien einen Vertragsentwurf zur Verfügung, der konsequenterweise als „Musterarbeitsvertrag“ bezeichnet ist.[55]

---

53 § 4 Nr. 3 des Mustervertrages a. E.

54 An der Basketball Bundesliga GmbH sind zu 76 % die 18 Vereine als Basketball Bundesliga e.V. und zu 24 % der Deutsche Basketball Bund (DBB) beteiligt.

55 Dieser Musterarbeitsvertrag ist zwar nicht auf der Internetseite der Basketball-Bundesliga abrufbar. Die Existenz des Musterarbeitsvertrags ergibt sich aber aus § 5 Nr. 2 Buchst. c) des BBL-Lizenzstatuts, wonach im Rahmen des Lizenzierungsverfahrens die wirtschaftliche Leistungsfähigkeit der Vereine unter anderem durch

Gleichermaßen eindeutig ist die Auffassung der Volleyball-Verbände zum Status der Spieler in den Lizenzligen. Zuständig für die Organisation und Vermarktung des Spielbetriebs der Bundesligen ist die Deutsche Volleyball Liga e. V. (im Folgenden: DVL), die im Jahr 2006 als Ligaverband gegründet wurde. Entsprechend der DFL im Fußballsport ist der DVL die Nutzung der Rechte an den Lizenzligen durch den Deutschen Volleyball Verband (DVV) übertragen worden. Nach § 14 des Lizenzstatuts der DVL sind „Lizenzspieler Arbeitnehmer besonderer Art eines durch die DVL lizenzierten Vereins und nehmen als solche für den Verein am Lizenzliga-Spielbetrieb und ggf. an Kadermaßnahmen des DVV teil".

Die Organisation der Volleyball-Lizenzligen ist durch die Gründung der DVL und der Übertragung der Nutzungs- und Vermarktungsrechte vom Deutschen Volleyball Verband auf die DVL sehr an die Strukturen im deutschen Profifußball angelehnt. Und auch mit der Qualifizierung der Spieler als „Arbeitnehmer besonderer Art" greift die DVL eine Begriffsbestimmung auf, die früher bereits der DFB in § 10 seines Lizenzspielerstatuts verwendet hatte.[56]

Der Deutsche Eishockey Bund (DEB) lässt dagegen bewusst offen, ob es sich bei dem Vertrag zwischen Spieler und Verein um einen Arbeitsvertrag handelt. In Art. 57 Nr. 2 der DEB-Spielordnung, welcher das Freigabeerfordernis beim Wechsel zu einem anderen Verein regelt, wählt der Verband zum Beispiel folgende Formulierung: „Der abgebende Club ist ohne Einhaltung einer Frist zur schriftlichen Freigabe verpflichtet, sobald eine schriftliche befristete Vereinbarung oder ein schriftlicher befristeter Arbeitsvertrag mit dem Spieler abgelaufen ist [...]". Daraus folgt, dass es sich bei dem Rechtsverhältnis zwischen Spieler und Verein um ein Arbeitsverhältnis handeln kann, dies aber nicht zwingend immer der Fall sein muss. Vielmehr ist offenbar nach Ansicht des DEB der Einzelfall entscheidend.[57]

„Vorlage der schriftlichen Arbeitsverträge mit den Spielern gemäß Musterarbeitsvertrag der BBL GmbH" nachgewiesen werden muss.

56 Das DFB-Lizenzspielerstatut ist abgedruckt in RdA 1982, 59 ff. Nach Gründung der DFL, die nunmehr für die Durchführung des Lizenzspielbetriebs zuständig ist, wurde das DFB-Lizenzspielerstatut durch die Lizenzordnung Spieler abgelöst.

57 Ob abweichend vom DEB die Deutsche Eishockey Liga (DEL), die ausschließlich die 1. Bundesliga organisiert, – so wie die Ligaverbände im Fußball und Basketball – vom Arbeitnehmerstatus der Eishockeyspieler ausgeht, ist nicht ersichtlich. Die DEL hat zumindest auf ihrer Internetseite keine eigenen, vom DEB abweichenden Statuten veröffentlicht.

Schließlich treffen auch die Handballverbände in ihren Statuten keine Entscheidung zu der Frage, ob die Profis Arbeitnehmer ihrer Vereine sind. So finden sich beispielsweise in der Spielordnung des Deutschen Handball Bundes (DHB), welche auch Regelungen beinhaltet, die das Verhältnis von Spielern und Vereinen in den Bundesligen betreffen, ausschließlich neutrale Formulierungen. § 32 Abs. 1 S. 1 der DHB-Spielordnung fordert lediglich eine „vertragliche Bindung" zwischen Verein und Spieler, die der Schriftform bedarf. Und auch das Formular, mit dem das Bestehen eines Vertrages angezeigt wird, spricht lediglich vom Vorliegen einer schriftlichen Vereinbarung im Sinne des Abschnittes VII der Spielordnung des DHB, ohne aber das Vertragsverhältnis näher zu qualifizieren.

II. Meinungsstand in der Rechtswissenschaft

Die weit überwiegende Zahl der Autoren in der rechtswissenschaftlichen Literatur wendet die allgemeinen Kriterien des Arbeitnehmerbegriffs auch auf Berufssportler an und kommt zu dem Ergebnis, dass Sportler in Individualsportarten zwar ihren Sport regelmäßig als selbständige Unternehmer ausüben, Profisportler in den klassischen Mannschaftssportarten aber in der Regel als Arbeitnehmer zu qualifizieren sind.[58] Dieser Ansicht hat sich auch die Rechtsprechung angeschlossen.[59]

58 Arens, SpuRt 1994, 179 (180); Bepler, in: FS Fenn, 2000, 43 (45); Bohnau, Der Vereinswechsel des Lizenzfußballspielers, 2003, 67 und 119; Borchard, Die Wirksamkeit der im deutschen Lizenzfußball verwendeten Musterverträge, 1999, 21; Buchner, RdA 1982, 1 (4); ders., NJW 1976, 2242; ErfK-Preis, § 611 BGB, Rn. 95; Gitter/Schwarz, RdA 1982, 37; Hilpert, RdA 1997, 92 (95); Horst/Jacobs, RdA 2003, 215 (219); Imping, Die arbeitsrechtliche Stellung des Fußballspielers, 1995, 60; Kania/Moritz, JuS 1996, 517 (518 f.); Küpperfahrenberg, Die arbeitsrechtliche Stellung von Spielern und Trainern im Lizenzfußball, 2004, 34; Malatos, Berufsfußball im europäischen Rechtsvergleich, 1987, 90; MünchArbR-Richardi, § 18, Rn. 50; Schaub-Linck, Arbeitsrechts-Handbuch, § 186, Rn. 26; Rüsing, Sportarbeitsrecht, 2006, 28; Schmidt, AuR 1961, 329 (334); Teschner, NZA 2001, 1233 (1234); Westerkamp, Ablöseentschädigungen im bezahlten Sport, 32 ff.; Westermann, in: Reschke (Hrsg.), Sport als Arbeit, 1985, 35 ff; Wüterich/Breucker, Das Arbeitsrecht im Sport, 2. Teil, Rn. 114.

59 Eine Übersicht zur Rechtsprechung in Bezug auf die Arbeitnehmerstellung von Sportlern findet sich bei Küttner, Personalbuch 2009 Arbeitnehmer (Begriff), Rn. 84.

> Das Bundesarbeitsgericht bejahte sowohl die Arbeitnehmereigenschaft eines Lizenzfußballspielers[60] als auch die eines Eishockeyprofis[61]. Der EuGH entschied gleichermaßen im Falle eines Berufsbasketballers.[62] Und das Landesarbeitsgericht Sachsen-Anhalt ging vom Arbeitnehmerstatus einer Handballspielerin aus.[63]

Abweichend davon wird im Schrifttum allerdings auch vertreten, bei der Bewertung, ob der Sportler Arbeitnehmer seines Vereins ist, die Besonderheiten des Sports verstärkt zu berücksichtigen. So stellt beispielsweise *Beckmann* die Frage in den Raum, „ob das Arbeitsrecht tatsächlich flexibel genug ist, um dem Phänomen „Profisport gerecht zu werden, oder ob es doch nicht einer inakzeptablen Überdehnung des Arbeitnehmerbegriffs gleichkommt, auch Profis damit einzufangen“.[64] Die Vertreter dieser Auffassung gelangen zum Ergebnis, dass aufgrund der Besonderheiten allen Profisportlern oder wenigstens den Spitzensportlern der Arbeitnehmerstatus zu versagen ist.[65]

III. Bewertung der Arbeitnehmereigenschaft von Profisportlern

Ausgangspunkt für die Beantwortung der Frage, ob die Berufssportler der Mannschaftssportarten Arbeitnehmer sind, ist die von *Hueck*[66] entwickelte

---

60 Vgl. BAG, Urt. v. 17.1.1979, AP Nr. 2 zu § 611 BGB Berufssport; im Rahmen des Bosman-Urteils auch EuGH, Urt. v. 15.12.1995, Slg. I-04921 - Bosman.

61 BAG, Urt. v. 15.11.1989, AP Nr. 6 zu § 611 BGB Berufssport mit zustimmender Anmerkung von Däubler; den Arbeitnehmerstatus verneinend, wenn der Eishockeyspieler lediglich eine Pauschale zur Abdeckung der Fahrtkosten zwischen Wohnort und Vereinssitz erhält, LAG Nürnberg, Beschl. v. 27.1.1995, NZA-RR 1996, 1.

62 EuGH, Urt. v. 13.4.2000, Slg. I-02681, Rn. 46 - Lehtonen.

63 LAG Sachsen-Anhalt, Urt. v. 30.9.1997, AuR 1998, 489.

64 Beckmann, in: FS Arbeitsgemeinschaft Arbeitsrecht, 2006, 1145 (1152 f.).

65 Vgl. zum Beispiel Beckmann, in: FS Arbeitsgemeinschaft Arbeitsrecht, 2006, 1145 (1167); Fischer, FA 2003, 136; ders., SpuRt 1997, 181 (185). Scholz/Aulehner, SpuRt 1996, 44 (47), halten Berufssportler für Unternehmer, mit denen Kooperationsverträge geschlossen werden. Meyer-Cording, RdA 1982, 13, sowie Menke, Profisportler zwischen Arbeitsrecht und Unternehmertum, 2006, 287, zweifeln zumindest am Arbeitnehmerstatus von Stars mit Spitzengehältern. Weber, Rechtliche Strukturen und Beschäftigungsverhältnisse im Fußballsport, 2008, 188, will Arbeitsrecht, das der wirtschaftlichen Existenzsicherung dient, zur Disposition der Parteien stellen, wenn ein bestimmtes Gehalt überschritten wird.

66 Hueck/Nipperdey, Lehrbuch des Arbeitsrechts, Erster Band, § 9 II.

und von Rechtsprechung und Literatur aufgegriffene Begriffsbestimmung, wonach derjenige Arbeitnehmer ist, der „aufgrund eines privatrechtlichen Vertrages oder eines gleichgestellten Rechtsverhältnisses im Dienste eines anderen zur Arbeit verpflichtet ist".[67] Voraussetzung sind also insbesondere die Weisungsgebundenheit des Spielers gegenüber seinem Verein, die organisatorische Eingliederung des Spielers sowie die Fremdnützigkeit der zu erbringenden Leistung.[68]

1. Tätigwerden aufgrund eines privatrechtlichen Vertrages

Ein Berufssportler verpflichtet sich durch Abschluss eines zweiseitigen privatrechtlichen Vertrages mit dem jeweiligen Verein dazu, seine sportlichen Leistungen zu erbringen. Dies folgt im Bereich des Berufsfußballs bereits aus den Verbandsstatuten. Denn nach § 8 der DFB-Spielordnung unterscheiden sich Lizenz- und Vertragsspieler von den Amateurspielern gerade dadurch, dass sie „das Fußballspiel aufgrund eines mit einem Lizenzverein oder einer Kapitalgesellschaft geschlossenen schriftlichen Vertrages betreiben".[69] Dieser privatrechtliche Vertrag als Rechtsgrundlage für die sportliche Leistungserbringung ist folglich Wesensmerkmal für den Status als Lizenz- bzw. Vertragsspieler.

Berufsfußballer werden insbesondere auch nicht aufgrund einer Vereinsmitgliedschaft für ihren Verein tätig. Zum einen sind die Lizenzspieler schon keine Mitglieder des Vereins, für den sie sich zu spielen verpflichtet haben.[70]

---

67 BAG, Urt. v. 20.8.2003, NZA 2004, 39; ErfK-Preis, § 611 BGB, Rn. 35; Lieb/Jacobs, Arbeitsrecht, Rn. 1; MünchArbR-Giesen, § 337, Rn. 2; Zöllner/Loritz/Hergenröder, Arbeitsrecht, § 4, IV.

68 Vgl. BAG, Urt. v. 15.3.1978, AP Nr. 26 zu § 611 BGB Abhängigkeit; Beckmann, in: FS Arbeitsgemeinschaft Arbeitsrecht, 2006, 1145 (1146 ff.); Bepler, in: FS Fenn, 2000, 43 (47 f.); ErfK-Preis, § 611 BGB, Rn. 36 ff.; Hilpert, RdA 1997, 92 (94); Hromadka, NZA 1997, 569 (570); PHB SportR-Fritzweiler, 3. Teil, Rn. 16; Rebhahn, RdA 2009, 154 (166 ff.); Schmidt, AuR 1961, 329 (330).

69 So § 8 Nr. 3 DFB-Spielordnung als Definition der Lizenzspieler. Eine wortgleiche Vorschrift findet sich auch in der Präambel der Lizenzordnung Spieler der DFL. Zum Unterschied zwischen Lizenz- und Vertragsspieler als „Nicht-Amateure" vgl. Fn. 52.

70 Vgl. Bepler, in: FS Fenn, 2000, 43 (48), sowie Weber, Rechtliche Strukturen und Beschäftigungsverhältnisse im Fußballsport, 2008, 30 ff. Aus § 8 Nr. 2 DFB-Spielordnung folgt jedoch, dass Vertragsspieler – anders als Lizenzspieler – nicht nur durch den schriftlichen Vertrag, sondern auch aufgrund eines Mitgliedschaftsverhältnisses mit dem Verein verbunden sind. Das ändert allerdings nichts daran,

Zum anderen bestünde die Gefahr, dass dem Verein die Gemeinnützigkeit abzuerkennen wäre, wenn der Verein an einen Spieler als Vereinsmitglied nicht unerhebliche Gelder für seine Tätigkeit auskehrt. Denn der – laut Vereinssatzung – nichtwirtschaftliche Zweck der Bundesligavereine umfasst nicht die wirtschaftlichen und sozialen Interessen der Berufsspieler.[71]

2. Weisungsgebundenheit des Sportlers

Weiterhin müsste der Sportler aufgrund des mit dem Verein geschlossenen Vertrages zu einer fremdbestimmten Leistung im Dienste eines Dritten verpflichtet sein und zu diesem Dritten in einem persönlichen Abhängigkeitsverhältnis stehen.[72] Wann ein solches persönliches Abhängigkeitsverhältnis vorliegt, ergibt sich anhand eines Umkehrschlusses aus § 84 HGB.[73] Nach Absatz 1 Satz 2 dieser Vorschrift ist derjenige selbständig, der im Wesentlichen frei seine Tätigkeit gestalten und seine Arbeitszeit bestimmen kann. Im Umkehrschluss folgt daraus, dass derjenige als Arbeitnehmer anzusehen ist, der bezüglich Inhalt, Durchführung, Zeit, Dauer und Ort der Tätigkeit dem Weisungsrecht des Arbeitgebers unterliegt.[74]

a. Weisungsrecht des Vereins laut Arbeitsvertrag

Gerade in den Musterverträgen des DFB und der DFL wird die Weisungsgebundenheit eines Profifußballers gegenüber seinem Verein, was den Inhalt der zu leistenden Tätigkeiten angeht, deutlich. So ist der Fußballer beispielsweise nach § 1 Nr. 3 des Mustervertrages des DFB bzw. nach § 2 Buchst. a) des Musterarbeitsvertrages der DFL verpflichtet, an allen Spielen und Lehrgängen, am Mannschaftstraining, an allen Spielerbesprechungen und sonsti-

---

dass Rechtsgrundlage der Leistungserbringung dennoch der privatrechtliche Vertrag ist.

71 Vgl. Reuter, Anm. zu BAG, Urt. v. 17.1.1979, AP Nr. 2 zu § 611 BGB Berufssport. Dem Verein müsste dann nach § 43 Abs. 2 BGB die Rechtsfähigkeit entzogen werden. Zum Problem, ob es sich bei den Bundesligavereinen überhaupt um nicht wirtschaftliche Vereine handelt, vgl. unten Kapitel 4/C/II.

72 MünchArbR-Giesen, § 337, Rn. 4 f.

73 ErfK-Preis, § 611 BGB, Rn. 50; Hromadka/Maschmann, § 1, Rn. 30; MünchArbR-Giesen, § 337, Rn. 4; Preis, Arbeitsrecht, § 8, 4 a) bb).

74 Vgl. BAG, Urt. v. 30.11.1994, AP Nr. 74 zu § 611 BGB Abhängigkeit; ErfK-Preis, § 611 BGB, Rn. 51; Mikosch, in: FS Löwisch, 2007, 189 (191).

gen der Spielvorbereitung dienenden Veranstaltungen teilzunehmen.[75] Wann das Training oder die jeweiligen Besprechungen zur Spielvorbereitung stattfinden, legt wiederum der Trainer als Angestellter des Vereins für den Spieler verbindlich fest, so dass auch eine zeitliche Weisungsbefugnis des Vereins besteht. Gleiches gilt für die Teilnahme an den Spielen selbst. Der Sportler kann auch in dieser Hinsicht nicht darüber bestimmen, wann er seinen Sport ausübt. Vielmehr werden die Anstoßzeiten der Wettkampfspiele von den Sportverbänden und die der sonstigen Spiele – wie zum Beispiel der Freundschaftsspiele – vom Verein angesetzt. Der Spieler ist nach einer Ansetzung eines Spiels verpflichtet, genau zu dem bestimmten Zeitpunkt seine sportliche Leistung für den Verein zu erbringen. Ob der Spieler dann tatsächlich bei einem Wettkampf eingesetzt wird, entscheidet wiederum allein der Trainer als Angestellter des Vereins. Dessen Hauptaufgabe ist es gerade, die Mannschaft auf Wettkampfspiele vorzubereiten und das Team für ein konkretes Spiel aufzustellen.[76]

b. Fehlende fachliche Weisungsgebundenheit von Spitzensportlern?

Teilweise wird zumindest die Weisungsgebundenheit der Spieler verneint, die in ihrem Sport herausragende Fähigkeiten besitzen. Wegen fehlender persönlicher Abhängigkeit wären diese Spitzensportler[77] dann keine Arbeitnehmer ihres Vereins. Als Begründung wird angeführt, dass gerade wegen der herausragenden Spielweise der Trainer nicht in der Lage sei, Spitzenspielern sportliche Weisungen zu erteilen.[78]

Eine solche Argumentation überzeugt jedoch nicht. Die fachliche Weisung ist nur ein Bestandteil der Weisungsgebundenheit und damit der persönlichen Abhängigkeit des Arbeitnehmers. Auch Personen, die aufgrund ihrer Spezialkenntnisse dem Vorgesetzten gegenüber in fachlicher Hinsicht faktisch weisungsfrei arbeiten, weil es dem Vorgesetzten schon nicht möglich ist, fach-

---

75 Vgl. auch Buchner, RdA 1982, 1 (4); Hausch, Langfristige Arbeitsverträge bei Lizenzfußballspielern, 2002, 8 f.; MünchArbR-Giesen, § 337, Rn. 13; Rüsing, Sportarbeitsrecht, 2006, 28.

76 Bohnau, Der Vereinswechsel des Lizenzfußballspielers, 2003, 69; Schmidt, AuR 1961, 329 (333). Vgl. dazu auch Buchner, NJW 1976, 2242; Imping, Die arbeitsrechtliche Stellung des Fußballspielers, 1995, 51; Kania, SpuRt 1994, 121 (125); PHB SportR-Fritzweiler, 3. Teil, Rn. 21.

77 Zu dem Versuch, den Begriff des Spitzensportlers zu definieren, vgl. unten C/III/1.

78 Beckmann, in: FS Arbeitsgemeinschaft Arbeitsrecht, 2006, 1145 (1167); Fischer, SpuRt 1997, 181 (183); andeutungsweise so auch Meyer-Cording, RdA 1982, 13; Menke, Profisportler zwischen Arbeitsrecht und Unternehmertum, 2006, 258.

liche Weisungen zu erteilen, können nach einer Gesamtbetrachtung aller Kriterien dennoch als Arbeitnehmer zu qualifizieren sein.[79] So steht beispielsweise der Chefarzt, der aufgrund mangelnder Sachkenntnis des Krankenhausträgers sicherlich von diesem keine fachlichen Weisungen empfangen kann, dennoch in einem abhängigen Beschäftigungsverhältnis, da er einer organisatorischen Einbindung in den Krankenhausbetrieb unterliegt.[80] Gleichermaßen hat das Bundesarbeitsgericht die Arbeitnehmereigenschaft von Mitarbeitern im Bereich von Rundfunk und Fernsehen bejaht, die unmittelbar an der Herstellung einzelner Beiträge beteiligt sind. Zwar seien Mitarbeiter wie Reporter, Regisseure, Redakteure, Filmemacher und Autoren weitgehend einer fachlichen Weisungsgebundenheit entzogen. Sie seien aber persönlich abhängig, weil sie ihre Dienste nur mit Hilfe des technischen Apparats leisten könnten, den ihnen der Sender jeweils zur Verfügung stelle.[81]

Vergleichbares gilt für einen Spitzensportler: Selbst wenn der Trainer dem Spieler aufgrund dessen herausragender Spielweise keine fachlichen Weisungen erteilen kann, ist dieser zum Beispiel an die Anordnung des Trainers gebunden, im taktischen System eine bestimmte Aufgabe und Position zu übernehmen.[82] Auch ein Spitzenspieler hat sich bei einer Nichtnominierung für ein Wettkampfspiel der Entscheidung des Trainers zu beugen und auf der Reservebank Platz zu nehmen.[83] Und schließlich bleibt es bei der vertraglichen Verpflichtung eines Spitzenspielers entsprechend § 1 des Mustervertrags des DFB bzw. § 2 des Musterarbeitsvertrages der DFL, an Spielbesprechungen und am Mannschaftstraining teilzunehmen. Diese Weisungsgebundenheit des Sportlers hinsichtlich Arbeitsort, Arbeitszeit und Art der zu leistenden Tätigkeit prägt das Beschäftigungsverhältnis zwischen Spieler und Verein mehr, als eine möglicherweise fehlende Weisungsgebundenheit in fachlicher Hinsicht. Unter Berücksichtigung sämtlicher Kriterien kommt man daher zu dem Er-

79 Vgl. ErfK-Preis, § 611 BGB, Rn. 51 und 85; Hromadka, NZA 1997, 569 (576).

80 BAG, Urt. v. 27.7.1961, AP Nr. 24 zu § 611 BGB Ärzte, Gehaltsansprüche; Lieb/Jacobs, Arbeitsrecht, Rn. 3 f. Konkret zur relativen Entscheidungsfreiheit eines Profifußballers: Malatos, Berufsfußball im europäischen Rechtsvergleich, 1987, 90 (dort Fn. 234); Preis, Arbeitsrecht, § 8, 4 c) cc).

81 BAG, Urt. v. 15.3.1978, AP Nr. 26 zu § 611 BGB Abhängigkeit.

82 Vgl. Bepler, in: FS Fenn, 2000, 43 (50).

83 Dass ein Trainer gerade die herausragenden Spieler im Team regelmäßig aufstellen wird, führt im Übrigen rechtlich nicht zu einer fachlichen Weisungsfreiheit. Vielmehr nimmt der Trainer bei Spitzensportlern sein bestehendes Weisungsrecht lediglich faktisch selten wahr; so zu Recht Bepler, in: FS Fenn, 2000, 43 (50, dort Fn. 24).

gebnis, dass auch ein Spieler mit herausragender spielerischer Qualität in einem persönlichen Abhängigkeitsverhältnis zum Verein steht.[84]

3. Organisatorische Eingliederung

Zudem sind Mannschaftssportler auch in eine fremde Arbeitsorganisation eingebunden. Der Verein stellt seinen Spielern nicht nur die erforderlichen Einrichtungen im sportlichen Bereich zur Verfügung wie zum Beispiel die Trainingsplätze und einen Kraftraum.[85] Auch außerhalb dieses Bereichs nutzt der Sportler nahezu ausschließlich die Einrichtungen, die ihm der Verein bereit stellt. So beschäftigen Profimannschaften beispielsweise einen ganzen Stab an Ärzten und medizinischem Personal, um die Sportler im Falle einer Verletzung bestmöglich behandeln zu können. Der Profisportler ist sogar gemäß § 2 Buchst. b) und c) des DFL-Musterarbeitsvertrages dazu verpflichtet, seine Verletzungen beim vom Verein angestellten Mediziner behandeln zu lassen. Ohne ausdrückliches Einverständnis des Vereins darf der Spieler keine externen Ärzte aufsuchen. Vielmehr muss er im sportmedizinischen und sporttherapeutischen Bereich zwingend die „Betriebsorganisation" des Vereins nutzen.

Dem kann auch nicht entgegen gehalten werden, die Einbindung des Spielers in die Vereinsstrukturen sei kein Zeichen für die persönliche Abhängigkeit des Sportlers und damit für ein bestehendes Arbeitgeber-Arbeitnehmer-Verhältnis, sondern ergebe sich aus der Natur der Sache und sei Bestandteil eines jeden Mannschaftssports.[86] Zu Recht weist *Bepler*[87] darauf hin, dass ein solcher Einwand im Ergebnis die These verstärkt, die er widerlegen soll: Gerade weil es sich um einen Mannschaftssport handelt, den der Profisportler betreibt, der Sportler also seine Tätigkeit nur im Zusammenspiel mit anderen ausüben kann und sich deshalb hinsichtlich des Trainings der

84 Vgl. Bepler, in: FS Fenn, 2000, 43 (50); Preis, Arbeitsrecht, § 8, 4 c) cc).

85 Dabei ist es unerheblich, ob diese Einrichtungen im Eigentum des Vereins stehen, oder ob der Verein diese Räumlichkeiten anmietet und den Spielern dann zur Nutzung zu Verfügung stellt; vgl. Beckmann, in: FS Arbeitsgemeinschaft Arbeitsrecht, 2006, 1145 (1147).

86 So insbesondere Scholz/Aulehner, SpuRt 1996, 44 (47), sowie Menke, Profisportler zwischen Arbeitsrecht und Unternehmertum, 2006, 258; vgl. auch Fischer, SpuRt 1997, 181 (183).

87 Bepler, in: FS Fenn, 2000, 43 (50).

Organisation durch den Verein unterordnen muss, spricht dies dafür, von einem abhängigen Beschäftigungsverhältnis des Spielers auszugehen.[88]

4. Fremdnützigkeit der Leistung

Der Mannschaftssportler erbringt seine Arbeitsleistung auch „im Dienste eines anderen". Die Leistung des Spielers kommt dem Verein zugute, der durch sportliche Erfolge Einnahmen generieren kann. Die Einnahmen resultieren dabei sowohl aus erfolgsbezogenen Prämienzahlungen durch die Verbände, die den jeweiligen Wettbewerb veranstalten, als auch aus Geldern der Sponsoren, die umso mehr zahlen, je erfolgreicher der Verein sportlich ist.

Soweit *Fischer*[89] anbringt, zumindest bei Spitzensportlern ergebe sich die Wertschöpfung insbesondere auch durch die (eigene) Vermarktung von Persönlichkeitsrechten, so dass keine fremd-, sondern eine selbstbestimmte Wertschöpfung im Vordergrund stehe, kann dem nicht gefolgt werden. Denn auch Spitzensportler haben in der Regel nicht das Recht, sich selbst zu vermarkten. Vielmehr bleibt es dabei, dass der Spieler im Rahmen des Arbeitsvertrages – entsprechend der Regelungen in § 2 des Mustervertrages des DFB bzw. § 2 Buchst. e) und g) des Musterarbeitsvertrages der DFL – die Verwertung seiner Persönlichkeitsrechte auf den Verein überträgt. Gerade die Vermarktungsrechte an einem Spieler, der durch Leistung und Auftreten das Erscheinungsbild eines Vereins prägt, stellen für den Verein einen immensen Wert dar. Der Spieler wird allenfalls an den Einnahmen, die sich aus dem Verkauf von Trikots oder anderen spielerbezogenen Fanartikeln ergeben, prozentual beteiligt.[90] Das ändert aber nichts an der Tatsache, dass allein der Verein die Entscheidung darüber trifft, wie die Persönlichkeitsrechte des Spielers vermarktet werden bzw. zu welchem Preis Drittunternehmen die entsprechenden Lizenzen zur Vermarktung erhalten.

Außerdem muss man berücksichtigen, dass selbst wenn sich ein Spitzensportler die Vermarktung seiner Persönlichkeitsrechte ausdrücklich vorbehält, er dennoch im Rahmen seiner Eigenvermarktung nicht vollkommen frei ist.

---

88 So auch Horst/Jacobs, RdA 2003, 215 (219); Bohnau, Der Vereinswechsel des Lizenzfußballspielers, 2003, 69.

89 Fischer, SpuRt 2004, 251 (252); ders., SpuRt 1997, 181 (183).

90 So soll beispielsweise David Beckham bei seinen Ausleihgeschäften zum AC Mailand 50 % der Vermarktungserlöse erhalten haben. Die zweimalige Leihe Beckhams für jeweils 5 Monate war im Übrigen auch für den AC Mailand weniger sportlich, sondern eher aus Marketing-Gesichtspunkten lohnenswert.

Zum einen wird sich ein Spieler verpflichten müssen, zumindest auch für die Vereinssponsoren werbend tätig zu werden. Ein Verein wird seinem Hauptsponsor, der jährlich Millionenbeträge bezahlt, um mit der Mannschaft für seine Produkte werben zu können, nicht vermitteln können, dass gerade der Spitzenspieler der Mannschaft für eine Werbung nicht zur Verfügung steht. Der Verein würde durch ein solches Verhalten riskieren, dass der Hauptsponsor in der Zukunft nur noch zur Zahlung deutlich geringerer Gelder bereit ist oder sogar sein Engagement ganz beendet. Zum anderen muss der Spitzensportler im Falle der Selbstvermarktung zumindest auf die Sponsoren seines Vereins Rücksicht nehmen. Denn die Sponsoringverträge enthalten regelmäßig eine Klausel, nach der sich der Verein verpflichtet, keine Werbeverträge mit unmittelbaren Mitbewerbern des Sponsors abzuschließen.[91] Aus diesem Grund wird der Verein auch einem Vertrag, der dem Spieler eine freie Wahl seiner Sponsoren vorbehält, nicht zustimmen. Wirbt der Spitzensportler dennoch für Unternehmen, die in Konkurrenz zu den Vereinssponsoren stehen, verhält er sich seinem Verein als Arbeitgeber gegenüber treuwidrig und ist gegebenenfalls zur Zahlung von Schadensersatz verpflichtet.

Schließlich wird auch der Spitzenspieler selbst den Schwerpunkt seiner Tätigkeit nicht in der Vermarktung der Persönlichkeitsrechte, sondern im Ausüben des Mannschaftssports sehen. Auch ihm ist bewusst, dass der Erfolg der Vermarktung maßgeblich vom Erfolg im sportlichen Bereich abhängt, ein Erfolg in der Selbstvermarktung aber nicht umgekehrt zum sportlichen Erfolg führt. Zudem wird er durch sein Gehalt und Prämienzahlungen im Laufe seiner sportlichen Karriere in aller Regel mehr verdienen als durch eine möglicherweise gestattete Eigenvermarktung.

5. Keine Übernahme unternehmerischen Risikos

Stellt man (hilfsweise) zur Bestimmung der Arbeitnehmereigenschaft auf das Kriterium des Unternehmerrisikos ab[92], kommt man ebenfalls zu dem Ergebnis, dass Mannschaftssportler Arbeitnehmer sind. Zwar werden gerade im Leistungssport Sonderprämien ausgelobt und im Arbeitsvertrag Spiel- und Punktprämien vereinbart. Dies führt aber nicht dazu, dass der Spieler am

91 Seiter, in: Grunsky (Hrsg.), Werbetätigkeit und Sportvermarktung, 1985, 41 (52 f.); Weiand, SpuRt 1997, 90 (92). Ausführlich zur Zulässigkeit derartiger Ausschließlichkeitsvereinbarungen Heermann, CaS 2009, 226 ff.

92 Vgl. dazu Wank, Arbeitnehmer und Selbständige, 1988, 122 ff.; ErfK-Preis, § 611 BGB, Rn. 55, 74 f; Zöllner/Loritz/Hergenröder, Arbeitsrecht, § 4, III 5 c).

wirtschaftlichen Risiko des Vereins beteiligt wird und als (Mit-)Unternehmer anzusehen ist.[93] Vielmehr sollen Prämienvereinbarungen den Spieler lediglich zu sportlichen Höchstleistungen anspornen. Gerade weil auch das zudem vereinbarte (leistungsunabhängige) Grundgehalt der Profisportler die durch Prämienzahlungen möglichen Einnahmen regelmäßig übersteigt[94], kann man nicht von der Teilhabe am unternehmerischen Risiko sprechen.

C. Anwendbarkeit von Arbeitnehmerschutzgesetzen auf Berufssportler

Allein das Bejahen der Arbeitnehmereigenschaft der Mannschaftssportler führt nicht dazu, dass Gesetze wie das Arbeitnehmerüberlassungsgesetz oder das Teilzeit- und Befristungsgesetz – unabhängig von den dann noch zu prüfenden konkreten Tatbestandsvoraussetzungen – auf (verliehene) Profisportler tatsächlich anzuwenden sind. Vielmehr ist vorab die ebenfalls umstrittene Frage zu klären, ob Berufssportler überhaupt eines arbeitsrechtlichen Schutzes bedürfen und es sachgerecht ist, die arbeitsrechtlichen Schutzgesetze auf sie anzuwenden.

Auch in dieser Hinsicht geht die weit überwiegende Meinung in der Rechtswissenschaft von einer Anwendbarkeit der Gesetze auch auf Sportler, die ihren Sport professionell betreiben, aus. Jedoch gibt es auch Stimmen in der Literatur, die dieses Ergebnis in Frage stellen. So fürchtet *Fischer*[95] um die Akzeptanz des Arbeitsrechts als Schutzrecht, wenn auch gut verdienende Sportler die Schutzrechte in Anspruch nehmen und so „die Möglichkeit der Pervertierung des Gesamtsystems entsteht“. *Beckmann* stimmt dem zu und sieht letztlich nur zwei Lösungen: Entweder erkennt man die Bereichsausnahme für den Profisport an (keine unmittelbare Geltung des Arbeitsrechts) oder § 310 Abs. 4 S. 2 BGB wird dahingehend geändert, dass bei der Anwendung des Arbeitsrechts auf Berufssportler zwingend die im Sport geltenden

---

93 Fischer, SpuRt 1997, 181 (184), weist zumindest auf das erhöhte unternehmerische Risiko der Spitzensportler hin, deren Erfolg in der Vermarktung der Persönlichkeitsrechte erheblich vom sportlichen Erfolg abhänge.

94 So zu Recht bereits Buchner, RdA 1982, 1 (4 f.). A. A. Hilpert, RdA 1997, 92 (97), der ausführt, das Grundgehalt betrage oftmals weniger als die Hälfte der Gesamtbezüge, der aber dennoch keine Zweifel am Arbeitnehmerstatus der Lizenzspieler hat.

95 Fischer, SpuRt 1997, 181 (182 f.); ders., SpuRt 2004, 251 (252).

Besonderheiten angemessen zu berücksichtigen sind.[96] Es ist aber fraglich, ob eine derartige generelle Reduktion des Anwendungsbereichs der arbeitsrechtlichen Schutzgesetze gerechtfertigt ist.

I. Bereichsausnahme für sämtliche Berufssportler

Denkbar wäre zunächst, die Anwendbarkeit arbeitsrechtlicher Schutzgesetze auf Profisportler grundsätzlich abzulehnen mit dem Hinweis darauf, dass die Profisportler wegen ihres hohen Gehalts nicht schutzbedürftig sind. So führt *Fischer*[97] aus, jede arbeitsrechtliche Norm sei als Schutz vor wirtschaftlicher Übermacht zu begreifen. Ein Machtgefälle zwischen den Vertragsparteien sei aber im Ergebnis durch ökonomische Kategorien bestimmt. Eine hohe Vergütung des Sportlers würde demnach gegen das Bestehen eines Machtgefälles sprechen, so dass arbeitsrechtliche Schutzgesetze schon deshalb nicht anwendbar wären.

Allen Berufssportlern zu verweigern, sich auf Arbeitnehmerschutzvorschriften zu berufen, ist allerdings nicht gerechtfertigt. Anders als es teilweise von den Medien dargestellt wird, ist es bei weitem nicht so, dass alle Mannschaftssportler, die ihren Sport professionell betreiben, ein hohes Gehalt beziehen. Dies trifft natürlich insbesondere auf Sportler der Mannschaftssportarten zu, die es (noch) nicht geschafft haben, attraktiv für die Fernsehanstalten zu werden. In diesen Sportarten fehlen den jeweiligen Verbänden und Vereinen nicht nur entsprechende TV-Einnahmen durch den Verkauf der Fernsehrechte. Auch Sponsoren werden nicht zur Zahlung großer Summen bereit sein, wenn die gesponserte Mannschaft nicht regelmäßig in den Medien vertreten ist. Die fehlenden Einnahmen wirken sich wiederum auf der Ausgabenseite der Vereine aus. Die Vereine haben gerade nicht die Möglichkeit, den Spielern entsprechend hohe Gehälter zu zahlen.

Der Durchschnittsverdienst deutscher Volleyballprofis dürfte zurzeit bei ca. 5.000 Euro liegen.[98] Ein Jahresgehalt von 60.000 Euro rechtfertigt es aber nicht, diesen Sportlern arbeitsrechtlichen Schutz zu verwehren.

---

96 Beckmann, in: FS Arbeitsgemeinschaft Arbeitsrecht, 2006, 1145 (1168);

97 Fischer, SpuRt 2004, 251 (252), der aber eine Einschränkung nur bezüglich Spitzensportler anprüft und im Ergebnis befürwortet.

98 Im Jahre 2004 lag das Durchschnittsgehalt bei gut 3000 Euro pro Monat, vgl. „Die Welt“, Ausgabe vom 11.01.2004. In den letzten Jahren dürften die Gehälter auch im Profi-Volleyball etwas angestiegen sein.

Gleiches gilt aber auch für den Bereich des Fußballs. Vor allem in der 2. Bundesliga gibt es auch Vereine, die aufgrund des Verteilungsschlüssels der TV-Einnahmen oder wegen einer noch nicht ausreichend vorhandenen Infrastruktur nicht in der Lage sind, allen Profis ihres Teams ein derart hohes Gehalt zu zahlen.[99]

> Der Personaletat der kleinen Vereine der 2. Bundesliga beträgt in etwa 4 bis 5 Mio. Euro. Bei einer Kaderstärke von bis zu 30 Spielern – und ohne Berücksichtigung der anderen Angestellten des Vereins – kommt man so auf ein durchschnittliches Jahresgehalt von 150.000 Euro pro Spieler.

Diese Zahlen zeigen, dass es auch im Bereich des Profifußballs nicht angezeigt ist, alle Berufsfußballer vom Anwendungsbereich arbeitsrechtlicher Schutzgesetze auszunehmen.

II. Ausnahme gut verdienender Mannschaftssportler

Zu überlegen wäre aber dann, ob man nicht zumindest den Profisportlern, die eine bestimmte Gehaltsgrenze überschritten haben, verweigert, sich auf Arbeitnehmerschutzgesetze berufen zu können. Dahinter verbirgt sich ebenfalls der Gedanke, dass die Anwendbarkeit der Schutzgesetze rechtlich und ethisch eine Schutzbedürftigkeit voraussetzt, die nicht gegeben ist, wenn der Spieler gerade aufgrund seines hohen Gehalts vom Arbeitgeber wirtschaftlich unabhängig ist.[100]

1. Problem der Festlegung einer konkreten Gehaltsgrenze

Zunächst einmal ist es aber unmöglich, eine Gehaltsgrenze zu benennen, durch deren Überschreiten aus einem schutzbedürftigen Berufssportler ein nichtschutzbedürftiger Berufssportler wird. Die teleologische Reduktion des Anwendungsbereichs des Arbeitnehmerschutzrechts ab einem bestimmten

---

99 In der Diskussion um die Arbeitnehmereigenschaft von Sportlern sowie der Anwendbarkeit der arbeitsrechtlichen Schutzgesetze wird oftmals zu pauschal auf die „exorbitanten Spielergehälter" abgestellt; so zum Beispiel Weber, Rechtliche Strukturen und Beschäftigungsverhältnisse im Fußballsport, 2008, 312.

100 Vgl. Fischer, SpuRt 1997, 181 (183). Ebenfalls auf die gutverdienenden Mannschaftssportler stellt Bühler, SpuRt 1998, 143 ff., ab und spricht sich bei diesen Sportlern für eine teleologische Reduktion des Anwendungsbereiches des Bundesurlaubsgesetzes aus.

Einkommen des Arbeitnehmers – ohne eine entsprechende gesetzgeberische Entscheidung[101] – wäre willkürlich, eine unzulässige richterliche Rechtsfortbildung und nicht geeignet, das Versagen arbeitsrechtlichen Schutzes zu rechtfertigen. Im Übrigen könnte eine solche fixe Gehaltsgrenze in der Praxis zu dem unbefriedigenden Ergebnis führen, dass der eine Spieler den gesamten Arbeitsrechtsschutz in Anspruch nehmen kann, während ein anderer Spieler, der wegen mehr erzielter Tore oder häufigeren Saisoneinsätzen nur wenige Euros mehr verdient hat, vollkommen ohne arbeitsrechtlichen Schutz dasteht. Dies würde sicherlich in der Bevölkerung die Akzeptanz des Arbeitsrechts als Schutzrecht gefährden, was beispielsweise *Fischer*[102] jedoch gerade vermeiden möchten.

Zudem bestünde im Falle einer festgelegten Gehaltsgrenze das Problem, dass die Vertragsparteien durch das Vereinbaren des Gehalts des Spielers selbst darüber bestimmen könnten, ob das Arbeitsrecht Anwendung findet oder nicht. Dem Verein als Arbeitgeber wäre es faktisch möglich, dem Spieler seinen arbeitsrechtlichen Schutz gewissermaßen „abzukaufen“. Dies ist aber schwerlich mit dem Schutzgedanken und dem zwingenden Charakter des Arbeitsrechts vereinbar.

2. Wirtschaftliche Abhängigkeit als unzulässiges Kriterium

Weiterhin ist es nahezu einhellige Meinung, dass nur die persönliche Abhängigkeit, nicht jedoch die wirtschaftliche Abhängigkeit das entscheidende Merkmal dafür ist, ob jemand als Arbeitnehmer zu qualifizieren ist.[103] Denn wirtschaftliche Abhängigkeit kann in nahezu allen Vertragsgestaltungen des Privatrechts gegeben sein, so dass dieses Merkmal zur Abgrenzung von Vertragstypen nicht geeignet ist.[104] Würde man nun zwar bei der Prüfung der Arbeitnehmereigenschaft allein auf die persönliche Abhängigkeit abstellen, im

---

101 Zu der Möglichkeit des Gesetzgebers, eine solche Gehaltsgrenze festzulegen, vgl. unten IV/2.

102 Fischer, SpuRt 1997, 181 (182 f.); ders., SpuRt 2004, 251 (252).

103 Vgl. BAG, Urt. v. 16.3.1994, NZA 1994, 1132 (1133); Beckmann, in: FS Arbeitsgemeinschaft Arbeitsrecht, 2006, 1145 (1148); Buchner, NZA 1997, 1144 (1146 f.); ErfK-Preis, § 611 BGB, Rn. 58; Hromadka, NZA 1997, 569 (575 f.); MünchArbR-Richardi, § 16, Rn 17 ff.; Rebhahn, RdA 2009, 154 (165); Schaub-Linck, Arbeitsrechts-Handbuch, § 186, Rn. 26; Willemsen/Müntefering, NZA 2008, 193 (196).

104 ErfK-Preis, § 611 BGB, Rn. 57 f. So ergibt sich auch aus § 12a TVG, dass nur in Bezug auf „arbeitnehmerähnlichen Personen“ die wirtschaftliche Abhängigkeit Wesensmerkmal ist.

Rahmen der Anwendbarkeit der arbeitsrechtlichen Schutzgesetze dann aber auf die Höhe des Gehalts des Spieler und damit auf das Merkmal der wirtschaftlichen Abhängigkeit zurückgreifen, so würde man über diesen Umweg aus der wirtschaftlichen Abhängigkeit doch ein typusbildendes Merkmal machen.

Im Übrigen weist *Bepler* zu Recht darauf hin, dass wirtschaftliche Unabhängigkeit nicht schon dann besteht, wenn ein gut gefülltes Bankkonto es erlaubt, einige Zeit sorglos zu leben.[105] Vielmehr setzt wirtschaftliche Unabhängigkeit voraus, dass der Dienstnehmer seine Arbeitskraft auch anderweitig frei verwerten kann.[106] Das ist aber bei einem Berufsfußballer gerade nicht der Fall, da er seine Arbeitskraft nur bei dem Verein gegen Entgelt einsetzen kann, bei dem er in einem Vertragsverhältnis steht.[107] Insofern ist bereits zweifelhaft, ob selbst ein sehr gut verdienender Berufssportler in diesem Sinne überhaupt wirtschaftlich unabhängig ist.

III. Ausschluss der Spitzensportler aus dem Anwendungsbereich der Arbeitsgesetze

Um dennoch zu verhindern, dass jeder Profisportler sich auf Arbeitnehmerschutzrechte berufen kann, plädiert insbesondere *Fischer*[108] dafür, zumindest Spitzensportler aus dem Anwendungsbereich arbeitsrechtlicher Schutzgesetze auszunehmen. Seiner Auffassung nach bestehe bei Vertragsverhandlungen zwischen einem Spitzensportler und einem Verein gerade wegen der herausragenden Stellung des Spitzensportlers bereits Parität, so dass in einem solchen Fall das Arbeitnehmerschutzrecht zum Ausgleich eines zugunsten des Arbeitgebers bestehenden Machtgefälles gar nicht erforderlich sei. Außerdem

105 Anderenfalls müsste man auch der Millionengewinnerin einer Lotterie, die sich trotz ihres Gewinns dazu entschließt, weiter ihrem Beruf nachzugehen, mangels wirtschaftlicher Abhängigkeit zu ihrem Arbeitgeber die Berufung auf arbeitsrechtliche Schutzgesetze verweigern; so zu Recht Beckmann, in: FS Arbeitsgemeinschaft Arbeitsrecht, 2006, 1145 (1148); Schmidt, AuR 1961, 329 (334).

106 Vgl. Rebhahn, RdA 2009, 154 (165); bezüglich „arbeitnehmerähnlicher Personen" so auch Willemsen/Müntefering, NZA 2008, 193 (193 f.).

107 Bepler, in: FS Fenn, 2000, 43 (52).

108 Vgl. Fischer, SpuRt 1997, 181 (184); ders., SpuRt 2004, 251 (252). Auch Schimke/Menke, SpuRt 2007, 182 (183), lehnen die Schutzbedürftigkeit von Lizenzfußballern „besonderer Güte" ab; vgl. auch Menke, Profisportler zwischen Arbeitsrecht und Unternehmertum, 2006, 287.

habe der Gesetzgeber auch für andere Berufsgruppen bereits Sonderregelungen geschaffen, wie zum Beispiel die speziellen Vorschriften für leitende Angestellte. Es sei dem deutschen Arbeitsrecht also nicht fremd, bestimmte Gruppen vom Arbeitsschutzrecht auszunehmen.[109]

1. Definition des Spitzensportlers

Will man den Spitzensportlern die Berufung auf arbeitsrechtliche Schutzgesetze verwehren, dann muss man auch zwingend definieren können, wann ein Sportler zu dieser Kategorie gehört. Laut *Fischer* ist nur derjenige Spitzensportler, „der sich aus seiner Mannschaft und seiner Sportart durch herausragende und persönlichkeitsbezogene Leistungen und Eigenschaften zu einer eigenständigen Person der Zeitgeschichte (§ 23 Abs. 1 Nr. 1 KUrhG), wenn auch nur in relativer Hinsicht, entwickelt hat und seiner Sportart und seiner Mannschaft durch überragende Leistungen und individuelle Persönlichkeitselemente sein Gepräge geben kann und dies durch die vertragliche Gestaltung seiner Beziehungen zum Verein umsetzt".[110]

Eine solche Definition wirft aber mehr Fragen auf, als sie beantwortet: Was sind „persönlichkeitsbezogene Leistungen und Eigenschaften"? Wann ist eine Leistung „überragend"? Und ab wann gibt ein Sportler seiner Sportart und seiner Mannschaft „sein Gepräge"? Eine Definition mit derart vielen unbestimmten Begriffen lässt es unmöglich erscheinen, beispielsweise im Rahmen eines Gerichtsverfahrens zu einem im Einzelfall gerechten Ergebnis zu kommen, das von allen Seiten akzeptiert wird.[111] In diesem Zusammenhang schlägt *Fischer* vor, „die Einschätzung und Handhabung der beteiligten Verkehrskreise" zur Entscheidung der Frage, ob ein Sportler ein Spitzensportler ist, mit heranzuziehen.[112] Eine solche Beteiligung der Verkehrskreise bei der Anwendung einer Definition – denkbar wäre das Aufstellen einer Positivliste, welche Sportler zu einem bestimmten Zeitpunkt zu der Kategorie Spitzensportler gehören – ist dem deutschen (Arbeits-)Recht aber sicherlich fremd.

---

109 Vgl. Fischer, SpuRt 1997, 181 (181 f.).

110 Fischer, SpuRt 1997, 181 (182).

111 Bohnau, Der Vereinswechsel des Lizenzfußballspielers, 2003, 69. „Praktische Abgrenzungsschwierigkeiten" räumen auch Schimke/Menke, SpuRt 2007, 182 (184), ein.

112 Fischer, SpuRt 1997, 181 (182) mit Hinweis auf Wank, Arbeitnehmer und Selbständige, 1988, 170.

2. Bezüge des Sportlers als Abgrenzungskriterium

Ein Kriterium, das im Rahmen der Definition eine Rolle spielt, ist laut *Fischer* dann wiederum die Höhe der Bezüge des Sportlers. Bei einem Spitzensportler ist danach zu verlangen, dass er ein Mehrfaches des Durchschnitts der betreffenden Mannschaft verdient, wobei auch außerhalb des sportlichen Bereichs erzielte Einnahmen berücksichtigt werden sollen.[113] Ein solches Kriterium ist im Profisport aber zum einen deshalb nicht praktikabel, weil zwischen Verein und Spieler häufig Stillschweigen über Details des Arbeitsvertrages, insbesondere über das Gehalt und die Prämienzahlungen, vereinbart wird. Für Dritte ist es demnach unmöglich zu berechnen, ob die Einnahmen des betreffenden Sportlers tatsächlich ein Mehrfaches des Durchschnitts in der Mannschaft betragen.[114]

Zum anderen würde aber auch das so angewandte Kriterium zu nicht nachvollziehbaren Ergebnissen führen: Da nämlich das Gehalt des Spielers in Bezug zu den durchschnittlichen Einnahmen seiner Mannschaft gesetzt wird, kann es dazu kommen, dass derselbe Spieler mit demselben Gehalt – herausragende spielerische Qualitäten vorausgesetzt – in der einen Mannschaft, in der viele hervorragend bezahlte Spieler spielen, nicht ein Mehrfaches verdient und damit kein Spitzensportler ist, in einer anderen Mannschaft dagegen, die nur wenige hochbezahlte Spieler aufweist, die Kriterien eines Spitzenspielers erfüllt und sich nicht auf Arbeitnehmerschutzgesetze berufen dürfte.

3. Fehlende Vergleichbarkeit mit „leitenden Angestellten"

Schließlich überzeugt auch das Argument nicht, der Gesetzgeber habe auch für die Berufsgruppe der leitenden Angestellten Sonderregelungen[115] geschaffen, so dass die Ausklammerung der Spitzensportler keine gravierende Neuerung im deutschen Arbeitsrecht darstellen würde.[116] Eine Ausnahmeregelung für Spitzensportler wäre mit der Sonderregelung für leitende Angestellte nicht vergleichbar. So dient beispielsweise der abgeschwächte Kündigungsschutz für leitende Angestellte dem Interesse des Arbeitgebers. Er soll die Möglich-

113 Fischer, SpuRt 1997, 181 (182).

114 Dieses Problem könnte man nur dadurch umgehen, dass man alle Profisportler dazu verpflichtet, sämtliche Einnahmen, die im Zusammenhang mit ihrer Tätigkeit als Sportler stehen, offenzulegen.

115 Vgl. § 18 Abs. Nr. 1 ArbZG, § 14 Abs. 2 KSchG und § 5 BetrVG.

116 Vgl. Fischer, SpuRt 1997, 181.

keit haben, seine Führungsmannschaft selbst zusammenzustellen.[117] Und aus dem Anwendungsbereich des Betriebsverfassungsgesetzes sind leitende Angestellte deshalb ausgenommen, weil sie zumindest in Teilbereichen an Stelle des Unternehmers handeln.[118] Eine Ausnahmeregelung für Spitzensportler soll jedoch – wie oben ausgeführt – ihre Rechtfertigung darin finden, dass diese aufgrund ihrer wirtschaftlichen Stärke und wegen ihres hohen Gehalts dem Verein als Arbeitgeber in Vertragsverhandlungen paritätisch gegenüber stehen und daher nicht schutzbedürftig sind. Ein solches Motiv für eine Ausnahmeregelung wäre sehr wohl eine Neuerung im deutschen Arbeitsrecht.

IV. Die Regelungen des Arbeitsvertragsgesetzes von *Henssler* und *Preis*

Interessant sind in diesem Zusammenhang auch die aktuellen Entwicklungen im Arbeitsrecht hinsichtlich der Schaffung eines Arbeitsvertragsgesetzes. Die Professoren *Henssler* und *Preis* wurden Mitte 2005 von der Bertelsmann-Stiftung beauftragt, einen Entwurf für ein Arbeitsvertragsgesetz zu entwickeln. Bereits im August 2006 wurde der erste Diskussionsentwurf vorgelegt, der dann anschließend weiterentwickelt wurde und noch weiterentwickelt wird.[119]

1. Die „Ballack-Klausel“

§ 148 des Entwurfes ermöglicht für bestimmte Fälle Abweichungen von der gesetzlichen Regelung. Der hier interessante Absatz 2 der Vorschrift lautet:

> „Arbeitnehmer, deren Entgelt das Fünffache der Bezugsgröße nach § 18 des Vierten Buches Sozialgesetzbuch übersteigt, können mit ihrem Arbeitgeber von den §§ 31, 41, 42 Absatz 1 Satz 2, 49, 51, 59, 64, 130 abweichende Vereinbarun-

---

117 Hromadka, NZA 2007, 838 (839), der darüber hinaus anmerkt, dass sich die leitenden Angestellten für die Herausnahme aus dem Arbeitszeitgesetz selbst eingesetzt haben, was sicherlich ebenfalls gegen eine Vergleichbarkeit mit einer Ausnahme für Spitzensportler spricht.

118 BAG, Beschl. v. 29.1.1980, NJW 1980, 2724 (2725); Hromadka, NZA 2007, 838 (839 f.).

119 Der jeweils aktuelle Diskussionsentwurf ist abrufbar unter www.arbvg.de. Die hier gemachten Ausführungen beziehen sich auf den Entwurf aus dem Oktober 2007, abgedruckt in NZA 2007, Beilage zu Heft 21, 6 - 32.

> gen treffen. Sie können mit ihrem Arbeitgeber außerdem vereinbaren, dass der Antrag nach § 119 Absatz 1 keiner Begründung bedarf."

Nach dem Vorschlag von *Henssler* und *Preis* würde durch diese Vorschrift tatsächlich eine neue Gruppe von Arbeitnehmern geschaffen, für die einige Vorschriften des Arbeitsrechts gegebenenfalls nicht gelten. Und Anknüpfungspunkt wäre allein das Entgelt, das der Arbeitnehmer bezieht: Die Vorschrift findet Anwendung, wenn der Arbeitnehmer mehr als das Fünffache der Bezugsgröße nach § 18 des Vierten Buches Sozialgesetzbuch als Entgelt erhält. Dies entspricht einem Verdienst von zurzeit 12.250 Euro pro Monat.[120] Insoweit gäbe es dann doch eine Norm, die Arbeitnehmer wegen ihres hohen Gehalts und der daraus resultierenden wirtschaftlichen Unabhängigkeit gegenüber dem Arbeitgeber als weniger schutzbedürftig ansehen würde. Auch wenn § 148 Abs. 2 des Entwurfs nicht ausschließlich auf gut verdienende Berufssportler abzielt, wird die Vorschrift umgangssprachlich als „Ballack-Klausel" bezeichnet.[121]

Schaut man sich die Vorschriften an, auf die in § 148 Abs. 2 des Entwurfs zum Arbeitsvertragsgesetz verwiesen wird, so muss man aber zunächst einmal festhalten, dass dieser Ausnahmetatbestand sich nicht auf den Kündigungsschutz der Topverdiener bezieht.[122] Erfasst sind insbesondere „nur" die Vorschriften, die dem Arbeitnehmer einen Anspruch auf Entgeltfortzahlung gewähren (§ 41 ArbVG: an Feiertagen; § 42 Abs. 1 S. 2 ArbVG: bei Urlaub; § 51 ArbVG: im Krankheitsfall; § 59 ArbVG: bei Kinderbetreuung und Pflege naher Angehöriger). Außerdem sieht § 148 Abs. 2 des Entwurfs nicht vor, dass die genannten Vorschriften für Topverdiener zwingend nicht gelten.[123] Vielmehr wird den Vertragsparteien lediglich die Möglichkeit eingeräumt, abwei-

---

120 Gem. § 2 Abs. 1 Sozialversicherungs-RechengrößenVO 2009 beträgt im Jahr 2009 die Bezugsgröße für die Sozialversicherung 30.240 Euro jährlich und 2.520 Euro monatlich.

121 Vgl. zum Beispiel Hromadka, NZA 2007, 838 (842); Michael Ballack verdient bei seinem momentanen Arbeitgeber FC Chelsea geschätzt ca. 150.000 Euro pro Woche und wäre somit sicherlich von der Klausel erfasst.

122 Im Gegenteil: Nachdem der erste Entwurf von Henssler und Preis – abgedruckt in NZA 2006, Beilage zu Heft 23, 6-31 – hinsichtlich des eingeschränkten Kündigungsschutzes leitender Angestellter noch die zurzeit bestehende Gesetzeslage wiedergegeben hatte, sieht der Entwurf vom Oktober 2007 sogar die Gleichstellung des Kündigungsschutzes für die leitenden Angestellten vor. Die jetzige Regelung des § 14 KSchG würde mit Umsetzung des Entwurfs aufgehoben.

123 Entsprechend beispielsweise der Formulierung des § 18 Abs. 1 Nr. 1 ArbZG für die Nichtanwendbarkeit der Vorschriften auf leitende Angestellte.

chende Vereinbarungen zu treffen. Vereinbaren Arbeitnehmer und Arbeitgeber im Vertrag nichts Abweichendes, bleiben die entsprechenden Vorschriften auch zugunsten eines Topverdieners anwendbar. Gerade wenn man jedoch wie *Fischer* von einer starken Verhandlungsposition und damit bestehender Parität zwischen dem Spitzensportler und dem Verein bei den Vertragsverhandlungen ausgeht[124], dürfte die Wahrscheinlichkeit, dass der Verein eine abweichende Vereinbarung mit dem Spitzenspieler erreicht, eher gering sein.

2. Kritische Bewertung von § 148 Abs. 2

Grundsätzlich muss sich auch die „Ballack-Klausel" der Kritik stellen, die bereits oben bei *Fischers* Vorschlag, Spitzensportlern die Berufung auf Arbeitnehmerschutzgesetze zu verweigern, angeführt wurde. Das ausschließliche Anknüpfen an das Entgelt, das der jeweilige Arbeitnehmer bezieht, führt zwar sicherlich zu mehr Rechtssicherheit als durch die Definition des Spitzensportlers erreicht werden würde. Auch könnte grundsätzlich eine Gehaltsgrenze, die nicht durch teleologische Reduktion des Anwendungsbereichs des Arbeitsschutzrechts ermittelt, sondern explizit vom Gesetzgeber aufgestellt wird, Topverdiener in zulässiger Weise[125] von arbeitsrechtlichen Schutzgesetzen ausnehmen.[126] Jedoch wäre es nicht sachgerecht, das Gehalt als einziges Kri-

---

124 Vgl. Fischer, SpuRt 1997, 181 (184); Menke, Profisportler zwischen Arbeitsrecht und Unternehmertum, 2006, 250; Weber, Rechtliche Strukturen und Beschäftigungsverhältnisse im Fußballsport, 2008, 179.

125 Für die Zulässigkeit, die zwingende Anwendbarkeit des Arbeitsrechts per Gesetz davon abhängig zu machen, dass ein bestimmtes Entgelt nicht überschritten wird, im Ergebnis auch Bepler, in: FS Fenn, 2000, 43 (52), sowie Weber, Rechtliche Strukturen und Beschäftigungsverhältnisse im Fußballsport, 2008, 188.. In diesem Zusammenhang muss aber BAG, Urt. v. 2.10.1975, AP Nr. 14 zu § 75 b HGB, berücksichtigt werden: Das Bundesarbeitsgericht hielt den früheren § 75 b HGB für zu unbestimmt und damit für verfassungswidrig und deutete in dieser Entscheidung zumindest an, dass die Unterscheidung von normal- und hochverdienenden Angestellten möglicherweise auch willkürlich sein und gegen Art. 3 GG verstoßen kann. Zu der Vorschrift des § 75 b HGB unten Kapitel 3/D/IV.

126 Wie die Diskussion um die „Ballack-Klausel" zeigt, bestünde das Problem lediglich darin, rechtspolitisch festzulegen, ab welchem Gehalt Arbeitnehmer aus dem Schutzbereich der Arbeitsgesetze fallen. So kritisierten in Bezug auf § 148 Abs. 2 des Arbeitsvertragsgesetzentwurfs einige Verbände zwar nicht die Klausel als solche, forderten aber die deutliche Anhebung der Gehaltsgrenze. Anderer Ansicht ist allerdings Müller, AuR 2008, 206 (208 f.), der § 148 ArbVG ablehnt, da durch diese

terium heranzuziehen und ab dem Überschreiten einer bestimmten Gehaltsgrenze zwingend auf die fehlende Schutzbedürftigkeit des Arbeitnehmers zu schließen. So will auch *Hromadka* „gewöhnliche Gutverdiener“ nicht in eine Ausnahmevorschrift mit einbeziehen. Die Ausnahme solle vielmehr auf Arbeitnehmer beschränkt bleiben, die eine Marktmacht wie ein echter Selbstständiger oder einen Einfluss auf das Unternehmen wie ein Gesellschafter haben.[127] Ein solches Verständnis für eine Ausnahmevorschrift würde eher zu sachgerechten Ergebnissen führen, würde aber selbst Spitzensportler wohl nicht vom Anwendungsbereich der Schutzgesetze ausschließen. Denn auch ein Spitzensportler besitzt gerade keine Marktmacht. Er kann seine Fähigkeiten nicht selbst am Markt anbieten, sondern ist auf den Einsatz im Verein angewiesen.[128] Darüber hinaus hat auch ein Spitzensportler keinen – einem Gesellschafter vergleichbaren – Einfluss auf Entscheidungen: Er wird in der Regel weder in die Verpflichtung neuer Spieler einbezogen, noch hat er ein Mitspracherecht, mit welchem Sponsor der Verein eine Zusammenarbeit eingeht oder ob das Stadion ausgebaut wird.[129]

D. Ergebnis des Kapitels

Berufssportler in den klassischen Mannschaftssportarten sind als Arbeitnehmer zu qualifizieren. Sie unterstehen den Weisungen der Vereinsverantwortlichen hinsichtlich Arbeitsort, Arbeitszeit sowie Art der zu erbringenden Tätigkeit, sind in die Arbeitsorganisation der Vereine eingebunden und stehen somit in einem persönlichen Abhängigkeitsverhältnis zu den Vereinen.

Vorschrift der zwingende Charakter des Arbeitsrechts aufgehoben und „der Abkauf sozialer Schutzrechte über das Entgelt“ ermöglicht würde.

127 Hromadka, NZA 2007, 838 (840).

128 Laut den Statuten darf ein Lizenzspieler auch lediglich mit einem Verein einen Arbeitsvertrag abschließen. § 5 Nr. 8 LOS lautet zum Beispiel: „Der Abschluss von Verträgen mit mehreren Vereinen oder Kapitalgesellschaften für dieselbe Spielzeit ist verboten und strafbar.“ Dem Spieler ist es also schon gar nicht möglich, während des Dienstverhältnisses seine Arbeitskraft (auch) einem zweiten Verein anzubieten.

129 Vgl. auch Bohnau, Der Vereinswechsel des Lizenzfußballspielers, 2003, 69; Imping, Die arbeitsrechtliche Stellung des Fußballspielers, 1995, 59. Anderer Ansicht ist offenbar Fischer, SpuRt 1997, 181 (184); auch PHB SportR-Fritzweiler, 3. Teil, Rn. 16, bezeichnet herausragende Spitzensportler als „Mitentscheider“.

Auf Berufssportler finden darüber hinaus die arbeitsrechtlichen Schutzvorschriften genauso Anwendung wie auf jeden anderen Arbeitnehmer. Es ist weder zulässig noch sachgerecht, Berufssportler wegen ihres (möglicherweise) hohen Gehalts im Wege der teleologischen Reduktion vom Schutzbereich bestimmter arbeitsrechtlicher Normen auszunehmen. Insbesondere ist der Vorschlag von *Fischer* abzulehnen, Spitzensportlern die Berufung auf arbeitsrechtliche Schutzgesetze zu verwehren. Unabhängig davon, dass es bereits unmöglich erscheint zu definieren, wann ein Sportler zu den „Spitzensportlern" zu zählen ist, geht auch die Annahme fehl, die Ausklammerung der Spitzensportler sei vergleichbar mit den Sondervorschriften für leitende Angestellte und stelle daher keine gravierende Neuerung im deutschen Arbeitsrecht dar.

Hält man es für sachgerecht und angebracht, gut verdienende Arbeitnehmer vom Anwendungsbereich bestimmter arbeitsrechtlicher Gesetze auszunehmen, so bedarf es hierfür einer entsprechenden gesetzgeberischen Entscheidung. Nur eine explizite Vorschrift kann die Durchbrechung des grundsätzlich zwingenden Charakters des Arbeitsrechts für eine bestimmte Gruppe von Arbeitnehmern rechtfertigen. Ein solches Tätigwerden des Gesetzgebers vorausgesetzt, wäre es sowohl zulässig, die Anwendbarkeit bestimmter Gesetze zur Disposition der Parteien zu stellen, als auch Topverdienern grundsätzlich das Berufen auf bestimmte arbeitsrechtliche Schutzgesetze zu versagen.

Kapitel 2: Die rechtliche Qualifizierung von Ausleihgeschäften

A. Einführung

Gegenstand dieses Kapitels ist einerseits die rechtliche Einordnung der Ausleihverträge in das Vertragssystem des Bürgerlichen Gesetzbuches und andererseits die verbandsinterne Qualifizierung dieser Geschäfte im Verhältnis zum Transfer von Spielern.[130] In diesem Zusammenhang ist insbesondere die Frage interessant, ob die Leihgabe von Berufssportlern nicht möglicherweise eine Arbeitnehmerüberlassung im Sinne des Arbeitnehmerüberlassungsgesetzes darstellt. Bejaht man dies, dann wäre der Abschluss solcher Geschäfte gemäß § 1 AÜG erlaubnispflichtig. Da Bundesligavereine jedoch in der Vergangenheit bei der Bundesagentur für Arbeit eine solche Erlaubnis nicht beantragt haben und somit auch keine Erlaubnis für das Überlassen von Arbeitnehmern besitzen, hätte dies zur Folge, dass die im Sport so häufig praktizierte Spielerleihe gegen geltendes Recht verstieße. Entsprechende Verträge zwischen den Vereinen wären gemäß § 9 Nr. 1 AÜG unwirksam. Darüber hinaus würden Verleiher und Entleiher nach § 16 Abs. 1 Nr. 1 bzw. 1a AÜG eine Ordnungswidrigkeit begehen, die mit einer Geldbuße bis zu fünfundzwanzigtausend Euro geahndet werden kann.

Die Autoren in der rechtswissenschaftlichen Literatur kommen bei diesem Problem zu unterschiedlichen Ergebnissen: So sind beispielsweise *Kaske*[131], *Poschenrieder*[132] und *Westerkamp*[133] der Auffassung, dass das Verleihen eines Sportlers als Arbeitnehmerüberlassung zu qualifizieren ist.[134] Demge-

---

130 In sachlicher Hinsicht beschränken sich die folgenden Ausführungen zunächst auf die Leihgabe von Berufssportlern im deutschen Fußball, da die Spielerleihe außerhalb dieses Bereichs zum Teil anders ausgestaltet ist. Die abweichenden Vorschriften zur Spielerleihe im internationalen Fußball bzw. in den anderen Mannschaftssportarten werden dann in Kapitel 5 dargestellt.

131 Kaske, Das arbeitsrechtliche Direktionsrecht, 1983, 29 f.

132 Poschenrieder, Sport als Arbeit, 1977, 219.

133 Westerkamp, Ablöseentschädigungen im bezahlten Sport, 1980, 57.

134 Auch Malatos, Berufsfußball im europäischen Rechtsvergleich, 1987, 124 f., scheint Ausleihgeschäfte als Arbeitnehmerüberlassungsverträge anzusehen. Zumindest geht er von einer Verletzung des § 1 Abs. 2 AÜG a. F. aus, ohne die Anwendbarkeit des Arbeitnehmerüberlassungsgesetzes zu problematisieren. § 1 Abs. 2 AÜG a. F. erlaubte keine Arbeitnehmerüberlassung, die länger als drei Monate dauerte. Die zeitliche Beschränkung wurde allerdings 2002 aufgehoben. Auch Menke, Profisportler

genüber weisen insbesondere *Brömmekamp* und *Bohnau* auf die bestehenden Unterschiede einer Spielerleihe zu einem klassischen Leiharbeitsverhältnis hin. Sie halten die Spielerleihe im Profifußball gerade wegen dieser Verschiedenheiten nicht für einen Arbeitnehmerüberlassungsvertrag im Sinne des § 1 AÜG.[135]

Die arbeitsgerichtliche Rechtsprechung musste sich bislang noch gar nicht damit zu beschäftigen, wie Ausleihgeschäfte rechtlich einzuordnen sind. Im Jahre 2009 gab es aber zumindest ein Urteil des Bundesfinanzhofs zum Thema Spielerleihe.[136] Das Gericht hatte zu entscheiden, ob die „Einnahmen eines Vereins aus einer Spielerleihe zu den – eine beschränkte Steuerpflicht auslösenden – Einnahmen aus Vermietung und Verpachtung durch die zeitlich begrenzte Überlassung eines Rechts" zählen. Im Rahmen dieser Entscheidung kam der Bundesfinanzhof schließlich ebenfalls zu dem Ergebnis, dass es sich bei einer Spielerleihe nicht um einen Arbeitnehmerüberlassungsvertrag handelt.[137]

Um die Frage der rechtlichen Qualifizierung der Spielerleihe beantworten zu können, ist im Folgenden zunächst die vertragliche Ausgestaltung der Ausleihgeschäfte näher zu beleuchten. Nur so kann bestimmt werden, was der konkrete Gegenstand der Vereinbarung zwischen verleihendem und entleihendem Verein ist, wenn diese sich auf die Ausleihe eines Spielers einigen. Der Vertragsgegenstand wiederum ist ausschlaggebend dafür zu entscheiden, ob der Leihvertrag einem der bekannten Vertragstypen des Zivilrechts zuzuordnen ist und in welchem Verhältnis Spielerleihe und Transfer innerhalb des Verbandsrechts zueinander stehen.

B. Die vertragliche Ausgestaltung eines Ausleihgeschäfts

Grundsätzlich sind verschiedene Vertragsgestaltungen denkbar, mit denen man das Ziel – das zeitweise Überlassen eines Spielers an einen anderen Ver-

---

zwischen Arbeitsrecht und Unternehmertum, 2006, 130, sieht Leihgeschäfte ohne nähere Begründung als Fall der Arbeitnehmerüberlassung an.

135 Brömmekamp, Die Spielerleihe, 1988, 59; Bohnau, Der Vereinswechsel des Lizenzfußballspielers, 2003, 152 ff.; vgl. auch Gitter/Schwarz, RdA 1982, 37 (37 f.).

136 BFH, Urt. v. 27.5.2009, SpuRt 2009, 212 ff.

137 Vgl. BFH, Urt. v. 27.5.2009, SpuRt 2009, 212 (214).

ein – erreichen kann. Für die Spielerleihe stellen jedoch die Verbände gewisse Voraussetzungen auf, die die Vereine bei der Vertragsgestaltung berücksichtigen und einhalten müssen, damit der Entleiher schließlich eine Spielerlaubnis für den geliehenen Spieler erhält. Ausgangspunkt für die Erklärung der in der Praxis zwischen den Parteien geschlossenen Verträge sind daher die Verbandsvorschriften zur Spielerleihe.

I. Die Vorgaben für die Spielerleihe nach der LOS

Wechselt ein Spieler zwischen Vereinen der Fußball-Bundesligen, ist für die Erteilung der Lizenzen der Ligaverband bzw. die DFL[138] zuständig. Die einschlägigen Regelungen zur Spielerleihe im Profifußball finden sich also nicht mehr in den Regelwerken des DFB, sondern in der Lizenzordnung Spieler.[139] Die einzige ausdrückliche Regelung zur Spielerleihe ist § 5 Nr. 2 LOS:

> „Ein Spieler kann an einen anderen Verein oder eine Kapitalgesellschaft als Lizenz- oder Vertragsspieler ausgeliehen werden. Die Bestimmungen betreffend den endgültigen Transfer eines Spielers gelten entsprechend. Über die Ausleihe ist eine schriftliche Vereinbarung zwischen dem Spieler und den beiden betroffenen Clubs zu treffen. Die Ausleihe muss sich mindestens auf die Zeit zwischen zwei Wechselperioden beziehen. Voraussetzung ist weiterhin, dass eine vertragliche Bindung mit dem verleihenden Club nach dem Ende der Ausleihe besteht. Ein Club, der einen Spieler ausgeliehen hat, darf diesen nur dann zu einem dritten Club transferieren, wenn dazu die schriftliche Erlaubnis des verleihenden Clubs und des Spielers vorliegt."

Nach Satz 2 dieser Vorschrift gelten für die Ausleihe die Bestimmungen zum endgültigen Transfer eines Spielers entsprechend. Ausgangspunkt für den Transfer ist § 13 Nr. 1 LOS: Damit der Spieler für den aufnehmenden Verein auflaufen kann, muss beim Ligaverband die Erteilung einer Spielerlaubnis (Spielerlizenz) beantragt werden. Nach Nr. 2 dieser Vorschrift ist diesem Antrag, den in aller Regel der aufnehmende Verein stellen wird, stattzugeben, wenn insbesondere die Aufnahme des Spielers in die Transferliste bekannt

138 Der DFL ist die Geschäftsführung des Ligaverbandes übertragen, vgl. § 19 Nr. 2 der Satzung des Ligaverbandes.

139 Zwar gibt es auch in der DFB-Spielordnung Vorschriften zum Spielerwechsel. Diese beziehen sich jedoch nur auf Vertragsspieler und Amateure, also Spieler der unterklassigen Ligen. Nach § 8 Nr. 3 a. E. der DFB-Spielordnung wird der Vereinswechsel von Lizenzspielern durch das Ligastatut geregelt, zu dem auch die Lizenzordnung Spieler gehört.

gegeben ist und dem Ligaverband ein wirksamer Vertrag zwischen Verein bzw. Kapitalgesellschaft und Spieler vorliegt. Zudem dürfen für den gleichen Zeitraum keine anderweitigen rechtlichen Bindungen als Spieler an einen anderen Verein bzw. eine andere Kapitalgesellschaft mehr bestehen.

1. Aufnahme des Spielers in die Transferliste

Die Transferliste ist eine Einrichtung des Ligaverbandes zur Offenlegung des Vereinswechsels der Lizenzspieler, § 4 Nr. 1 LOS. Sie hat also eine Publizitätsfunktion.[140] Lizenzvereine der Bundesligen sowie interessierte Vereine ausländischer Ligen können sich anhand der Transferliste darüber informieren, welche Spieler ihren bisherigen Verein verlassen werden, sei es weil ihr Vertrag endet und sie kein neues Vertragsangebot erhalten haben oder weil Spieler und Verein sich einig sind, dass der Spieler an einen interessierten Verein trotz laufenden Vertrages „verkauft" werden soll. Zudem können bereits abgeschlossene Transfers anhand der Transferliste nachvollzogen werden.

Zur Aufnahme in die Transferliste ist ebenfalls ein Antrag zu stellen. Antragsberechtigt sind nach § 4 Nr. 4 LOS der Lizenzspieler, der abgebende Verein sowie – falls wie bei einem bevorstehenden Transfer bereits ein Verein vorhanden ist, der den Spieler verpflichten möchte[141], – der aufnehmende Verein. Die Voraussetzungen für die Aufnahme in die Transferliste sind wiederum in § 4 Nr. 6 LOS abschließend aufgeführt.

a. Beendigung des ursprünglichen Vertrages

Zunächst einmal müssen bei einem Wechsel des Spielers zu einem anderen Verein die Verträge mit dem abgebenden Verein zum Zeitpunkt der Antragsstellung fristgerecht gekündigt, in beiderseitigem Einvernehmen aufgelöst worden sein oder durch Zeitablauf enden, § 4 Nr. 6 Buchst. a) LOS.[142]

---

140 Vgl. PHB SportR-Summerer, 2. Teil, Rn. 17. Die aktuellen Transferlisten können auf der Internetseite der DFL abgerufen werden.

141 Soll ein Spieler gegen Zahlung einer Entschädigung an einen anderen Verein verkauft werden, so ist es in der Praxis üblich, dass sich Spieler und abgebender Verein zunächst einen an der Verpflichtung des Spielers interessierten Verein suchen und vorab mit diesem die genauen Transfermodalitäten regeln. Erst anschließend wird der Spieler auf die Transferliste des Ligaverbands gesetzt.

142 Bei der Spielerleihe stellt sich in diesem Zusammenhang insbesondere die Frage, ob es den Parteien auch möglich ist, ihren Vertrag für die Zeit der Überlassung ruhend

b. Antragsstellung sowie Zustimmung zur Aufnahme in die Transferliste

Weitere Voraussetzung ist nach Buchst. b) der Vorschrift, dass der Verein bzw. die Kapitalgesellschaft sowie der Spieler entweder den Antrag selbst gestellt oder der Aufnahme in die Transferliste zugestimmt haben.[143] Das Zustimmungserfordernis soll verhindern, dass ein Spieler – trotz eines noch laufenden Vertrages – sich selbst gegen den Willen des Vereins bzw. durch den Verein gegen seinen Willen auf die Transferliste gesetzt wird.

In diesem Zusammenhang erlangt § 4 Nr. 5 LOS Bedeutung. Nachdem ein Antrag auf Aufnahme in die Transferliste von einer Partei gestellt worden ist, werden alle durch diesen Antrag Betroffenen darüber vom Ligaverband informiert. Den Betroffenen wird zudem eine Frist gesetzt, innerhalb derer sie Einspruch einlegen können. Erfolgt kein Einspruch, gilt die Zustimmung zur Aufnahme in die Transferliste als erteilt.[144] Wird dagegen von einer Seite ein Einspruch eingelegt, wird ein Spieler nur dann in die Transferliste aufgenommen, wenn der Einspruch zurückgewiesen worden ist, § 4 Nr. 6 Buchst. c) LOS.

2. Wirksamer Arbeitsvertrag zwischen Spieler und Verein

Weitere Voraussetzung dafür, dass dem Verein eine Spielerlaubnis für den verpflichteten Spieler erteilt wird, ist das Bestehen eines wirksamen Arbeitsvertrages zwischen Verein und Spieler. Der aufnehmende Verein, der den Antrag zur Erteilung der Spielerlaubnis stellt, muss den im Zuge des Transfers

---

zu stellen, oder ob dies gegen § 4 Nr. 6 Buchst. a) LOS verstößt, der gerade auf die Spielerleihe entsprechend anzuwenden ist; vgl. dazu die Ausführungen in Kapitel 5/D/I.

143 In der Presse wird diese Zustimmung oftmals auch als Freigabe bezeichnet. Den Begriff der Freigabe verwendet das Regelwerk allerdings nur bei einem internationalen Transfer, wenn also der Spieler zu einem anderen Mitgliedsverband der FIFA wechselt; vgl. § 15 LOS.

144 An dieser Stelle wird die mangelnde Systematik und Qualität von Sportregelwerken deutlich: So steht die Zustimmungsfiktion (§ 4 Nr. 5 LOS) vor der Vorschrift, die anordnet, dass eine Zustimmung zum Antrag auf Aufnahme in die Transferliste überhaupt erforderlich ist (§ 4 Nr. 6 Buchst. b) LOS). Sinnvoller und systematisch korrekt wäre es gewesen, diese Fiktion zusammen mit dem Zustimmungserfordernis zu regeln oder anschließend anzufügen, so wie es der Gesetzgeber beispielsweise in § 108 Abs. 1 und 2 BGB, § 177 Abs. 1 und 2 BGB und § 269 Abs. 1 und 2 ZPO gemacht hat.

mit dem Spieler geschlossenen Vertrag beim Ligaverband einreichen. Berücksichtigung findet ein solcher Arbeitsvertrag nach § 5 Nr. 1 LOS aber nur dann, wenn er nach Aufnahme des Spielers in die Transferliste dem Ligaverband vorgelegt wird.

Das Einreichen des Arbeitsvertrages mit dem Spieler dient dabei zum einen als Nachweis, dass gerade eine wirksame vertragliche Bindung des Spielers an den Verein besteht. Zum anderen bewirkt die Vorlage dieses Vertrages nach § 4 Nr. 8 LOS die Streichung des Spielers von der Transferliste zugunsten des vertragsschließenden Vereins. Werden also – wie insbesondere bei kurzfristigen Vereinswechseln üblich – die Anträge zur Erteilung der Spielerlaubnis und zur Aufnahme in die Transferliste sowie die beiden Verträge (Aufhebungsvertrag einerseits, neuer Arbeitsvertrag andererseits) unmittelbar nacheinander beim Ligaverband eingereicht, so führt dies dazu, dass der Spieler lediglich für einen Tag auf der Transferliste als vereinssuchend geführt wird. Denn gerade wegen des Einreichens des neuen Arbeitsvertrages wird der Spieler am nächsten Tag wieder von dieser Liste gestrichen.[145]

3. Keine anderweitige rechtliche Bindung

Nicht nur müssen – als Voraussetzung für die Aufnahme in die Transferliste – die Verträge mit dem alten Verein aufgelöst worden sein. Für die Erteilung der Spielerlaubnis ist nach § 13 Nr. 2 Buchst. c) LOS zudem erforderlich, dass für den gleichen Zeitraum keine anderweitigen rechtlichen Bindungen an andere Vereine bzw. Kapitalgesellschaften bestehen. Es ist dem Spieler also verboten, für den gleichen Zeitraum mehrere Arbeitsverträge mit unterschiedlichen Vereinen abzuschließen.[146]

145 Der Spieler wird „von der Transferliste gestrichen“, indem in der entsprechenden Zeile der Verein angefügt wird, der den Spieler verpflichtet hat.

146 Hat der Spieler mit einem anderen Verein einen weiteren Arbeitsvertrag abgeschlossen, erteilt die DFL nur zugunsten des Vereins oder der Kapitalgesellschaft eine Spielerlaubnis, der zuerst einen wirksamen schriftlichen Vertrag beim Ligaverband eingereicht hat (§ 13 Nr. 2 Buchst. c) LOS). Der andere Arbeitsvertrag wird in der Folge nicht wirksam, da nach § 10 Nr. 1 des DFL-Musterarbeitsvertrages die Erteilung der Spielerlaubnis durch den Ligaverband bzw. die DFL aufschiebende Bedingung für die Wirksamkeit des Vertrages ist; vgl. dazu Anhang A.

4. Weitere Erfordernisse

Schließlich werden in § 13 Nr. 2 Buchst. d) – g), Nr. 3 – 7 LOS weitere Voraussetzungen für die Erteilung der Spielerlaubnis aufgestellt. So ist zum Beispiel die Sporttauglichkeit nachzuweisen; bei Spielern, die nicht Angehörige eines EU- oder EWR-Staates sind, muss ein gültiger Aufenthaltstitel vorgelegt werden, der zur Ausübung der Erwerbstätigkeit als Lizenzspieler berechtigt und mindestens bis zum Ende des jeweiligen Spieljahres gilt; zudem sind sämtliche mit einem Berater und/oder Vermittler abgeschlossenen Verträge einschließlich Anlagen und Zusatzvereinbarungen unverzüglich nach deren Abschluss bei der DFL einzureichen.

II. Vertragsgestaltung als Umsetzung der Verbandsvorschriften

Der Wortlaut dieser Verbandsvorschriften erklärt die Art und Weise, wie die Beteiligten das zeitweise Überlassen des Spielers vertraglich ermöglichen. So schließen zunächst verleihender und entleihender Verein einen Vertrag, mit dem sich der Verleiher damit einverstanden erklärt, dass der Spieler für die Leihdauer bei dem entleihenden Verein spielt.[147] Anschließend heben Verleiher und Spieler ihren noch bestehenden Arbeitsvertrag auf und der Spieler schließt mit dem Entleiher einen neuen Arbeitsvertrag, der bis zum Ablauf der Leihdauer auflösend befristet ist. Schließlich gibt es eine Vereinbarung, die die Rückkehr des Spielers zu seinem alten Verein sichert, wobei grundsätzlich zwei Konstruktionen denkbar sind: Entweder verständigen sich Spieler und der Verleiher sofort auf einen weiteren Arbeitsvertrag, der aufschiebend befristet ist und dessen Laufzeit gerade nach Ablauf der Leihdauer beginnt. Oder aber der Spieler verpflichtet sich zumindest dem abgebenden Verein gegenüber dazu, mit diesem zu einem späteren Zeitpunkt einen Arbeitsvertrag zu schließen, der dann zeitlich direkt an den Ablauf der Leihdauer anknüpft.

Insgesamt werden also nach dieser Konstruktion eines Ausleihgeschäfts vier Verträge geschlossen.[148] Neben dem eigentlichen Leihvertrag der beteilig-

---

147 Dieser Vertrag zwischen den beiden Vereinen ist der eigentliche Leihvertrag.

148 Vgl. Bohnau, Der Vereinswechsel des Lizenzfußballspielers, 2003, 153; Gitter/Schwarz, RdA 1982, 37 (38); Kaske, Das arbeitsrechtliche Direktionsrecht, 1983, 31; Malatos, Berufsfußball im europäischen Rechtsvergleich, 1987, 123.

ten Vereine unterzeichnet der Leihspieler einen Aufhebungsvertrag sowie zwei neue befristete Arbeitsverträge.[149]

C. Vertragsgegenstand des Leihvertrages

Ziel des Ausleihgeschäfts ist das zeitweise Überlassen eines Spielers an einen anderen Verein. Der Entleiher soll die Möglichkeit erhalten, gegebenenfalls gegen Zahlung eines Entgelts die Arbeitskraft des Spielers für die Dauer der Ausleihe nutzen zu können. Anschließend soll der Spieler wieder zu seinem alten Verein zurückkehren. Fraglich ist aber, wozu genau sich der Verleiher durch den Abschluss des Leihvertrages verpflichtet und was in rechtlicher Hinsicht die vom verleihenden Verein zu erbringende Leistung ist, die der Entgeltzahlung des Entleihers gegenüber steht.

I. Abtretung des Anspruchs auf die Arbeitsleistung

Gegenstand der Vereinbarung der Vereine ist zunächst einmal nicht die Abtretung des Anspruchs auf die Arbeitsleistung des Spielers. Nach der oben dargestellten Ausgestaltung des Ausleihgeschäfts lösen Verleiher und Spieler ihren Arbeitsvertrag einvernehmlich auf.[150] Dadurch erlischt der Anspruch des Verleihers gegen den Spieler auf die Arbeitsleistung. Eine (spätere) Abtretung des Anspruchs an den Entleiher scheidet demnach aus.

149 In formaler Hinsicht ist sowohl der Abschluss aller vier Vereinbarungen in einzelnen Vertragsurkunden als auch die Aufnahme sämtlicher Vereinbarungen in einer Vertragsurkunde möglich. Die FIFA schlägt dazu in ihrem Kommentar zum FIFA-Reglement bezüglich Status und Transfer von Spielern, das in Art. 10 die Leihgabe auf internationaler Ebene regelt, folgendes vor: „Der Leihvertrag wird grundsätzlich allein zwischen den beiden beteiligten Klubs abgeschlossen. Der Spieler wird als Zeichen seiner Einwilligung zur Leihgabe hingegen oft gebeten, den Vertrag ebenfalls zu unterzeichnen. Möglich ist aber auch ein Vertrag zwischen den beiden Klubs und dem Spieler, in dem diese sowohl die Leihgabe als auch die Anstellung des Spielers regeln. Der Spieler und der neue Klub müssen für die Dauer der Leihgabe jedoch in jedem Fall einen Arbeitsvertrag abschließen."

150 Dies ist nach § 4 Nr. 6 Buchst. a) LOS zwingende Voraussetzung für die Aufnahme des Spielers in die Transferliste.

II. Übertragung eines „Rechts am Spieler"

Ebenfalls nicht möglich ist es, dass der verleihende Verein sich mit Abschluss des Leihvertrages dem entleihenden Verein gegenüber dazu verpflichtet, diesem ein „Recht am Spieler" auf Zeit zu übertragen. Zwar kann man vertreten, dass die Zahlung des Entleihers wirtschaftlich gesehen für die Übertragung eines „Rechts am Spieler" erfolgt.[151] In rechtlicher Hinsicht besteht jedoch zugunsten eines Vereins kein solches allgemeines, nicht näher bestimmtes Recht an seinen Sportlern.[152]

Insbesondere ist es nicht möglich, in diesem Zusammenhang auf die Transferrechte abzustellen, die der Verein umgangssprachlich „an seinen Spielern" besitzt. Als Transferrecht wird lediglich die Möglichkeit bezeichnet, einen arbeitsvertraglich noch gebundenen Spieler – mit dessen Zustimmung – an einen anderen Verein ausleihen oder transferieren zu können.[153] Das Innehaben der Transferrechte ist also Voraussetzung für den Abschluss eines Transfer- oder Leihvertrages; sie sind aber nicht selbst Gegenstand einer solchen Vereinbarung.[154]

III. Übertragung der Spielerlaubnis

Grundsätzlich denkbar wäre es, in dem Abschluss des Leihvertrages die Verpflichtung des Verleihers zu sehen, dem Entleiher die Spielerlaubnis für den Spieler für eine gewisse Zeit zu übertragen.[155] In diesem Zusammenhang ist

---

151 Auf diese wirtschaftliche Betrachtungsweise hat der Bundesfinanzhof in seinem Urteil vom 26.8.1992 abgestellt, als es um die Verkehrsfähigkeit einer Spielerlaubnis als immaterieller Vermögensgegenstand im Sinne des § 266 Abs. 2 Buchst. A I 1 HGB ging, BFH, Urt. v. 26.8.1992, DStR 1992, 1611 (1612); vgl. dazu auch Wehrheim, BB 2004, 433 (434).

152 BFH, Urt. v. 27.5.2009, SpuRt 2009, 212 (213). Ein solches allgemeines Recht an einem Menschen ist bereits mit den allgemeinen Rechtsgrundsätzen nicht vereinbar.

153 „Transferrechte sind als eigenständige Rechtsfigur nicht vorhanden und damit auch nicht veräußerbar", LG Braunschweig, Urt. v. 28.10.2003, SpuRt 2004, 69 (70).

154 Dass die Transferrechte nicht Gegenstand eines Leihvertrages sind, zeigt auch § 5 Nr. 2 LOS: Danach bleibt die Entscheidung, ob der verliehene Spieler an einen Dritten Verein ausgeliehen oder transferiert wird, auch während der Leihdauer beim Verleiher. Zur Relevanz dieser wichtigen Vorschrift vgl. unten Kapitel 3/D/IV.

155 Dies ist dem Wortlaut nach der Ansatz für eine Ausleihe im englischen Fußball. So spricht beispielsweise das offizielle Formular der Football Association (FA), das bei

aber der (verbandsrechtliche) Ablauf einer Spielerleihe nach den Statuten der DFL zu berücksichtigen: Wie oben ausgeführt, stellt bei einem Transfer bzw. einer Ausleihe der aufnehmende Verein beim Ligaverband einen Antrag auf Erteilung einer Spielerlaubnis. Er erhält diese Spielerlaubnis vom Verband, sofern die weiteren Voraussetzungen vorliegen, insbesondere die Verträge mit dem abgebenden Verein zum Zeitpunkt der Antragsstellung in beiderseitigem Einvernehmen aufgelöst worden sind, § 4 Nr. 6 Buchst. a) LOS. Die Regularien der DFL gehen also gerade nicht davon aus, dass der abgebende Verein seine Spielerlaubnis an den aufnehmenden Verein überträgt. Vielmehr erlischt diese gemäß § 13 Nr. 6 LOS[156], sobald abgebender Verein und Spieler den für einen Wechsel zwingend erforderlichen Aufhebungsvertrag geschlossen haben. Im Falle der Spielerleihe erhält folglich der Entleiher eine neue Spielerlaubnis vom Verband. Die Spielerlaubnis kann nicht Gegenstand der Vereinbarung der Vereine im Leihvertrag sein.

IV. Überlassung der Spielerlaubnis zur Nutzung

Aus denselben Gründen scheidet es auch aus, den Vertragsgegenstand des Leihvertrages in der Überlassung der Nutzungsmöglichkeit der Spielerlaubnis zu sehen. Der Entleiher nutzt gerade nicht die Spielerlaubnis des Verleihers, sondern erhält vom Verband für die Leihdauer eine neue Spielerlaubnis für den Spieler.[157]

V. Zeitlich befristeter (entgeltlicher) Verzicht des Verleihers

Nach richtiger Ansicht verpflichtet sich der Verleiher durch Abschluss des Leihvertrages dem Entleiher gegenüber, den noch bestehenden Arbeitsvertrag mit dem Spieler aufzulösen. Vertragsgegenstand des Leihvertrages ist damit der auf die Dauer der Ausleihe beschränkte Verzicht des Verleihers, selbst

---

einer Leihgabe eines Spielers zu verwenden ist, von „Temporary Transfer Of Registration“; vgl. Anhang C.

156 § 13 Nr. 6 LOS lautet: „Die Spielerlaubnis des Spielers erlischt mit dem Tag der Beendigung des Vertrages mit dem Verein oder der Kapitalgesellschaft.“

157 So auch BFH, Urt. v. 27.5.2009, SpuRt 2009, 212 (213).

eine Spielerlaubnis für den Spieler zu beanspruchen.[158] Denn die Abgabe der Willenserklärung durch den Verleiher im Rahmen des Auflösungsvertrages führt zum Erlöschen der bislang gültigen Spielerlaubnis.[159] Zudem ermöglicht die Erklärung dem Entleiher, durch Vorlage dieses Aufhebungsvertrages eine neue Spielerlizenz beim Verband zu beantragen und zugleich den Bestand einer Spielerlaubnis für einen anderen – insbesondere dem verleihenden – Verein auszuschließen.[160]

Sofern sich die Parteien auf die Zahlung einer Leihgebühr als Gegenleistung verständigen, stehen die Verpflichtung des Verleihers zur Abgabe der Willenserklärung und die Verpflichtung des Entleihers zur Zahlung der Leihgebühr in einem synallagmatischen Verhältnis zueinander. Sowohl Verleiher als auch Entleiher gehen ihre Verpflichtung nur der Gegenleistung willen ein.[161] Nicht mehr haltbar ist die früher vertretene Auffassung, die Pflicht zur Zahlung der Transferentschädigung sei verbandsrechtlich begründet, so dass die Gegenleistung, zu der sich der aufnehmende Verein durch Abschluss des Transfer- bzw. Leihvertrages verpflichtet, nicht in der Zahlung der Transfersumme bzw. Leihgebühr, sondern im Abschluss des Arbeitsvertrages mit dem Spieler bestünde.[162] Nach der Änderung der Verbandsstatuten wegen des Bosman-Urteils des EuGH gibt es keine dem § 29 Lizenzspielerstatut[163] entsprechende Vorschrift mehr. Rechtsgrundlage für die Zahlung einer Ablöse ist nunmehr allein die vertragliche Vereinbarung der am Wechsel beteiligten Vereine.[164]

---

158 Vgl. BFH, Urt. v. 27.5.2009, SpuRt 2009, 212 (213); Brömmekamp, Die Spielerleihe, 1988, 48; vgl. auch Wertenbruch, in: FS Röhricht, 2005, 1297 (1299).

159 Vgl. § 13 Nr. 6 LOS; zum Wortlaut der Vorschrift siehe Fn. 156.

160 Aus § 13 Nr. 2 Buchst. c) LOS folgt gerade, dass die DFL - selbst bei Abschluss mehrerer Verträge durch den Spieler - nur zugunsten eines Vereins eine Spielerlaubnis erteilt.

161 Vgl. allgemein zur synallagmatischen Verknüpfung von Hauptleistungspflichten Palandt-Grüneberg, Einführung vor § 320, Rn. 5 ff. Zum Leihvertrag als gegenseitiger Vertrag vgl. Brömmekamp, Die Spielerleihe, 1988, 60.

162 So zum Beispiel Bohnau, Der Vereinswechsel des Lizenzfußballspielers, 2003, 85; Brömmekamp, Die Spielerleihe, 1988, 61; Wertenbruch, NJW 1993, 179 (182).

163 § 29 des DFB-Lizenzspielerstatuts lautete: „Ein Verein der Lizenzligen, der einen Spieler eines anderen Vereins unter Vertrag nimmt, ist zur Zahlung einer Transferentschädigung verpflichtet, für Amateure eventuell auch für mehrere frühere Vereine des Spielers."

164 Richtigerweise benennt Wehrheim, BB 2004, 433 ff., die Zahlungen des aufnehmenden Vereins im Falle eines Transfers oder einer Ausleihe als „Aufhebungszahlungen". Diese sollen gerade den abgebenden Verein dazu bewegen, den noch be-

D. Vertragstypus des Leihvertrages im Sport

I. Werk- oder Dienstvertrag

Aus dem Vertragsgegenstand des Leihvertrages folgt zunächst einmal, dass der zwischen den Vereinen geschlossene Vertrag nicht als Werk- oder Dienstvertrag einzuordnen ist. Durch Abschluss des Leihvertrages verpflichtet sich der Verleiher nicht selbst, eine bestimmte Leistung – sei es mit Vereinbarung eines bestimmten zu erreichenden Leistungserfolgs oder ohne – für den Entleiher zu erbringen. Er willigt lediglich ein, den noch bestehenden Arbeitsvertrag aufzulösen und dem Entleiher dadurch zu ermöglichen, für die Dauer der Leihgabe mit dem Spieler einen neuen Arbeitsvertrag abzuschließen. Aufgrund des neuen Arbeitsvertrages ist dann ausschließlich der Spieler zur Erbringung der Arbeitsleistung für den Entleiher verpflichtet.

II. Miet- oder Leihvertrag

Die Leihgabe eines Berufssportlers an einen anderen Verein ist darüber hinaus genauso wenig als Miet- oder Leihvertrag einzustufen[165] wie der Transfer als Kaufvertrag.[166] Zwar ist auch die Spielerleihe in zeitlicher Hinsicht nicht

---

stehenden Arbeitsvertrag mit dem Spieler vorzeitig aufzulösen, um so Transfer oder Ausleihe zu ermöglichen. Anders als die „Transferentschädigung" ist Rechtsgrundlage der „Aufhebungszahlung" nicht eine Anordnung in den Verbandsvorschriften, sondern der von den Vereinen geschlossene Transfer- oder Leihvertrag. Somit ist nunmehr nicht nur die Höhe, sondern auch das „Ob" einer Geldzahlung verhandelbar.

165 So auch Bohnau, Der Vereinswechsel des Lizenzfußballspielers, 2003, 146; Brömmekamp, Die Spielerleihe, 1988, 51; MünchKomm-Häublein, § 598, Rn. 13.

166 Die Qualifizierung des Transfers ist allerdings umstritten: Für die Einordnung als Kaufvertrag zum Beispiel Becker, Verfassungsrechtliche Schranken für die Regelung des Lizenzfußballsports, 1982, 123 ff.; Knauth, Die Rechtsformverfehlung bei eingetragenen Vereinen, 1976, 171; Westerkamp, Ablöseentschädigungen im bezahlten Sport, 1980, 69 ff. Für die Einordnung als Vertrag eigener Art MünchKomm-Westermann, § 433, Rn. 17; Palandt-Weidenkaff, Einführung vor § 433, Rn. 23; Staudinger-Köhler, § 433, Rn. 20. Zur Begründung kann aber nicht mehr darauf abgestellt werden, es handele sich bei der Transfervereinbarung nicht um einen gegenseitigen Vertrag, weil sich die Zahlungsverpflichtung aus den Verbandsstatuten ergebe – so zum Beispiel noch Wertenbruch, NJW 1993, 179 (182) und Bohnau, Der Vereinswechsel des Lizenzfußballspielers, 2003, 82 f. Ein Kaufvertrag ist dennoch

auf Dauer angelegt, sondern der Spieler kehrt nach Ablauf der Ausleihe wieder zu seinem ursprünglichen Verein zurück, so dass grundsätzlich ein Mietvertrag oder ein Leihvertrag vorliegen könnte. Allerdings unterscheiden sich diese beiden Vertragstypen von einer Spielerleihe hinsichtlich des Vertragsgegenstandes: Während Miet- und Leihvertrag die vorübergehende Überlassung des Gebrauchs an einer Sache regeln, ermöglicht der Verleiher – durch die Abgabe einer Willenserklärung im Rahmen des Aufhebungsvertrages und somit durch den Verzicht auf die Beanspruchung der Spielerlaubnis – das vorübergehende Nutzen der Arbeitskraft des Spielers durch den Entleiher. Schon das allgemeine Persönlichkeitsrecht gemäß Art. 2 Abs. 1 in Verbindung mit Art. 1 GG verbietet es aber, Menschen bzw. deren Arbeitskraft einer Sache gleichzustellen.[167]

III. Dienstverschaffungsvertrag

Naheliegend ist es allerdings, den Leihvertrag als Dienstverschaffungsvertrag zu qualifizieren. Wie oben bereits ausgeführt, ist es gerade das Ziel des Ausleihgeschäfts, einem anderen Verein einen Spieler zeitweilig zu überlassen. Als konkrete Vertragstypen kommen insbesondere Arbeitsvermittlungsvertrag und Arbeitnehmerüberlassungsvertrag in Betracht.

1. Arbeitsvermittlungsvertrag

Gemäß § 35 Abs. 1 S. 2 SGB III sind unter Arbeitsvermittlung alle Tätigkeiten zu verstehen, „die darauf gerichtet sind, Ausbildungssuchende mit Arbeitgebern zur Begründung eines Ausbildungsverhältnisses und Arbeitsuchende mit Arbeitgebern zur Begründung eines Beschäftigungsverhältnisses zusammenzuführen“. Gegen die Einordnung der Vereinbarung der Vereine als Arbeitsvermittlung spricht jedoch zum einen, dass im Zeitpunkt des Abschlusses des Leihvertrages noch ein wirksamer Arbeitsvertrag des Spielers zum abgebenden Verein besteht, der erst anschließend – in Erfüllung des Leihvertrages – von Verleiher und Spieler aufgehoben wird. Der Spieler ist damit bereits

---

abzulehnen, weil Gegenstand eines Transfers weder eine Sache noch ein übertragbares Recht ist. Insofern gilt das oben zum Gegenstand des Leihvertrages Gesagte für den Transfervertrag entsprechend.

167 Brömmekamp, Die Spielerleihe, 1988, 46; Bohnau, Der Vereinswechsel des Lizenzfußballspielers, 2003, 146.

kein Arbeitssuchender im Sinne des § 35 Abs. 1 SGB III. Zum anderen fehlt es aber auch in der Regel an einer Vermittlertätigkeit des abgebenden Vereins. Eine Vermittlungstätigkeit setzt grundsätzlich ein aktives Tun des Vermittlers gerichtet auf Abschluss eines Arbeitsvertrages zwischen dem Arbeitnehmer und dem Dritten voraus.[168] Im Sport ist es aber regelmäßig so, dass der Dritte (oder aber der Spieler selbst) an den Verein herantritt und den Wunsch äußert, den Spieler ausleihen zu wollen (an einen anderen Verein ausgeliehen zu werden).[169] Der Verleiher tritt also schon gar nicht als Vermittler auf.

2. Gewerbsmäßiger Arbeitnehmerüberlassungsvertrag im Sinne des § 1 AÜG

Auch ein Arbeitnehmerüberlassungsvertrag stellt einen speziellen Fall eines Dienstverschaffungsvertrages dar.[170] Voraussetzung für die Annahme eines Arbeitnehmerüberlassungsvertrages im Sinne des § 1 AÜG ist allerdings, dass während der Überlassungszeit der Verleiher Arbeitgeber des verliehenen Arbeitnehmers bleibt, während es an einer arbeitsrechtlichen Beziehung zwischen Arbeitnehmer und Entleiher fehlt.[171] Dies ergibt sich aus § 10 AÜG. Danach gilt ein Arbeitsverhältnis zwischen Entleiher und Leiharbeitnehmer als zustande gekommen, falls der Verleiher nicht über die nach § 1 Abs. 1 S. 1 AÜG erforderliche Erlaubnis für das Überlassen von Arbeitnehmern verfügt. Diese Vorschrift würde keine Bedeutung haben, wenn nicht das Gesetz davon ausginge, dass grundsätzlich der Verleiher während der Ausleihe Arbeitgeber des Leiharbeitnehmers ist.[172]

Betrachtet man die rechtlichen Beziehungen der Parteien bei einer Spielerleihe im Profisport, stellen sich diese anders dar als bei einer gewerbsmäßigen Arbeitnehmerüberlassung. Da der Spieler den Arbeitsvertrag mit dem abgebenden Verein auflöst und einen neuen befristeten Arbeitsvertrag mit dem aufnehmenden Verein abschließt, ist während der Überlassungszeit gerade

168 Schüren/Hamann, § 1, Rn. 299.

169 Dass der abgebende Verein trotz der Initiative des Dritten bzw. des Spielers dann auch eigene Motive für das Ausleihen des Spielers hat, ist selbstverständlich, da der Verein anderenfalls einer Leihgabe nicht zustimmen würde.

170 MünchKomm-Müller-Glöge, § 611, Rn. 38; Palandt-Weidenkaff, Einführung vor § 611, Rn. 38; Schaub-Koch, § 120, Rn. 5; Ulber, AuR 1982, 54 (58).

171 BAG, Urt. v. 25.10.2000, AP Nr. 15 zu § 10 AÜG; BAG, Urt. v. 3.12.1997, AP Nr. 24 zu § 1 AÜG; ErfK-Wank, Einleitung AÜG, Rn. 23; Schüren, RdA 2007, 231 (234); Schüren/Hamann, § 1, Rn. 33; Thüsing, Einführung, Rn. 2.

172 Vgl. Schüren/Hamann, Einleitung, Rn. 175.

nicht der Verleiher, sondern der Entleiher Arbeitgeber des Spielers. Wegen dieses konstruktiven Unterschieds ist insoweit *Brömmekamp*[173] und *Bohnau*[174] zuzustimmen, dass der Leihvertrag kein Arbeitnehmerüberlassungsvertrag im Sinne von § 1 AÜG ist.[175]

> Aus demselben Grund stellen auch die Durchführungsanweisungen der Bundesagentur für Arbeit zu § 1 AÜG klar, dass der Verleih von Fußballspielern nach den Statuten des Deutschen Fußball-Bundes (DFB) kein Verleih im Sinne des Arbeitnehmerüberlassungsgesetzes ist.[176]

IV. Der Leihvertrag als Vertrag sui generis

Der Leihvertrag zweier Sportvereine lässt sich demnach nicht unter einen vom Gesetzgeber vorgegebenen Vertragstyp subsumieren. Vielmehr handelt es sich beim Leihvertrag aufgrund seiner besonderen Ausgestaltung um einen Vertrag sui generis.[177]

E. Spielerleihe als Arbeitnehmerüberlassung sui generis

Auch wenn der Leihvertrag kein Arbeitnehmerüberlassungsvertrag im Sinne des § 1 AÜG ist, ist damit nicht entschieden, ob es sich bei der Leihgabe von

---

173 Brömmekamp, Die Spielerleihe, 1988, 59.

174 Bohnau, Der Vereinswechsel des Lizenzfußballspielers, 2003, 152 ff.

175 Mit Hinweis auf die fehlende Arbeitgeberstellung des Verleihers während der Überlassungszeit so auch Gitter/Schwarz, RdA 1982, 37 (37 f.), die aber konsequenterweise das Abstellen eines Spielers für Auswahl- und Verbandsspiele als echtes Leiharbeitsverhältnis einordnen, da der abgebende Verein in diesem Fall Arbeitgeber des Spielers bleibt; vgl. dazu auch Hilpert, RdA 1997, 92 (96); Poschenrieder, Sport als Arbeit, 1977, 216 f.; Sutter, Rechtsfragen des organisierten Sports, 1984, 277.

176 Vgl. 1.1.5 der Durchführungsanweisungen. Die Durchführungsanweisungen sind als Anhang I bei Schüren/Hamann, AÜG, 3. Auflage (2007), abgedruckt.

177 BFH, Urt. v. 27.5.2009, SpuRt 2009, 212 (214); Bohnau, Der Vereinswechsel des Lizenzfußballspielers, 2003, 147; Brömmekamp, Die Spielerleihe, 1988, 62. Die Qualifizierung der Spielerleihe nicht als Arbeitnehmerüberlassungsvertrag im Sinne des § 1 AÜG, sondern als Vertrag sui generis führt zu dem Ergebnis, dass die Erlaubnispflicht nach § 1 Abs. 1 S. 1 AÜG zumindest nicht direkt auf die Leihgabe von Sportlern angewendet werden kann. Zur Frage der entsprechenden Anwendung der Erlaubnispflicht auf Ausleihgeschäfte vgl. unten Kapitel 4/C/II.

Berufssportlern nicht dennoch um eine Art der Überlassung von Arbeitnehmern handelt. Denn die gewerbsmäßige Arbeitnehmerüberlassung, die durch das Arbeitnehmerüberlassungsgesetz geregelt ist[178], ist nicht die einzige anerkannte Überlassungsform. Auch das nicht-gewerbsmäßige Überlassen von Arbeitnehmern – sowohl in Gestalt der echten als auch der unechten Leiharbeit – fällt unter den Begriff der Arbeitnehmerüberlassung.[179]

Zwar werden die Begriffe echte und unechte Leiharbeit vom Gesetzgeber nicht mehr verwendet. Entgegen anderslautender Darstellung ist dieses Begriffspaar allerdings nicht deckungsgleich zum Begriffspaar gewerbsmäßige und nicht gewerbsmäßige Arbeitnehmerüberlassung.[180] So kann ein Arbeitnehmer beispielsweise durch ein gemeinnütziges Unternehmen gerade zum Zwecke der Verleihung eingestellt werden mit dem Ziel, ihn wieder in den Arbeitsmarkt zu integrieren. Dies wäre ein Fall der unechten, aber dennoch nicht gewerbsmäßigen Arbeitnehmerüberlassung.[181]

Denkbar ist daher, dass die Spielerleihe eine weitere Ausgestaltung der Überlassung von Arbeitnehmern darstellt und es gerechtfertigt ist, die Spielerleihe insofern als „Arbeitnehmerüberlassung sui generis“ zu bezeichnen.

Für die Einordnung des Ausleihgeschäfts im Sport als Leiharbeit spricht zunächst einmal der identische Zweck des Überlassungsvertrages im Falle der „klassischen“ Arbeitnehmerüberlassung sowie des Leihvertrages im Sport: Zwei Arbeitgeber schließen eine Vereinbarung dahingehend, dass ein Arbeitnehmer seine Leistung zeitweise bei dem anderen Arbeitgeber erbringen soll. Sowohl der Leiharbeitnehmer als auch der verliehene Spieler werden anschließend für die Dauer der Überlassung in den Betrieb des Entleihers integriert und kehren nach Ablauf der Leihdauer zum Verleiher zurück.[182]

178 Schaub-Koch, Arbeitsrechts-Handbuch, § 120, Rn. 3; Schüren/Hamann, § 1, Rn. 8.

179 „Arbeitnehmerüberlassung“ bzw. „Leiharbeit“ werden daher im Folgenden als Bezeichnung einer Vertragsgattung verstanden.

180 Boemke/Lembke, § 1, Rn. 15; Preis, Arbeitsrecht, § 10, VI 1; Thüsing, Einführung, Rn. 13.

181 Sogenannte „gemeinnützige Arbeitnehmerüberlassung“. Dieses Beispiel bringt Thüsing, Einführung, Rn. 13, um zu verdeutlichen, dass die Begriffspaare gerade nicht identisch sind. Dass er diese Form der Arbeitnehmerüberlassung dann aber als „echte, nicht gewerbsmäßige Arbeitnehmerüberlassung“ einordnet, ist offensichtlich ein redaktioneller Fehler.

182 Der Leiharbeitnehmer arbeitet nach seiner Rückkehr im Betrieb des Verleihers (echtes Leiharbeitsverhältnis) oder überbrückt beim Verleiher eine gewisse Zeit bis zur nächsten Überlassung an einen anderen Arbeitgeber (unechtes Leiharbeitsverhältnis).

Dabei ist die Rückkehr des Arbeitnehmers genauso wie die Rückkehr des Spielers von Anfang an vertraglich festgelegt und Wesensmerkmal sowohl der klassischen Leiharbeit als auch der Spielerleihe.[183]

> Interessant sind in diesem Zusammenhang auch die identischen provokanten Bezeichnungen für Arbeitnehmerüberlassung einerseits und Spielerwechsel im Sport andererseits. So werden beide Erscheinungsformen gleichermaßen als „Menschenvermietung" und „moderner Sklavenhandel" tituliert.[184]

Zudem ist auch das bei der klassischen Leiharbeit und bei der Spielerleihe gleichermaßen bestehende Drei-Personen-Verhältnis eine Gemeinsamkeit beider Rechtsgeschäfte. Sowohl an einer Arbeitnehmerüberlassung als auch am Abschluss eines Ausleihgeschäfts im Sport wirken nicht nur die Arbeitgeber mit, sondern in beiden Fällen ist auch die Zustimmung des Arbeitnehmers erforderlich. Im sportlichen Bereich ergibt sich dies bereits daraus, dass der Sportler den Vertrag mit seinem bisherigen Verein aufheben muss und einen neuen Arbeitsvertrag mit dem aufnehmenden Verein schließt. Im Bereich der Arbeitnehmerüberlassung ist eine Zustimmung des Arbeitnehmers aufgrund des § 613 S. 2 BGB notwendig.

Demgegenüber ist wesentlichster Unterschied zwischen sämtlichen anerkannten Arten der Leiharbeit und der Spielerleihe die arbeitsvertragliche Situation während der Überlassungszeit. Während bei der klassischen Arbeitnehmerüberlassung der Verleiher die Arbeitgeberstellung innehat, schließt bei einem Ausleihgeschäft der Spieler mit dem aufnehmenden Verein einen neuen Arbeitsvertrag, so dass der Entleiher Arbeitgeber des Spielers ist.

Um letztlich entscheiden zu können, ob die Leihgabe von Berufssportlern als Form des Überlassens von Arbeitnehmern angesehen werden kann, ist die Frage zu beantworten, wie „Arbeitnehmerüberlassung" als Vertragsgattung zu definieren ist. Insbesondere ist zu prüfen, ob die Arbeitgeberstellung des Verleihers während der Überlassungszeit tatsächlich wesentliches Merkmal der Definition der Arbeitnehmerüberlassung ist.

---

183 Gerade weil die vertraglich gesicherte Rückkehr des Spielers Teil des gesamten Ausleihgeschäfts ist, stellt selbst Brömmekamp, der die Charakterisierung des Leihvertrages der Vereine als Arbeitnehmerüberlassungsvertrag zwar ablehnt, die Frage in den Raum, ob nicht diese „Verquickung" dem Ausleihgeschäft insgesamt einen anderen Rechtscharakter verleiht, vgl. Brömmekamp, Die Spielerleihe, 1988, 52.

184 Für die Überlassung von Arbeitnehmern vgl. beispielsweise Leitner, NZA 1991, 293; für den Bereich des Transfers von Spielern im Profisport vgl. Becker, Verfassungsrechtliche Schranken für die Regelung des Lizenzfußballsports, 1982, 121 sowie Wertenbruch, in: FS Röhricht, 2005, 1297.

I. Begriffsbestimmung durch den Gesetzgeber

Der Gesetzgeber selbst spricht in § 1 Abs. 1 S. 1 AÜG von einer Arbeitnehmerüberlassung, die einer Erlaubnis bedarf, wenn „Arbeitgeber als Verleiher Dritten (Entleihern) Arbeitnehmer (Leiharbeitnehmer) gewerbsmäßig zur Arbeitsleistung überlassen wollen“. Bei dieser Begriffsbestimmung handelt es sich jedoch nicht um eine Legaldefinition. Aus den Materialien des Gesetzgebungsverfahrens ergibt sich, dass der Ausschuss für Arbeit und Sozialordnung es aufgrund der vielfältigen Erscheinungsformen des drittbezogenen Personaleinsatzes gerade nicht für sachdienlich erachtet hat, eine gesetzliche Definition zu schaffen, anhand der die Arbeitnehmerüberlassung von diesen abschließend abgegrenzt werden kann. Vielmehr sollte die Abgrenzung durch Dienstanweisungen der Bundesagentur für Arbeit erfolgen.[185] Unabhängig davon muss berücksichtigt werden, dass das Arbeitnehmerüberlassungsgesetz lediglich die gewerbsmäßige Arbeitnehmerüberlassung regelt.[186] Selbst wenn es sich bei § 1 Abs. 1 S. 1 AÜG um eine Legaldefinition handeln würde, so verbietet es sich, aus dieser Norm, die nur eine spezielle Form der Arbeitnehmerüberlassung betrifft, eine Definition zu entwickeln, die für sämtliche – also auch die nicht vom Arbeitnehmerüberlassungsgesetz umfassten – Formen der Arbeitnehmerüberlassung gelten soll.[187]

II. Begriffsbestimmungen in der Literatur

In aller Regel finden sich im Schrifttum eher eng gefasste Formulierungen zur Beschreibung, wann eine Arbeitnehmerüberlassung gegeben ist. So definiert *Hueck*, dass eine Arbeitnehmerüberlassung dann vorliegt, „wenn ein selbständiger Unternehmer einen Arbeitnehmer, mit dem er einen Arbeitsvertrag abgeschlossen hat, für vorübergehende Zeit an einen anderen Unternehmer abgibt, derart, dass unter Fortbestand des Vertragsverhältnisses zum ersten Unternehmer der Arbeitnehmer für den Betrieb des Entleihers nach dessen Wei-

185 Vgl. dazu den Bericht von Jaschke, zu BT-Drucks. VI/3505, 1 (2); so auch Schaub-Koch, Arbeitsrechts-Handbuch, § 120, Rn. 5; Thüsing-Waas, § 1, Rn. 22; anderer Ansicht sind offenbar Boemke/Lembke, § 1, Rn. 9, sowie Ulber, § 1, Rn. 5.

186 Dies entspricht ja gerade dem insoweit eindeutigen Wortlaut des § 1 Abs. 1 S. 1 AÜG. Vgl. auch MünchArbR-Schüren, § 318, Rn. 25; Thüsing-Waas, § 1, Rn. 6; Zöllner/Loritz/Hergenröder, Arbeitsrecht, § 27, IV 2.

187 So geht aber Bohnau, Vereinswechsel des Lizenzfußballspielers, 2003, 149 f., vor.

sungen zu arbeiten hat".[188] Kennzeichnend für eine Arbeitnehmerüberlassung ist danach gerade eine spezifische Ausgestaltung der Vertragsbeziehung zwischen Verleiher und Entleiher einerseits (dem Arbeitnehmerüberlassungsvertrag) und zwischen Verleiher und Arbeitnehmer andererseits (dem Leiharbeitsvertrag) sowie das Fehlen einer arbeitsrechtlichen Beziehung zwischen Arbeitnehmer und Entleiher.[189]

Nur vereinzelt wird der Begriff der Arbeitnehmerüberlassung etwas weiter definiert. Nach *Marschner*[190] beispielsweise liegt eine Arbeitnehmerüberlassung vor, „wenn ein Arbeitgeber (Verleiher) [gewerbsmäßig] Arbeitnehmer (Leiharbeitnehmer) einem Dritten (Entleiher) zur fremdbestimmten Arbeitsleistung überlässt". Im Rahmen dieser Begriffsbestimmung wird allein der Vertragsgegenstand in den Mittelpunkt gestellt, also das Überlassen eines Arbeitnehmers zur fremdbestimmten Arbeitsleistung. Die gespaltene Arbeitgeberstellung während der Überlassung ist dagegen kein Bestandteil der Definition.

Dass die weit überwiegende Anzahl der Autoren für die Annahme einer Arbeitnehmerüberlassung die Arbeitgeberstellung des Verleihers fordern, überrascht allerdings nicht. Denn die Begriffsbestimmungen finden sich in aller Regel im Zusammenhang mit dem Anwendungsbereich des Arbeitnehmerüberlassungsgesetzes und insbesondere in den Kommentierungen zu § 1 AÜG. Der Gesetzgeber hat aber – wie sich aus § 10 AÜG ergibt – die eindeutige Entscheidung dafür getroffen, dass eine Arbeitnehmerüberlassung im Sinne des Arbeitnehmerüberlassungsgesetzes während der Überlassung ein Arbeitsverhältnis des Leiharbeitnehmers zum Verleiher voraussetzt. Darüber hinaus besteht für die meisten Autoren aufgrund dieser eindeutigen Entscheidung des Gesetzgebers offenbar schon kein Anlass, sich die Frage zu stellen, ob es nicht gerechtfertigt ist, auch Konstellationen als Arbeitnehmerüberlassung zu bezeichnen, bei denen nicht der Verleiher, sondern der Entleiher die Arbeitgeberstellung innehat.[191]

---

188 Hueck/Nipperdey, Lehrbuch des Arbeitsrechts, Erster Band, § 54 IV; vgl. auch Preis, Arbeitsrecht, § 10, VI; Schaub-Koch, Arbeitsrechts-Handbuch, § 120, Rn. 1 ff.; Schüren/Hamann, Einleitung, Rn. 106; Thüsing, Einführung, Rn. 1.

189 So auch die Rechtsprechung, vgl. BAG, Urt. v. 25.10.2000, AP Nr. 15 zu § 10 AÜG; BAG, Urt. v. 3.12.1997, AP Nr. 24 zu § 1 AÜG.

190 Marschner, NZA 1995, 668 (669).

191 Lediglich Hueck geht ausdrücklich auf den Fall ein, dass das Vertragsverhältnis zu dem ersten Arbeitgeber aufgehoben und der Arbeitnehmer – nach Beendigung der Arbeit beim zweiten Unternehmer – aufgrund eines neu begründeten Arbeitsverhältnisses wieder bei diesem tätig wird. Dazu stellt er aber lediglich klar, dass dies

III. Abgrenzung zu anderen Formen drittbezogenen Personaleinsatzes

Die Funktion der Begriffsbestimmung ist die Abgrenzung der Arbeitnehmerüberlassung von anderen Formen drittbezogenen Personaleinsatzes.[192] Sofern eine weite Definition, die den Vertragszweck, das zeitweise Überlassen eines Arbeitnehmers an einen anderen, in den Mittelpunkt stellt, eine eindeutige Abgrenzung ermöglicht, kann man auf die Arbeitgeberstellung des Verleihers während der Überlassungszeit als charakteristisches Merkmal verzichten.

1. Abgrenzung zum Werkvertrag

In der Praxis hat die Abgrenzung zum Werkvertrag die größte Bedeutung. Oftmals ist zu entscheiden, ob der Unternehmer als Verleiher einen Arbeitnehmer an einen Dritten überlässt, oder ob er als Werkunternehmer seiner Pflicht aus dem Werkvertrag mit Hilfe des Arbeitnehmers als Erfüllungsgehilfe nachkommt. Die Abgrenzung zum Werkvertrag ist aber auch bei einer weiten Definition der Arbeitnehmerüberlassung im Hinblick auf die geschuldete Leistung gewährleistet: Während bei einer Arbeitnehmerüberlassung die Pflicht des Verleihers darin besteht, dem Entleiher einen Arbeitnehmer zu überlassen, steht der Unternehmer im Rahmen eines Werkvertrages selbst für einen bestimmten Leistungserfolg ein.[193] Das Überlassen beschränkt sich also auf das Zur-Verfügung-Stellen eines geeigneten Arbeitnehmers. Anschließend wird der Arbeitnehmer in den Betrieb des Entleihers eingegliedert und unterliegt – anders als beim Tätigwerden aufgrund eines zwischen Verleiher und Entleiher geschlossenen Werkvertrages – allein den Weisungen des Entleihers.[194] Ob dies dadurch erreicht wird, dass der Verleiher dem Entleiher arbeitsrechtliche Weisungsbefugnisse überträgt, ohne den Arbeitsvertrag mit dem Leiharbeitnehmer aufzulösen, oder ob der Verleiher dem Entleiher für die Dauer der Überlassung das Erlangen der Weisungsbefugnisse durch Abschluss eines eigenen Arbeitsvertrages ermöglicht, indem er seinen noch bestehenden Vertrag mit dem Arbeitnehmer auflöst, ist für die Abgrenzung zum Werkvertrag ohne Bedeutung.

---

kein Leiharbeitsverhältnis „in dem hier gemeinten Sinne“ darstellt, Hueck/Nipperdey, Lehrbuch des Arbeitsrechts, Erster Band, § 54 IV (dort Fn. 31).

192 Vgl. Marschner, NZA 1995, 668.

193 Vgl. Preis, Arbeitsrecht, § 10, VI 2; MünchArbR-Schüren, § 318, Rn. 37.

194 Boemke/Lembke, § 1, Rn. 78.

2. Abgrenzung zum Dienstvertrag

Gleiches gilt entsprechend für die Abgrenzung der Arbeitnehmerüberlassung zum Dienstvertrag im Sinne des § 611 BGB: Vertragsverpflichtung des Verleihers ist gerade (nur) die Überlassung eines Arbeitnehmers an den Dritten, nicht jedoch die Erbringung einer solchen selbständigen Dienstleistung. Die Arbeitsleistung ist vielmehr gerade von dem verliehenen Arbeitnehmer im Betrieb des Dritten zu erbringen, während die Pflicht des Verleihers lediglich auf die Verschaffung abhängiger Dienstleistungen gerichtet ist.[195]

3. Abgrenzung zum Geschäftsbesorgungsvertrag

Auch die Abgrenzung der Arbeitnehmerüberlassung zu einem Geschäftsbesorgungsvertrag im Sinne von § 675 BGB gelingt im Hinblick auf die geschuldete Leistung: Als atypischer Dienst- oder Werkvertrag setzt der Geschäftsbesorgungsvertrag ebenfalls eine selbständige Tätigkeit des Verpflichteten gegenüber dem Geschäftsherrn voraus. Im Rahmen einer Arbeitnehmerüberlassung wird diese Tätigkeit dagegen von dem überlassenden Arbeitnehmer mit Weisungsgebundenheit zum Entleiher in dessen Betrieb übernommen.

4. Abgrenzung zur Arbeitsvermittlung

Schließlich ist mit der eher weiten Definition auch die Abgrenzung zur Arbeitsvermittlung im Sinne des § 35 Abs. 1 SGB III möglich.[196] Nach dieser Vorschrift hat „die Agentur für Arbeit Ausbildungssuchenden und Arbeitgebern Ausbildungsvermittlung und Arbeitsvermittlung (Vermittlung) anzubieten. Die Vermittlung umfasst alle Tätigkeiten, die darauf gerichtet sind, Ausbildungssuchende mit Arbeitgebern zur Begründung eines Ausbildungsverhältnisses und Arbeitssuchende mit Arbeitgebern zur Begründung eines Beschäftigungsverhältnisses zusammenzuführen“.

Legt man den Fall der klassischen Leiharbeit zu Grunde, bei der der Verleiher auch während der Überlassungszeit die Arbeitgeberstellung innehat, dann ergibt sich bereits daraus, dass gerade keine Arbeitsvermittlung vor-

---

195 Boemke/Lembke, § 1, Rn. 71; Preis, Arbeitsrecht, § 10, VI 2; Schüren/Hamann, § 1, Rn. 198 f.; Thüsing-Waas, § 1, Rn. 49 a.

196 Diese Abgrenzung hat allerdings nach Aufgabe des staatlichen Vermittlungsmonopols an Bedeutung verloren.

liegt.[197] Auf dieses Kriterium kommt es aber gar nicht an. Vielmehr kann auch eine Definition, die auf dieses Merkmal verzichtet, die Arbeitnehmerüberlassung von der Arbeitsvermittlung abgrenzen. Denn wenn der Verleiher die Arbeitskraft eines Arbeitnehmers an einen Dritten überlässt und während der Leihdauer der Entleiher in einem arbeitsvertraglichen Verhältnis zum verliehenen Arbeitnehmer steht, so ist der Verleiher zumindest bis zur Überlassung an den Dritten Arbeitgeber des Verliehenen. Zum einen besteht also bis zur Ausleihe ein wirksamer Arbeitsvertrag zwischen dem Verleiher und dem Arbeitnehmer, so dass gerade wegen des bestehenden Arbeitsvertrages der Arbeitnehmer bereits kein Arbeitssuchender im Sinne des § 35 Abs. 1 SGB III ist. Zum anderen kommt dem Verleiher in einer solchen Konstellation aufgrund seiner Arbeitgeberstellung im Zeitpunkt des Ausleihens keine Vermittlerposition entsprechend eines Maklers[198] zu.

IV. Gebotenheit der eher extensiven Begriffsbestimmung

Nicht nur dass die oben formulierte Definition ihre Funktion erfüllt, Arbeitnehmerüberlassung von anderen Formen drittbezogenen Personaleinsatzes abzugrenzen. Eine weite Auslegung des Begriffs der Arbeitnehmerüberlassung ist im Zweifel auch geboten.[199] Es ist zu berücksichtigen, dass das Arbeitnehmerüberlassungsgesetz, um dessen entsprechende Anwendbarkeit auf die Spielerleihe im Sport es geht[200], ein Arbeitnehmerschutzgesetz ist. Eine weite Auslegung – im Rahmen des rechtlich Zulässigen – ist schon erforder-

197 Vgl. Boemke/Lembke, § 1, Rn. 69; Schüren/Hamann, § 1, Rn. 288.

198 Zur Vergleichbarkeit der Arbeitsvermittlung mit der Tätigkeit eines Maklers beispielsweise BVerfG, Urt. v. 4.4.1967, AP Nr. 7 zu § 37 AVAVG.

199 Vgl. dazu auch Schüren/Hamann, § 1, Rn. 88, der eine weite Auslegung zur Vermeidung von Gesetzesumgehungen des Merkmals „Überlassen von Arbeitnehmern" kritisch sieht. In diesem Zusammenhang ist allerdings wichtig festzuhalten, dass es hier nicht um eine extensive Auslegung der Tatbestandsmerkmale des § 1 AÜG geht, sondern um die Gebotenheit der eher weiten Auslegung des Gattungsbegriffs „Arbeitnehmerüberlassung", um so überhaupt zu einer Prüfung der direkten oder entsprechenden Anwendbarkeit des § 1 AÜG zu gelangen.

200 Die direkte Anwendung insbesondere der Erlaubnispflicht nach § 1 AÜG auf Ausleihgeschäfte im Sport scheidet aus, da für die gewerbsmäßige Arbeitnehmerüberlassung im Sinne des Arbeitnehmerüberlassungsgesetzes der Gesetzgeber die Arbeitgeberstellung des Verleihers zur Voraussetzung gemacht hat.

lich, um Arbeitnehmern diesen Schutz gegebenenfalls auch gewähren zu können.[201]

> Insofern ist Mayer-Maly zuzustimmen, der vor der „definitorischen Vorentscheidung von Sachproblemen" warnt. „Falsch wäre es, schon vor oder bei der Problemstellung Erscheinungsformen der [...] Überlassung von Arbeitnehmern aus der Diskussion zu eliminieren."[202]

V. Ergebnis

Auch eine Definition, die auf die Arbeitgeberstellung des Verleihers als charakteristisches Merkmal verzichtet, erfüllt ihre Funktion, Arbeitnehmerüberlassung von anderen Formen drittbezogenen Personaleinsatzes abzugrenzen. Dementsprechend ist es gerechtfertigt, im Rahmen der Begriffsbestimmung der Arbeitnehmerüberlassung allein den Gegenstand der Vereinbarung in den Mittelpunkt zu stellen. Ein Vertrag ist demnach dann eine Form der Arbeitnehmerüberlassung, wenn Ziel der Vereinbarung ist, dass ein Arbeitgeber einem Dritten die Arbeitskraft eines Arbeitnehmers auf Zeit überlässt.

Daraus folgt, dass auch die Leihgabe von Berufssportlern – trotz der gewählten rechtlichen Konstruktion – als Arbeitnehmerüberlassung (sui generis) bezeichnet werden kann.[203] Die tatbestandlichen Voraussetzungen der Definition sind erfüllt: Der Spieler als Arbeitnehmer wird von seinem Arbeitgeber (dem abgebenden Verein) an einen Dritten (entleihenden Verein) überlassen. Während der Ausleihe wird der Spieler in den Verein des Entleihers integriert.

---

201 Deshalb ist das Vorgehen von Brömmekamp abzulehnen, der feststellt, aufgrund der fehlenden Arbeitgeberstellung des Verleihers handele es sich bei der Spielerleihe nicht um ein Leiharbeitsverhältnis, und deshalb auch nicht die entsprechende Anwendbarkeit der Normen des Arbeitnehmerüberlassungsgesetzes in Erwägung zieht.

202 Mayer-Maly, ZfA 1972, 1 (2 f.).

203 Zu einem zumindest ähnlichen Ergebnis gelangt Sutter, Rechtsfragen des organisierten Sports, 1984, 276, der die Vereinbarung der Vereine im Ergebnis als Form eines Dienstverschaffungsvertrages ansieht. Hat aber ein Vertrag die Verschaffung weisungsabhängiger Dienste zum Gegenstand, dann liegt gerade ein Arbeitnehmerüberlassungsvertrag vor, bei dem es sich um einen Unterfall des Dienstverschaffungsvertrages handelt – vgl. Boemke/Lembke, § 1, Rn. 70. Und da (verliehene) Spieler weisungsabhängig tätig werden, hätte auch Sutter konsequenterweise zum Ergebnis kommen müssen, dass die Spielerleihe eine Form des Arbeitnehmerüberlassungsvertrages ist.

Zudem untersteht er wegen des mit dem entleihenden Verein geschlossenen Arbeitsvertrages allein dessen Weisungen. Schließlich erfolgt die Überlassung des Spielers auch auf Zeit. Nach Ablauf der Leihdauer kehrt der Spieler zu seinem alten Verein zurück und wird wieder für diesen tätig.[204]

F. Das Verhältnis von Spielerleihe zu Transfer

Neben der Einordnung der Leihgabe von Berufssportlern in das Vertragssystem des Bürgerlichen Gesetzbuches ist auch die verbandsrechtliche Qualifizierung der Spielerleihe problematisch. In dieser Hinsicht stellt sich insbesondere die Frage, in welchem Verhältnis die Spielerleihe zum Transfer steht. Grundsätzlich denkbar ist, dass es sich bei beiden um zwei unterschiedliche Wechselformen handelt.[205] Hauptsächlich wird allerdings vertreten, die Spielerleihe sei eine besondere Form des Transfers. *Bohnau* plädiert deshalb dafür, statt von einer Ausleihe eines Spielers von einem zeitlich begrenzten Transfer oder einem Doppel- bzw. Sondertransfer zu sprechen.[206]

I. Verbandsrechtliche Vorgaben für Transfer und Ausleihe

Die Vorschriften in der Lizenzordnung Spieler sind wegen der Verweisung in § 5 Nr. 2 LOS[207] für Transfer und Ausleihe identisch. Auch bei einem dauerhaften Vereinswechsel erhält der aufnehmende Verein erst dann eine Spielerlaubnis für den Spieler, wenn der ursprüngliche Vertrag des Spielers beendet ist, der abgebende Verein der Aufnahme in die Transferliste zugestimmt hat, der aufnehmende Verein einen wirksamen Arbeitsvertrag mit dem Spieler

---

204 Sofern sich der Verleiher nicht nach Ablauf der Leihe dazu entschließt, den Spieler an einen anderen Verein zu transferieren oder erneut auszuleihen.

205 Vgl. Westerkamp, Ablöseentschädigungen im bezahlten Sport, 1980, 58.

206 Bohnau, Der Vereinswechsel des Lizenzfußballspielers, 2003, 155; so bereits Malatos, Berufsfußball im europäischen Rechtsvergleich, 1987, 123. Gestützt wird diese Ansicht – auf den ersten Blick – durch den von der FIFA heraus gegebenen Kommentar zum FIFA-Reglement bezüglich Status und Transfer von Spielern: Dort bezeichnet die FIFA die Leihgabe eines Spielers als einen „Transfer für eine bestimmte Dauer“, vgl. Art. 10, Rn. 1. Und auch die englische FA spricht auf ihrem Formular vom „Temporary Transfer“, vgl. Anhang C der Arbeit.

207 „Die Bestimmungen betreffend den endgültigen Transfer eines Spielers gelten entsprechend.“

vorlegt und der Spieler nicht an andere Vereine oder Kapitalgesellschaften rechtlich gebunden ist. Schließlich müssen – wie bei einer Ausleihe – die weiteren Voraussetzungen gemäß § 13 Nr. 2 Buchst. d) - g), Nr. 3 - 7 LOS vorliegen.

II. Vergleichbare Vertragsgestaltung bei Transfer und Ausleihe

Aus der Identität der Verbandsvorschriften folgt zugleich, dass auch die vertragliche Gestaltung zur Ermöglichung des Transfers grundsätzlich der bei einer Spielerleihe entspricht. Die Vereine einigen sich im Transfervertrag über die genauen Modalitäten des Wechsels. Anschließend heben der abgebende Verein und der Spieler ihren noch bestehenden Arbeitsvertrag auf, und der Spieler schließt mit dem aufnehmenden Club einen neuen befristeten Arbeitsvertrag ab.[208] Einziger Unterschied im Vergleich zur Ausleihe ist die fehlende Rückkehrklausel im Falle eines Transfers. Gerade weil der Spieler nicht nur auf Zeit, sondern dauerhaft den Verein wechselt, fehlt es an einer Vereinbarung zwischen abgebenden Verein und Spieler, welche die Rückkehr des Spielers sichert. Der Spieler schließt also weder einen weiteren befristeten Arbeitsvertrag mit seinem ehemaligen Verein, der zeitlich an das Ende des Vertrages mit dem aufnehmenden Club anknüpft, noch verpflichtet er sich dem abgebenden Verein gegenüber, einen solchen Vertrag zu einem späteren Zeitpunkt abzuschließen.

III. Identische vom abgebenden Verein zu erbringende Leistung

Schließlich verpflichtet sich der abgebende Verein sowohl im Falle einer zeitlich beschränkten Spielerleihe als auch bei einem dauerhaften Transfer durch Abschluss des Leih- bzw. des Transfervertrages zur Erbringung derselben Leistung. Die am Wechsel beteiligten Vereine verständigen sich darauf, dass der abgebende Club – gegebenenfalls gegen Zahlung einer Aufhebungszah-

208 Zu Recht weist Bohnau darauf hin, dass deshalb in der arbeitsvertraglichen Gestaltung kein Unterschied zwischen Transfer und Ausleihe besteht. Der aufnehmende Verein wird infolge des Transfer- bzw. Leihvertrages Arbeitgeber des Spielers. Dies führt er als Argument dafür an, dass die Spielerleihe ein Sonderfall des Transfers ist; vgl. Bohnau, Der Vereinswechsel des Lizenzfußballspielers, 2003, 155 f.

lung[209] durch den neuen Verein – den noch bestehenden Arbeitsvertrag mit dem Spieler auflöst.[210] Gegenstand der Verpflichtung des abgebenden Vereins ist damit bei einem Transfer genauso wie bei einer Ausleihe der Verzicht auf die Beanspruchung der Spielerlaubnis für den Spieler.[211] Durch Abschluss des Aufhebungsvertrages erlischt die Spielerlaubnis und dem neuen Verein ist es verbandsrechtlich möglich, eine neue Spielerlaubnis für den Spieler zu beantragen.

IV. Wesentlicher Unterschied: Die Transferrechte am Spieler

Die gleiche Vertragsgestaltung bei Transfer und Spielerleihe sowie dieselbe Verpflichtung des abgebenden Vereins, aufgrund des Transfer- bzw. Leihvertrages auf die Beanspruchung der Spielerlaubnis zu verzichten, lassen es nachvollziehbar erscheinen, in der Ausleihe nur eine besondere Form des Transfers zu sehen. Die Vertreter dieser Meinung verkennen jedoch, dass sich aus dem Verbandsrecht ein wesentlicher Unterschied zwischen Transfer und Ausleihe ergibt.

1. Kein Übergang der Transferrechte im Falle der Spielerleihe

§ 5 Nr. 2 LOS trifft eine Regelung der Frage, ob es dem Entleiher möglich ist, den geliehenen Spieler an einen Dritten zu transferieren. Nach dieser Vorschrift darf

> „ein Verein, der einen Spieler ausgeliehen hat, diesen nur dann zu einem dritten Verein transferieren, wenn dazu die schriftliche Erlaubnis des verleihenden Vereins und des Spielers vorliegt“.

Die Möglichkeit zu entscheiden, einen Spieler an einen anderen Verein transferieren oder ausleihen zu können, wird als Transferrecht bezeichnet.[212] Grundsätzlich steht diese Möglichkeit demjenigen zu, der Arbeitsvertragspartner des Spielers ist. Im Falle einer Ausleihe stellt § 5 Nr. 2 LOS eine davon abweichende Regelung auf: Nicht der Entleiher als Vertragspartner des Spielers, sondern der Verleiher entscheidet darüber, ob und zu welchen Kon-

209 Zum Begriff Wehrheim, BB 2004, 433 ff. sowie Fn. 164.

210 Wertenbruch, in: FS Röhricht, 2005, 1297 (1299).

211 Vgl. Rade/Stobbe, DStR 2009, 1109 (1110 f.).

212 Vgl. dazu auch die Ausführungen oben unter C/II.

ditionen der verliehene Spieler zu einem anderen Verein wechselt. Auch wenn es sich bei den Transferrechten tatsächlich nicht um veräußerbare Rechte handelt[213], führt die Vorschrift dazu, dass der Entleiher im Vergleich zum aufnehmenden Verein nach einem Transfer eine geringere Rechtsposition innehat.[214]

2. Wirtschaftlicher Wert der Transferrechte

Die Transferrechte haben für die Vereine auch einen sehr hohen wirtschaftlichen Wert. Denn das Innehaben der Transferrechte ist Voraussetzung dafür, mit einem Dritten einen Transfer- oder Leihvertrag abschließen zu können. Verpflichtet sich der Dritte im Rahmen dessen zur Zahlung einer Geldsumme, erhält gerade derjenige diese Aufhebungszahlung, der die Transferrechte an dem Spieler besitzt.

> Welchen Wert die Transferrechte haben, zeigt der Fall Miroslav Klose: Im Jahre 2002 verkaufte der hoch verschuldete 1. FC Kaiserslautern die Transferrechte an dem Spieler Klose für 5 Mio. Euro an Lotto Rheinland-Pfalz.[215] Unter anderem durch diese Einnahmen gelang es dem Verein, die drohende Zahlungsunfähigkeit abzuwenden.

V. Die Spielerleihe als eigenständige Wechselform

Der fehlende Übergang der Transferrechte auf den Entleiher stellt einen wesentlichen Unterschied zwischen Spielerleihe und Transfer dar. Dabei ist es unerheblich, ob der Unterschied in der erlangten Rechtsposition auf der vertraglichen Vereinbarung der Vereine beruht oder sich aus dem „Gesetz" – dem Verbandsregelwerk – ergibt. Dieser Umstand rechtfertigt es, die Spielerleihe als eigenständige Wechselform anzusehen.

---

213 LG Braunschweig, Urt. v. 28.10.2003, SpuRt 2004, 69 (70).

214 Vgl. MünchKomm-Häublein, § 598, Rn. 13; Rüsing, Sportarbeitsrecht, 2006, 125.

215 In rechtlicher Hinsicht handelte es sich nicht um eine „Veräußerung der Transferrechte". Im Arbeitsvertrag war vielmehr eine Ablösesumme von 5 Mio. Euro für den Fall festgeschrieben, dass der Spieler den Verein vorzeitig durch Aufhebung des Arbeitsvertrages verlässt. Dieser zukünftige Anspruch auf die Aufhebungszahlung wurde an die Lottogesellschaft Rheinland-Pfalz abgetreten. Im Sommer 2004 wechselte Klose dann für 5 Mio. Euro zu Werder Bremen. Die Ablösesumme erhielt Lotto Rheinland-Pfalz.

Außerdem sei bereits an dieser Stelle darauf hingewiesen, dass auch der angesprochene Unterschied hinsichtlich der Aufnahme einer Rückkehrklausel dieses Ergebnis stützt. Denn die im Falle der Ausleihe bereits bei Abschluss der Verträge feststehende Rückkehr des Spielers zu seinem alten Verein wirkt sich auf das Rechtsverhältnis zwischen Verleiher und Spieler aus.[216] Es unterscheidet sich also nicht nur die Rechtsposition des Entleihers im Vergleich zum aufnehmenden Verein bei einem Transfer, sondern auch die Rechtsposition des Verleihers im Vergleich zum abgebenden Verein.

Gegen die Bewertung der Spielerleihe als eigenständige Wechselform spricht im Übrigen auch nicht, dass auf die Spielerleihe aufgrund des Verweises in § 5 Nr. 2 LOS die Vorschriften zum Transfer entsprechend anzuwenden sind.[217] Der Verweis ist sinnvoll, weil das einzuhaltende Verfahren und die Voraussetzungen zur Erlangung der Spielerlaubnis für den Spieler bei Transfer und Ausleihe identisch sind. Eine Entscheidung der DFL hinsichtlich der verbandsrechtlichen Einordnung der Spielerleihe ist damit aber nicht getroffen. Dies zeigt auch die Kommentierung der FIFA zu der in dieser Hinsicht gleichen internationalen Regelung in Art. 10 des FIFA-Reglements bezüglich Status und Transfer von Spielern. Sie stellt klar, dass durch die Verweisung „die Leihgabe administrativ gesehen als Transfer gilt".[218]

Schließlich folgt aus der Qualifizierung der Spielerleihe als eigenständige Wechselform, dass die bei Geltung des DFB-Lizenzspielerstatuts bereits nicht nachvollziehbare Auffassung, die Ausleihgebühr sei als Abschlag auf die später fällig werdende Transferentschädigung zu sehen[219], nun keinesfalls mehr haltbar ist. Sowohl bei der Zahlung einer Transfersumme, als auch bei einer Ausleihgebühr handelt es sich um Aufhebungszahlungen, die von den beteiligten Vereinen frei verhandelt werden.[220] Dabei treffen die Vereine bei der Vereinbarung einer Ausleihgebühr keine Entscheidung darüber, wie hoch die

---

216 Ausführlich zum Rechtsverhältnis zwischen Verleiher und Spieler während der Überlassungszeit unten Kapitel 3/D.

217 So aber Bohnau, Der Vereinswechsel des Lizenzfußballspielers, 2003, 156.

218 Kommentar zum FIFA-Reglement bezüglich Status und Transfer von Spielern, Art. 10, Rn. 2.

219 Vgl. Brömmekamp, Die Spielerleihe, 1988, 49; Bohnau, Der Vereinswechsel des Lizenzfußballspielers, 2003, 157.

220 Vgl. Wehrheim, BB 2004, 433 (434).

später zu zahlende Ablösesumme ist, falls der Spieler nach Ende der Ausleihe vom Entleiher dauerhaft verpflichtet wird.[221]

Dementsprechend ist es auch nur konsequent, dass Wertsteigerungen des Spielers während der Leihdauer dem Verleiher zugutekommen. Schafft beispielsweise ein Spieler im Rahmen einer Ausleihe seinen sportlichen Durchbruch, so mag zwar das Training sowie die Spielpraxis bei dem Verein, der den Spieler geliehen hatte, kausal für die Steigerung der sportlichen Leistungsfähigkeit des Spielers gewesen sein. Entscheidet sich der ehemalige Verein aufgrund der weiterhin ihm zustehenden Transferrechte dazu, den Spieler nach Ablauf der Ausleihe an einen anderen Verein – für eine im Vergleich zum einstigen Wert des Spielers nun deutlich höhere Ablösesumme – zu „verkaufen“, so steht dieser Mehrerlös eindeutig dem Verein zu, der den Spieler nur vorübergehend verliehen hatte.[222]

G. Ergebnis des Kapitels

Durch Abschluss des Leihvertrages verpflichtet sich der Verleiher dazu, den Arbeitsvertrag mit dem Spieler aufzulösen. Vertragsgegenstand ist damit der auf die Dauer der Ausleihe beschränkte Verzicht des Verleihers, selbst eine Spielerlaubnis für den Spieler zu beanspruchen. Sofern sich der Entleiher im Rahmen des Leihvertrages dazu verpflichtet, an den verleihenden Verein eine Ausleihgebühr zu bezahlen, stehen die Pflichten von Verleiher und Entleiher in einem synallagmatischen Verhältnis zueinander.

Aus dem Vertragsgegenstand des Leihvertrages folgt, dass sich dieser nicht unter einen vom Gesetzgeber vorgegebenen Vertragstyp subsumieren lässt. Insbesondere handelt es sich beim Leihvertrag nicht um einen Arbeitnehmerüberlassungsvertrag im Sinne des § 1 AÜG, da dies voraussetzen würde, dass während der Überlassungszeit nicht der Entleiher, sondern der Verleiher Arbeitgeber des Spielers bleibt. Vielmehr ist der Leihvertrag als Vertrag sui generis zu qualifizieren. Da aber Ziel des Leihvertrages ist, die Arbeitskraft des Spielers als Arbeitnehmer dem Entleiher auf Zeit zu überlassen, ist es ge-

221 Eine solche Abrede würde auch nur dann sinnvoll sein, wenn bereits feststeht, dass ein späterer Transfer des Spielers tatsächlich gewollt ist. Das ist aber bei Abschluss eines Ausleihgeschäfts in der Regel nicht der Fall.

222 In diesem Punkt so auch Bohnau, Der Vereinswechsel des Lizenzfußballspielers, 2003, 157. Anderer Ansicht sind Westerkamp, Ablöseentschädigungen im bezahlten Sport, 1980, 57 f. und Brömmekamp, Die Spielerleihe, 1988, 72 f.

rechtfertigt, den Leihvertrag als Arbeitnehmerüberlassung sui generis zu bezeichnen. Auch wenn die gewerbsmäßige Arbeitnehmerüberlassung nach § 1 AÜG die Arbeitgeberstellung des Verleihers voraussetzt, ist diese besondere arbeitsvertragliche Gestaltung für die Begriffsbestimmung der Arbeitnehmerüberlassung im Sinne einer Vertragsgattung nicht erforderlich. Die Funktion der Begriffsbestimmung – die Abgrenzung der Arbeitnehmerüberlassung von anderen Formen drittbezogenen Personaleinsatzes – gelingt auch mit einer Definition, die unabhängig von einer bestimmten Arbeitgeberposition allein den Vertragsgegenstand in den Mittelpunkt stellt.

In verbandsrechtlicher Hinsicht stellt die Leihgabe von Sportlern eine zweite, vom Transfer zu unterscheidende Wechselform dar. Ausleihe und Transfer unterscheiden sich zum einen hinsichtlich der Transferrechte am Spieler. Nach § 5 Nr. 2 LOS stehen die Transferrechte im Falle einer Ausleihe auch während der Leihdauer dem Verleiher zu. Zum anderen hat die bereits beim Abschluss des Leihvertrages feststehende Rückkehr des Spielers nach Ende der Ausleihe Einfluss auf das Rechtsverhältnis zwischen Verleiher und Spieler, was ebenfalls zu einem wesentlichen Unterschied zwischen Ausleihe und Transfer führt.

Kapitel 3: Die Rechtsbeziehungen der an der Spielerleihe Beteiligten

A. Einführung

Nach der rechtlichen Einordnung der Spielerleihe in das Vertragssystem des Bürgerlichen Rechts und innerhalb des Verbandsrechts sollen im Folgenden die Rechtsbeziehungen der an der Ausleihe beteiligten Parteien näher beleuchtet werden. Es stellen sich beispielsweise die Fragen, was möglicher Inhalt des zwischen den Vereinen geschlossenen Leihvertrags ist, inwieweit die Gestaltungsfreiheit von verleihendem und entleihendem Verein bei Abschluss des Leihvertrages durch Verbandsvorschriften eingeschränkt ist und welche konkreten Rechte und Pflichten sich aus dem Leihvertrag für die Parteien ergeben. Gleiches gilt grundsätzlich auch für das Rechtsverhältnis zwischen Entleiher und Spieler: Es ist zu überprüfen, welche konkreten Hauptleistungs- und Nebenpflichten die Parteien – insbesondere unter Berücksichtigung des DFL-Musterarbeitsvertrages – treffen und ob die Vorgaben, die die DFL für die Ausgestaltung des Arbeitsvertrages aufstellt, zulässig sind.

Ein Schwerpunkt des Kapitels liegt aber auf der Untersuchung der in rechtlicher Hinsicht problematischen Beziehung zwischen Verleiher und Spieler während der Ausleihe. Denn auf der einen Seite haben beide zur Ermöglichung der Leihgabe ihren Arbeitsvertrag einvernehmlich aufgelöst. Diese rechtliche Trennung würde dafür sprechen, dass sich Verleiher und Spieler während der Leihdauer „wie Dritte" gegenüber stehen und dies ihre Rechtsbeziehung prägt. Auf der anderen Seite steht die Rückkehr des Spielers zum Verleiher fest, da beide bereits einen Anschlussarbeitsvertrag[223] geschlossen haben. Dies könnte dazu führen, dass zwischen Verleiher und Spieler – trotz Auflösung des Arbeitsvertrages – auch während der Überlassungszeit eine Sonderverbindung besteht.

Abschließend soll dann noch anhand eines konkreten Falles die Frage geklärt werden, wie sich die Störung in einem Vertragsverhältnis auf das Ausleihgeschäft insgesamt auswirkt. Entweder handelt es sich bei der Spielerleihe tatsächlich nur um die Zusammenfassung von vier Einzelverträgen oder aber

223 Statt durch einen Anschlussarbeitsvertrag kann die Rückkehr des Spielers auch durch Abschluss eines Vorvertrages gesichert sein, mit dem sich beide verpflichten, zu einem späteren Zeitpunkt einen Arbeitsvertrag zu schließen, der zeitlich an das Ende der Ausleihdauer anknüpft, vgl. dazu auch oben Kapitel 2/B/II.

die von den Parteien getroffenen Abreden sind in rechtlicher Hinsicht miteinander verbunden mit der Folge, dass ein schwerwiegender Mangel in einem der Vertragsverhältnisse im Zweifel das gesamte Ausleihgeschäft zu Fall bringt.[224]

B. Das Rechtsverhältnis zwischen Verleiher und Entleiher

Die an der Spielerleihe beteiligten Vereine sind die Parteien des Leihvertrages. Dieser Vertrag bestimmt die Rechte und Pflichten von Verleiher und Entleiher bei Ausleihgeschäften im Sport.

I. Notwendiger Inhalt des Leihvertrages

1. Einigung auf den Wechsel eines bestimmten Spielers

Verleihender und entleihender Verein müssen sich zunächst einmal darüber einig werden, welcher Spieler verliehen werden soll. In der Regel steht dies bereits bei Aufnahme der Wechselverhandlungen fest. Der aufnehmende Verein sucht immer nach einem speziellen Spieler, der eine bestimmte Aufgabe in der Mannschaft erfüllen kann. So kommt es dem Entleiher beispielsweise nicht nur darauf an, dass der geliehene Spieler im Sturm spielen kann. Ihm sind vielmehr auch persönliche Eigenschaften des Spielers wichtig wie das Alter des Spielers, die Sprintfähigkeiten oder die Kopfballstärke.

2. Die Spielerleihe als individualisierte Schuld

Gerade weil sich das Interesse des Entleihers immer auf einen speziellen Spieler bezieht, handelt es sich bei der Leihgabe von Spielern im Profisport re-

224 Auch Brömmekamp stellt die Frage in den Raum, „ob es sich wirklich nur um drei in einem Vertrag zusammengefasste Geschäfte herkömmlicher Art handelt oder ob gerade diese Verquickung dem Vertrag nicht einen anderen Rechtscharakter verleiht". Er misst dieser Frage jedoch nur Bedeutung im Rahmen der rechtlichen Qualifizierung der Spielerleihe bei und geht nicht auf das Problem ein, ob der Mangel eines Vertrages auf die übrigen Vereinbarungen durchschlägt, vgl. Brömmekamp, Die Spielerleihe, 1988, 52 f.

gelmäßig um eine „Stückschuld". Nur theoretisch denkbar ist es, dass im Sport Leihverträge abgeschlossen werden, bei denen der verleihende Verein einen Spieler aus einer zuvor festgelegten „Gattung" schuldet.

> *Bohnau*[225] stellt Überlegungen an Hand eines Vereins mit einem „Spielerüberlassungskader" an, also einer Gruppe von Spielern, die gerade zum Zwecke der Ausleihe vom Verein beschäftigt werden. Ein Verein, der einen solchen Spielerüberlassungskader besitzt, könnte sich im Leihvertrag dazu verpflichten, dem Entleiher in den nächsten zwei Jahren einen Torwart mit Bundesliga-Niveau zur Verfügung zu stellen.

Problematisch wäre eine solche Vereinbarung aber zum einen, da die Spielstärke der in Betracht kommenden Torhüter – trotz der Einschränkung der „Gattung" auf Torhüter mit Bundesliga-Niveau – sehr unterschiedlich sein kann. Während der eine Torwart zum Beispiel weitgehend ausgebildet ist und bereits internationale Spielpraxis gesammelt hat, ist der andere Torwart ein junges Talent ohne jegliche Erfahrung. Die Spielstärke beeinflusst aber auch die Höhe der Ausleihgebühr, die der Entleiher zu zahlen hat. Allein deshalb liegt es weder im Interesse des verleihenden noch des entleihenden Vereins, lediglich die „Spielergattung" zu vereinbaren, die Auswahl dann aber dem Verleiher zu überlassen.

Zum anderen muss man berücksichtigen, dass Berufssportler – anders als ein klassischer Leiharbeitnehmer – nicht von vornherein in die Überlassung an Dritte eingewilligt haben.[226] In der Regel wird es dem Verleiher daher schon nicht möglich sein, mit dem Entleiher eine „Gattungsschuld" zu vereinbaren. Ihm steht kein Arbeitnehmer-Pool zur Verfügung, aus dem er passende Arbeitnehmer zur Überlassung auswählen kann. Nicht jeder Spieler, der zwar grundsätzlich in die jeweilige „Gattung" fällt, hat auch ein Interesse daran, verliehen zu werden und für eine Ausleihe seine Zustimmung zu erteilen.

Insoweit unterscheidet sich die Spielerleihe im Profisport von der gewerbsmäßigen Arbeitnehmerüberlassung, bei der regelmäßig eine „Gattungs-

---

225 Bohnau, Der Vereinswechsel des Lizenzfußballspielers, 2003, 183 f., der allerdings einen Spielerüberlassungskader konstruiert, um so die Gewerbsmäßigkeit der Spielerleihe bejahen zu können.

226 Auch im Musterarbeitsvertrag der DFL findet sich keine (optional auswählbare) Klausel, mit der sich der Spieler bereits bei Abschluss dieses Vertrages mit einer späteren Leihgabe an Dritte einverstanden erklärt. Nach § 69 Abs. 1 Buchst. b) der Spielordnung des Deutschen Handball Bundes (Anlage B/IV, S. 46) ist es Handballspielern sogar verboten, sich im Voraus zur Abgabe der Einverständniserklärung zu verpflichten.

schuld" vereinbart wird.[227] Dies entspricht auch dem Sinn der gewerbsmäßigen Arbeitnehmerüberlassung und dem Willen des Entleihers: Er möchte gerade das Risiko der Personalbeschaffung auf den Verleiher gegen Zahlung einer Vergütung übertragen.[228] Nach Abschluss des Überlassungsvertrages hat ihm der Verleiher entsprechend § 243 Abs. 2 BGB einen Arbeitnehmer „mittlerer Art und Güte" zur Verfügung zu stellen, also einen Arbeitnehmer, der in der Lage ist, die Aufgaben im Betrieb des Entleihers zu erfüllen. Von der Vereinbarung einer individualisierten Schuld und damit der Pflicht des Verleihers, dem Entleiher einen bestimmten Arbeitnehmer auf Zeit zu überlassen, kann bei einer Arbeitnehmerüberlassung dagegen grundsätzlich nur bei Vorliegen besonderer Umstände ausgegangen werden; so zum Beispiel dann, wenn der Entleiher einen Spezialisten für eine Aufgabe benötigt und bereits in den Verhandlungen deutlich wurde, dass nur ein bestimmter Arbeitnehmer des Verleihers dafür in Betracht kommt.[229]

3. Zeitpunkt der Ausleihe und Ausleihdauer

Ein weiterer Punkt, über den die Vereine im Leihvertrag eine Einigung erzielen müssen, ist die Frage, ab wann und für wie lange der Spieler beim Entleiher spielen soll. Die Leihdauer beeinflusst wiederum die Höhe der Ausleihgebühr, die der Entleiher zu zahlen hat: Je länger der Verleiher auf die Dienste seines Spielers verzichtet, desto höher wird die Entschädigung ausfallen, die sich der Verleiher dafür zahlen lässt.

a. Berücksichtigung der Wechselperioden

Was den Zeitpunkt des Ausleihgeschäfts angeht, sind die Vereine nicht vollkommen frei. Vielmehr müssen sie die von den Sportverbänden vorgegebenen Wechselperioden einhalten. Im Profifußball ist nach § 4 Nr. 2 LOS ein Wechsel eines Spielers nur vom Ende eines Spieljahres bis zum 31.08. (Wechselperiode I) sowie vom 01.01. bis zum 31.01. eines Jahres (Wechselperiode II) möglich. Entsprechende Regelungen finden sich auch in den Verbandsre-

227 Boemke, BB 2006, 997 (998); ErfK-Wank, Einleitung AÜG, Rn. 15; MünchArbR-Schüren, § 318, Rn. 26; Staudinger-Schliemann, § 243, Rn. 46 ff; Thüsing, Einführung, Rn. 41.

228 Boemke/Lembke, § 12, Rn. 32; Schüren/Hamann, Einleitung, Rn. 320.

229 Vgl. MünchArbR-Schüren, § 318, Rn. 26. Gerade weil aber im Rahmen einer Spielerleihe stets ein solcher „Spezialist" für eine bestimmte Position gesucht wird, ist Gegenstand der Vereinbarung der Vereine immer eine Stückschuld.

gelwerken anderer Mannschaftssportarten wie zum Beispiel in den Statuten des Eishockey- und des Handballverbandes[230].

Das Festlegen von Wechselfristen dient dabei dazu, den geordneten Ablauf sportlicher Wettkämpfe sicherzustellen.[231] Wäre die Verpflichtung eines Spielers jederzeit möglich, bestünde die Gefahr, dass ein Verein gerade für die entscheidende Phase einer Saison zusätzliche Spieler „kauft" oder ausleiht. Dies würde die sportliche Stärke des Teams innerhalb einer Saison erheblich verändern. Die Mannschaften, die laut Spielplan gegen eine Mannschaft vor deren Verstärkung antritt, besäßen größere Erfolgschancen als die Mannschaften, die danach gegen die verstärkte Mannschaft antreten müssen. Dadurch würden die Vergleichbarkeit der Ergebnisse der an der Meisterschaft beteiligten Mannschaften und damit der geordnete Ablauf der Meisterschaft insgesamt beeinträchtigt.[232]

Die Verbandsvorschriften, die die einzuhaltenden Wechselfristen festlegen, sind auch rechtmäßig. Insbesondere ist in den Regelungen der Sportverbände keine Verletzung der Arbeitnehmer-Freizügigkeit der Sportler zu sehen.

Die Lehtonen-Entscheidung: Der finnische Basketballer Lehtonen spielte in der Saison 1995/1996 zunächst in der finnischen Basketball-Liga. Nach Ende der Saison in Finnland verpflichtete der belgische Erstliga-Verein Castors Braine Lehtonen für die Endphase der belgischen Meisterschaft. Die Transferfristen waren zu diesem Zeitpunkt bereits abgelaufen. Trotz eines Hinweises des Verbands, dass die Wechselperioden nicht eingehalten wurden, setzte Castors Braine den Spieler in der Meisterschaft ein. Auf eine Beschwerde des Gegners hin wurde dieses Meisterschaftsspiel mit 0:20 gewertet. Gegen diese Sanktion des belgischen Verbands leiteten der Verein und der Spieler rechtliche Schritte ein. In der Folge wurde das Verfahren ausgesetzt und dem Gerichtshof die Frage zur Vorabentscheidung vorgelegt, ob „das Reglement eines Sportverbandes, wonach ein Verein einen erst nach einem bestimmten Zeitpunkt verpflichteten Spieler nicht

230 Art. 55 DEB-Spielordnung: „Wechselzeiten"; § 34 Abs. 1 DHB-Spielordnung: Ein Vereinswechsel kann für Spieler mit vertraglicher Bindung nur bis zum 15. Februar eines Spieljahres vollzogen werden. Eine Übersicht zu den Wechselfristen der verschiedenen Sportverbände findet sich bei PHB SportR-Fritzweiler, 3. Teil, Rn. 59.

231 EuGH, Urt. v. 13.4.2000, Slg. I-02681, Rn. 53 - Lehtonen. So auch ausdrücklich in Art. 55 DEB-Spielordnung, die die Wechselzeiten im Eishockey regelt: „Zur Wahrung eines geordneten Spielbetriebes und zur Vermeidung sportlicher Wettbewerbsverzerrungen sind Wechsel nicht uneingeschränkt zulässig."

232 EuGH, Urt. v. 13.4.2000, Slg. I-02681, Rn. 55 - Lehtonen; Arens, SpuRt 1994, 179 (183).

mehr im Wettkampf aufstellen darf, dem Römischen Vertrag [...] zuwider läuft".[233]

Zwar ist der Europäische Gerichtshof in der Lehtonen-Entscheidung zu Recht davon ausgegangen, dass die Vorschriften über die Transferfristen ein Hindernis für die Sportler darstellen, ein neues Arbeitsverhältnis einzugehen.[234] Ein solcher Eingriff in die Freizügigkeit der Sportler durch die Verbandsregelwerke ist aber regelmäßig objektiv gerechtfertigt, da die Transferfristen gerade dem oben genannten, schützenswerten Zweck dienen, einen geordneten Ablauf der Meisterschaft zu gewährleisten.[235]

b. Dauer der Ausleihe

Darüber hinaus haben die Vereine bei Ausleihgeschäften Mindestvorgaben hinsichtlich der Dauer der Spielerleihe zu beachten. Nach § 5 Nr. 2 LOS muss sich die Leihgabe mindestens auf die Zeit zwischen zwei Wechselperioden beziehen.[236] So soll verhindert werden, dass ein Verein zwar beim Zeitpunkt der Verpflichtung des Spielers die Wechselperioden einhält, sich aber die Dienste eines Spielers nur für einen kurzen Zeitraum sichert.

An der Rechtmäßigkeit dieser Verbandsvorschrift bestehen ebenfalls keine Bedenken. Zwar beeinträchtigt das Aufstellen einer Mindestdauer für eine Ausleihe den Spieler in seinem Recht auf Wahl seines Arbeitgebers. Allerdings ist auch dieser Grundrechtseingriff gerechtfertigt. Würde ein Verein einen Spieler nur für eine kurze Dauer, möglicherweise sogar nur für ein sehr wichtiges Spiel, ausleihen, um so die Siegchancen zu maximieren, wäre auch dies ein missbräuchliches Ausnutzen der Möglichkeit, einen Spieler auszuleihen. So wie die Verpflichtung von Spielern außerhalb der Wechselperioden würde auch die Spielerleihe für kurze Dauer zu Wettbewerbsverzerrungen führen.

233 EuGH, Urt. v. 13.4.2000, Slg. I-02681, Rn. 12 ff. - Lehtonen.

234 Vgl. auch Streinz, Anm. zu EuGH, Urt. v. 13.4.2000, Slg. I-02681, JuS 2000, 1015 (1017).

235 Bohnau, Der Vereinswechsel des Lizenzfußballspielers, 2003, 82; PHB SportR-Summerer, 2. Teil, Rn. 191; so im Ergebnis wohl auch EuGH, Urt. v. 13.4.2000, Slg. I-02681, Rn. 53 - Lehtonen. Etwas anderes kann aber laut Europäischem Gerichtshof dann gelten, wenn für Spieler anderer Drittländer – ohne erkennbaren Grund – diese strengen Transferfristen nicht gelten, EuGH, Urt. v. 13.4.2000, Slg. I-02681, Rn. 60 - Lehtonen.

236 Zu den in dieser Hinsicht ergänzenden bzw. abweichenden Regelungen der FIFA für internationale Leihgeschäfte und der FA für Leihgeschäfte im englischen Fußball vgl. unten Kapitel 5/B.

§ 5 Nr. 2 LOS schließt diesen Missbrauch der Spielerleihe aus und gewährleistet so den geordneten Ablauf der Meisterschaft.

4. Vereinbarung einer Aufhebungszahlung

Schließlich gehört die Einigung über die zu zahlende Ausleihgebühr zu den essentialia negotii des Leihvertrages. Die Vereine müssen sich darüber verständigen, ob für die Ausleihe des Spielers eine Ausleihgebühr als Entschädigung zu zahlen ist und wie hoch diese Zahlung gegebenenfalls ist.[237] Die Höhe der Aufhebungszahlung kann dabei von weiteren Umständen abhängig gemacht werden. So verständigen sich die Vereine in der Praxis oftmals darauf, dass der aufnehmende Verein zur Zahlung eines „Zuschlags" verpflichtet ist, wenn dieser in der Saison nach dem Wechsel des Spielers einen nationalen oder internationalen Titel gewinnt. Bei Leihgeschäften, die insbesondere deshalb abgeschlossen werden, um dem Spieler Spielpraxis zu verschaffen, bietet es sich an, die Höhe der zu bezahlenden Ausleihgebühr von der Anzahl an Spieleinsätzen beim Entleiher abhängig zu machen.

> Zum Beginn der Saison 2009/2010 wechselte der norwegische Abwehrspieler Håvard Nordtveit von Arsenal London auf Leihbasis zum 1. FC Nürnberg. Die Clubs verständigten sich grundsätzlich auf eine Leihgebühr in Höhe von 150.000 Euro, die sich jedoch mindert, je öfter der Spieler von Nürnberg in der Meisterschaft eingesetzt wird.

Haben die Vereine die Zahlung einer Ausleihgebühr vereinbart, handelt es sich beim Leihvertrag um einen gegenseitigen Vertrag.[238] Die Pflicht des verleihenden Vereins, den Spieler an den Entleiher auf Zeit zu überlassen, sowie die Pflicht des Entleihers, an den verleihenden Verein die Ausleihgebühr zu zahlen, stehen in einem synallagmatischen Verhältnis zueinander. Wird der Spieler dagegen „kostenlos" verliehen, hat also der entleihende Verein keine Gegenleistung zu erbringen, handelt es sich bei der Vereinbarung der Vereine mangels Hauptleistungspflicht des Entleihers um einen unvollkommen zweiseitigen Vertrag.[239]

---

237 Da die Verbandsstatuten die Verpflichtung zur Zahlung einer Transferentschädigung nicht mehr vorsehen, ist auch das „Ob" einer Aufhebungszahlung zwischen den an der Ausleihe beteiligten Vereinen verhandelbar; vgl. auch oben Fn. 164.

238 Vgl. Palandt-Grüneberg, Einführung vor § 320, Rn. 5.

239 Vgl. dazu Palandt-Grüneberg, Einführung vor § 320, Rn. 4a.

II. Mögliche weitere Vereinbarungen im Leihvertrag

1. Kein Einsatz des Spielers bei Spielen gegen den Verleiher

Neben diesen Vereinbarungen, die immer Inhalt des Leihvertrages sind, können Verleiher und Entleiher weitere Abreden treffen. Oftmals verständigen sich die Vereine darauf, dass der verliehene Spieler vom Entleiher nicht bei Wettkampfspielen gegen den Verleiher eingesetzt werden darf.[240] Der verleihende Verein hat ein berechtigtes Interesse daran, dass ein von ihm ausgebildeter Spieler, der nur vorübergehend bei einer anderen Mannschaft spielt, nicht durch gute sportliche Leistungen in solchen Spielen dem eigenen Verein schadet.

> In der Saison 2008/2009 verlieh der VfL Wolfsburg den Stürmer Radu gegen Zahlung von 250.000 Euro an den 1. FC Köln. Da Wolfsburg auf die Aufnahme einer entsprechenden Klausel in den Leihvertrag verzichtet hatte, konnte Köln den Stürmer in den Spielen gegen Wolfsburg einsetzen. Das Spiel der Vereine am 18. Spieltag endete 1:1 unentschieden. Das Tor für Köln erzielte Radu, der somit maßgeblich dafür verantwortlich war, dass Wolfsburg lediglich einen Punkt in dem Spiel holte. Der Punktverlust hatte schließlich aber keine Folgen: Der VfL Wolfsburg wurde in der Saison dennoch Meister.

Im schlimmsten Fall gehen dem verleihenden Verein durch die Leistung des Spielers Punkte verloren, die der Verein zur Qualifizierung zu einem europäischen Wettbewerb oder sogar zum Verbleib in der Liga gebraucht hätte. Dann kann ein eigentlich finanziell sinnvolles Ausleihgeschäft erhebliche sportliche und in der Konsequenz auch finanzielle Nachteile für den Verein haben.

Es ist auch zulässig, eine solche Klausel in den Leihvertrag aufzunehmen. Mangels Anspruch des verliehenen Spielers, in bestimmten Wettkampfspielen eingesetzt zu werden[241], handelt es sich insbesondere nicht um eine Vereinbarung zu Lasten Dritter. Zudem ist eine solche Abrede nicht nach § 74 Abs. 2 S. 2 HGB analog nichtig. Unabhängig von der Frage, ob es sich bei der Vereinbarung der Vereine überhaupt um ein „Wettbewerbsverbot" im Sinne des § 74 Abs. 1 HGB handelt, folgt die Beschränkung des Spielers in seiner ge-

240 Zu der Frage, ob es tatsächlich der Aufnahme einer solchen Klausel bedarf, oder ob der Entleiher nicht schon nach § 241 Abs. 2 BGB als Nebenpflicht des Leihvertrages dazu verpflichtet ist, den Spieler nicht gegen seinen ehemaligen Verein aufzustellen, vgl. unten IV/2/a.

241 Siehe dazu die Ausführungen unten C/III/1.

werblichen Tätigkeit – also der Möglichkeit, in Spielen gegen seinen ehemaligen Verein aufgestellt zu werden, – nicht aus der Vereinbarung der Vereine im Leihvertrag, sondern vielmehr aus der rechtmäßigen Ausübung des arbeitsvertraglichen Direktionsrechts durch den Entleiher. Setzt der Entleiher den Spieler trotz Aufnahme einer Klausel in den Leihvertrag bei Spielen gegen den Verleiher ein, ist dies zwar verbandsrechtlich zulässig. Denn der Entleiher besitzt für den Spieler eine uneingeschränkte Spielerlaubnis und kann diesen daher für alle Wettkampfspiele – auch bei Spielen gegen den verleihenden Verein – nominieren.[242] Er begeht allerdings dem Verleiher gegenüber eine vertragliche Pflichtverletzung und macht sich schadensersatzpflichtig.

2. Kaufoption zugunsten des Entleihers

Eine weitere Klausel, die von den Vereinen häufig in den Leihvertrag aufgenommen wird, ist das Bestehen einer Kaufoption zugunsten des entleihenden Vereins. Ist eine solche Kaufoption vereinbart worden, kann der Entleiher am Ende der Leihdauer entscheiden, ob er diese Option ausüben und den Spieler gegen Zahlung einer bereits festgesetzten Transferentschädigung dauerhaft verpflichten möchte, oder ob der Spieler – wie bei einer Ausleihe grundsätzlich üblich – wieder zum alten Verein zurückkehren soll.[243] Das Einräumen einer solchen Kaufoption hat der Entleiher dem Verleiher in der Regel zusätzlich zur Ausleihgebühr zu vergüten.

3. Gehaltsübernahme durch den Verleiher

Da bei einer Spielerleihe der Spieler einen befristeten Arbeitsvertrag mit dem aufnehmenden Verein abschließt, ist grundsätzlich der Entleiher und nicht der Verleiher dazu verpflichtet, dem Spieler das Gehalt zu zahlen. Nicht zuletzt deshalb ist es für Vereine attraktiv, Spieler an andere Vereine sogar kostenlos zu verleihen und so zumindest für den Zeitraum der Ausleihe die Gehaltskosten einzusparen. Zu Problemen kann dies allerdings dann führen,

---

242 Der verleihende Verein könnte also nicht Einspruch gegen das Ergebnis einlegen und versuchen, den Sieg nachträglich am „grünen Tisch“ zu erlangen.

243 Umstritten ist, ob ein Optionsvertrag der Abschluss eines bedingten Kaufvertrages ist oder ob der Optionsvertrag dem Optionsberechtigten lediglich ein Gestaltungsrecht einräumt, das erst nach Ausübung zum Abschluss eines Kaufvertrages führt. Vgl. Erman-Armbrüster, Vor § 158, Rn. 14 ff.; MünchKomm-Westermann, § 158, Rn. 59 ff.

wenn ein Verein Interesse an der Ausleihe eines Spielers hat, der bei einem Spitzenclub spielt und dort ein dementsprechend hohes Gehalt bezieht. Der Entleiher ist in einem solchen Fall möglicherweise weder in Lage noch bereit, dem Spieler dieses Gehalt auch während der Ausleihe weiterzuzahlen, weil damit das sonst übliche Gehaltsgefüge des Teams gesprengt werden würde. Der Spieler wiederum wird selbst einem sportlich sinnvollen Ausleihgeschäft nicht zustimmen, wenn er dafür auf einen Teil seines Gehaltes verzichten müsste. Da der verleihende Verein trotz alledem ein Interesse daran haben kann, den Spieler für eine gewisse Zeit abzugeben, – sei es, weil dieser aufgrund des großen Kaders nicht zu Einsätzen kommen wird, oder sei es, um so zumindest einen Teil der Personalkosten einsparen zu können, – kommt es durchaus vor, dass sich der Verleiher dazu verpflichtet, auch während der Ausleihe zumindest einen Teil des Spielergehalts zu zahlen.

Zur Saison 2008/2009 lieh Werder Bremen vom englischen Meister FC Chelsea den dort eher selten spielenden Stürmer Claudio Pizarro für eine Ausleihgebühr von 1,5 Mio. Euro aus. Da Bremen allerdings nicht bereit war, Pizarros hohes Gehalt von ca. 4 Mio. Euro alleine zu tragen, verpflichtete sich Chelsea dazu, während der Ausleihe die Hälfte des Gehalts des Spielers zu übernehmen.[244]

In rechtlicher Hinsicht ist entsprechend der Auslegungsregel des § 329 BGB davon auszugehen, dass es sich bei dieser zusätzlichen Vereinbarung der Vereine im Leihvertrag um einen Fall der Erfüllungsübernahme handelt. Der Verleiher verpflichtet sich lediglich dem Entleiher gegenüber dazu, einen Teil der Personalkosten des Spielers zu tragen. Der Spieler erhält – anders als bei einem echten Vertrag zugunsten Dritter – keinen Anspruch gegen den Verleiher auf Zahlung des Anteils des Gehalts.[245] Vielmehr bleibt der Entleiher aufgrund des Arbeitsvertrages alleiniger Schuldner des Spielers. Denn die zusätzliche Vereinbarung der Vereine hat lediglich den Zweck, den Entleiher zu entlasten und ihn so zum Abschluss des Ausleihgeschäfts zu bewegen. Durch die Aufnahme der Klausel in den Leihvertrag wird dagegen nicht bezweckt,

244 Dass die Vereine die teilweise Übernahme des Gehalts durch Chelsea nicht mit der von Bremen zu zahlenden Ausleihgebühr verrechnet haben, dürfte an den sich dadurch für Chelsea ergebenden Liquiditätsvorteilen liegen: Chelsea erhielt eine Zahlung von 1,5 Mio. Euro, die dem Verein sofort zur Verfügung stand und für Neuverpflichtungen verwendet werden konnte. Der Liquiditätsabfluss durch die Übernahme des Gehalts des Spielers erfolgte dann über die Ausleihdauer in monatlichen Teilbeträgen.

245 Vgl. OLG Koblenz, Beschl. v. 18.2.2004, NJW-RR 2004, 758; Erman-Röthel, Vor § 414, Rn. 12; Larenz, Lehrbuch des Schuldrechts 1 AT, § 17 I a; MünchKomm-Gottwald, § 329, Rn. 1.

dem Spieler einen zusätzlichen Schuldner zu geben und seine Stellung zu verbessern. Für die Annahme eines Schuldbeitritts oder einer Schuldübernahme bedarf es weiterer Anhaltspunkte, die auf einen entsprechenden Willen der Vereine schließen lassen; im Falle einer Schuldübernahme wäre dann gemäß § 415 Abs. 1 S. 1 BGB die Zustimmung des Spielers erforderlich.

III. Schriftformerfordernis

Der Leihvertrag bedarf der Schriftform. Dieses Erfordernis ergibt sich aus den Regelungen der Sportverbände. So ordnen die Verbandstatuten der DFL in § 5 Nr. 2 LOS ausdrücklich an, dass über die Ausleihe eine schriftliche Vereinbarung zu treffen ist. Gemäß § 126 Abs. 2 S. 1 BGB hat demnach die Unterzeichnung der Vereine grundsätzlich auf derselben Urkunde zu erfolgen. Nach Satz 2 der Norm genügt es aber bei der Ausstellung mehrerer gleichlautender Urkunden auch, wenn „jede Partei die für die andere Partei bestimmte Urkunde unterzeichnet“.[246]

IV. Rechte und Pflichten der Vereine

1. Hauptleistungspflichten der Parteien

Wie bereits oben ausgeführt, besteht die Hauptleistungspflicht des verleihenden Vereins darin, für den vereinbarten Zeitraum auf die Erteilung einer Spielerlaubnis für den Spieler zu verzichten. Konkret verpflichtet sich der Verleiher dazu, den noch bestehenden Arbeitsvertrag mit dem Spieler zur Ermöglichung der Spielerleihe aufzulösen. Das „zur Verfügung stellen“ des Spielers gehört dagegen nicht zur geschuldeten Leistung des verleihenden Vereins. Der Verein hat somit nicht dafür Sorge zu tragen, dass der Spieler tatsächlich seine Arbeit beim Entleiher aufnimmt.

In diesem Punkt unterscheidet sich der Pflichtenkreis des verleihenden Vereins von den Pflichten eines klassischen Leiharbeitsunternehmens. Und dies ist auch sachgerecht, da dem verleihenden Verein die rechtliche Einwirkungsmöglichkeit auf den Spieler fehlt: Verein und Spieler haben ihren Ar-

246 Zur Frage, welche Konsequenzen die Nichteinhaltung der verbandsrechtlich angeordneten Schriftform auf die Wirksamkeit des Leihvertrages hat, vgl. unten Kapitel 4/B/II.

beitsvertrag zur Ermöglichung der Spielerleihe einvernehmlich aufgelöst, so dass der Verleiher den Spieler nicht aufgrund eines arbeitsvertraglichen Direktionsrechts anweisen kann, seine Tätigkeit beim Entleiher aufzunehmen.

Kommt der Verleiher seiner Verpflichtung zur Auflösung des Arbeitsvertrages mit dem Spieler nicht nach und wird eine Ausleihe des Spielers dadurch gänzlich unmöglich, weil inzwischen das Zeitfenster für Spielerwechsel geschlossen ist, macht sich der Verleiher nach den §§ 280 Abs. 1 und 3, 283 BGB schadensersatzpflichtig. Beim Transfer und bei der Ausleihe eines Spielers wird es sich nämlich regelmäßig um absolute Fixgeschäfte handeln, so dass die Nichtvornahme der Leistungshandlung zur Unmöglichkeit durch Zeitablauf im Sinne des § 275 BGB führt. Zwar ist die Vornahme der Leistungshandlung als solche, also das Auflösen des noch bestehenden Vertrages mit dem Spieler, auch nach Ende der Wechselperioden noch möglich. Da der Verband allerdings dem Entleiher nach Ablauf der Frist für die laufende Saison keine Spielerlaubnis für den Spieler mehr erteilen wird, folgt sowohl aus dem Vertragszweck als auch aus dem Interesse des Entleihers, dass die Einhaltung der Leistungszeit für das Rechtsgeschäft wesentlich ist.

Löst der Verleiher den Arbeitsvertrag mit dem Spieler verspätet auf mit der Folge, dass zwar ein Wechsel des Spielers zum Entleiher noch möglich bleibt, der Spieler aber wegen der verspäteten Leistungshandlung vom entleihenden Verein in den ersten Spielen der Saison nicht einsetzbar ist, kann der Entleiher seinen dadurch erlittenen Schaden nach den §§ 280 Abs. 1 und 3, 286 BGB geltend machen. Einer vorherigen Mahnung bedarf es für den Verzugseintritt gemäß § 286 Abs. 2 Nr. 1 BGB nicht, da die Parteien im Leihvertrag kalendarisch festlegen, zu welchem Zeitpunkt der Spieler zum anderen Verein wechseln soll.

Hauptleistungspflicht des Entleihers ist es, bei einer entsprechenden Vereinbarung die Ausleihgebühr an den abgebenden Verein zu zahlen. Kommt der Entleiher seiner Pflicht zur Zahlung der Ausleihgebühr nicht nach, kann der Verleiher gemäß § 320 BGB die Einrede des nicht erfüllten Vertrages erheben, sofern er nicht zur Vorleistung verpflichtet oder die Zahlung der Ausleihgebühr gestundet ist.[247]

247 Vgl. Palandt-Grüneberg, § 320, Rn. 5 und 15.

2. Vertragliche Neben- und Nebenleistungspflichten der Parteien

Nach § 241 Abs. 2 BGB haben die Parteien bei der Vertragsdurchführung auf die Rechte, Rechtsgüter und Interessen des Anderen Rücksicht zu nehmen. Denkbar ist, dass sich aus dem Inhalt des Schuldverhältnisses zwischen verleihendem und entleihendem Verein sowie aus dem Zweck des Ausleihgeschäfts im Wege der ergänzenden Vertragsauslegung Rücksichtnahmepflichten der Vertragsparteien im Sinne dieser Vorschrift ergeben. Als Anknüpfungspunkt für die Annahme solcher Nebenpflichten kommt insbesondere die Besonderheit des Leihvertrages in Betracht, dass beide Parteien schon zum Zeitpunkt des Vertragsschlusses wissen, dass der Spieler nach Ende der Ausleihe wieder zum alten Verein zurückkehren soll.[248]

Im Zusammenhang mit der Leihgabe von Sportlern interessant und in der Praxis relevant dürfte insbesondere die Frage sein, ob aus dem Leihvertrag nicht die Nebenpflicht der Parteien erwächst, den anderen Teil auf Verletzungen des Spielers hinzuweisen. Konkret kommt in Betracht, dass der Verleiher gemäß § 241 Abs. 2 BGB verpflichtet ist, den Entleiher vor bzw. bei Abschluss des Leihvertrages über Verletzungen aufzuklären; der Entleiher könnte verpflichtet sein, den verleihenden Verein über Verletzungen des Spielers während der Überlassungszeit Auskunft zu erteilen. Darüber hinaus ist der Entleiher möglicherweise bereits aufgrund seiner Pflicht, Rücksicht auf die Interessen seines Vertragspartners zu nehmen, angehalten, den Spieler nicht in Wettkampfspielen gegen den Verleiher einzusetzen.

a. Einsatz des Spielers in Spielen gegen den Verleiher als Nebenpflichtverletzung

Auch wenn die Vereine oftmals ausdrücklich in den Leihvertrag eine Klausel aufnehmen, nach der der Entleiher den geliehenen Spieler nicht bei Wettkampfspielen gegen den Verleiher einsetzen darf[249], stellt sich die Frage, ob sich eine solche Rücksichtnahmepflicht des Entleihers nicht bereits im Wege der ergänzenden Vertragsauslegung nach § 157 BGB ergibt. Die Folge wäre, dass der Entleiher unabhängig davon, ob eine solche Klausel in den Vertrag aufgenommen wurde, den Spieler nicht gegen den verleihenden Verein ein-

248 Die feststehende Rückkehr des Spielers nach Ablauf der Leihdauer und die Aufnahme einer Rückkehrklausel in den Leihvertrag ist Wesensmerkmal der Spielerleihe, vgl. § 5 Nr. 2 LOS: „Voraussetzung ist weiterhin, dass eine vertragliche Bindung mit dem verleihenden Verein nach dem Ende der Ausleihe besteht.“ Daran ändert sich auch dann nichts, wenn die Vereine eine Kaufoption zugunsten des Entleihers in den Vertrag aufnehmen.

249 Vgl. dazu bereits oben II/1.

setzen dürfte. Gegen eine derartige Rücksichtnahmepflicht des Entleihers spricht jedoch das auch für den verleihenden Verein bei Abschluss des Leihvertrages erkennbare Interesse des Entleihers, die Dienste des Spielers grundsätzlich in allen anstehenden Wettkampfspielen nutzen zu wollen. Gerade wenn der Entleiher in die Ausleihe eines Spielers viel Geld investiert, indem er das Gehalt des Spielers für die Leihdauer übernimmt sowie eine Ausleihgebühr an den Verleiher zahlt, kann der Verleiher nicht davon ausgehen, dass der entleihende Verein bereit ist, auf den Einsatz des Spielers teilweise zu verzichten. Dies gilt insbesondere auch deshalb, da der entleihende Verein in einer Saison – die Zugehörigkeit zur selben Spielklasse vorausgesetzt – mindestens zwei, nicht selten aber auch wegen weiterer Wettbewerbe mehr Spiele gegen den verleihenden Verein bestreitet. Aufgrund dieser eindeutigen Interessenlage bei Abschluss des Leihvertrages lässt sich im Wege einer ergänzenden Vertragsauslegung eine Pflicht des Entleihers, den Spieler nicht in Spielen gegen den Verleiher einzusetzen, nicht herleiten. Möchte der verleihende Verein die bloße Möglichkeit ausschließen, dass sich das Ausleihgeschäft durch gute Leistungen des verliehenen Spielers nachteilig für ihn auswirkt, so muss er auf die Aufnahme einer ausdrücklichen Klausel in den Leihvertrag bestehen.

b. Informationspflichten des Verleihers bei Abschluss des Leihvertrages

Denkbar ist jedoch, dass den Verleiher vor bzw. beim Abschluss des Leihvertrages Informationspflichten treffen. In Betracht kommt insbesondere die Pflicht, den Entleiher auf Einschränkungen der Spielfähigkeit bzw. der Spielberechtigung hinzuweisen.

> Die Vereine verhandeln über die Leihgabe eines Spielers für die Dauer einer Saison. Dem Verleiher ist zwar bekannt, dass der Spieler an einer Verletzung laboriert und daher zumindest einige Spiele für den Entleiher nicht einsetzbar sein wird; er setzt diesen dennoch darüber nicht in Kenntnis, sondern strebt den Abschluss des Leihvertrages an.
>
> Der Spieler erhält eine rote Karte und wird für mehrere Spiele gesperrt. Obwohl diese Spielsperre als „persönliche Strafe“ auch dann ihre Wirksamkeit behält, wenn der Spieler zu einem anderen Club wechselt, macht der Verleiher den Entleiher auf diese Einschränkung der Spielberechtigung bei Abschluss des Leihvertrages nicht aufmerksam.

Charakterisierend für das Entstehen von Hinweispflichten als Nebenpflichten im Rahmen eines Schuldverhältnisses ist der Umstand, dass dem anderen Teil nicht nur der informationspflichtige Umstand verborgen bleibt, sondern auch sein Recht, darüber informiert zu werden.[250] Aufgrund dessen ist der andere Teil darauf angewiesen, von seinem Vertragspartner über gewisse Dinge in Kenntnis gesetzt zu werden. Gegenstand der Pflicht sind Informationen, nach denen der andere Teil sein früheres Verhalten ausgerichtet hätte.[251] In Literatur und Rechtsprechung ist aufgrund dessen anerkannt, dass gewisse Umstände gegeben sein müssen, damit eine Informationspflicht als Nebenpflicht im Sinne des § 241 Abs. 2 BGB entsteht. Voraussetzung ist neben dem Bestehen eines Informationsgefälles die Erkennbarkeit des Verpflichteten, dass gerade ein solches Informationsgefälle existiert, sowie schließlich die Erheblichkeit der Informationen für die Entscheidungen des anderen Teils in der Vergangenheit.

aa. Entscheidungserheblichkeit der Informationen

Das Kriterium der Entscheidungserheblichkeit der Informationen für den Entleiher ist in dem oben dargestellten Beispielsfall erfüllt. Immer dann, wenn der Verleiher Kenntnis von Umständen hat, die sich auf die Einsetzbarkeit des Spielers während der Ausleihe beziehen, – sei es, dass der Spieler wegen einer Verletzung gar nicht beim Entleiher spielen kann, oder sei es, dass der Spieler aufgrund verbandsrechtlicher Entscheidungen nicht spielen darf, – handelt es sich um Informationen, die grundsätzlich geeignet sind, die Entscheidung des Entleihers zu beeinflussen. So wird ein Verein nicht bereit sein, einen Spieler für eine Saison auszuleihen und in ihn viel Geld zu investieren, wenn dieser aufgrund einer Verletzung zumindest für einen gewissen Zeitraum nicht einsetzbar ist.

bb. Bestehen eines Informationsgefälles

Eine Nebenpflicht des Verleihers, den Entleiher während der Vertragsverhandlungen oder spätestens beim Abschluss des Leihvertrages auf solche Einschränkungen der Spielfähigkeit oder Einsatzberechtigung hinzuweisen, besteht dennoch nicht. In der Praxis haben Spieler nach einem Transfer oder einer Ausleihe beim aufnehmenden Verein eine sportmedizinische Untersuchung zu absolvieren[252], bevor sich der Verein endgültig dazu entschließt, die-

---

250 Staudinger-Oelzen, § 241, Rn. 431.

251 Vgl. Larenz, Lehrbuch des Schuldrechts 1 AT, § 9 I b 2; Palandt-Grüneberg, § 242, Rn. 37; Staudinger-Oelzen, § 241, Rn. 431.

252 Nach § 2 Nr. 4 LOS ist der Nachweis der Sporttauglichkeit nach einer Untersuchung auf orthopädischem und kardiologisch-internistischem Gebiet Voraussetzung dafür, dass für den Spieler eine Lizenz erteilt wird. Die Untersuchung liegt damit im berechtigten Interesse des Entleihers, was Voraussetzung für die Zulässigkeit einer

sen Spieler zu verpflichten. Der Entleiher ist also selbst in der Lage, sich Informationen zu möglichen Verletzungen zu beschaffen, bevor es dann zum Vertragsschluss kommt. Somit existiert bereits kein Informationsgefälle zu Lasten des Entleihers. Bleibt eine Verletzung trotz des medizinischen Checks unerkannt, so hat dies allein der aufnehmende Verein zu vertreten.

Anderer Ansicht ist zwar *Wertenbruch*[253], der eine Informationspflicht des abgebenden Vereins über Verletzungen oder Erkrankungen bejaht. Die sportärztliche Untersuchung beim aufnehmenden Verein führe nicht zu einer anderen Risikoverteilung. Diese Untersuchung dürfe nicht überschätzt werden, da der Arzt im besonderen Maße von den Angaben des Spielers abhängig sei, der jedoch einen „gesunden" Eindruck hinterlassen wolle. Diese Argumentation überzeugt allerdings nicht. Es ist nicht einzusehen, warum es der Risikosphäre des abgebenden Vereins zugerechnet werden sollte, falls der Spieler tatsächlich im Rahmen der Einstellungsuntersuchung – absichtlich – einen solchen „falschen" Eindruck hinterlässt.

Ebenfalls besteht kein Informationsgefälle zwischen Ver- und Entleiher hinsichtlich der Kenntnis von Umständen, die nicht die Spielfähigkeit, sondern die Spielberechtigung des Sportlers betreffen. Wenn der Verband einen Spieler sperrt, wird die Dauer der Sperre vom Verband in einem öffentlichen Verfahren festgesetzt und verkündet.[254] Dem an der Ausleihe des Spielers interessierten Verein ist es daher möglich, von Beschränkungen der Spielberechtigung Kenntnis zu erlangen. Stellt der Entleiher erst nach Abschluss des Leihvertrages fest, dass er den Spieler bis zum Ablauf der Sperre nicht einsetzen darf, kann er vom verleihenden Verein mangels Bestehen einer entsprechenden Aufklärungs- und Hinweispflicht nicht nach §§ 241 Abs. 2, 280 Abs. 1 BGB Schadensersatz verlangen.

Einstellungsuntersuchung ist; vgl. BAG, Urt. v. 23.2.1967, AP Nr. 1 zu § 7 BAT; MünchArbR-Kothe, § 296, Rn. 55; Preis, Arbeitsrecht, § 20, IV 1.

253 Wertenbruch, in: FS Röhricht, 2005, 1297 (1302 f.).

254 Manche Sportverbände veröffentlichen auf ihrer Internetseite eine ständig aktualisierte Liste, in der alle verhängten Sperren aufgeführt sind. Nach einem Urteil des Oberlandesgericht Karlsruhe ist die Veröffentlichung einer Sperre auf der Internetseite eines Sportverbands gemäß dessen Wettkampfordnung nicht geeignet, der betreffenden Person einen erheblichen Persönlichkeitsschaden zuzufügen und deshalb zulässig, OLG Karlsruhe, Urt. v. 30.1.2009, NJOZ 2009, 3188.

c. Auskunftspflichten des Entleihers während der Leihdauer

Möglicherweise trifft aber den Entleiher die Pflicht, dem verleihenden Verein auf dessen Wusch hin Auskunft insbesondere über Verletzungen zu erteilen, die sich der verliehene Spieler während der Ausleihe zuzieht. Denn der Verleiher muss in diesem Fall befürchten, dass die Verletzung auch nach Rückkehr des Spielers andauert und der Spieler deshalb nicht einsetzbar ist.

> Nach der Ausleihe des Spielers zum Entleiher verletzt sich der Spieler. Trotz Verlangen des Verleihers gibt der Entleiher keine konkrete Auskunft über die Ergebnisse der medizinischen Untersuchung und über Art und Schwere der Verletzung. Nach Rückkehr des Spielers stellt der Verleiher fest, dass der Spieler aufgrund seiner Verletzung lange Zeit nicht einsetzbar sein wird. Ersatzverpflichtungen sind zu diesem Zeitpunkt nicht mehr möglich, da die Wechselperioden abgelaufen sind.

Auskunftspflichten als Nebenpflichten im Rahmen eines Schuldverhältnisses finden ihre Grundlage in den Grundsätzen von Treu und Glauben (§ 242 BGB) und bestehen nach der ständigen Rechtsprechung des Bundesgerichtshofs immer dann, wenn „die zwischen den Parteien bestehenden Rechtsbeziehungen es mit sich bringen, dass der Anspruchsberechtigte in entschuldbarer Weise über Bestehen oder Umfang seines Rechts im Ungewissen ist, und wenn der Verpflichtete in der Lage ist, unschwer die zur Beseitigung dieser Ungewissheit erforderliche Auskunft zu erteilen“.[255] Anders als eine Aufklärungspflicht, die rückwirkend relevant wird, weil der andere Teil bei Kenntnis der aufklärungspflichtigen Umstände sein früheres Verhalten daran hätte ausrichten können, bezieht sich die Auskunftspflicht dabei auf Informationen, die der Vertragspartner benötigt, um zukünftige Entscheidungen treffen zu können.[256]

aa. Bestehen einer Sonderverbindung

Voraussetzung für das Entstehen eines Auskunftsanspruchs ist zunächst, dass zwischen den Beteiligten eine Sonderverbindung besteht.[257] Diese Sonderver-

---

255 So zum Beispiel BGH, Urt. v. 6.2.2007, NJW 2007, 1806 (1807). Vgl. auch Larenz, Lehrbuch des Schuldrechts 1 AT, § 13 III; Palandt-Grüneberg, § 242, Rn. 37.

256 Zur Abgrenzung von Aufklärungspflicht und Auskunftspflicht vgl. Staudinger-Oelzen, § 241, Rn. 431.

257 BGH, Urt. v. 18.1.1978, NJW 1978, 1002; Erman-Ebert, § 260, Rn. 3; Palandt-Grüneberg, § 260, Rn. 5. Anderer Ansicht ist Osterloh-Konrad, Der allgemein vorbereitende Informationsanspruch, 2006, 222: Danach genügt die Tatsache, dass jemand Informationen besitzt, die für den anderen von Bedeutung sind.

bindung liegt im Verhältnis zwischen Verleiher und Entleiher in dem geschlossenen Leihvertrag. Dass die Hauptleistungspflichten des Vertrages schon erfüllt sind, – der Verleiher bereits den Vertrag mit dem Spieler aufgelöst und der Entleiher gegebenenfalls die Ausleihgebühr bezahlt hat, – steht dem nicht entgegen.

bb. Fehlende Kenntnis des Verleihers trotz berechtigtem Interesse an den Informationen

Der Verleiher hat keine Möglichkeit, sich zum Bespiel anhand von Pressemitteilungen einen Eindruck über die Art und Schwere der Verletzung seines verliehenen Spielers zu verschaffen. Verletzt sich ein Spieler, teilt der Verein zwar regelmäßig die Art der Verletzung sowie die voraussichtliche Genesungszeit öffentlich mit. Eine Pflicht dazu besteht grundsätzlich nicht.

> Eine Ausnahme dazu stellt der Fall Heiko Herrlich dar: Am 14.11.2000 sah sich die börsennotierte Borussia Dortmund GmbH & Co. KGaA verpflichtet, eine Mitteilung über kursrelevante Tatsachen gem. § 15 WpHG zu veröffentlichen. Die Ad-hoc-Mitteilung lautete: „Bei dem Lizenzspieler Heiko Herrlich sind Sehstörungen aufgetreten. Zwischenzeitliche medizinische Untersuchungen haben ergeben, dass die Sehstörungen auf einen Gehirntumor zurückzuführen sind. Die fachärztlichen Untersuchungen dauern an. Eine vollständige Genesung erscheint aus jetziger Sicht möglich."258

Selbst wenn ein Verein die Öffentlichkeit über die Verletzung eines Spielers informiert, beschränken sich die Aussagen zur Verletzung meist auf allgemein gehaltene Umschreibungen. Nicht selten werden von den Vereinen sogar bewusst falsche Angaben veröffentlicht, um so dem nächsten Gegner wichtige Informationen hinsichtlich Aufstellung und möglicher Taktik vorzuenthalten. Schließlich werden mögliche Komplikationen im Heilungsprozess von den Vereinen schon gar nicht verbreitet.

Der verleihende Verein hat jedoch ein berechtigtes Interesse daran, über Verletzungen des verliehenen Spielers informiert zu werden. Zumindest bei schweren Erkrankungen und bei Verletzungen kurz vor Ende der Leihdauer wird sich die Genesung auch auf die Zeit nach Rückkehr des Spielers erstrecken und damit auch die Planung der folgenden Saison des Verleihers beein-

---

258 Allgemein zu Ad hoc-Publizitätspflichten börsennotierter Fußballclubs Schumacher, NZG 2001, 769 ff. m. w. N.; Wertenbruch bejaht grundsätzlich die Publizitätspflicht bei Ausfall, Entlassung und Neuverpflichtung von Spitzenspielern und Trainern. Die Veröffentlichung der Krankheitsdiagnose sei von dieser Pflicht jedoch nicht umfasst, Wertenbruch, WM 2001, 193 (194 f.).

trächtigen. Weiß beispielsweise der Verleiher, dass der Spieler wegen eines Kreuzbandrisses wenigstens sechs Monate ausfallen und dem Verein nach seiner Rückkehr lange Zeit fehlen wird, wird er sich überlegen, auf dem Transfermarkt aktiv zu werden, um so adäquaten Ersatz für den Spieler zu beschaffen. Diese Möglichkeit bleibt ihm dagegen verwehrt, wenn er keine Informationen zu Art und Schwere der Verletzung des Spielers bzw. zu möglichen Komplikationen im Heilungsprozess erhält.

cc. Keine Möglichkeit der Informationsbeschaffung durch den Verleiher

Der Verleiher ist auch nicht in der Lage, sich die Informationen zu einer Verletzung des Spielers selbst zu beschaffen, was zum Ausschluss eines Auskunftsanspruchs führen würde.[259] So scheidet eine zusätzliche Untersuchung durch den Vereinsarzt des Verleihers aus. Der Spieler verpflichtet sich im Arbeitsvertrag mit dem Entleiher nach § 2 Buchst. b) und c) des Musterarbeitsvertrages der DFL dazu, sich ausschließlich bei dessen Vereinsärzten in Behandlung zu begeben und untersuchen zu lassen. Ließe er sich darüber hinaus auch beim Arzt des Verleihers untersuchen, würde er sich dadurch vertragswidrig verhalten.[260]

dd. Zumutbarkeit und Zulässigkeit der Auskunftserteilung

Der Verpflichtete muss „unschwer", das heißt ohne unbillige Belastung, in der Lage sein, die Auskunft zu erteilen.[261] Auch diese Voraussetzung ist im kon-kreten Fall erfüllt. Der Entleiher verfügt nach der Untersuchung des Spielers über Akten, die sämtliche Ergebnisse durchgeführter Untersuchungen beinhalten. Der Arbeitsaufwand des Entleihers beschränkt sich demnach darauf, diese Akten den Vereinsärzten des Verleihers zur Verfügung zu stellen. Die Auswertung der Unterlagen ist dann Aufgabe der medizinischen Abteilung des verleihenden Vereins. Insoweit ist für den Entleiher die Auskunftserteilung über Verletzungen des geliehenen Spielers sicherlich zumutbar.

Fraglich ist jedoch, ob der Entleiher diese Akten auch in rechtlicher Hinsicht den Ärzten des Verleihers überlassen darf oder ob dafür die ausdrückli-

---

259 Vgl. Erman-Ebert, § 260, Rn. 3; Osterloh-Konrad, Der allgemein vorbereitende Informationsanspruch, 2006, 207; Palandt-Grüneberg, § 260, Rn. 7.

260 Zum Fehlen einer Untersuchungspflicht des Spielers (auch) gegenüber dem Verleiher während der Ausleihe, vgl. unten D/IV/4/a. Auch besteht zumindest kein vorrangiger Anspruch des verleihenden Vereins gegenüber dem Spieler, dass dieser über Verletzungen während der Leihdauer Auskunft zu erteilen hat, D/IV/4/b.

261 BGH, Urt. v. 6.2.2007, NJW 2007, 1806 (1807); Palandt-Grüneberg, § 261, Rn. 8.

che Zustimmung des Spielers eingeholt werden muss. Grundsätzlich unterliegen alle Erkenntnisse, die jemandem in seiner Eigenschaft als Arzt oder Ärztin anvertraut worden oder bekannt geworden sind, der ärztlichen Schweigepflicht. Dazu gehören nach § 9 Abs. 2 der Berufsordnung der deutschen Ärztinnen und Ärzte auch Aufzeichnungen über den Patienten sowie Röntgenaufnahmen und sonstige Untersuchungsergebnisse. Die Weitergabe an Dritte ist demnach grundsätzlich unzulässig; der Arzt würde sich nach § 203 Abs. 1 Nr. 1 StGB strafbar machen.[262]

Nach § 2 Buchst. c) des Musterarbeitsvertrages der DFL entbindet der Spieler zwar den behandelnden Arzt von dessen Schweigepflicht, soweit es sich um Informationen handelt, die für das Arbeitsverhältnis relevant sind. Nach dem ausdrücklichen Wortlaut der Klausel gilt dies jedoch nur „gegenüber dem geschäftsführenden Organ des Clubs", also zugunsten des Entleihers als Arbeitgeber des Spielers. Aufgrund des eindeutigen Wortlauts und wegen des hohen Stellenwertes des Rechts auf informationelle Selbstbestimmung lässt sich die Einwilligung bei Leihspielern auch nicht durch Auslegung der Klausel auf die Weitergabe der Informationen an den verleihenden Verein ausdehnen. Vielmehr muss der Entleiher die Zustimmung des Spielers zur Weitergabe der medizinischen Unterlagen einholen. Verweigert der Spieler seine Zustimmung, scheidet ein Auskunftsanspruch des Verleihers insoweit aus, da der Entleiher nicht zu einem rechtlich unzulässigen Verhalten verpflichtet sein kann.

ee. Inhalt des Auskunftsanspruchs

Erteilt der Spieler – was der Regelfall sein dürfte – sein Einverständnis, so ist der Entleiher verpflichtet, dem Verleiher auf Verlangen über die Art und Schwere der Verletzung des Spielers Auskunft zu erteilen. Kommt der Entleiher dem nicht nach, kann der Verleiher ihn auf Erteilung der entsprechenden Informationen verklagen; der Auskunftsanspruch ist anders als die auf vergangene Zeiträume gerichtete Aufklärungspflicht einklagbar.[263] Zudem kommt gegebenenfalls ein Anspruch auf Schadensersatz nach §§ 241 Abs. 2, 280 Abs. 1 BGB in Betracht.

Inhaltlich hat der Entleiher dem Verleiher sämtliche Untersuchungsergebnisse zur Verfügung zu stellen. Damit sich der Verleiher umfassend

262 Die Weitergabe ist auch dann unzulässig und nach § 203 Abs. 1 Nr. 1 StGB strafbar, wenn der Empfänger der Information selbst Arzt und zur Verschwiegenheit verpflichtet ist, BayObLG, Beschl. v. 8.11.1994, NJW 1995, 1623.

263 Erman-Ebert, § 260, Rn. 21; Staudinger-Oelzen, § 242, Rn. 431.

informieren kann und die Möglichkeit hat, die Untersuchungsergebnisse eigenständig zu deuten, sind die Unterlagen in Kopie zu überlassen; eine rein mündliche Mitteilung der durch die Ärzte des Entleihers festgestellten Untersuchungsergebnisse genügt nicht. Darüber hinaus ist der Auskunftsanspruch des Verleihers nicht nur auf die eigentliche Diagnose beschränkt, sondern er hat auch das Recht, sich beim Entleiher über den Stand der Genesung des Spielers zu informieren.

C. Das Rechtsverhältnis zwischen Entleiher und Spieler

Grundlage der Rechtsbeziehungen zwischen dem Entleiher und dem Spieler ist der zwischen den Parteien für den Zeitraum der Ausleihe geschlossene Arbeitsvertrag.

I. Inhaltliche Ausgestaltung des Arbeitsvertrages

Grundsätzlich sind Entleiher und Spieler zwar bei der Gestaltung ihres Vertrages frei.[264] Die Sportverbände machen den Parteien jedoch gewisse Vorgaben, was den Inhalt des Arbeitsvertrages angeht. Darüber hinaus ist die Gestaltungsfreiheit von Entleiher und Spieler auch durch den Umstand beschränkt, dass sie ihr Arbeitsverhältnis im Rahmen eines Ausleihgeschäfts miteinander eingehen.

1. Kein Verstoß gegen die Verbandsstatuten und -ordnungen

Nach § 6 Nr. 2 LOS dürfen Verträge keine Vereinbarungen enthalten, die gegen die Statuten und Ordnungen von DFL und DFB verstoßen. Mit dieser einführenden Generalklausel wird klargestellt, dass die grundlegenden Vorschriften der Verbände – insbesondere die Regelungen zur Lizenzierung, zur Erteilung einer Spielerlaubnis, zum Vereinswechsel sowie zum Schiedsgerichtsverfahren – durch die Parteien im Arbeitsvertrag nicht abbedungen werden können.

---

264 Dies stellt zum Beispiel für den Bereich des Lizenzfußballs § 6 Nr. 2 der Lizenzordnung Spieler ausdrücklich klar.

2. Notwendige Übertragung der Verwertung der Persönlichkeitsrechte

Eine konkrete Vorgabe hinsichtlich des Vertragsinhalts macht § 6 Nr. 4 LOS. Danach müssen die Parteien in den Arbeitsvertrag eine Vereinbarung aufnehmen, mit der der Spieler dem Verein die Verwertung seiner Persönlichkeitsrechte überträgt und zudem erklärt, diese keinem anderen übertragen zu haben.[265] Die Aufnahme dieser Klausel hat für den Fußballverband insbesondere deshalb überragende Bedeutung, da er nur so seine eigenen Verpflichtungen aus den Fernsehverwertungsverträgen erfüllen kann, welche wiederum eine der Haupteinnahmequellen des Sports sind.[266] Denn ohne eine entsprechende Übertragung des Persönlichkeitsrechts auf den Verein als Arbeitgeber, der seinerseits die Möglichkeit der Nutzung dieses Rechts auf den Sportverband überträgt[267], könnte der Spieler der Übertragung eines Fußballspiels widersprechen bzw. hätte ein Mitentscheidungsrecht bei der Vergabe der Fernsehrechte.

a. Einwilligungserfordernis nach dem Kunsturhebergesetz

Ein solches Mitspracherecht folgt zwar nicht aus § 22 Satz 1 KUrhG, wonach „Bildnisse nur mit Einwilligung des Abgebildeten verbreitet oder öffentlich zur Schau gestellt werden dürfen". Denn nach § 23 Abs. 1 Nr. 3 KUrhG

---

265 Im Musterarbeitsvertrag der DFL wird diese Vorgabe durch § 3 umgesetzt. Diese Klausel des Musterarbeitsvertrages benachteiligt die Spieler auch nicht unangemessen im Sinne des § 307 Abs. 2 S. 1 BGB, vgl. LG Frankfurt, Urt. v. 12.12.2008, SpuRt 2009, 207.

266 Zwar sind die Einnahmen aus den TV-Rechten im Vergleich zur Saison 2000/2001, für die die Kirch-Gruppe, Premiere und Sat. 1 ca. 700 Mio. Euro gezahlt hatten, deutlich gesunken. Für die vier Spielzeiten ab der Saison 2009/2010 erhält die DFL von den Fernsehanstalten aber 1,65 Milliarden Euro und damit immerhin noch durchschnittlich 412 Mio. Euro pro Spielzeit; vgl. DFL Bundesliga Report 2009, 16. Zur Entwicklung der Einnahmen aus den Fernsehverwertungsverträgen vgl. auch PHB SportR-Summerer, 4. Teil, Rn. 120.

267 Gemäß § 5 Nr. 5 der Lizenzierungsordnung (LO) ist Voraussetzung für die Lizenzerteilung durch den Ligaverband, dass „das Recht zur Nutzung dem Ligaverband und dem DFB zur Erfüllung ihrer vertraglichen Verpflichtungen eingeräumt wird". Das ihr eingeräumte Nutzungsrecht ermöglicht der DFL insbesondere die „Gruppenvermarktung" der Bundesliga gemäß § 16 Ordnung für die Verwertung kommerzieller Rechte (OVR). Zur Frage, ob die Gruppenvermarktung der TV-Rechte in kartellrechtlicher Hinsicht zulässig ist, vgl. Loewenheim/Meessen/Riesenkampff-Nordemann, § 1 GWB, Rn. 242 sowie Jungheim, SpuRt 2009, 13 jeweils m. w. N.

bleibt eine generelle Berichterstattung möglich, sofern sich diese auf die „Darstellung des Geschehens" beschränkt.[268] Und auch der Zur-Schau-Stellung einzelner Sportler steht zumindest das Kunsturhebergesetz nicht entgegen: Profisportler gehören regelmäßig zu den absoluten Personen der Zeitgeschichte, so dass die Ausnahmeregelung des § 23 Abs. 1 Nr. 1 KUrhG eingreift und eine Einwilligung des Sportlers nicht erforderlich ist.[269] Schließlich spricht auch die nach Absatz 2 der Vorschrift vorzunehmende Interessenabwägung für die Zulässigkeit der Berichterstattung von Sportereignissen ohne Einwilligung der Sportler. Das Informationsinteresse der Allgemeinheit übersteigt das Anonymitäts- und Vergütungsinteresse des Sportlers.[270]

b. Leistungsschutz nach dem Urhebergesetz

Auch der Leistungsschutz der §§ 73 ff. UrhG greift zugunsten des Sportlers nicht ein. Ein Sportler erbringt keine persönliche geistige Schöpfung und damit kein Werk im Sinne des § 2 Abs. 2 UrhG. Er kann daher nicht als ausübender Künstler angesehen werden.[271]

c. Allgemeines Persönlichkeitsrecht des Sportlers

Jedoch kann sich der Sportler auf sein allgemeines Persönlichkeitsrecht berufen mit der Folge, dass er grundsätzlich die Befugnis hat, über die Vergabe und Verwertung der Berichterstattungsrechte mitzubestimmen.[272] Sportliche Leistungen sind – insbesondere bei Ausübung im professionellen Bereich auf hohem Niveau – Ausdruck individueller Persönlichkeit und damit Teil der durch Art. 1 Abs. 1 GG und Art. 2 Abs. 1 GG gewährleisteten Selbstbestimmung.[273] Dies ist offensichtlich bei Spitzenspielern, die sich gerade durch

---

268 Vgl. PHB SportR-Summerer, 4. Teil, Rn. 124 f.; Dreier/Schulze, § 23 KUG, Rn. 19; Schricker-Götting, § 60 / § 23 KUG, Rn. 52.

269 BGH, Urt. v. 6.2.1979, NJW 1979, 2203; Nasse, SpuRt 1995, 145 (146); Schricker-Götting, § 60 / § 23 KUG, Rn. 29; MünchArbR-Giesen, § 337, Rn. 23.

270 PHB SportR-Summerer, 4. Teil, Rn. 125, wobei aber eine Einwilligung dann erforderlich sei, wenn die wirtschaftlichen Zwecke der Übertragung in den Vordergrund treten; so wohl auch Ittmann, Pflichten des Sportlers im Arbeitsverhältnis, 2004, 149 f.

271 Dreier/Schulze, § 73 UrhG, Rn. 12; Haas/Reimann, SpuRt 1999, 182.

272 So auch PHB SportR-Summerer, 4. Teil, Rn. 127; Pfister, SpuRt 2002, 45 (48); a. A. Haas/Reimann, SpuRt 1999, 182 (184).

273 Ittmann, Pflichten des Sportlers im Arbeitsverhältnis, 2004, 151, hält das für einen rein dogmatischen (und im Ergebnis) nicht richtigen Ansatz. Vielmehr erhalte das Leistungsvermögen nur im Zusammenspiel mit der Verwendung von Identifikati-

überragende sportliche Fähigkeiten von den übrigen Spielern abgrenzen. Aber entsprechend der Entscheidung des Bundesgerichtshofs im „Orchester-Fall“[274] kann es auf den Rang bzw. die Wichtigkeit der einzelnen Leistung, die dann in einer Gruppenleistung aufgeht, wie sie auch eine Fußballmannschaft erbringt, nicht ankommen. Denn im Ergebnis kann auch der herausragende Spieler nur dann seine Fähigkeiten einsetzen, wenn seine Mitspieler ihren Teil dazu beitragen, indem sie beispielsweise den Ball vom Gegner erobern und anschließend den Spitzenspieler in Szene setzen.

Grundsätzlich hat dementsprechend jeder an einer Sportveranstaltung mitwirkende Spieler das Recht, über das Ob und Wie der Verwertung seiner Leistung selbst zu entscheiden. Aus diesem Grund muss der Verband als Veranstalter des Sportereignisses[275] sicherstellen, dass die Spieler das Recht an der Verwertung ihrer Persönlichkeitsrechte im Rahmen ihres Arbeitsvertrages auf die Vereine übertragen, die ihrerseits dem Verband ein Nutzungsrecht einräumen. Fehlt es an einer solchen Übertragung der Leistungsrechte, läuft der Verband Gefahr, entweder von einem Spieler auf Schadensersatz bzw. Unterlassung in Anspruch genommen zu werden oder geschlossene Fernsehverwertungsverträge nicht erfüllen zu können und sich damit den Medienanstalten gegenüber schadensersatzpflichtig zu machen.

3. Beanspruchung der Dienste eines Spielervermittlers

Gemäß § 6 Nr. 4 LOS müssen sich Entleiher und Spieler zwingend dazu äußern, ob sie im Rahmen der Vertragsanbahnung die Dienste eines lizensierten Spielervermittlers beansprucht haben. Diese Klausel dient den Sportverbänden offenbar dazu, einen Einblick in den schwierig zu durchschauenden Markt der Spielervermittler zu erhalten und diesen durch die Anzeigepflicht gegebenenfalls sogar zu kontrollieren.[276]

---

onsmerkmalen wie Name oder Bild persönlichkeitsrechtlichen Schutz, auf den sich der Spieler dann aber berufen kann.

274 Der Bundesgerichtshof zieht in der Entscheidung selbst einen Vergleich zu sportlichen Leistungen, BGH, Urt. v. 31.5.1960, NJW 1960, 2043 (2045). Für eine Vergleichbarkeit auch PHB SportR-Summerer, 4. Teil, Rn. 127.

275 Veranstalter der Fußball-Bundesligen ist die DFL, vgl. § 2 Nr. 1 DFL-Satzung.

276 Grundsätzlich ist es nur lizenzierten Spielervermittlern erlaubt, an Spielerwechseln mitzuwirken. Rechtsanwälte sowie Elternteile, Geschwister und Ehepartner eines Spielers können dagegen an einem Transfer mitwirken, ohne dass sie einer Lizenz bedürfen.

4. Zeitliche Befristung des Arbeitsvertrages

Schließlich resultiert auch aus dem Umstand, dass der Spieler im Rahmen einer Spielerleihe zum Entleiher wechselt, faktisch eine Beschränkung der inhaltlichen Gestaltungsfreiheit der Parteien. So müssen Entleiher und Spieler den Arbeitsvertrag auf die von den Vereinen ausgehandelte Ausleihdauer befristen[277], um dadurch die Rückkehr des Spielers zum verleihenden Verein nach Ablauf der Leihdauer zu ermöglichen. Die Vereinbarung einer kürzeren Frist als die Ausleihdauer ist zwar denkbar und rechtlich unproblematisch. Jedoch wird sich der Spieler auf eine solche Befristung nicht einlassen, da er sonst nach Ablauf des Arbeitsvertrages mit dem Entleiher bis zum Inkrafttreten des Anschlussarbeitsvertrages mit dem Verleiher für eine gewisse Zeit vereinslos wäre. Vereinbaren Entleiher und Spieler dagegen eine längere Befristung des Arbeitsvertrages als die eigentlich vorgesehen Ausleihdauer, erhält der Entleiher für den Spieler bereits keine Spielerlaubnis. Nach § 13 Nr. 2 Buchst. c) LOS ist Voraussetzung für die Erteilung der Spielerlizenz, dass der Spieler während dieser Zeit rechtlich an keinen anderen Verein gebunden ist. Die Rückkehr zum Verleiher ist aber Wesensmerkmal der Spielerleihe und – entweder durch einen bereits geschlossenen Anschlussarbeitsvertrag oder durch einen entsprechenden Vorvertrag – rechtlich abgesichert.

II. Formbedürftigkeit des Arbeitsvertrages

Der Arbeitsvertrag zwischen Entleiher und Spieler muss schriftlich abgeschlossen werden. Dies ergibt sich ausdrücklich aus den Verbandsregelungen. So schreibt beispielsweise § 6 LOS für den Bereich des Profifußballs vor, dass Verträge mit Lizenzspielern der Schriftform bedürfen. Darüber hinaus ist nach den Transferbestimmungen der DFL die Vorlage eines wirksamen Vertrages zwischen Verein bzw. Kapitalgesellschaft und Spieler Voraussetzung für die Erteilung einer Spielerlaubnis[278], so dass auch deshalb der Vertrag zwischen den Parteien schriftlich abgefasst werden muss.[279]

277 Zur Frage der Zulässigkeit der Befristung des Arbeitsvertrages zwischen Entleiher und Spieler vgl. unten Kapitel 4/C/I/3.

278 § 13 Nr. 2 Buchst. b) LOS.

279 Zur Frage, ob die Nichteinhaltung der verbandsrechtlich angeordneten Schriftform gemäß § 125 S. 2 BGB die Nichtigkeit des Arbeitsvertrages zur Folge hat, vgl. die Ausführungen in Kapitel 4/B/II.

III. Die arbeitsvertraglichen Pflichten des verliehenen Spielers

Die Pflichten des Spielers während der Ausleihe lassen sich unterteilen in Hauptleistungspflichten, Nebenleistungspflichten und Pflichten zur Rücksichtnahme.

1. Hauptleistungspflichten des Sportlers

a. Leistungsbereitschaft und Leistungsförderung

Der Sportler ist aufgrund des mit dem entleihenden Verein geschlossenen Arbeitsvertrages zuallererst dazu verpflichtet, sportliche Leistungen zu erbringen.[280] Gerade die sportlichen Fähigkeiten des Spielers waren der Grund des Entleihers, das Ausleihgeschäft abzuschließen. Der Spieler schuldet also aktive sportliche Betätigung zugunsten seines Arbeitgebers. Die Hauptleistungspflicht beschränkt sich dabei nicht auf die sportliche Betätigung in Wettkampfspielen. Der Spieler ist aufgrund des Arbeitsvertrages verpflichtet, sich für eine solche sportliche Betätigung im Wettkampf bereit zu halten. Die Leistungspflicht umfasst also auch die Teilnahme an vorbereitenden Maßnahmen wie Training, Taktikschulungen und Mannschaftsbesprechungen.[281]

aa. Kein Anspruch auf Einsatz im Wettkampf

Aus der Hauptleistungspflicht des Spielers, an Wettkampfspielen des entleihenden Vereins teilzunehmen, ergibt sich allerdings nicht zugleich auch ein Anspruch des Spielers, tatsächlich für solche Spiele aufgestellt zu werden.[282] Vielmehr hat der Trainer das Recht, dem Sportler gegenüber zu entscheiden, ob er spielt und gegebenenfalls auf welcher Position er bei einem konkreten Spiel zum Einsatz kommt. Dass dieses Recht des Trainers besteht, folgt be-

---

280 Vgl. § 2 DFL-Musterarbeitsvertrag; vergleichbare Klauseln finden sich auch in den Musterarbeitsverträgen anderer Sportverbände.

281 BAG, Urt. v. 17.1.1979, AP Nr. 2 zu § 611 BGB Berufssport; MünchArbR-Giesen, § 337, Rn. 13; Poschenrieder, Sport als Arbeit, 1977, 129 f.; auch regenerative Maßnahmen sind Bestandteil des Trainings, vgl. Ittmann, Pflichten des Sportlers im Arbeitsverhältnis, 2004, 82; Rybak, Das Rechtsverhältnis zwischen dem Lizenzfußballspieler und seinem Verein, 1998, 101; vgl. dazu auch § 2 Buchst. a) DFL-Musterarbeitsvertrag.

282 BAG, Urt. v. 22.8.1984, AP Nr. 65 zu § 616 BGB; MünchArbR-Giesen, § 337, Rn. 16; PHB SportR-Fritzweiler, 3. Teil, Rn. 21.

reits aus den Besonderheiten des Mannschaftssports[283], bei denen der Kader regelmäßig die Zahl der Spieler, die in einem Spiel eingesetzt werden können, übersteigt. Es gibt bei Mannschaftsportarten zwingend auch Reservespieler, die lediglich die Bereitschaft zum sportlichen Einsatz schulden. Nur so kann ein Verein beispielsweise auf verletzungsbedingte Ausfälle reagieren und auch in spieltaktischer Hinsicht variieren. Dies weiß der Spieler im Übrigen auch schon bei Vertragsschluss mit dem Verein, so dass bei einer Nichtberücksichtigung keine schützenswerten Interessen des Spielers betroffen sind. Etwas anderes kann nur dann gelten, wenn ein Anspruch des Spielers auf Einsatz bei Wettkampfspielen zwischen Verein und Spieler ausdrücklich vereinbart wurde. Existiert eine solche Vereinbarung nicht, sind Entscheidungen dem Spieler gegenüber vom allgemeinen Direktionsrecht im Sinne des § 106 GewO gedeckt. Grundsätzlich steht dieses Direktionsrecht dem Verein als Arbeitgeber zu. Die Ausübung ist aber regelmäßig konkludent auf den Trainer als Verantwortlichen für den sportlichen Bereich übertragen.[284]

Das Weisungsrecht des Trainers hinsichtlich Nominierung und Aufstellung eines Spielers für Wettkampfspiele besteht im Übrigen auch dann, wenn der geliehene Spieler gerade als Ersatz für einen verletzten (Stamm-)Spieler des Vereins ausgeliehen wurde. Allein aus dem Umstand, dass jemand als Ersatz für einen Spieler verpflichtet wurde, der vorher vom Trainer regelmäßig aufgestellt wurde, kann nicht auf eine konkludente Vereinbarung geschlossen werden, der ausgeliehene Spieler dürfe nur auf dieser bestimmten Position eingesetzt werden oder habe sogar einen Anspruch auf Einsatz in der Startmannschaft.

bb. Schlechtleistung des Spielers

Unproblematisch sind die Konsequenzen, wenn der Sportler seiner Pflicht zur Leistungsbereitschaft und Leistungsförderung überhaupt nicht nach-

283 BAG, Urt. v. 22.8.1984, AP Nr. 65 zu § 616 BGB; Imping, Die arbeitsrechtliche Stellung des Fußballspielers, 1995, 63; Ittmann, Pflichten des Sportlers im Arbeitsverhältnis, 2004, 72; Poschenrieder, Sport als Arbeit, 1977, 129; Rüsing, Sportarbeitsrecht, 2006, 32; Weisemann, Sport, Spiel und Recht, 1998, 13. Anderer Ansicht ist offenbar Bepler, in: FS Fenn, 2000, 43 und 73 f., der zwar die tatsächliche Beschäftigung im Spielbetrieb als Teil des Beschäftigungsanspruchs des Spielers ansieht, wobei dieser Anspruch jedoch regelmäßig vertraglich abbedungen sei.

284 Ittmann, Pflichten des Sportlers im Arbeitsverhältnis, 2004, 58; Kaske, Das arbeitsrechtliche Direktionsrecht, 1983, 24 f. Allgemein zur Kontrolle einer Weisung anhand billigem Ermessen nach § 106 GewO in Verbindung mit § 315 BGB vgl. Ittmann, Pflichten des Sportlers im Arbeitsverhältnis, 2004, 59 ff. sowie 68 ff.

kommt, er also an einem Mannschaftstraining, einer Taktikbesprechung oder sogar an einem Wettkampfspiel nicht teilnimmt. Da der Trainer den Zeitpunkt der Erbringung dieser Leistungen festlegt, handelt es sich bei diesen vom Sportler zu erbringenden Leistungen um absolute Fixschulden. Das Verpassen dieser teambezogenen Leistungen führt stets zur nachträglichen Unmöglichkeit der zu erbringenden Arbeitsleistung im Sinne des § 275 Abs. 1 BGB.[285] Der Vergütungsanspruch des Spielers erlischt insoweit nach § 326 Abs. 1 S. 1 BGB. Etwas anders gilt nach § 326 Abs. 2 BGB nur dann, wenn der Verein für den Umstand, der zur Nichtleistung des Spielers geführt hat, allein oder weit überwiegend verantwortlich ist. Dies ist zum Beispiel dann der Fall, wenn dem Spieler ein falscher Zeitpunkt einer Besprechung genannt wurde oder der Trainer den Spieler über einen Termin überhaupt nicht informiert hat.

Zudem kann der Verein vom Spieler wegen der Nichtleistung Schadensersatz nach §§ 280 Abs. 1, 283 BGB verlangen. Üblich ist es im Sport darüber hinaus, dem Club arbeitsvertraglich für den Fall der Pflichtverletzung durch den Spieler einen Anspruch auf Zahlung einer Vertragsstrafe einzuräumen.[286] Schließlich ist es dem Verein möglich, den Spieler abzumahnen oder sogar – als ultima ratio – eine Kündigung auszusprechen.

Schwieriger zu beurteilen ist aber die Schlechtleistung des Sportlers, also eine Verletzung arbeitsvertraglicher Pflichten, die weder Verzug noch Unmöglichkeit der Arbeitsleistung zur Folge hat.[287] Zum einen stellt sich die Frage, welche Leistung der Sportler in qualitativer Hinsicht schuldet, wann also überhaupt ein Fall der Schlechtleistung vorliegt. Zum anderen sind die sich bei einer Schlechtleistung ergebenden rechtlichen Konsequenzen problematisch.

(1) Maßstab der subjektiven Leistungsfähigkeit

Ein Arbeitnehmer hat das zu leisten, wozu er bei angemessener Anspannung seiner geistigen und körperlichen Kräfte auf Dauer ohne Gefährdung seiner

---

285 Vgl. Maschmann, NZA Beilage 1/2006, 13; Schaub-Linck, Arbeitsrechts-Handbuch, § 51, Rn. 2.

286 Vgl. zum Beispiel § 6 DFL-Musterarbeitsvertrag. Zur Zulässigkeit derartiger Klauseln in Spielerarbeitsverträgen vgl. PHB SportR-Fritzweiler, 3. Teil, Rn. 42; Walker, in: FS Röhricht, 2005, 1277 (1283 ff.).

287 ErfK-Preis, § 611 BGB, Rn. 682; Maschmann, NZA Beilage 1/2006, 13 (14).

Gesundheit im Stande ist.[288] Er hat nach der plakativen Formel des Bundesarbeitsgerichts „zu tun, was er soll, und zwar so gut wie er kann".[289] Vom Sportler als Arbeitnehmer wird also kein objektives Idealverhalten gefordert. Er hat vielmehr die für ihn subjektiv bestmögliche Leistung zu erbringen.

Auch wenn insbesondere ein Stürmer an den von ihm erzielten Toren gemessen wird und er idealerweise bei jedem Spiel sein Tor macht, so ist für die Erfüllung seiner Leistungspflicht entscheidend, ob er in dem Spiel seine für ihn bestmögliche Leistung erbracht hat. Wenn der Stürmer wegen der guten Leistung der gegnerischen Abwehrspieler kein Tor schießt, so führt dies allein nicht dazu, dass darin eine Schlechtleistung des Spielers zu sehen ist.

Auf diesen subjektiven Maßstab stellt auch der Musterarbeitsvertrag der DFL ab. Nach § 2 des Vertrages hat der Spieler „seine ganze Kraft und seine sportliche Leistungsfähigkeit uneingeschränkt für den Club einzusetzen, alles zu tun, um sie zu erhalten und zu steigern und alles zu unterlassen, was ihr vor und bei Veranstaltungen des Clubs abträglich sein könnte".[290] Besondere Bedeutung erlangt im Hinblick auf den subjektiven Leistungsmaßstab im Sport der Umstand, dass die Form eines Spielers anerkanntermaßen schwanken kann. Bleibt also ein Spieler in mehreren Wettkampfspielen erkennbar hinter seinem möglichen Leistungsvermögen zurück, stellt dies für sich genommen noch keine Pflichtverletzung dar.[291] Erst die dauerhafte verminderte Leistungserbringung durch den Spieler kann als vertragswidrige Minderleistung zu bewerten sein.

(2) Einhaltung professioneller Standards

Genauso wie bei freien Dienstverträgen muss allerdings auch für Arbeitsverträge der subjektive Leistungsmaßstab durch die Haftung des Arbeitnehmers für die – objektiv zu beurteilende – Einhaltung professioneller Standards begrenzt werden.[292] Dies verhindert, dass allein der Arbeitnehmer es in der

288 So die herrschende Meinung in Rechtsprechung und Literatur: Vgl. BAG, Urt. v. 11.12.2003, NZA 2004, 784; Hromadka/Maschmann, § 6, Rn. 123 f.; MünchArbR-Reichold, § 36, Rn. 43; Maschmann, NZA Beilage 1/2006, 13 (15); Preis-Stoffels, Der Arbeitsvertrag, II H 20, Rn. 31.

289 BAG, Urt. v. 11.12.2003, NZA 2004, 784 (786).

290 Ittmann, Pflichten des Sportlers im Arbeitsverhältnis, 2004, 65 f., hält eine derartige Klausel wegen Verstoßes gegen § 307 Abs. 1 S. 2 BGB für unwirksam.

291 So auch Rüsing, Sportarbeitsrecht, 2006, 30.

292 Maschmann, NZA Beilage 1/2006, 13 (16). Im Hinblick auf freie Dienstverträge so zum Beispiel die Rechtsprechung zu den sogenannten Kardinalspflichten eines Anwalts im Rahmen eines Anwaltsvertrages, vgl. BGH, Urt. v. 5.11.1987, NJW 1988,

Hand hat, durch Veränderung seiner Leistungsfähigkeit die qualitativen Anforderungen an seine Leistung zu bestimmen, und sichert so das berechtigte Interesse des Arbeitgebers an einer für ihn kalkulierbaren, gewissen Mindestleistung jedes Arbeitnehmers.[293]

Für den Sport bedeutet die Einhaltung professioneller Standards, dass der verliehene Spieler beispielsweise in der Lage sein muss, konditionell ein Wettkampfspiel über 90 Minuten bestreiten zu können. Reicht seine Kondition dafür nicht und gibt es für diese eingeschränkte Leistungsfähigkeit des Spielers keine besonderen Gründe, wie zum Beispiel eine gerade erst auskurierte Verletzung, handelt es sich bei der Leistung des Spielers allein deshalb um eine vertragswidrige Minderleistung. Der Spieler kann sich nicht darauf berufen, er habe die für ihn in dieser Situation bestmögliche Leistung abgerufen.

(3) Rechtsfolgen bei Schlechtleistung des Sportlers

(a) Keine Haftung des Verleihers

Der Verleiher kann bei einer Schlechtleistung des verliehenen Spielers nicht in Anspruch genommen werden. Er selbst ist nicht Schuldner der Arbeitsleistung, und der Spieler ist nicht sein Erfüllungsgehilfe, so dass § 278 BGB keine Anwendung findet. Zudem will der Verleiher mit Abschluss des Leihvertrages nicht für die Leistungsfähigkeit des verliehenen Spielers einstehen. Das Risiko, dass der Spieler die ihm zugedachten Aufgaben erfüllen wird, hat vielmehr der Entleiher selbst zu tragen.

(b) Keine Minderung der Vergütung

Auch eine Minderung des Gehalts des Spielers durch den Entleiher kommt nicht in Betracht. Dies folgt aus der Vorschrift des § 326 Abs. 1 S. 2 BGB, wonach der Anspruch auf die Gegenleistung – in diesem Falle also der Anspruch des Spielers auf die Vergütung – nicht entfällt, sofern der Schuldner

---

486 (487), oder auch die Formel des Bundesgerichtshofs zu den Anforderung an einen Mediziner, dieser habe „diejenigen Maßnahmen zu ergreifen, die von einem gewissenhaften, aufmerksamen Arzt aus berufsfachlicher Sicht erwartet werden dürfen“, BGH, Urt. v. 16.3.1999, NJW 1999, 1778 (1779).

293 Auch wenn das Bundesarbeitsgericht zur Bestimmung der berechtigten Leistungserwartung auf den subjektiven Leistungsmaßstab abstellt, deutet es diese objektive Grenze der Mindestleistung an: „Daraus ist allerdings nicht zu folgern, dass der Arbeitnehmer seine Leistungspflicht selbst willkürlich bestimmen kann. Er muss vielmehr unter angemessener Ausschöpfung seiner persönlichen Leistungsfähigkeit arbeiten.“, vgl. BAG, Urt. v. 11.12.2003, NZA 2004, 784.

nicht zur Nacherfüllung verpflichtet ist. Gerade weil aber weder das Dienstvertrags- noch das Arbeitsrecht Gewährleistungsansprüche im Falle der Schlechtleistung kennen, schuldet ein Arbeitnehmer keine Nacherfüllung.[294]

(c) Schadensersatzanspruch wegen Schlechtleistung

Möglich bleibt ein Schadensersatzanspruch des Entleihers gegen den Spieler nach §§ 280 Abs. 1, 3, 281 Abs. 1 S. 1 BGB.[295] Der Spieler hat dem Verein unter Beachtung der Grundsätze zum innerbetrieblichen Schadensausgleich die Schäden zu ersetzen, die der Verein gerade aufgrund der Minderleistung des Spielers erleidet. Neben der Problematik, die ersatzfähigen Schäden zu bestimmen sowie diese gerade dem Fehlverhalten des Spielers zuzurechnen[296], besteht in der Praxis bereits die Schwierigkeit, die Pflichtverletzung als solche, also die Schlechtleistung des Spielers, darzulegen und zu beweisen. Man muss dazu die momentane, tatsächliche Leistung des Spielers mit der ihm bestmöglichen Leistung vergleichen. Dass das Ergebnis eines solchen Vergleichs eine für jedermann und damit objektiv erkennbare Minderleistung ist, dürfte eher die Ausnahme sein.

Die Vereine wissen um diese Problematik und versuchen dies durch den vermehrten Abschluss stark erfolgsorientierter Arbeitsverträge auszugleichen.[297] Insbesondere bei älteren Spielern wird auf den Abschluss von Verträgen mit kurzer Dauer, einem eher geringen Grundgehalt sowie einem detaillierten Prämiensystem gedrängt. Der leistungsabhängige Teil des Entgelts besteht dann aus Prämienzahlungen, deren Höhe sich danach richtet, ob der Spieler in der Startformation stand, lediglich eingewechselt wurde oder sogar nur dem Kader angehörte, ohne eingesetzt worden zu sein. Darüber hinaus werden erfolgsorientierte Prämien gezahlt, wenn der Spieler mit dem Team

---

294 So im Ergebnis die herrschende Meinung: ErfK-Preis, § 619a BGB, Rn. 7; Maschmann, NZA Beilage 1/2006, 13 (17); Preis-Stoffels, Der Arbeitsvertrag, II H 20, Rn. 32; Zöllner/Loritz/Hergenröder, Arbeitsrecht, § 19 III; Schaub-Linck, Arbeitsrechts-Handbuch, § 52, Rn. 5. Zum gegenteiligen Ergebnis kommen z. B. Beuthien, ZfA 1972, 73 (74 ff.) sowie Erman-Edenfeld, § 611 BGB, Rn. 408, die bei verschuldeter Schlechtleistung eine teilweise Nichtleistung annehmen und so im Ergebnis die Minderung der Vergütung ermöglichen.

295 Zudem ist es natürlich auch im Falle der Schlechtleistung möglich, den Spieler abzumahnen oder ihm gegebenenfalls zu kündigen.

296 Ausführlich zum Problem der Schadenszurechnung im Sport Ittmann, Pflichten des Sportlers im Arbeitsverhältnis, 2004, 195 ff. Insbesondere bei Mannschaftssportarten stellt sich das Problem, finanzielle Beeinträchtigungen des Vereins genau auf die Schlechtleistung eines bestimmten Spielers zurückzuführen.

297 Vgl. Sutter, Rechtsfragen des organisierten Sports, 1984, 155.

im Wettkampfspiel Punkte geholt oder der Spieler ein Tor erzielt hat. Bringt der Spieler nach Ansicht des Vereins nicht die Leistung, die von ihm erwartet werden kann und ihm möglich wäre, dann kann der Verein aufgrund seines Direktionsrechts entscheiden, ob der Spieler aufgestellt wird oder nicht. Dies hat über das Prämiensystem dann direkte Auswirkung auf die Höhe des an den Spieler zu zahlenden Entgelts.

b. Öffentlichkeitsarbeit des Sportlers

Neben dem sportlichen Einsatz zugunsten des Vereins hat der Spieler auch bei der Öffentlichkeitsarbeit des Vereins mitzuwirken. Nahezu alle Einnahmen der Vereine im Profisport hängen maßgeblich mit dem Auftreten in der Öffentlichkeit zusammen: So erhalten die Vereine vom Verband aufgrund der Gruppenvermarktung Anteile an den Erlösen aus dem Verkauf der TV-Übertragungsrechte, deren Höhe sich nach den voraussichtlichen Zuschauerzahlen richtet. Daneben werben die Vereine insbesondere in Form von Trikotwerbung für Unternehmen. Der Sponsor wiederum wird umso mehr Geld für diese Werbung zahlen, je öfter der Verein im Blickpunkt der Medien steht und je erfolgreicher ein Verein sportlich ist. Schließlich generieren die Vereine erhebliche Einnahmen durch den Verkauf von Merchandising-Artikeln und Eintrittskarten an die Fans der Mannschaft. Auch die Höhe dieser Einnahmen ist maßgeblich davon abhängig, wie sich der Verein durch die Spieler als „Repräsentanten des Vereins“[298] in der Öffentlichkeit darstellt. Aus diesem Grund muss sich der Profispieler aktiv an der Öffentlichkeitsarbeit des Arbeitgebers beteiligen. Dazu zählen sowohl einfache Dinge wie das Signieren von Autogrammkarten als auch umfangreichere Tätigkeiten, wie zum Beispiel das Mitwirken bei TV-Spots des Hauptsponsors.

Die zentrale Bedeutung der Öffentlichkeitsarbeit für den Verein als Arbeitgeber kommt auch in den Musterarbeitsverträgen der Sportverbände zum Ausdruck. So verpflichtet § 2 Buchst. e) des DFL-Musterarbeitsvertrages den Spieler dazu, ausschließlich die zur Verfügung gestellten Vertragsprodukte des Vereinsausrüsters zu tragen. Nach § 3 desselben Vertragsmusters gestattet der Spieler dem Verein umfassend die Verwertung der Persönlichkeitsrechte des Spielers zum Zwecke der Werbung.

Die aktive Öffentlichkeitsarbeit ist auch Teil der Arbeitsleistung des Sportlers und steht damit in einem synallagmatischen Verhältnis zur Entgelt-

298 So Ittmann, Pflichten des Sportlers im Arbeitsverhältnis, 2004, 86.

zahlung.[299] Auch wenn die Zuordnung dieser Tätigkeit zu den Hauptleistungspflichten eines Arbeitnehmers bei einem normalen Arbeitsverhältnis untypisch ist, so ist dies im Berufssport anders zu bewerten. Denn sowohl die Vereine als auch die Sportler wissen bei Abschluss der Verträge, dass es einer werbewirksamen Präsentation des Vereins in der Öffentlichkeit bedarf, um durch die dadurch erzielten Einnahmen die Kosten der Vereine, insbesondere die Gehaltskosten der Spieler decken zu können. Die Mitwirkung der Spieler an der Öffentlichkeitsarbeit als Arbeitsleistung entspricht daher nicht nur dem Interesse der Vereine, sondern liegt im Interesse beider Parteien.[300]

2. Nebenleistungspflichten des Sportlers

Neben den Pflichten, sportliche Leistungen für den Entleiher zu erbringen und an dessen Öffentlichkeitsarbeit mitzuwirken, treffen den Sportler weitere Pflichten, die die Erfüllung seiner Hauptleistungspflichten sichern sollen, die sogenannten Nebenleistungspflichten.

a. Untersuchungspflicht bei Krankheit bzw. Verletzung

Zur Erhaltung seiner Leistungsfähigkeit in der Zukunft ist der Sportler verpflichtet, sich bei Krankheit bzw. Verletzung untersuchen und behandeln zu lassen.[301] Gerade im Leistungssport ist die vollständige Gesundheit des Sportlers Grundvoraussetzung dafür, dass der Sportler die vom Verein erwartete Leistung erbringen kann. Dementsprechend unterhalten im Berufssport die Vereine eigene medizinische Abteilungen zur Behandlung ihrer Spieler.

Arbeitsvertraglich wird nicht nur die Pflicht aufgestellt, sich bei Verletzungen untersuchen und behandeln zu lassen. Die Vereine schränken zugleich das Recht auf freie Arztwahl ein und verpflichten den Spieler, gerade die vom Verein beschäftigten Sportmediziner zu konsultieren.[302] Darüber

299 Die Zuordnung der Öffentlichkeitsarbeit zu den Hauptleistungspflichten ist umstritten: bejahend unter anderem die Rechtsprechung, vgl. BAG, Urt. v. 5.2.1986, AP Nr. 12 zu § 339 BGB, sowie Borchard, Die Wirksamkeit der im deutschen Lizenzfußball verwendeten Musterverträge, 1999, 140, Ittmann, Pflichten des Sportlers im Arbeitsverhältnis, 2004, 88 ff. und MünchArbR-Giesen, § 337, Rn. 15; ablehnend dagegen PHB SportR-Fritzweiler, 3. Teil, Rn. 24; Poschenrieder, Sport als Arbeit, 1977, 130; Rüsing, Sportarbeitsrecht, 2006, 31; Vieweg, SpuRt 1994, 6 (8).

300 Vgl. Ittmann, Pflichten des Sportlers im Arbeitsverhältnis, 2004, 90.

301 Ittmann, Pflichten des Sportlers im Arbeitsverhältnis, 2004, 105; Kaske, Das arbeitsrechtliche Direktionsrecht, 1983, 138.

302 § 2 Buchst. b) DFL-Musterarbeitsvertrag.

hinaus muss der Spieler abweichend von § 5 Abs. 1 S. 1 EntgFG, wonach der Arbeitnehmer lediglich die Arbeitsunfähigkeit und deren voraussichtliche Dauer mitzuteilen hat, den Verein über den behandelnden Arzt auch über Art und Schwere der Verletzung informieren. Er wird demnach vertraglich verpflichtet, den Arzt von dessen Schweigepflicht gegenüber dem Arbeitgeber zu befreien.[303]

b. Wettbewerbsverbote des Sportlers

aa. Das Wettbewerbsverbot nach § 60 Abs. 1 HGB analog

Während des rechtlichen Bestandes des Arbeitsverhältnisses zum Entleiher gilt zu Lasten des Sportlers zunächst ein allgemeines Wettbewerbsverbot. Dieses folgt aus § 60 Abs. 1 HGB analog als konkretisierenden Vorschrift der Interessenwahrungspflicht nach § 241 Abs. 2 BGB[304] bzw. aus der allgemeinen Treuepflicht des Arbeitnehmers gegenüber seinem Arbeitgeber[305]. Inhaltlich ist es dem Arbeitnehmer aufgrund dieses gesetzlichen Wettbewerbsverbotes untersagt, ein Handelsgewerbe im Geschäftsbereich seines Arbeitgebers zu betreiben. Voraussetzung für das Betreiben eines solchen Geschäfts ist, dass der Arbeitnehmer das Gewerbe für eigene oder fremde Rechnung führt oder sich als persönlich haftender Gesellschafter an einer Personenhandelsgesellschaft beteiligt.[306]

Für den verliehenen Spieler folgt aus § 60 Abs. 1 HGB analog beispielsweise das Verbot, selbständig einen Shop zu betreiben, in dem er Fan-Artikel des Entleihers veräußert.[307] Damit würde er zu den vereinseigenen Verkaufsstellen für Merchandising-Produkte in Konkurrenz treten und somit unmittelbar in einem Geschäftsbereich seines Arbeitgebers tätig werden. Möchte der Spieler dennoch während der Ausleihdauer ein solches Gewerbe betreiben, muss er die Einwilligung des Entleihers einholen; § 60 HGB ist kein

303 Zu der in der sportrechtlichen Literatur kontrovers diskutierten Frage, ob die Einschränkung der freien Arztwahl sowie die formularmäßige Entbindung des Arztes von der Schweigepflicht rechtmäßig sind, siehe Ittmann, Pflichten des Sportlers im Arbeitsverhältnis, 2004, 108 ff., sowie Weber, Rechtliche Strukturen und Beschäftigungsverhältnisse im Fußballsport, 2008, 266, jeweils m. w. N.

304 Vgl. ErfK-Oetker, § 60 HGB, Rn. 1.

305 Vgl. BAG, Urt. v. 16.8.1990, AP Nr. 10 zu § 611 BGB Treuepflicht; Preis, Arbeitsrecht, § 27, II b) aa).

306 ErfK-Oetker, § 60 HGB, Rn. 5; MünchKomm-Müller-Glöge, § 611, Rn. 326.

307 Ittmann, Pflichten des Sportlers im Arbeitsverhältnis, 2004, 125.

zwingendes Recht und abdingbar, wie sich aus Absatz 2 der Vorschrift ergibt. Einer besonderen Form bedarf die Einwilligung nicht.[308]

In sportlicher Hinsicht ist dagegen ein Auftreten als Wettbewerber des Entleihers undenkbar. Dies würde voraussetzen, dass der Spieler selbst einen eigenen Verein unterhält und am „Markt“ Bundesliga teilnimmt, da nur die anderen Vereine der jeweiligen Sportart auf gleicher Stufe zum Entleiher stehen und dessen Mitbewerber sind. Und in der einfachen Beteiligung des Spielers an einem börsennotierten Verein (bzw. dessen Kapitalgesellschaft) ist bereits kein Verstoß gegen das gesetzliche Wettbewerbsverbot des § 60 Abs. 1 HGB zu sehen. Die Stellung als Aktionär einer Aktiengesellschaft führt nicht dazu, dass der Arbeitnehmer als Aktionär das Gewerbe der AG betreibt.[309]

bb. Vertragliche Ausweitung des Wettbewerbsverbotes

Das gesetzliche Wettbewerbsverbot wird in den Musterarbeitsverträgen der Sportverbände durch Aufnahme besonderer Klauseln erweitert. So hat der Spieler nach § 2 des Mustervertrags der DFL ausdrücklich zu versichern,

> „dass er weder direkt noch indirekt über Anteile und/oder Optionen für Anteile an lizenzierten Kapitalgesellschaften der deutschen Lizenzligen verfügt und solche Anteile bzw. Optionen während der Dauer des Vertrages auch nicht erwerben wird“.

Gestattet ist lediglich der Erwerb von Aktien des eigenen Vereins, allerdings hat auch dies der Spieler dem Verein sowie dem Ligaverband gegenüber anzuzeigen. Die Klausel in dem Arbeitsvertrag mit dem Entleiher erstreckt sich also anders als das gesetzliche Wettbewerbsverbot nach § 60 Abs. 1 HGB auch auf einfache Beteiligungen des Sportlers an anderen Vereinen. Sollte der verliehene Spieler vor dem Ausleihgeschäft – in rechtmäßiger Weise – Anteile an der Kapitalgesellschaft des Verleihers erworben haben, so ist er aufgrund des Arbeitsvertrages verpflichtet, diese vor dem Wechsel zum Entleiher wieder zu veräußern.[310]

---

308 ErfK-Oetker, § 60 HGB, Rn. 9.

309 Vgl. MünchKommHGB-v.Hoyningen-Huene, § 60, Rn. 36; ErfK-Oetker, § 60 HGB, Rn. 5. Anders aber das LAG Köln, Urt. v. 29.4.1994, NZA 1995, 994, wenn der Arbeitnehmer Gesellschafter des Mitbewerbers wird und diese Gesellschaft mit zusätzlichem Kapital ausstattet.

310 Durch die Klausel ist der Spieler dagegen nicht dazu verpflichtet, eine möglicherweise bestehende Mitgliedschaft in einem anderen Fußballverein zu beenden. Der Wortlaut der Klausel bezieht sich eindeutig nur auf finanzielle Beteiligungen.

Die vertragliche Erweiterung des Wettbewerbsverbotes ist auch rechtmäßig[311] und verstößt insbesondere nicht gegen § 307 Abs. 1 BGB.[312] Zwar werden durch die Klausel die Möglichkeiten des Sportlers zur Kapitalanlage eingeschränkt. Zu beachten ist allerdings zunächst, dass sich das Verbot lediglich auf den Erwerb von Anteilen deutscher[313] Lizenzfußballvereine beschränkt. Dem Spieler bleibt es also unbenommen, außerhalb dieses überschaubaren Wirtschaftszweigs sein Geld anzulegen. Zum anderen rechtfertigen die berechtigten Interessen der Vereine die Aufnahme einer solchen Klausel in die Arbeitsverträge. Die Klausel trägt dazu bei, Interessenkonflikte der Spieler zu vermeiden, die einerseits arbeitsvertraglich zum sportlichen Erfolg des Entleihers beitragen sollen, aufgrund ihrer Beteiligung sich aber andererseits auch den Erfolg eines anderen Lizenzvereins wünschen würden, um so eine höhere Dividende zu erlangen. Für den Verein bestünde die Gefahr einer bewussten Schlechtleistung durch den Spieler, wenn Beteiligungen an anderen Clubs zulässig wären.

Darüber hinaus haben auch die Sportverbände ein schützenswertes Interesse daran, allein den Anschein von Interessenkonflikten der Spieler zu vermeiden und Beteiligungen zu verbieten. Würde nur ein Spieler nachweislich durch seine Leistung ein Spiel seines Arbeitgebers zugunsten des Vereins „verschieben", an dem er beteiligt ist, würde die Glaubwürdigkeit sämtlicher Ergebnisse der Liga angezweifelt. Dies wiederum hätte Einfluss auf Werbepartner und Medien, die dann nicht mehr bereit wären, derartige Summen in den Sport und den Kauf der Übertragungsrechte zu investieren. Auch diese Gefahr wird durch die Aufnahme eines erweiterten Wettbewerbsverbotes in die Arbeitsverträge der Spieler minimiert. Dementsprechend findet sich auch im Regelwerk der DFL eine wortgleiche Vorschrift in § 13 Nr. 2 Buchst. g)

---

311 Für die Klausel in dem Mustervertrag der DFL im Ergebnis so auch Ittmann, Pflichten des Sportlers im Arbeitsverhältnis, 2004, 126.

312 Bei Verwendung der Musterverträge der Verbände enthalten die Arbeitsverträge zwischen Spieler und Verein Allgemeine Geschäftsbedingungen, so dass die §§ 305 ff. BGB einschlägig sind; vgl. ArbG Ulm, Beschl. v. 14.1.2009 - Ca 244/08, juris; Jungheim, RdA 2008, 222 (224); Rein, NZA-RR 2009, 462 (464).

313 Auf den ersten Blick erstaunlich ist die Einschränkung des Regelungsbereichs auf die lizenzierten Kapitalgesellschaften der Lizenzligen Deutschlands. Denn aufgrund der Vielzahl an Spielen gegen europäische Mannschaften in Champions League und UEFA-Cup und der gerade bei diesen Spielen möglichen Einnahmen liegt es sicherlich auch im Interesse der deutschen Vereine, dass die Spieler auch keine Anteile an europäischen Clubs halten, um Interessenkonflikte zu vermeiden.

LOS, an die die Spieler über die Verweisungsklausel ihres Arbeitsvertrages[314] gebunden sind.

cc. Kein zeitgleiches Spielen bei einem anderen Verein

Schließlich ist es dem Spieler nicht erlaubt, während der Ausleihe auch für einen anderen Verein zu spielen. Dies ergibt sich bereits aus den verbandsrechtlichen Vorschriften, da nach § 13 Nr. 2 Buchst. c) LOS Voraussetzung für die Erteilung einer Spielerlaubnis ist, dass „für den gleichen Zeitraum keine anderweitigen rechtlichen Bindungen als Spieler an einen anderen Verein bzw. Kapitalgesellschaft bestehen". Aus diesem Grund bedarf es dafür keiner gesonderten Klausel im Arbeitsvertrag mit dem verliehenen Spieler.[315]

c. Weitere arbeitsvertragliche Nebenleistungspflichten des Sportlers

Durch den Arbeitsvertag wird der verliehene Spieler vom Entleiher zu weiteren Handlungen bzw. zum Unterlassen bestimmter Tätigkeiten verpflichtet. Insbesondere hat der Spieler – über seine Hauptleistungspflicht hinaus, aktiv an der Öffentlichkeitsarbeit des Vereins mitzuwirken, – die Vermarktung seines Arbeitgebers zu unterstützen und zu fördern. So verpflichtet § 2 Buchst. g) des DFL-Mustervertrages den Spieler dazu, es grundsätzlich zu unterlassen, Werbung für andere Partner als die des Clubs, auch durch oder auf der Bekleidung zu betreiben.[316] Dies ist dem Sportler nur dann erlaubt, wenn der Verein seine ausdrückliche Zustimmung dazu erteilt.

Ebenfalls der Ermöglichung und Förderung der Vermarktung des Vereins dient § 3 des Mustervertrages der DFL. Nach Buchst. a) dieser Vorschrift

> „räumt der Spieler dem Club, sofern und soweit seine Tätigkeit als Lizenzspieler und nicht ausschließlich seine Privatsphäre berührt ist, das ausschließliche Recht ein, sein Bildnis, seinen Namen (auch Spitz- oder Künstlernamen), das von ihm gesprochene Wort sowie besondere fußballbezogene Persönlichkeitsmerkmale uneingeschränkt zu nutzen und zu verwerten".

Die Neufassung dieser Regelung betont den für die Übertragung der Vermarktungsrechte erforderlichen Sachzusammenhang zur Tätigkeit als Lizenz-

314 Vgl. § 1 des Mustervertrages der DFL.

315 Im Fußball ist somit ein „Zweifachspielrecht" ausgeschlossen. Zu der abweichenden Regelung bei der Leihgabe von Spielern im Handball vgl. unten Kapitel 5/C.

316 Diese Pflicht könnte man auch unter das allgemeine Wettbewerbsverbot nach § 60 Abs. 1 HGB analog fassen. Schließt der Spieler eigene Werbeverträge ab, tritt er wie sein Verein als Anbieter von Werbefläche am Markt auf und macht so seinem Arbeitgeber Konkurrenz.

spieler und berücksichtigt demnach, dass die Vermarktung der eigenen Person grundsätzlich durch Art. 12 Abs. 1 GG bzw. Art. 2 Abs. 1 GG geschützt ist.[317] So gehören nach dem Wortlaut der Vorschrift beispielsweise schriftstellerische Tätigkeiten nunmehr ausschließlich zur Privatsphäre des Spielers und können von diesem vollumfänglich wirtschaftlich verwertet werden.[318] In zeitlicher Hinsicht ist die Einräumung der Verwertungsrechte begrenzt auf die Dauer des Arbeitsvertrages, vgl. § 3 Buchst. f) des Vertrages. Der Entleiher hat also bis zum Ablauf der Leihdauer die Möglichkeit, die Verwertungsrechte an dem Spieler zu nutzen und Gewinne zu erwirtschaften.

3. Rücksichtnahme- bzw. Nebenpflichten des Sportlers

Schließlich treffen auch den entliehenen Spieler als Arbeitnehmer Rücksichtnahmepflichten gegenüber dem Entleiher als Arbeitgeber. Grundlage dieser Rücksichtnahmepflichten im Sinne des § 241 Abs. 2 BGB ist die Treuepflicht des Arbeitnehmers, die nach der Formulierung des Bundesarbeitsgerichts gebietet, „alles zu unterlassen, was dem Arbeitgeber und dem Betrieb abträglich ist".[319]

a. Verschwiegenheitspflicht

Zunächst einmal ist der Spieler verpflichtet, Betriebs- und Geschäftsgeheimnisse nicht zu offenbaren. Grundlage dieser Verpflichtung ist in vertragsrechtlicher Hinsicht § 242 BGB.[320] Zudem ist der Verstoß gegen die Verschwiegenheitspflicht im Anwendungsbereich der §§ 17 ff. UWG strafbewährt. Wesentlich für das Bestehen einer arbeitsvertraglichen Verschwiegenheitspflicht

---

317 Gerade wegen der Beschränkung der ausschließlichen Verwertungsmöglichkeiten des Vereins auf den dienstlichen Bereich beeinträchtigen die Klauseln im Arbeitsvertrag die allgemeine Handlungsfreiheit des Spielers nicht in unangemessener Weise und sind damit wirksam; ausführlich zur Frage der Wirksamkeit derartiger Klauseln Ittmann, Pflichten des Sportlers im Arbeitsverhältnis, 2004, 151 ff.

318 Der vorige Entwurf des Mustervertrages stellte auch die schriftstellerische Tätigkeit des Spielers unter einen Zustimmungsvorbehalt des Vereins.

319 BAG, Urt. v. 16.8.1990, AP Nr. 10 zu § 611 BGB Treuepflicht. Trotz Bezugnahme auf diese Formulierung des Bundesgerichtshofs ist im Folgenden mit dem Begriff der Treuepflicht keine selbständig neben der Arbeitspflicht stehende und von dieser unabhängige Verhaltenspflicht des Arbeitnehmers gemeint; in diesem Sinne zum Beispiel Hueck/Nipperdey, Lehrbuch des Arbeitsrechts, Erster Band, § 37 I. Vielmehr findet die Treuepflicht als „Vertragspflicht" ihre Grundlage in dem Arbeitsvertrag selbst; vgl. dazu MünchArbR-Reichold, § 47, Rn. 2 und 11 ff. m. w. N.

320 Kissel, NZA 1988, 145 (159); Preis, Arbeitsrecht, § 27, II 1 a).

ist der Begriff des Betriebs- und Geschäftsgeheimnisses. Unter solchen Geheimnissen versteht man Tatsachen, die im Zusammenhang mit einem Geschäftsbetrieb stehen, nur einem eng begrenzten Personenkreis bekannt sind, nicht offenkundig sind, nach dem ausdrücklich oder konkludent bekundeten Willen des Betriebsinhabers geheim gehalten werden sollen und an deren Geheimhaltung der Unternehmer ein berechtigtes Interesse hat.[321] Auch wenn der Anwendungsbereich dieser sich aus der Treuepflicht des Arbeitnehmers ergebenden Verschwiegenheitspflicht eher restriktiv zu fassen ist und nicht jede Tatsache, die aktuell nur einem eng begrenzten Personenkreis bekannt ist, bereits ein „Geheimnis" darstellt[322], gibt es auch im Bereich des Sports Informationen, die die Voraussetzungen eines Betriebs- oder Geschäftsgeheimnisses erfüllen.

> Sehr deutlich wird dies zum Beispiel beim American Football: Jedes Team hat ein „Playbook", in dem bis zu 800 Spielzüge aufgeführt sind und die jeder Spieler der Mannschaft kennen muss. Der Quarterback bestimmt den jeweils nächsten Spielzug durch Zuruf eines Codeworts oder einer Zahl. Das Kennen dieser Spielzüge ist derart wertvoll, dass das gegnerische Team überall im Stadion „Spione" platziert, die versuchen, das System der Spielzüge und Laufwege herauszufinden. Ist dies gelungen, melden sie ihre Erkenntnisse noch während der Spiels telefonisch oder sogar mit entsprechenden Bildern per Fax an die Bank ihrer Mannschaft, damit die Verteidigung darauf im weiteren Spielverlauf reagieren kann.[323]

Im Bereich des Fußballs ist der geliehene Spieler verpflichtet, über besondere taktische Anweisungen des Trainers, im Hinblick auf im Training eingeübte Varianten bei Standardsituationen[324] sowie über die konkrete Aufstellung des Teams, die regelmäßig erst 30 Minuten vor dem Anpfiff des Spiels offiziell

---

321 BAG, Urt. 15.12.1987, AP Nr. 5 zu § 611 BGB Betriebsgeheimnis; ErfK-Preis, § 611 BGB, Rn. 711.

322 Vgl. ErfK-Preis, § 611 BGB, Rn. 712.

323 Möglich ist dieser Aufwand, diese „Betriebs- und Geschäftsgeheimnisse" des generischen Teams noch während des Spiels herauszufinden, weil es im American Football viele Spielunterbrechungen gibt; und lohnenswert ist der Aufwand, weil es in diesem Sport um sehr viel Geld geht.

324 Dies setzt voraus, dass es sich bei dem Training um ein vor wichtigen Spielen durchaus übliches Geheimtraining handelt. Sofern das Training öffentlich stattfindet, führt allein die Möglichkeit der Kenntniserlangung dazu, dass die Tatsachen „offenkundig" sind und sie somit nicht keine Betriebs- oder Geschäftsgeheimnis sind. Auf die tatsächliche Kenntnisnahme des Gegners kommt es nicht an.

bekannt gegeben wird, Stillschweigen zu wahren.[325] Verstößt er gegen diese Verschwiegenheitspflicht, ist der Entleiher berechtigt, den Spieler abzumahnen bzw. bei schwerwiegenden Verstößen ordentlich oder außerordentlich verhaltensbedingt zu kündigen und gegebenenfalls Schadensersatz nach den §§ 280 Abs. 1, 241 Abs. 2 BGB zu verlangen.

Auch die Musterverträge der Sportverbände gehen auf die Verschwiegenheitspflicht der Spieler ein und verpflichten diese ausdrücklich, „gegenüber außenstehenden Personen Äußerungen über innere Clubangelegenheiten, insbesondere über den Spiel- und Trainingsbetrieb, zu unterlassen".[326] Grundsätzlich ist eine vertragliche Konkretisierung der Verschwiegenheitspflicht rein deklaratorischer Natur und rechtlich unbedenklich, sofern die Klausel lediglich das Wahren der Betriebs- und Geschäftsgeheimnisse umfasst, an denen ein Geheimhaltungsinteresse des Arbeitgebers besteht. Eine Klausel dagegen, die den Anwendungsbereich auch auf Tatsachen erstreckt, die nicht die Voraussetzungen eines Betriebs- oder Geschäftsgeheimnisses erfüllen oder an denen der Arbeitgeber schon kein Geheimhaltungsinteresse hat, stellt eine unangemessene Benachteiligung des Arbeitnehmers dar und ist unzulässig.[327]

b. Wahrung des Ansehens des Vereins

Der Spieler hat nach den Musterverträgen der Sportverbände außerdem sein Verhalten – sowohl was Äußerungen angeht als auch hinsichtlich seines Auftretens in der Öffentlichkeit – so auszurichten, dass dadurch der Verein nicht in seinem Ansehen beschädigt wird.

> § 2 Buchst. i) des Musterarbeitsvertrages der DFL lautet: „Der Spieler ist insbesondere verpflichtet, sich in der Öffentlichkeit und privat so zu verhalten, dass das Ansehen des Clubs, der Verbände und des Fußballsports allgemein nicht beeinträchtigt wird".

325 Im Ergebnis so auch Ittmann, Pflichten des Sportlers im Arbeitsverhältnis, 2004, 161; Sutter, Rechtsfragen des organisierten Sports, 1984, 166.

326 So zum Beispiel § 2 Buchst. i) a. E. des Mustervertrages der DFL.

327 Vgl. ErfK-Preis, § 611 BGB, Rn. 714. Ob die Klauseln in den Musterverträgen der Sportverbände eine unzulässige Erweiterung der Verschwiegenheitspflicht des Spielers darstellen oder rein deklaratorischer Natur sind, ist in der Literatur umstritten: für eine unzulässige Erweiterung der Verschwiegenheitspflicht beispielsweise Rybak, Das Rechtsverhältnis zwischen dem Lizenzfußballspieler und seinem Verein, 1998, 125. Die Wirksamkeit der Klauseln bejaht dagegen Ittmann, Pflichten des Sportlers im Arbeitsverhältnis, 2004, 161 m. w. N.

Bei Auftritten des Spielers, die im Zusammenhang mit seiner Tätigkeit als Profisportler stehen, hat der Spieler – trotz seiner grundrechtlich geschützten Meinungsfreiheit nach Art. 5 GG – ein Mindestmaß an Loyalität gegenüber seinem Arbeitgeber zu wahren. Zwar ist öffentliche, sachliche Kritik am Verein durchaus zulässig, gerade wenn der Spieler zuvor einen innerbetrieblichen Klärungsversuch unternommen hat. Herabwürdigende und unsachliche Aussagen über die Arbeit des Trainers bzw. die Leistung einzelner Mitspieler stören nicht nur den Betriebsfrieden, sondern schaden dem Ansehen des Vereins in der Öffentlichkeit und sind zu unterlassen.[328] Die damit einhergehende Einschränkung der Meinungsfreiheit des Spielers ist gerechtfertigt. Das Verhalten eines Spielers in der Öffentlichkeit wird nicht selten durch die Medien dem Verein als solchem zugerechnet. Gerade bei schwerwiegenden Verfehlungen kann dies erhebliche negative Folgen für den Verein haben, sollte beispielsweise ein Sponsor dieses Verhalten zum Anlass nehmen, sein Engagement zu beenden. Der Verein hat daher ein berechtigtes und schützenswertes Interesse daran, dass sich der Spieler in der Öffentlichkeit nicht negativ präsentiert, worauf der Spieler Rücksicht zu nehmen hat.

Problematisch sind die Klauseln in den Musterverträgen der Sportverbände, soweit sie auch das private Auftreten des Spielers betreffen. Denn grundsätzlich steht die Gestaltung des privaten Lebensbereichs außerhalb der Einflusssphäre des Arbeitgebers[329], sie ist vielmehr zugunsten des Spielers durch die allgemeine Handlungsfreiheit des Art. 2 Abs. 1 GG geschützt. Daher sind in diesem Bereich hohe Anforderungen daran zu stellen, ob ein außerdienstliches Verhalten des Spielers tatsächlich dazu führen kann, das Ansehen des Vereins zu beeinträchtigen. Dies wird allenfalls bei Straftaten des Spielers wie Körperverletzung oder Sexualdelikten anzunehmen sein.[330]

---

328 Vgl. Kaske, Das arbeitsrechtliche Direktionsrecht, 1983, 177; Kissel, NZA 1988, 145 (150); PHB SportR-Fritzweiler, 3. Teil, Rn. 36; anderer Ansicht im Hinblick auf öffentliche Kritik von Mitspielern ist Ittmann, Pflichten des Sportlers im Arbeitsverhältnis, 2004, 165.

329 Vgl. ErfK-Preis, § 611 BGB, Rn. 730.

330 Vgl. Ittmann, Pflichten des Sportlers im Arbeitsverhältnis, 2004, 163. Allerdings dürfte die Klausel insbesondere wegen des Anwendungsbereichs auch auf das private Verhalten des Spielers sowie des Wortlauts („das Ansehen [...] allgemein nicht beein-trächtigt wird") in dieser Form bereits wegen Verstoßes gegen das Bestimmtheits- und Transparenzgebotes nach § 307 Abs. 1 Satz 2 BGB unwirksam sein - vgl. zur Unwirksamkeit derartiger Globalpflichten ErfK-Preis, § 611 BGB, Rn. 732.

c. Verbot von Doping und Sportwetten

In jüngster Vergangenheit ins Medieninteresse gerückt sind durch den Radsport das Thema Doping und durch den Fall des Fußball-Schiedsrichters Robert Hoyzer[331] das Geschäft mit den Sportwetten. Insbesondere die Dopingfälle im Radsport haben gezeigt, wie das Fehlverhalten einzelner Sportler Auswirkungen auf den gesamten Sport hat: Nach einigen positiven Dopingproben von Radsportlern in den letzten Jahren und dem Dopingverdacht gegen Jan Ullrich nahmen ARD und ZDF die positive Probe des deutschen T-Mobile-Profis Patrick Sinkewitz zum Anlass, im Juli 2007 die Berichterstattung über die Tour de France zu beenden. Ende 2007 stiegen die Deutsche Telekom sowie der Ausrüster des T-Mobile-Teams Adidas als Sponsor des Profi-Radsports aus. Im Oktober 2008 beendete dann auch der Team-Sponsor Gerolsteiner vorzeitig sein Engagement, nachdem gleich zwei Fahrer der Mannschaft, der deutsche Stefan Schumacher und der Österreicher Bernhard Kohl, positiv bei der Tour de France 2008 getestet wurden.

Die Vereine und Sportverbände haben aufgrund der erheblichen Folgen für die gesamte Sportart ein berechtigtes Interesse daran, dass kein Spieler den sportlichen Ausgang eines Wettkampfspiels durch Doping oder wegen platzierter Sportwetten beeinflusst. Dies würde die Glaubwürdigkeit aller Ergebnisse beeinträchtigen. Dementsprechend finden sich nicht nur in den Regularien der Verbände, sondern seit kurzem auch in den Musterverträgen der Sportverbände entsprechende Klauseln, mit denen sich der Spieler verpflichtet es zu unterlassen, auf Spiele, Ergebnisse oder Tabellenplatzierungen der Liga, für die der Club zum jeweiligen Zeitpunkt lizensiert ist, Wetteinsätze zu platzieren[332] bzw. sich zu dopen[333]. Wegen der drohenden Konsequenzen für die gesamte Sportart ist die Aufnahme derartiger Nebenpflichten des Spielers in den Arbeitsvertrag auch rechtmäßig.[334] Insbesondere die Beschränkung des Sportwetten-Verbots auf Spiele der Liga, dem der Verein des Spielers angehört, führt dazu, dass der Eingriff in die allgemeine Handlungsfreiheit des

331 Hoyzer gestand Anfang 2005, mehrere Spiele als Schiedsrichter durch bewusste Fehlentscheidungen manipuliert zu haben. Er hatte dafür von mehreren Personen, die auf diese Spiele im Vorfeld Sportwetten platziert hatten, insgesamt 67.000 Euro erhalten. Zum Fall Hoyzer und der strafrechtlichen Relevanz von Sportmanipulationen vgl. PHB SportR-Reinhart, 8. Teil, Rn. 151 ff.

332 Vgl. zum Beispiel § 2 Buchst. m) des DFL-Mustervertrages.

333 Vgl. zum Beispiel § 2a des DFL-Mustervertrages.

334 Hinsichtlich des Dopingverbots so auch Teschner, NZA 2001, 1233 (1234), der zudem darauf hinweist, dass sich die Pflicht des Sportlers, nicht zu dopen, auch ohne ausdrückliche Verpflichtung aus der Treuepflicht ergibt.

Spielers verhältnismäßig und unter Berücksichtigung der berechtigten Interessen von Verein und Sportverband gerechtfertigt ist.

IV. Die arbeitsvertraglichen Pflichten des Entleihers

Die Hauptleistungspflichten des entleihenden Vereins bestehen darin, dem Spieler die vereinbarte Vergütung zu zahlen und diesen zu beschäftigen. Als wichtigste Nebenpflicht hat der Entleiher dafür Sorge zu tragen, dass weder die Gesundheit des Spielers noch dessen Persönlichkeitsrechte beeinträchtigt werden.

1. Vergütungspflicht des Entleihers

a. Zusammensetzung der Vergütung

Der Entleiher ist dem verliehenen Spieler gegenüber zur Zahlung der vereinbarten Vergütung verpflichtet, § 611 Abs. 1 S. 1 BGB. Diese setzt sich in Mannschaftssportarten regelmäßig aus einem festen Grundgehalt sowie zusätzlichen leistungsabhängigen Prämien zusammen, die sich wiederum sowohl auf die gesamte Saison als auch auf einzelne Wettkampfspiele beziehen können.[335] Zu den saisonabhängigen Prämien zählen die Bonuszahlungen für den Gewinn der Meisterschaft, für das Erreichen eines bestimmten Tabellenplatzes, für die Qualifizierung zu einem internationalen Wettbewerb oder für das Erhalten der Spielklasse. Auf ein bestimmtes Spiel beziehen sich Nominierungs-, Punkt- sowie Torprämien.

Wie auch bei anderen Arbeitsverhältnissen dient die Prämienvergütung hauptsächlich als Leistungsanreiz.[336] Der Sportler wird in entscheidenden Spielen noch eher bereit sein, sein Leistungsvermögen vollständig abzurufen, wenn er im Falle eines sportlichen Erfolgs seines Vereins auch selbst durch die Prämienzahlungen profitiert. Darüber hinaus dient die Prämienvergütung dem Verein dazu, die Probleme bei der Durchsetzung von Schadensersatzan-

335 So zum Beispiel die Regelung in § 4 Nr. 1 Buchst. b) des DFB-Mustervertrages.

336 Vgl. ErfK-Preis, § 611 BGB, Rn. 395; Erman-Edenfeld, § 611, Rn. 444; Imping, Die arbeitsrechtliche Stellung des Fußballspielers, 1995, 53; Rüsing, Sportarbeitsrecht, 2006, 28. Deshalb handelt es sich bei diesen Prämien um sogenannten Leistungslohn, so dass diese auch bei der Berechnung des Urlaubsgeldes mit einzubeziehen sind; BAG, Urt. v. 24.11.1992, AP Nr. 34 zu § 11 BUrlG; MünchArbR-Giesen, § 337, Rn. 21; Schaub-Linck, Arbeitsrechts-Handbuch, § 186, Rn. 27.

sprüchen im Falle einer Schlechtleistung des Spielers zu vermeiden.[337] Bringt ein Spieler aus Sicht des Vereins nicht seine Normalleistung, steht es im Ermessen des Trainers, den Spieler für die nächsten Spiele nicht zu berücksichtigen. Der Spieler erhält daraufhin weder eine Nominierungs- noch eine mögliche Punktprämie, was sich bei ihm wie eine Gehaltskürzung als Folge seiner Schlechtleistung auswirkt.

b. Keine unzulässige Risikoabwälzung durch Prämienzahlungen

Auch aus unternehmerischer Sicht ist die sich im Sport immer mehr durchsetzende leistungsabhängige Bezahlung der Spieler über Prämien sinnvoll. Denn auch die Einnahmen des Vereins sind häufig erfolgsbezogen. So sehen Sponsoringverträge oftmals vor, dass der Sponsor eine höhere Summe zu zahlen hat, wenn der Verein sich beispielsweise für internationale Wettbewerbe qualifiziert.[338] Dann ist der Trikotsponsor auch in internationalen Spielen zu sehen, die regelmäßig im Fernsehen übertragen werden und eine hohe Einschaltquote haben. Der Verein gibt demnach durch die Vereinbarung von Prämien eine etwaige Mehreinnahme an die Spieler weiter, hat aber beim Ausbleiben sportlichen Erfolgs ein geringeres finanzielles Risiko, da den geringeren Einnahmen auf der einen Seite nun geringere Prämienzahlungen auf der anderen Seite gegenüberstehen.

Diese teilweise Abwälzung des Risikos vom Verein als Arbeitgeber auf die Spieler führt jedoch nicht dazu, dass diese als Mitunternehmer anzusehen sind und ihren Arbeitnehmerstatus verlieren. Denn zum einen bleibt es dabei, dass der Sportler in die Arbeitsorganisation des Vereins eingegliedert ist und einer abhängigen Beschäftigung nachgeht.[339] Zum anderen übersteigt in der Praxis das Grundgehalt die mögliche Prämienvergütung.[340] Die Prämien bleiben lediglich eine „Mehrvergütung" als Anreiz dafür, durchgehend eine gute sportliche Leistung zu erbringen. Das unternehmerische Risiko trägt weiterhin allein der Verein. Etwas anderes kann nur in Ausnahmefällen gelten, wenn zum

337 Siehe oben III/1/a/bb.

338 Grundsätzlich zur variablen Vergütungsvereinbarungen in Sponsoringverträgen PHB SportR-Pfister, 3. Teil, Rn. 108 ff.

339 Und nur diese Kriterien sind für die Einordnung als Arbeitnehmer entscheidend, nicht aber wirtschaftliche Kriterien. Zudem wäre es nicht nachvollziehbar, würde man einem Beschäftigten, der mangels Fixgehalt schutzbedürftiger ist, gerade wegen des fehlenden Grundgehalts den Arbeitnehmerstatuts aberkennen und dadurch weiteren arbeitsrechtlichen Schutz versagen.

340 Buchner, RdA 1982, 1 (4 f.). Nach Hilpert, RdA 1997, 92 (97) dagegen beträgt das Grundgehalt der Spieler oftmals weniger als die Hälfte der Gesamtbezüge.

Beispiel die Vergütung des Spielers ausschließlich durch leistungs- und erfolgsabhängige Prämien erfolgt.[341]

c. Vereinbarung von Stillschweigen

Sehr häufig wird in den Arbeitsvertrag eine Klausel aufgenommen, nach der die Parteien über die Höhe der Vergütung Stillschweigen zu wahren haben. Sofern eine solche Klausel sich inhaltlich nur auf die vereinbarte Vergütung des Spielers bezieht und beide Parteien gleichermaßen zum Stillschweigen verpflichtet, beeinträchtigt sie die Rechte des Spielers nicht unangemessen und ist wirksam.[342] Denn der Verein hat hinsichtlich dieser Informationen ein berechtigtes Geheimhaltungsinteresse. Zum einen wahrt das Stillschweigen den vereinsinternen Betriebsfrieden. Es besteht dann nicht die Gefahr, dass sich Spieler im Vergleich zu einem ihrer Mitspieler als nicht gerecht entlohnt ansehen und so Unzufriedenheit im Verein aufkommt. Zum anderen gehört gerade die Summe der Gehaltszahlungen an die Spieler zu den Zahlen des Vereins mit erheblicher betriebswirtschaftlicher Relevanz, die dieser insbesondere den Konkurrenten gegenüber geheim halten möchte.[343]

d. Rechte des Spielers bei Nichtzahlung der Vergütung

aa. Zurückhaltung der Arbeitsleistung

Kommt der Entleiher als Arbeitgeber seiner Pflicht zur Entgeltzahlung nicht nach, kann der verliehene Spieler seine Arbeitsleistung zurückhalten. Das Zu-

341 Eine solche Vergütungsvereinbarung kann gegen § 138 Abs. 1 BGB verstoßen, wenn es dem Arbeitnehmer aus betrieblichen Gründen gar nicht möglich ist, Prämien zu verdienen, vgl. LAG Berlin, Urt. v. 3.11.1986, AP Nr. 14 zu § 65 HGB. In diesem Zusammenhang ist gerade die Besonderheit des Mannschaftssports zu berücksichtigen, dass es dem Direktionsrecht des Trainers unterliegt, ob ein Spieler aufgestellt wird und dadurch überhaupt die Möglichkeit erhält, Prämientatbestände zu erfüllen. Vgl. dazu auch MünchArbR-Krause, § 57, Rn. 33 und 40, sowie Imping, Die arbeitsrechtliche Stellung des Fußballspielers, 1995, 89 f.

342 Vgl. BAG, Beschl. v. 26.2.1987, AP Nr. 2 zu § 79 BetrVG 1972; Küttner-Kania, Personalbuch 2009 Verschwiegenheitspflicht, Rn. 8; Preis-Rolfs, Der Arbeitsvertrag, II V 20, Rn. 34; MünchArbR-Blomeyer, § 53, Rn. 65; Rybak, Das Rechtsverhältnis zwischen dem Lizenzfußballspieler und seinem Verein, 1998, 128.

343 Die Lohn- und Gehaltsdaten können insoweit ein Geschäftsgeheimnis darstellen: BAG, Beschl. v. 26.2.1987, AP Nr. 2 zu § 79 BetrVG 1972.

rückbehaltungsrecht folgt dabei aus § 273 BGB[344], da der Spieler als Arbeitnehmer nach § 614 BGB vorleistungspflichtig ist.[345]

bb. Zurückbehaltungsrecht bei teilweiser Übernahme des Gehalts durch den Verleiher

Haben sich die Vereine im Leihvertrag auf eine teilweise Übernahme des Gehalts durch den Verleiher geeinigt, bleibt dennoch der Entleiher alleiniger Schuldner der Vergütung des Spielers, da es sich in der Regel – entsprechend der Auslegungsregel des § 329 BGB – um einen Fall der Erfüllungsübernahme handelt. Kommt der Verleiher seiner Pflicht zur Zahlung des Anteils an der Vergütung nicht nach, betrifft dies also grundsätzlich nur das Vertragsverhältnis der beteiligten Vereine. Daran ändert auch der Umstand nichts, dass der Verleiher aufgrund seiner Erfüllungsübernahme seinen Teil der Vergütung direkt an den Spieler überweist. Dem Spieler steht aber dennoch ein Zurückbehaltungsrecht gemäß § 273 BGB gegen den Entleiher zu, sollte sich der Entleiher dem verliehenen Spieler gegenüber weigern, den vom Verleiher nicht gezahlten Teil der Vergütung zu begleichen.

Wurde im Leihvertrag nicht eine Erfüllungsübernahme, sondern ein Schuldbeitritt des Verleihers vereinbart, so dass der ausgeliehene Spieler zumindest im Hinblick auf einen Teil seines Gehalts auch einen Anspruch gegen den Verleiher hat, haften beiden Vereine insoweit im Sinne des § 421 BGB als Gesamtschuldner.[346] Auch in diesem Fall kann sich der Spieler auf sein Zurückbehaltungsrecht berufen, wenn der Verleiher seiner Pflicht zur Gehaltszahlung nicht nachkommt und auch der Entleiher die Vergütungsforderung des Spielers nicht erfüllt.

Schließlich ist denkbar, dass die Vereine im Leihvertrag bezogen auf einen Teil der Vergütung des Spielers gemäß § 415 BGB ausdrücklich eine befreiende Schuldübernahme durch den Verleiher vereinbart haben. Eine solche Vereinbarung ist zunächst einmal nach Abs. 1 Satz 1 der Vorschrift nur dann wirksam, wenn der Spieler als Gläubiger dieser Schuldübernahme zugestimmt hat. Lässt sich der verliehene Spieler darauf ein, schulden beide Vereine dem

---

344 Ein Zurückbehaltungsrecht des Spielers kann sich – auch ohne Zahlungsrückstand des Entleihers – ausnahmsweise auch aus § 321 BGB ergeben, wenn der Vergütungsanspruch aufgrund einer Verschlechterung der Vermögensverhältnisse des Vereins gefährdet ist.

345 BAG, Urt. v. 25.10.1984, AP Nr. 3 zu § 273 BGB; ErfK-Preis, § 611 BGB, Rn. 458.

346 Vgl. dazu Palandt-Grüneberg, Überblick vor § 414, Rn. 2. Die Vereinbarung im Leihvertrag stellt dann einen echten Vertrag zugunsten des Spielers dar.

Spieler nach § 420 BGB nur jeweils einen Teil der Vergütung. Die Auslegungsregel des § 427 BGB, nach der mehrere im Zweifel als Gesamtschuldner haften, wenn sie sich durch Vertrag gemeinschaftlich zu einer teilbaren Leistung verpflichten, greift wegen der ausdrücklichen Vereinbarung einer befreienden Schuldübernahme nicht ein. Die Vereine sind vielmehr Teilschuldner.

Auch wenn damit der Spieler – anders als bei einem Schuldbeitritt – das Risiko einer Zahlungsunfähigkeit des Verleihers übernimmt, besteht zwischen den nunmehr existierenden Teilschuldverhältnissen eine Verbindung[347], da die Teilforderungen des Spielers gegen Verleiher und Entleiher einem gemeinsamen Schuldverhältnis entsprungen sind. Dem Spieler steht deshalb gegen den Entleiher als Gläubiger der Arbeitsleistung auch dann ein Zurückbehaltungsrecht zu, wenn nur der Verleiher seine Teilleistung nicht erbringt. Dieser Rechtsgedanke findet sich im Gesetz in der Vorschrift des § 320 Abs. 1 S. 2 BGB, wonach dem Einzelnen der ihm gebührende Teil bis zur Bewirkung der ganzen Gegenleistung verweigert werden darf. § 320 Abs. 1 S. 2 BGB kann allerdings nicht direkt angewendet werden: Zum einen beruht das Zurückbehaltungsrecht des Arbeitnehmers wegen seiner Vorleistungspflicht (§ 614 BGB) bei Nichtzahlung der Vergütung auf § 273 BGB. Zum anderen hat im konkreten Fall die Leistung nicht an mehrere zu erfolgen, sondern Gläubiger der Arbeitsleistung ist allein der Entleiher.

cc. Möglichkeit der Kündigung des Arbeitsverhältnisses

Darüber hinaus steht dem Spieler unter Umständen auch das Recht zu, das Arbeitsverhältnis fristlos zu kündigen. Grundlage dafür ist im Profifußball § 10 Nr. 2 des Musterarbeitsvertrags der DFL, wonach der Arbeitsvertrag endet, „wenn eine Partei das Vertragsverhältnis aus wichtigem Grund kündigt (§ 626 BGB)". Der Musterarbeitsvertrag nimmt also ausdrücklich auf die Vorschrift des § 626 BGB Bezug.[348] Voraussetzung für eine fristlose Kündigung des Spielers ist demnach, dass der Entleiher mit der Gehaltszahlung

347 Vgl. dazu Palandt-Grüneberg, § 420, Rn. 4; Erman-Ehmann, § 420, Rn. 12.

348 Darüber hinaus gehen auch die Verbandsregelwerke von einem fristlosen Kündigungsrecht des Spielers in besonderen Fällen aus: So haben nach § 14 des FIFA-Reglements bezüglich Status und Transfer von Spielern beide Vertragsparteien das Recht, „den Vertrag aufzulösen, sofern ein triftiger Grund vorliegt". Ein solcher triftiger Grund ist das Ausbleiben der Gehaltszahlung an einen Spieler über mehr als drei Monate trotz Mahnung durch den Spieler, so Jungheim, RdA 2008, 222 (225).

dem Betrage nach oder zeitlich erheblich in Verzug geraten ist und der Spieler den Verein erfolglos abgemahnt hat.[349]

2. Beschäftigungspflicht des Vereins

Neben der Vergütungspflicht trifft den Entleiher die Pflicht, den Spieler zu beschäftigen. Die Beschäftigungspflicht ergibt sich zwar nicht aus dem Gesetz, da das Dienstvertragsrecht – anders als beispielsweise das Kauf- oder Werkvertragsrecht – keine Pflicht des Arbeitgebers als Gläubiger kennt, die angebotenen Dienste auch anzunehmen. Nach der Rechtsprechung des Bundesarbeitsgerichts folgt sie aber aus dem Persönlichkeitsrecht des Arbeitnehmers[350], so dass dem Arbeitnehmer seinerseits gegen den Arbeitgeber ein Anspruch auf Beschäftigung nach §§ 611, 613, 242 BGB zusteht.[351]

a. Umfang der Beschäftigungspflicht

Die Beschäftigungspflicht führt dazu, dass der Entleiher dem verliehenen Spieler während der Ausleihe die Möglichkeit geben muss, insbesondere am Training und an taktischen Schulungen des Vereins teilnehmen zu können.[352] Da der Beschäftigungsanspruch dem berechtigten Interesse des Sportlers dient, seine Leistungsfähigkeit zu erhalten und wenn möglich noch zu steigern, ist er inhaltlich auf die Trainingsmöglichkeit gerichtet, so wie ihn der Entleiher als Arbeitgeber dem Spieler gegenüber arbeitsvertraglich schuldet.

> Gemäß § 4 Nr. 2a des Musterarbeitsvertrages der DFL verpflichtet sich der Verein insbesondere dazu, „qualifizierte Fachkräfte für einen geordneten [...] Trainingsbetrieb" zu stellen.

Aufgrund der professionellen Strukturen der Bundesligaclubs bis in den Amateurbereich hinein, reicht es demnach in der Regel aus, dass der Entleiher

---

349 Vgl. BAG, Urt. v. 25.10.1984, AP Nr. 3 zu § 273 BGB; Hausch, Langfristige Arbeitsverträge bei Lizenzfußballspielern, 2002, 134; Jungheim, RdA 2008, 222 (225 f.).

350 BAG, Urt. v. 10.11.1955, AP Nr. 2 zu § 611 BGB Beschäftigungspflicht.

351 Schaub-Linck, Arbeitsrechts-Handbuch, § 186, Rn. 35; ErfK-Preis, § 611 BGB, Rn. 563.

352 BAG, Urt. v. 22.8.1984, AP Nr. 65 zu § 616 BGB; PHB SportR-Fritzweiler, 3. Teil, Rn. 37.

dem Spieler das Trainieren in der 2. Mannschaft des Vereins ermöglicht.[353] Der verliehene Spieler hat dagegen grundsätzlich keinen Anspruch darauf, am Training der 1. Mannschaft teilzunehmen, auch wenn offensichtlich ist, dass er eigentlich zur Verstärkung der Profimannschaft ausgeliehen wurde.

Abweichend davon hat das Arbeitsgericht Solingen im Fall von Bernd Schuster gegen Bayer 04 Leverkusen einen Anspruch auf Teilnahme am Training der 1. Mannschaft mit Hinweis darauf bejaht, dass der Arbeitsvertrag ausdrücklich nur für die 1. Bundesliga geschlossen wurde.[354]

Unzulässig ist wegen des Beschäftigungsanspruchs eine einseitige Suspendierung des Spielers durch den Verein, wenn beispielsweise absehbar ist, dass der geliehene Spieler bis zum Ablauf der Leihdauer beim Entleiher nicht mehr zum Einsatz kommen wird. Möchte der Entleiher den Spieler – bei Fortzahlung des Gehalts – von seiner Dienstverpflichtung freistellen, so bedarf es hierfür einer vertraglichen Vereinbarung.[355]

b. Pflicht zum Einsatz in Wettkampfspielen bei vertraglicher Vereinbarung

Wie bereits oben ausgeführt[356], ist von der Beschäftigungspflicht grundsätzlich nicht die Pflicht des Entleihers umfasst, den Spieler auch bei Wettkampfspielen einzusetzen. Dies folgt aus der Besonderheit des Mannschaftssports, bei der die Anzahl der Spieler im Kader die Anzahl der aufzustellenden Spieler übersteigt. Allerdings bleibt es den Parteien unbenommen, abweichend von diesem Grundsatz die Beschäftigungspflicht des Vereins auch auf den Einsatz in Wettkampfspielen auszuweiten und dem Spieler damit eine „Stammplatzgarantie“ zu geben.

Jürgen Klinsmann soll in seiner aktiven Zeit die Aufnahme einer solchen Klausel in den Arbeitsvertrag zur Voraussetzung eines Vertragsabschlusses gemacht ha-

353 Vgl. auch ArbG Hannover, Urt. v. 25.3.1993, SpuRt 1998, 197 (197 f.): Danach ist sogar die Anordnung eines Sondertrainings unter Leitung des Co-Trainers und unter Ausschluss vom regulären Mannschaftstraining vom Direktionsrecht gedeckt.

354 ArbG Solingen, Beschl. v. 16.1.1996, AuR 1996, 198 (199).

355 Vgl. ArbG Solingen, Beschl. v. 16.1.1996, AuR 1996, 198 (199); allgemein zur Unzulässigkeit einer einseitigen Suspendierung ErfK-Preis, § 611 BGB, Rn. 567. Eine einseitige Freistellung kann nur unter besonderen Umständen gerechtfertigt sein, wenn diese zum Beispiel aufgrund einer erheblichen Pflichtverletzung des Arbeitnehmers erfolgte, die auch eine fristlose Kündigung nach § 626 BGB gerechtfertigt hätte. Dann läge die einseitige Suspendierung im Interesse des Arbeitnehmers und wäre als milderes Mittel zulässig, vgl. ErfK-Preis § 611 BGB, Rn. 567.

356 Zum fehlenden Anspruch des Spielers, in Wettkampfspielen eingesetzt zu werden, vgl. oben III/1.

ben. Aber auch ein Verein kann die Aufnahme einer Stammplatzgarantie in den Arbeitsvertrag bewusst dazu nutzen, um einen Spieler zur Unterzeichnung eines Arbeitsvertrages zu bewegen.

Haben sich Entleiher und Spieler auf eine Stammplatzgarantie des Spielers geeinigt, ist das grundsätzlich gemäß § 103 GewO bestehende Direktionsrecht des Vereins in diesem Punkt beschränkt.[357] Der Verein muss den Spieler aufstellen, sofern der Aufstellung nicht außergewöhnliche Umstände – wie zum Beispiel eine Verletzung oder eine Verbandssperre – entgegenstehen.

c. Pflicht zum Einsatz von Spitzensportlern in Wettkampfspielen

Die Entscheidung über die Aufstellung eines Spielers darf nicht willkürlich erfolgen. Gerade wegen des berechtigten Interesses des Spielers, nicht nur am Training, sondern an Wettkämpfen teilzunehmen[358], muss sich die Entscheidung des Trainers an sachgerechten Erwägungen wie körperlicher, spielerischer und taktischer Leistungsfähigkeit orientieren. Insbesondere bei Spielern mit herausragenden Fähigkeiten ist es daher denkbar, dass sich das grundsätzlich bestehende Direktionsrecht des Trainers hinsichtlich der Mannschaftsaufstellung derart verdichtet, dass dieser verpflichtet ist, den Spitzenspieler in Wettkampfspielen einzusetzen.[359] Eine solche Verdichtung des Entscheidungsrechts und die daraus folgende Erweiterung der Beschäftigungspflicht des Entleihers ist aber regelmäßig nur theoretisch bedeutsam, da es dem Spieler praktisch kaum gelingen wird, nachzuweisen, dass eine Nichtnominierung aufgrund sachfremder Erwägungen erfolgte.

---

357 Zur Zulässigkeit der Erweiterung und Beschränkung des Weisungsrechts durch den Arbeitsvertrag: BAG, Urt. v. 11.2.1998, NJW 1999, 669 (670); Palandt-Weidenkaff, § 611 BGB, Rn. 47.

358 Erst die Teilnahme an Wettkampfspielen ermöglicht es dem Spieler, seinen „Marktwert" zu steigern und sich für andere Vereine interessant zu machen. Oftmals wird auch die Nominierung für die Nationalmannschaft davon abhängig gemacht, dass der Spieler regelmäßig in der Startelf seines Vereins steht.

359 MünchArbR-Gitter, 2. Auflage (2001), § 202, Rn. 54 f.; vgl. auch PHB SportR-Fritzweiler, 3. Teil, Rn. 37; Weisemann, Sport, Spiel und Recht, 1998, 13. Wüterich/Breucker, Das Arbeitsrecht im Sport, 4. Teil, Rn. 298 f., sind dagegen der Ansicht, dass der Sportler auch die Nichtnominierung aus objektiv nicht nachvollziehbaren Motiven grundsätzlich hinzunehmen habe, sofern kein Verstoß gegen § 826 BGB vorliege.

d. Durchsetzung eines Nominierungsanspruchs

Ist absehbar, dass der Entleiher den Spieler – trotz Anspruchs aufgrund einer beispielsweise vereinbarten Stammplatzgarantie – nicht aufstellen will, kann der Spieler sein Recht auf Beschäftigung im Wettkampfspiel im Zweifel gerichtlich geltend machen.[360] Die Vollstreckung richtet sich dann nach § 888 ZPO, da die Aufstellung des Spielers, die durch Eintragung des Spielernamens auf einen offiziellen Berichtsbogen kurz vor Beginn des Spiels erfolgt, eine nicht vertretbare Handlung ist. Darüber hinaus steht dem Spieler für vergangene Spieltage, an dem er trotz Anspruchs nicht aufgestellt wurde, gegen den Entleiher ein Anspruch auf Schadensersatz zu.[361] Insbesondere sind ihm durch den Verein Spiel- sowie Punktprämien zu ersetzen, die der Spieler gerade deshalb nicht bekommen hat, weil er vom Trainer für ein Spiel nicht berücksichtigt wurde.

3. Nebenpflichten des Entleihers

Schließlich treffen den Entleiher als Arbeitgeber des Spielers zahlreiche Nebenpflichten aus dem bestehenden Arbeitsverhältnis. Als wichtigste Nebenpflichten sind dabei zu nennen die Schutzpflicht hinsichtlich der Gesundheit des Spielers sowie die Pflicht des Entleihers, das Persönlichkeitsrecht des Spielers zu schützen.

---

360 Im Regelfall kann der Anspruch auch im Wege der einstweiligen Verfügung verfolgt werden. Ein Verfügungsgrund ist regelmäßig gegeben. „Der sogenannte Marktwert bzw. Spielerwert hängt insbesondere davon ab, dass sich der Spieler durch ein gezieltes Training fit hält und seine technischen, spielerischen und strategischen Qualitäten ständig durch ein kollektives Training in einem entsprechend qualifizierten Spielerkreis fördert“, so das ArbG Solingen, Beschl. v. 16.1.1996, AuR 1996, 198 (199). Entsprechendes muss auch für die Teilnahme an Wettkampfspielen gelten. Anderer Meinung ist dagegen Bepler, in: FS Fenn, 2000, 43 (81), nach dessen Ansicht der Lizenzspielervertrag ergänzend dahingehend ausgelegt werden kann, „dass die Parteien die Klagbarkeit eines an sich in Betracht kommenden Anspruchs auf tatsächliche Beschäftigung in einem Pflichtspiel konkludent ausgeschlossen haben“; so auch Küpperfahrenberg, Die arbeitsrechtliche Stellung von Spielern und Trainern im Lizenzfußball, 2004, 41.

361 Bepler, in: FS Fenn, 2000, 43 (81), MünchArbR-Gitter, 2. Auflage (2001), § 202, Rn. 55.

a. Schutz der Gesundheit des Spielers

Die Pflicht des Arbeitgebers, die Gesundheit des Arbeitnehmers zu schützen, findet gesetzlich ihren Niederschlag in § 618 BGB. Nach dieser Vorschrift hat der Dienstberechtigte insbesondere die zur Verrichtung der Dienstleistung erforderlichen Räume, Vorrichtungen und Gerätschaften so einzurichten und zu unterhalten, dass der Dienstverpflichtete vor Gefahren für Gesundheit und Leben weitestgehend geschützt ist.

Für den Bereich des Sports bedeutet dies insbesondere, dass der Entleiher für einen ungefährlichen Zustand von Trainings- und Wettkampfstätten zu sorgen hat.[362] Auf diese Verpflichtung des Vereins nehmen auch die Musterarbeitsverträge Bezug. So ist der Entleiher beispielsweise nach § 4 Nr. 2 Buchst. b) des Musterarbeitsvertrages der DFL dazu verpflichtet,

> „Spiel- und Trainingsstätten, Umkleide- und Sanitärräume nach den technischen Richtlinien des DFB bzw. des Ligaverbandes bereitzustellen und zu unterhalten".

Darüber hinaus hat der Entleiher auch das Mannschaftstraining so zu gestalten, dass Verletzungen der Spieler nicht zu befürchten sind. Anordnungen des Trainers, die hinsichtlich Intensität und Art der Übungen offensichtlich dem sportmedizinisch Sinnvollen widersprechen und für eine Leistungssteigerung ungeeignet sind, sind nicht vom Direktionsrecht gedeckt und daher unzulässig.[363] Gleiches gilt schließlich für den Einsatz eines verletzten Spielers ohne Einwilligung des Vereinsarztes sowie des Spielers selbst. Stellt der Trainer einen verletzten Spieler – trotz fehlender Einwilligungen – bei einem Wettkampfspiel auf, obwohl er von den gesundheitlichen Problemen des Spielers wusste, verstößt der Verein insofern gegen seine arbeitsvertragliche (Neben-)Pflicht, die Gesundheit seiner Spieler zu wahren.

b. Schutz der Persönlichkeitsrechte des Spielers

Die Fürsorgepflicht des Arbeitgebers bezieht sich auch auf die Wahrung der Persönlichkeitsrechte des Arbeitnehmers. Diese Nebenpflicht betrifft dabei nicht nur Pflichtverletzungen des Arbeitgebers selbst. Vielmehr hat der Arbeitgeber auch dafür Sorge zu tragen, dass der Arbeitnehmer nicht durch

---

362 Vgl. Imping, Die arbeitsrechtliche Stellung des Fußballspielers, 1995, 112 f.; PHB SportR-Fritzweiler, 3. Teil, Rn. 40.

363 Vgl. Ittmann, Pflichten des Sportlers im Arbeitsverhältnis, 2004, 69 f.; Kaske, Das arbeitsrechtliche Direktionsrecht, 58.

Handlungen seiner Kollegen, wie zum Beispiel durch Mobbing[364], in seinen Persönlichkeitsrechten verletzt wird.[365] Dementsprechend stellen herabwürdigende und unsachliche Äußerungen eines Spielers über die Leistung einzelner Mitspieler nicht nur eine Vertragsverletzung des Spielers gegenüber dem Verein als Arbeitgeber wegen Störung des Betriebsfriedens dar. Auch der Arbeitgeber verletzt seine Fürsorgepflichten gegenüber dem kritisierten Spieler, wenn er gegen solche persönlichkeitsverletzende Äußerungen nicht vorgeht. In der Regel wird der Verein bereits aus eigenem Interesse gegen öffentliche Kritik eines Spielers an seinen Mitspielern vorgehen und mit einer Geldstrafe reagieren, um so Unruhe zu vermeiden und den Betriebsfrieden wieder herzustellen.

D. Das Rechtsverhältnis zwischen Verleiher und Spieler

Während sich die Rechte und Pflichten im Verhältnis von Verleiher zu Entleiher sowie im Verhältnis von Entleiher zu Spieler wesentlich aus den zwischen diesen geschlossenen Verträgen – Leihvertrag einerseits sowie Arbeitsvertrag andererseits – ergeben, ist die Bestimmung der rechtlichen Beziehung zwischen Verleiher und Spieler problematisch. Denn während der Überlassungszeit besteht eigentlich keine vertragliche Beziehung der Parteien mehr, aus denen man die Rechte und Pflichten ableiten könnte: Der vormals bestehende Arbeitsvertrag wurde im Zuge des Leihgeschäfts aufgelöst; der sich an die Ausleihe anschließende Arbeitsvertrag tritt dagegen erst zu einem späteren Zeitpunkt in Kraft.

Es stellt sich dann aber die Frage, ob dem Verleiher bei Handlungen des Spielers während der Überlassungszeit, die nicht (nur) den Entleiher als Arbeitgeber, sondern (auch) ihn schädigen, ein Anspruch auf Schadensersatz gegen den Spieler nach allgemeinen schuldrechtlichen Normen zusteht, oder ob sich das Bestehen eines solchen Ersatzanspruchs ausschließlich nach deliktsrechtlichen Vorschriften richtet.

364 Mobbing ist gesetzlich nicht definiert. Die Rechtsprechung bezeichnet Mobbing als „das systematische Anfeinden, Schikanieren und Diskriminieren von Arbeitnehmern untereinander oder durch Vorgesetzte“, vgl. BAG, Urt. v. 25.10.2007, NZA 2008, 223 (225).

365 Vgl. PHB SportR-Fritzweiler, 3. Teil, Rn. 46.

Während der Überlassungszeit entscheidet sich der Spieler dazu, seine Leistungsfähigkeit durch Einnahme verbotener Mittel zu steigern. Kurz nach seiner Rückkehr zum verleihenden Verein wird der Spieler aufgrund einer positiven Dopingprobe, die der Spieler nach einem Spiel noch zu Zeiten beim Entleiher abgeben musste, für ein Jahr gesperrt. Der Verleiher kündigt dem Spieler zwar fristlos, hat aber nicht mehr die Möglichkeit, Ersatz für den gesperrten Spieler zu verpflichten, geht damit spielerisch geschwächt in die Saison und steigt schließlich ab.[366]

Geht man von einer vollständigen vertraglichen Lösung des Spielers vom Verleiher aus, so wären Handlungen des Spielers während der Ausleihe, die schließlich beim Verleiher zu einem Schaden führen, allein nach deliktsrechtlichen Vorschriften zu bewerten. Dies hätte insbesondere zur Folge, dass der Verleiher gegen den Spieler keinen Ersatzanspruch hat, sofern es sich bei dem erlittenen Schaden um einen reinen Vermögensschaden handelt, der im Rahmen des § 823 Abs. 1 BGB nicht erstattungsfähig ist.[367] Gegen ein solches Ergebnis spricht jedoch, dass die Parteien zwar eine vollständige Lösung des Spielers vom Verleiher rechtlich vereinbaren, eine solche Trennung aber eigentlich gar nicht gewollt ist. Der Spieler soll ja gerade nicht dauerhaft an den Entleiher transferiert werden, sondern lediglich eine gewisse Zeit für diesen spielen. Anschließend kehrt der Spieler wieder zu seinem alten Verein zurück, wobei die Rückkehr bereits vertraglich gesichert ist. Es bleibt also bereits insofern bei einer Verbundenheit des Spielers zum verleihenden Verein. Darüber hinaus behält der Verleiher auch während der Ausleihe die Transferrechte an dem Spieler.[368] Er hat weiterhin die alleinige Entscheidung darüber, ob der Spieler nach Ablauf der Ausleihe an einen anderen Verein verliehen oder sogar transferiert wird, und ist der Berechtigte für eine gegebenenfalls zu zahlende Ausleihgebühr oder Transfersumme. Der Aufhebungsvertrag zwi-

366 Durch das Dopen hat der Spieler in jedem Falle gegen seine Pflichten aus dem Arbeitsvertrag mit dem Entleiher verstoßen und ist diesem gegenüber zum Ersatz sämtlicher gegebenenfalls entstandener Schäden nach den §§ 611, 280 ff. BGB verpflichtet.

367 MünchKomm-Wagner, § 823, Rn. 184; Staudinger-Hager, § 823, Rn. B192. Ein reiner Vermögensschaden des Vereins wäre zwar bei einer Haftung des Spielers nach § 826 BGB erfasst. Jedoch geht der dopende Spieler fest davon aus, dass er gerade nicht des Dopings überführt wird. Ihm fehlt daher in aller Regel der tatbestandlich notwendige Schädigungsvorsatz. Zur Frage, ob Doping ein Betrug zu Lasten des Vereins darstellt mit der Folge, dass der Spieler dem Verleiher nach § 823 Abs. 2 i. V. m. § 263 StGB haftet, PHB SportR-Reinhart, 8. Teil, Rn. 132 ff.

368 Vgl. § 5 Nr. 2 LOS sowie die Ausführungen unter Kapitel 2/F/IV.

schen Verleiher und Spieler führt also offensichtlich nicht zu einer vollständigen Lösung des Spielers vom Verleiher.

Im Folgenden ist zu prüfen, ob diese „Verbundenheit" des Spielers zum Verleiher es rechtfertigt, auch während der Überlassungszeit – trotz der einvernehmlichen Auflösung des Arbeitsvertrages – vom Bestehen einer Sonderverbindung zwischen Spieler und Verleiher auszugehen, die Schutz- und Fürsorgepflichten der Parteien auslöst. Dann stünden dem Verleiher im Schadensfall nicht lediglich deliktsrechtliche Ansprüche zu, sondern er könnte gegen den Spieler Ansprüche nach den §§ 280 ff. BGB geltend machen. Zudem hätte dies für den Verleiher den weiteren Vorteil, dass zu seinen Gunsten die Beweislastumkehr nach § 280 Abs. 1 S. 2 BGB eingreift.

I. Vergleich zur Arbeitnehmerüberlassung

Naheliegend ist es zunächst einmal, die Beziehung von Verleiher und Spieler bei einem Ausleihgeschäft mit dem Verhältnis zwischen Entleiher und Leiharbeitnehmer bei einer Arbeitnehmerüberlassung zu vergleichen: Auch bei deren Verhältnis fehlt es an einem Vertragsschluss. Dennoch besteht nach einhelliger Meinung zwischen Entleiher und Leiharbeitnehmer während der Überlassungszeit ein rechtliches Band, das schuldrechtlicher Natur ist.[369] Sofern eine Prüfung ergibt, dass die für das Verhältnis von Entleiher zu Leiharbeitnehmer entwickelten Grundsätze auf die Rechtsbeziehung zwischen Verleiher und Spieler im Rahmen einer Spielerleihe übertragbar sind, wäre die Spielerleihe im Hinblick auf die Rechtsbeziehungen der an der Überlassung Beteiligten eine Art „Spiegelbild einer klassischen Arbeitnehmerüberlassung".

1. Bestehen eines Doppelarbeitsverhältnisses

Insbesondere *Mayer-Maly*[370] vertritt für den Bereich der Arbeitnehmerüberlassung die Auffassung, dass auch das Rechtsverhältnis zwischen Entleiher und

369 Statt vieler Schüren/Hamann, Einleitung, Rn. 110 ff. m. w. N.

370 Mayer-Maly, ZfA 1972, 1 ff. Laut Boemke/Lembke, § 11, Rn. 142, besteht zwar kein arbeitsvertragliches Grundverhältnis zwischen Leiharbeitnehmer und Entleiher. Wegen der Eingliederung des Arbeitnehmers in den Betrieb des Entleihers sowie wegen des Direktionsrechts des Entleihers während der Überlassungszeit bestünden zwischen ihnen aber Rechtsbeziehungen, die arbeitsrechtlichen Regelungen unterliegen, so dass man insoweit von einem Arbeitsverhältnis sprechen könne.

Leiharbeitnehmer arbeitsrechtlichen Charakter aufweise. Dafür spreche, dass der Entleiher trotz Fehlen eines Vertragsschlusses zwischen ihm und dem Leiharbeitnehmer ein gewisses Maß an Weisungsmöglichkeiten gegenüber den Leiharbeitnehmern habe, das oftmals nicht hinter den Weisungsbefugnissen gegenüber den Stammarbeitnehmern zurückbleibe.[371] *Mayer-Maly* zieht daraus die Konsequenz, dass sowohl eine Fürsorgepflicht des Entleihers gegenüber dem Arbeitnehmer als auch eine Treupflicht des Leiharbeitnehmers gegenüber dem Entleiher anzuerkennen seien. Diese Rechte und Pflichten stünden neben den Rechten und Pflichten aus dem Arbeitsverhältnis zwischen Verleiher und Leiharbeitnehmer, so dass insoweit von einem Doppelarbeitsverhältnis gesprochen werden könne.[372]

Diese Bewertung des Rechtsverhältnisses zwischen Entleiher und Leiharbeitnehmer bei der Arbeitnehmerüberlassung lässt sich jedoch nicht auf die rechtliche Beziehung zwischen Verleiher und Spieler bei einem Leihgeschäft übertragen. Der Spieler erbringt bei einer Ausleihe seine Arbeitsleistung beim Entleiher und damit bei der Partei, mit der er auch einen Arbeitsvertrag geschlossen hat. Der Verleiher hat dagegen während der Überlassung weder eine Einwirkungsmöglichkeit auf den Spieler, noch steht ihm – so wie dem Entleiher bei einer Arbeitnehmerüberlassung – ein Weisungsrecht gegenüber dem Spieler zu.[373] Ein solches Weisungsrecht kann daher im Rahmen einer Spielerleihe nicht als Anknüpfungspunkt dafür genommen werden, auch zwischen Spieler und Verleiher ein Rechtsverhältnis mit arbeitsrechtlichem Charakter und damit ein Doppelarbeitsverhältnis anzunehmen.

---

371 Mayer-Maly, ZfA 1972, 1 (23).

372 Vgl. Mayer-Maly, ZfA 1972, 1 (23 f.); anderer Ansicht ist u. a. Schüren/Hamann, Einleitung, Rn. 114, mit Hinweis darauf, dass es zum einen an einem dementsprechenden Vertragsschluss zwischen Entleiher und Leiharbeitnehmer fehle und zum anderen die Annahme eines Doppelarbeitsverhältnisses nicht mit den Vorschriften des Arbeitnehmerüberlassungsgesetzes in Einklang zu bringen sei, welches den Leiharbeitnehmer arbeitsrechtlich allein dem gewerbsmäßig handelnden Verleiher zuordnet.

373 Daher ist es auch nur konsequent, den Verleiher nicht dazu zu verpflichten, Sorge dafür zu tragen, dass der Spieler seine Arbeit beim Entleiher tatsächlich aufnimmt, vgl. oben B/IV/1; anders dagegen im Rahmen der Arbeitnehmerüberlassung Konzen, ZfA 1982, 259 (280 f.); Schüren/Hamann, Einleitung, Rn. 314.

2. Aufspaltung der Arbeitgeberfunktion

Aus denselben Gründen scheidet es auch aus, eine arbeitsrechtliche Beziehung zwischen Verleiher und Spieler aus einer Aufspaltung der Arbeitgeberfunktionen oder des Arbeitsverhältnisses abzuleiten.[374] Bei der Leihgabe eines Spielers im Profisport steht allein dem Entleiher das Weisungsrecht gegenüber dem Spieler zu. Auch die Lohnzahlungspflicht sowie die Pflicht zur Entrichtung von Sozialversicherungsbeiträgen treffen allein den Entleiher wegen des mit dem Spieler geschlossenen Arbeitsvertrages. Der Verleiher übt während der Überlassungszeit – anders als der Entleiher bei einer Arbeitnehmerüberlassung – also keine arbeitgebertypischen Funktionen aus. Es kommt bei einer Spielerleihe folglich schon gar nicht zu einer Aufspaltung der Arbeitgeberfunktionen. Das gilt auch dann, wenn sich der Verleiher dazu verpflichtet, während der Ausleihe einen Teil des Gehalts des Spielers weiter zu bezahlen. Bei einer solchen Gehaltsübernahme handelt es sich entsprechend § 329 BGB regelmäßig um eine Erfüllungsübernahme und betrifft damit lediglich das Verhältnis der am Ausleihgeschäft beteiligten Vereine.[375] Auch bei einer teilweisen Übernahme des Gehalts durch den Verleiher kommt es also nicht zu einer Aufspaltung der Arbeitgeberfunktionen, sondern nur der entleihende Verein bleibt aufgrund des Arbeitsvertrages dem Spieler gegenüber der zur Lohnzahlung Verpflichtete.

Im Ergebnis lassen sich also sowohl die zum Verhältnis von Entleiher und Arbeitnehmer bei der gewerbsmäßigen Arbeitnehmerüberlassung entwickelte Konstruktion eines Doppelarbeitsverhältnisses als auch der Ansatz, aufgrund einer Aufspaltung der Arbeitgeberfunktionen eine arbeitsrechtliche Beziehung der Parteien anzunehmen, nicht auf die Beziehung von verleihendem Verein und Spieler bei einem Ausleihgeschäft übertragen. Zumindest über einen Vergleich mit den Rechtsbeziehungen bei einer Arbeitnehmerüberlassung lässt sich eine schuldrechtliche Beziehung der Parteien und damit eine Anwendbarkeit der §§ 280 ff. BGB bei einer Pflichtverletzung des Spielers während der Überlassungszeit nicht begründen.

---

374 So für das Verhältnis von Entleiher und Leiharbeitnehmer bei einer Arbeitnehmerüberlassung Heinze, ZfA 1976, 183 (193); Ramm, ZfA 1973, 263 (275 ff.); Weber, Anm. zu BAG, Urt. v. 8.11.1978, AP Nr. 2 zu § 1 AÜG.

375 Vgl. oben B//II/3.

II. (Arbeits-) Vertrag mit Schutzwirkung zugunsten Dritter

Eine Haftung des Spielers nach allgemeinen schuldrechtlichen Normen könnte sich allerdings dann ergeben, wenn der Arbeitsvertrag zwischen Entleiher und Spieler Schutzwirkung zugunsten des Verleihers entfaltet. Dopt sich der Spieler während der Überlassungszeit, begeht er damit gegenüber dem Entleiher eine arbeitsvertragliche Pflichtverletzung. Denn nach § 2a des Musterarbeitsvertrags der DFL erkennt der Spieler die „nationalen und die internationalen Anti-Doping-Bestimmungen – insbesondere die Anti-Doping-Richtlinien des DFB und deren Anhänge, das UEFA-Dopingreglement sowie das FIFA-Reglement für die Dopingkontrollen bei FIFA-Wettbewerben und außerhalb von Wettbewerben – in ihrer jeweils gültigen Fassung ausdrücklich als für ihn verbindlich an". Der Entleiher hat dann neben dem Recht zur fristlosen Kündigung einen Anspruch gegen den Spieler auf Ersatz aller ihm daraus entstandener Schäden nach den §§ 611, 280 Abs. 1 BGB.[376] Gelänge es, den Verleiher in den Schutzbereich dieses Arbeitsvertrages zwischen Entleiher und Spieler mit einzubeziehen, könnte auch der Verleiher seinen durch das Doping entstandenen Schaden nach den vertraglichen Vorschriften geltend machen.

1. Leistungsnähe des Dritten

Voraussetzung für die Annahme einer Schutzwirkung des Arbeitsvertrages zugunsten des Verleihers wäre zunächst eine Leistungsnähe des Verleihers. Er müsste also ebenso mit der Leistung in Berührung kommen und den Gefahren von Schutzpflichtverletzungen ausgesetzt sein wie der Entleiher als Gläubiger.[377] Gegen eine solche Leistungsnähe spricht jedoch zum einen die fehlende Einwirkungsmöglichkeit des Spielers auf die Rechtsgüter des Verleihers. Der Spieler erbringt seine Arbeitsleistung beim Entleiher und damit ausschließlich bei seinem unmittelbaren Vertragspartner. Der Spieler ist vollständig in den Betrieb beim Entleiher eingegliedert und hat keine Tätigkeiten zu erbringen, die in der Rechtssphäre des verleihenden Vereins liegen. Schon deshalb ist der Verleiher nicht gleichermaßen wie der entleihende Verein der Gefahr von Schutzpflichtverletzungen durch den Spieler ausgesetzt. Zum anderen führt auch nicht die bereits feststehende Rückkehr des Spielers zu seinem alten Verein nach Ablauf der Ausleihe zu einer Leistungsnähe. Denn der Verleiher ist durch gewisse Pflichtverletzungen des Spielers – gerade am Ende

376 Vgl. C/III/3.

377 Vgl. Erman-Westermann, § 328, Rn. 13; Palandt-Grüneberg, § 328, Rn. 16.

der Überlassungszeit – lediglich deshalb betroffen, weil die Folgen der Pflichtverletzungen (wie zum Beispiel die vom Verband wegen Dopings verhängte Sperre) faktisch in den Zeitraum nach Beendigung der Überlassung fortwirken. Die feststehende Rückkehr des Spielers führt aber nicht zu einer grundsätzlichen Drittbezogenheit der Leistung, welche jedoch erforderlich ist, um die Schutzwirkung eines Vertrages auf den Dritten auszudehnen.[378]

2. Fehlendes Einbeziehungsinteresse des Entleihers

Darüber hinaus fehlt es aber auch an einem erkennbaren Interesse des Entleihers an einer Einbeziehung des Verleihers in den Arbeitsvertrag mit dem Spieler. Weder ist der Entleiher für das „Wohl und Wehe" des verleihenden Vereins mitverantwortlich, da zwischen den Parteien lediglich der Leihvertrag besteht, der keine Rechtsbeziehung mit personenrechtlichem Einschlag wie zum Beispiel ein Arbeitsvertrag begründet. Noch besteht ein anderes besonderes Interesse des Entleihers an der Einbeziehung des Verleihers mit der Folge, dass der zwischen Entleiher und Spieler geschlossene Arbeitsvertrag dahingehend ausgelegt werden kann, dass der Vertragsschutz in Anerkennung des Interesses auf den Verleiher als Dritten ausgedehnt werden soll.[379] Ganz im Gegenteil dazu ergibt sich aus der von den Parteien gewählten Vertragskonstruktion, dass der Wille der Parteien darauf gerichtet ist, dass während der Leihdauer eine arbeitsvertragliche Bindung nur zwischen dem Spieler und Entleiher bestehen soll. Gerade wegen der einvernehmlichen Auflösung des Arbeitsvertrages durch Verleiher und Spieler ist für eine gegenteilige ergänzende Vertragsauslegung kein Raum. Der Arbeitsvertrag zwischen Entleiher und Spieler hat demnach keine drittschützende Wirkung zugunsten des Verleihers. Aufgrund dieser Grundsätze haftet der Spieler dem Verleiher nicht nach schuldrechtlichen Normen.

III. Anwendung der Grundsätze der Drittschadensliquidation

Möglicherweise sind aber auf den Beispielsfall die Grundsätze der Drittschadensliquidation anwendbar. Dies hätte zur Folge, dass der Entleiher, dem ein

---

378 Vgl. Erman-Westermann, § 328, Rn. 13 f.

379 Vgl. zu der Fallgruppe, dass sich das Einbeziehungsinteresse des Gläubigers aus der Auslegung des Vertrages mit dem Schuldner ergeben kann, BGH, Urt. v. 15.12.2005, NJW-RR 2006, 611 (612); Palandt-Grüneberg, § 328, Rn. 17a.

vertraglicher Schadensersatzanspruch zusteht, auch den beim verleihenden Verein entstandenen Vermögensschaden geltend machen könnte. Der Verleiher als der geschädigte Dritte hätte dann gegen den Entleiher entsprechend § 285 BGB einen Anspruch auf Abtretung dieses Schadensersatzanspruches.[380]

Für die Anwendung der Drittschadensliquidation spricht der Umstand, dass der Schaden nur deshalb beim Verleiher eintritt, weil die Pflichtverletzung durch den Spieler am Ende der Ausleihzeit erfolgte und die Folge des Dopingvergehens – die einjährige Wettkampfsperre durch den Verband – sich damit auch auf die Zeit nach Ablauf der Ausleihdauer auswirkt. Der Schädiger darf aber von einer zufälligen Schadensverlagerung auf eine dritte Person nicht profitieren und sollte aus dieser Verlagerung keine Vorteile ziehen dürfen.[381]

Voraussetzung ist jedoch, dass es sich tatsächlich um eine zufällige Schadensverlagerung handelt. Das heißt ein Schaden, der typischerweise beim Anspruchsinhaber eintreten müsste, wird aus außerhalb der Sphäre des Schädigers liegenden Gründen auf den Dritten verlagert.[382] Daran fehlt es im Beispielsfall. Zum einen ist es nicht zwingend so, dass der Schaden, der dem Verleiher durch die Sperre und den letztendlichen Abstieg entstanden sind, im gleichen Maße auch beim Entleiher entstanden wäre, wenn die Sperre sich lediglich auf den Zeitraum der Ausleihe beschränkt hätte. Denn es ist durchaus denkbar, dass der Entleiher den Ausfall des gedopten Spielers – anders als der Verleiher – hätte kompensieren können, so dass er gar nicht erst geschwächt in die nächsten Wettkampfspiele gegangen wäre. Es handelt sich also schon gar nicht um die Verlagerung eines Schadens, sondern um völlig voneinander losgelöste Schadenspositionen beim verleihenden und entleihenden Verein. Zum anderen ist das Merkmal der Zufälligkeit nicht erfüllt. Aufgrund der von den Parteien gewählten Vertragskonstruktion steht von vornherein fest, dass eine Pflichtverletzung des Spielers, die dessen Einsatzfähigkeit über das Ende der Ausleihdauer hinaus beeinträchtigt[383], sich (auch)

---

380 Vgl. Larenz, Lehrbuch des Schuldrechts 1 AT, § 27 IV b.

381 BGH, Urt. 10.7.1963, NJW 1963, 2071 (2074); Larenz, Lehrbuch des Schuldrechts 1 AT, § 27 IV b; Staudinger-Schiemann, Vorbemerkung zu §§ 249 ff., Rn. 62.

382 Vgl. Palandt-Grüneberg, Vorbemerkung vor § 249, Rn. 105.

383 Neben einer (längeren) Wettkampfsperre wie im Beispielsfall sind auch andere Pflichtverletzungen des Spielers denkbar, die zur Beeinträchtigung der Einsatzfähigkeit nach Rückkehr des Spielers zum Verleiher führen können. So zum Beispiel kann die pflichtwidrige Verweigerung einer ärztlichen Behandlung beim Entleiher in

nachteilig auf den Verleiher auswirken und bei ihm zu einem Schaden führen kann. Dies ist den an einem Ausleihgeschäft beteiligten Parteien, insbesondere dem Verleiher, auch bekannt. Wenn aber die Beteiligten die Vertragspflichten und -risiken gemeinsam verteilt haben, bedarf diese Verteilung keiner Korrektur unter Billigkeitsgesichtspunkten im Wege der Drittschadensliquidation.[384] Mangels Vorliegen einer zufälligen Schadensverlagerung kommt somit auch die Geltendmachung der Schäden des Verleihers durch den Entleiher im Rahmen einer Drittschadensliquidation nicht in Betracht.

IV. Nachwirkende und vorvertragliche Fürsorge- und Schutzpflichten

Da weder die bei der Arbeitnehmerüberlassung entwickelten Grundsätze auf das Verhältnis von Verleiher und Spieler übertragbar sind, noch der Verleiher in den zwischen Entleiher und Spieler bestehenden Arbeitsvertrag mit einbezogen werden kann, kann sich eine schuldrechtliche Haftung nur aus dem Vertragsverhältnis zwischen dem verleihenden Verein und dem Spieler selbst ergeben. Es stellt sich also die Frage, ob nicht zwischen den Parteien – trotz des im Zuge des Ausleihgeschäfts geschlossenen Aufhebungsvertrages – auch während der Überlassungszeit eine Sonderverbindung existiert mit der Folge, dass den Verleiher schädigende Handlungen des Spielers während der Ausleihe als schuldrechtliche Pflichtverletzungen anzusehen und nicht lediglich nach deliktsrechtlichen Vorschriften zu bewerten sind. Als Grundlage kommen dabei zum einen nachwirkende Schutz- und Nebenpflichten des Spielers aus dem aufgelösten Arbeitsvertrag und zum anderen möglicherweise bestehende (vor)vertragliche Pflichten aus dem bereits geschlossenen Anschlussarbeitsvertrag in Betracht.

1. Pflichten „post contractum finitum“

Dass nach Erfüllung der Hauptleistungspflichten regelmäßig nachwirkende Pflichten der Parteien bestehen, ist allgemein anerkannt. Denn wie schon im Vorfeld eines Vertragsschlusses (im Anwendungsbereich der culpa in

---

einer Verletzung des Spielers enden, die sich auf die Zeit nach Rückkehr zum verleihenden Verein erstreckt.

384 So zu Recht Schüren/Hamann, Einleitung, Rn. 147.

contrahendo, vgl. § 311 Abs. 2 BGB) und nach Vertragsschluss aber vor Erfüllung der Hauptleistungspflichten (im Anwendungsbereich des in § 311 Abs. 1 BGB geregelten vertraglichen Schuldverhältnisses) stehen sich die Parteien auch nach Erfüllung der Hauptleistungspflichten nicht wie Fremde gegenüber. Sie sind vielmehr – gerade wegen des von ihnen geschlossenen Vertrages – dazu verpflichtet, auch im Nachhinein den erreichten Leistungserfolg zu sichern und die Rechtsgüter des Vertragspartners zu schützen.[385]

Lediglich die Bezeichnung für eine derartige Nachwirkung der Pflichten ist in der Rechtswissenschaft uneinheitlich. Es bietet sich aber an, insoweit von Pflichten „post contractum finitum“[386] oder – um der Besonderheit bei der Spielerleihe Rechnung zu tragen, bei der Verleiher und Spieler zur Ermöglichung der Ausleihe den zwischen ihnen bestehenden Arbeitsvertrag aufheben, – vom „Verschulden nach Vertragsauflösung“ zu sprechen.[387]

2. Bestimmung von Inhalt und Umfang der nachwirkenden Pflichten

Aus dem Begriff und Wesen der nachvertraglichen Pflichten folgt zunächst einmal zwingend, dass diese keine Hauptleistungspflichten sein können. Dies deckt sich im konkreten Fall auch mit dem Willen von Verleiher und Spieler, die sich mit der Aufhebung des Arbeitsvertrages eindeutig darauf verständigen, dass während der Überlassungszeit weder der Spieler verpflichtet sein soll, seine Dienste beim Verleiher zu erbringen, noch der Verleiher dem Spieler Gehalt zu zahlen hat. Gegenstand nachwirkender Pflichten eines Arbeitsvertrages können demnach nur Nebenleistungs- und Schutzpflichten des Arbeitnehmers sowie Fürsorgepflichten des Arbeitgebers sein.[388]

---

385 Vgl. BAG, Urt. v. 25.6.1973, NJW 1973, 1926 (1927); BAG, Urt. v. 24.10.1989, NJW-RR 1990, 141; Larenz, Lehrbuch des Schuldrechts 1 AT, § 10 II f; Staudinger-Otto, § 280, Rn. 15b; Wertheimer, BB 1999, 1600 (1603). Dass nach Beendigung des Arbeitsverhältnisses nachwirkende Pflichten der Parteien bestehen können, ergibt sich auch ausdrücklich aus der Vorschrift des § 2 Nr. 3 Buchst. c) ArbGG.

386 So auch Bodewig, Jura 2005, 505; MünchKomm-Kramer, Einleitung zu §§ 241-432, Rn. 83.

387 Einen Überblick über die unterschiedlichen Bezeichnungen gibt Bodewig, Jura 2005, 505; siehe auch v.Bar, AcP 179 (1979), 452 ff; vgl. auch Strätz, in: FS Bosch, 1976, 999 (1002).

388 Vgl. Staudinger-Schmidt, §§ 241 ff., Rn. 41; Bodewig, Jura 2005, 505.

Die konkreten Pflichten der Parteien, die nach Erfüllung bzw. Aufhebung der Hauptleistungspflichten fortwirken[389], sind unter Berücksichtigung des Vertragsverhältnisses nach den Grundsätzen von Treu und Glauben gemäß § 242 BGB zu bestimmen. Sofern die Parteien im Vertrag derartige Pflichten aufgreifen und möglicherweise sogar ausdrücklich vereinbaren, dass diese auch nach Beendigung des Vertragsverhältnisses bestehen bleiben sollen, ist diese Abrede grundsätzlich rein deklaratorischer Natur. Wird der Umfang der nachwirkenden Nebenleistungs- und Schutzpflichten sowie Fürsorgepflichten darüber hinaus durch die Parteien kraft Privatautonomie erweitert, haben derartige Vereinbarungen konstitutive Wirkung.[390]

a. Neben- und Schutzpflichten im beendeten Arbeitsvertrag als Ausgangspunkt

Ausgangspunkt für die Bestimmung von Inhalt und Umfang der nachvertraglichen Pflichten im Verhältnis von verleihendem Verein und Spieler sind demnach die von den Parteien in ihrem (inzwischen aufgelösten) Arbeitsvertrag vereinbarten Nebenleistungs- und Schutzpflichten.[391] Mangels ausdrück-

389 In diesem Zusammenhang ist dogmatisch umstritten, ob Grundlage der Nebenleistungs- und Schutzpflichten ein – aus dem Stadium der c.i.c fortwirkendes – gesetzliches Schuldverhältnis ist („Theorie des einheitlichen gesetzlichen Schuldverhältnisses" – vgl. Canaris, JZ 1965, 475 ff.; zustimmend MünchKomm-Kramer, Einleitung zu §§ 241 - 432, Rn. 82 f.), oder ob diese Pflichten ab dem Zeitpunkt des Vertragsschlusses aus dem vertraglichen Schuldverhältnis herrühren („Umschlagstheorie" – so die herrschende Ansicht, vgl. zum Beispiel v.Bar, AcP 179 [1979] 452 (456); Bodewig, Jura 2005, 505 (508 f.); Larenz, Lehrbuch des Schuldrechts 1 AT, § 9 I b; Staudinger-Otto, § 280, Rn. B 15). Für die Umschlagstheorie spricht insbesondere, dass ab dem Abschluss eines wirksamen Vertrages die Nebenleistungs- und Schutzpflichten nicht lediglich aus entgegengebrachtem Vertrauen resultieren, sondern auf verbindlichen Willenserklärungen der Parteien beruhen. Ab Vertragsschluss ist demnach dieses vertragliche Schuldverhältnis Grundlage sämtlicher Rechte und Pflichten der Parteien. Dies muss dann aber auch für die Zeit nach Erfüllung (oder Aufhebung) der Hauptleistungspflichten für nachwirkende Pflichten gelten: „Wenn nämlich das Schuldverhältnis nicht mit der Erfüllung der Hauptleistungspflichten endet, sondern weiter besteht in Form nachwirkender Pflichten, dann liegt es nahe, dass es auch als vertragliches Schuldverhältnis weiterbesteht und nicht mit der Erfüllung der Hauptleistungspflichten in ein gesetzliches umschlägt", so Bodewig, Jura 2005, 505 (508).

390 Bodewig, Jura 2005, 505 (507).

391 Insoweit kann auf die Ausführungen zur Rechtsbeziehung zwischen Entleiher und Spieler verwiesen werden – vgl. oben C/III/2 und C/IV/3 –, da die einzelnen Rechte und Pflichten von Verleiher und Spieler vor der Ausleihe bzw. von Entleiher und Spieler während der Überlassungszeit – die Verwendung des Musterarbeitsvertrages der DFL vorausgesetzt – identisch sind.

licher Regelung im Mustervertrag der DFL ist dann im konkreten Einzelfall unter Berücksichtigung der Interessen der beiden Parteien durch ergänzende Vertragsauslegung nach den §§ 133, 157 BGB zu bestimmen, inwieweit diese Pflichten auch nach Auflösung des Arbeitsvertrages Geltung haben sollen.

Gerade weil die Nebenleistungs- und Schutzpflichten im Arbeitsvertrag von den Parteien weitestgehend geregelt worden sind, bedarf es eines unmittelbaren Rückgriffs auf die Grundsätze von Treu und Glauben wegen des Vorrangs der Parteivereinbarung nicht. Jedoch ist der Umfang der sich aus § 242 BGB ergebenden Pflichten mittelbar zu berücksichtigen: Zum einen um entscheiden zu können, ob eine Klausel im Arbeitsvertrag im Hinblick auf die nachwirkenden Pflichten rein deklaratorischer Natur ist oder den gesetzlichen Umfang der Pflichten beschränkt oder erweitert; zum anderen müssen sich Klauseln, die eine Erweiterung oder Beschränkung der bereits nach allgemeinen Grundsätzen bestehenden Pflichten darstellen, hinsichtlich ihrer Wirksamkeit an den Grundsätzen von Treu und Glauben und an anderen gesetzlichen Vorschriften – wie zum Beispiel gegebenenfalls den §§ 305 ff. BGB – messen lassen.

b. Bestehen derartiger Pflichten trotz Aufhebungsvertrag

Gegen die Annahme nachvertraglicher Pflichten im Falle der Spielerleihe spricht zunächst einmal nicht, dass der Arbeitsvertrag zwischen verleihendem Verein und Spieler nicht durch Erfüllung der Hauptleistungspflichten endet, sondern die Parteien zur Ermöglichung des Ausleihgeschäfts einen Aufhebungsvertrag schließen. Denn eine Auslegung des Vertrages unter Berücksichtigung der Interessen der Parteien führt nicht zum Ergebnis, dass Verleiher und Spieler durch den Aufhebungsvertrag zusätzlich zu den Hauptleistungspflichten auch möglicherweise bestehende nachwirkende Treuepflichten zur Beendigung bringen wollen. Der Aufhebungsvertrag dient dazu, die Durchführung des Ausleihgeschäfts zu ermöglichen. Konkret soll mit der gewählten Vertragsgestaltung den Verbandsvorschriften der DFL genüge getan werden, die die Aufnahme des Spielers in die Transferliste davon abhängig macht, dass „die Verträge zum Zeitpunkt der Antragsstellung fristgerecht gekündigt, in beiderseitigem Einvernehmen aufgelöst worden sind oder durch Zeitablauf enden“[392], bzw. die für die Erteilung einer Spielerlaubnis für den neuen Verein als Voraussetzung aufstellt, dass „für den gleichen Zeitraum keine anderweitigen rechtlichen Bindungen als Spieler an einen anderen Ver-

392 § 4 Nr. 6 Buchst. a) LOS.

ein bzw. Kapitalgesellschaft mehr bestehen“[393]. Sinn dieser Vorschriften ist es jedoch lediglich, zu vermeiden, dass der Spieler während seiner Tätigkeit für einen Verein nicht zugleich für einen anderen Verein spielt oder von einem anderen Verein Geldleistungen erhält. Die Verbandsnormen sollen Interessenkonflikten vorbeugen, die entstehen würden, wenn ein Spieler gleichzeitig zwei Vereinen gegenüber vertraglich zur Arbeitsleistung verpflichtet wäre. Ein Ausschluss oder Verbot nachvertraglicher Treue- und Schutzpflichten zur Sicherung des vormals eingetretenen Leistungserfolgs schreiben die Normen dagegen nicht vor.

Dementsprechend ist auch der Auflösungsvertrag zwischen verleihendem Verein und Spieler dahingehend auszulegen, dass die Parteien lediglich die Aufhebung der Hauptleistungspflichten – also die Pflicht zur Erbringung der Arbeitsleistung einerseits sowie die Pflicht zur Zahlung des Gehalts andererseits – vereinbaren wollen. Aus dem beendeten Arbeitsvertrag nachwirkende Neben- und Schutzpflichten bleiben dagegen vom Auflösungsvertrag grundsätzlich unberührt. Zwar können die Parteien aufgrund der Privatautonomie den Aufhebungsvertrag inhaltlich auch auf diese Pflichten erstrecken und das Bestehen jeglicher Pflichten nach Beendigung des Arbeitsvertrages ausschließen. Dann bedarf es dafür aber der Aufnahme einer ausdrücklichen Abrede in den Vertrag.

c. Gesteigerte Nachwirkung der Neben- und Schutzpflichten bzw. der Fürsorgepflicht des Vereins

Nicht nur ist trotz Abschlusses des Aufhebungsvertrages vom Existieren von nachwirkenden Neben- und Schutzpflichten der Parteien auszugehen. Vielmehr sprechen die Besonderheiten der Spielerleihe, insbesondere die bereits feststehende Rückkehr des Spielers zum Verleiher nach Ende der Überlassungszeit, für die Annahme einer sogar gesteigerten Nachwirkung dieser Pflichten.

Bei einem normalen Vertragsverhältnis stehen sich die Parteien nach Erfüllung oder Aufhebung der Hauptleistungspflichten zwar nicht sofort wie Dritte gegenüber, so dass grundsätzlich vom Fortbestehen von Nebenpflichten auszugehen ist. Jedoch ist die Beziehung der Parteien dann in der Regel auf die vollständige Trennung ausgerichtet. Dies rechtfertigt es, trotz grundsätzlichem Bestehen von Neben- und Schutzpflichten nach Beendigung des Vertrages die Beurteilung derartiger Pflichten hinsichtlich Inhalt und Umfang

393 § 13 Nr. 2 Buchst. c) LOS.

sowie in zeitlicher Hinsicht eher restriktiv zu handhaben.[394] Es muss dem Umstand Rechnung getragen werden, dass der von den Parteien eigentlich gewollte Vertragserfolg erreicht ist und daher eine Sonderverbindung nach Erfüllung der Hauptleistungspflichten nur in sehr abgeschwächter Form fortbesteht und sich – je nach Inhalt des erfüllten Vertrages – nur auf eine gewisse Zeit nach Beendigung des Vertrages beziehen kann.

Anders ist das jedoch für den Fall der Spielerleihe zu beurteilen: Wie bereits oben ausgeführt, vereinbaren die Parteien zur Ermöglichung der Spielerleihe in rechtlicher Hinsicht durch den Aufhebungsvertrag eine vollständige Trennung. Allerdings verbleiben einerseits die Transferrechte an dem Spieler auch während der Ausleihe beim verleihenden Verein; andererseits ist die Rückkehr des Spielers nach der Überlassungszeit bereits vertraglich fixiert, sei es durch den Abschluss des Anschlussarbeitsvertrages oder aber durch den Abschluss eines Vorvertrages, mit dem sich die Parteien verpflichten, zu einem späteren Zeitpunkt einen an die Ausleihe anschließenden Arbeitsvertrag zu schließen. In tatsächlicher Hinsicht streben die Parteien also gar keine vollständige Loslösung des Spielers von seinem ehemaligen Verein an, sondern es ist schon von Anfang an geplant, dass sich die Wege nur für eine kurze Zeit trennen. Eine vollständige und dauerhaft angelegte Trennung mit der Folge, dass sich Verleiher und Spieler wie Fremde gegenüberstehen, ist erst nach Beendigung des sich an die Ausleihe anschließenden Arbeitsvertrages denkbar und von den Parteien erst dann gewollt. Dieser besondere Umstand bei der Spielerleihe muss auch bei der Beurteilung von Inhalt und Umfang der nachwirkenden Pflichten Berücksichtigung finden.[395] Denn genauso wie eine sehr intensive, ständige Geschäftsbeziehung zu weitergehenden nachvertraglichen Pflichten führt, muss auch eine feststehende, zukünftige Geschäftsbeziehung in die Beurteilung von Art und Inhalt mit einfließen. Die bereits vereinbarte Rückkehr des Spielers führt daher dazu, dass sich die nachvertragliche Sonderverbindung zwischen den Parteien weniger abschwächt als nach der Been-

---

394 Bodewig, Jura 2005, 505 (509); vgl. auch Strätz, in: FS Bosch, 1976, 999 (1012).

395 Gerade die Berücksichtigung dieses Vertragsverhältnisses zwischen Verleiher und Spieler im Anschluss an die Ausleihe spricht im Übrigen für die Umschlagtheorie und damit dafür, dass Grundlage der nachvertraglichen Pflichten ein vertragliches, nicht ein gesetzliches Schuldverhältnis ist; zum Streitstand vgl. oben Fn. 389. Denn nur so ist es möglich, in der Zukunft liegende Gegebenheiten in der Rechtsbeziehung zwischen den Parteien bei der Beurteilung von Inhalt und Umfang nachvertraglicher Pflichten zu berücksichtigen und so im konkreten Fall - wegen der vertraglich feststehenden Rückkehr des Spielers - von einer gesteigerten Nachwirkung auszugehen.

digung bzw. Aufhebung der Hauptleistungspflichten bei einem normalen Vertragsverhältnis. Ganz im Gegenteil ist gerade wegen der geplanten Rückkehr des Spielers bei einer Spielerleihe von im Vergleich zum Normalfall gesteigerten Neben- und Schutzpflichten während der Überlassungszeit auszugehen.

Auch im Hinblick auf die Wahrnehmung des Publikums ist die Annahme von gesteigerten nachvertraglichen Pflichten gerechtfertigt. Sowohl die Fans als auch die Sportberichterstatter wissen bei jedem Spieler einer Mannschaft, ob dieser dauerhaft bei dem Verein unter Vertrag steht, oder ob er nur ausgeliehen wurde und nach Ablauf seines Arbeitsvertrages wieder zu seinem alten Verein zurückkehrt. Im Falle einer vom verliehenen Spieler begangenen Pflichtverletzung würde dieses Fehlverhalten nicht nur mit dem Entleiher als momentanen Arbeitgeber, sondern auch mit dem Verleiher (als ehemaliger und zukünftiger Arbeitgeber) in Verbindung gebracht werden. Auch diese Wahrnehmung der Beziehung des verliehenen Spielers zum Verleiher in der Öffentlichkeit macht deutlich, dass zwischen diesen während der Ausleihzeit eine stärkere Sonderverbindung und damit gesteigerte nachvertragliche Pflichten bestehen bleiben als nach der Beendigung eines sonstigen Vertragsverhältnisses.

Dass die nachvertraglichen Pflichten von Verleiher und Spieler eine höhere Intensität besitzen als die Nebenpflichten bei einer auf Dauer angelegten Trennung der Parteien nach Beendigung eines sonstigen Vertragsverhältnisses, ergibt auch eine Auslegung der Interessen von verleihendem Verein und Spieler bei Abschluss des Auflösungsvertrages. Denn bei einer Spielerleihe folgen die nachvertraglichen Nebenpflichten nicht aus einer – einseitig herbeiführbaren – Erfüllung eines Vertrages. Vielmehr wird der vormals bestehende Arbeitsvertrag zwischen Spieler und Verleiher per Auflösungsvertrag beendet. Die nachvertraglichen Pflichten resultieren also aus entsprechenden Willenserklärungen der Parteien; insbesondere ist die (vorübergehende) Entlassung des Spielers aus den vertraglichen Nebenleistungs- und Schutzpflichten von der Zustimmung des Vereins abhängig. Es ist aber offensichtlich, dass der Verleiher einem Ausleihgeschäft die Zustimmung verweigert hätte, wenn der Spieler ihm gegenüber – trotz feststehender Rückkehr – während der Ausleihe nur noch in sehr restriktiver Form zum Schutz seiner Rechtsgüter und zur Erhaltung des erreichten Leistungserfolges verpflichtet wäre, sich die Treuepflicht des Spielers damit auf ein Mindestmaß beschränken würde und der Verleiher für ihn nachteilige Handlungen zu befürchten hätte. Der Spieler muss also bei Abschluss des Aufhebungsvertrages davon ausgehen, dass der Verleiher gerade wegen des erneuten Arbeitsverhältnisses nach Ende der Leihdauer ein Interesse an gesteigerten nachvertraglichen

Nebenleistungs- und Schutzpflichten hat und die Treuepflichten aus dem beendeten Arbeitsvertrag in erhöhtem Umfang auch nach Auflösung des Vertrages fortbestehen sollen.

Gleiches gilt auch für die nachvertraglichen Fürsorgepflichten des Vereins dem Spieler gegenüber: Da zum Abschluss des Aufhebungsvertrages, welcher erst die Durchführung des Ausleihgeschäfts ermöglicht, auch eine entsprechende Willenserklärung des Spielers erforderlich ist, kann der Spieler seinerseits auch eine gesteigerte Fürsorgepflicht vom Verein während der Ausleihe erwarten.

3. Die nachwirkenden Pflichten von Verleiher und Spieler im Einzelnen

Ausgangspunkt für die Benennung der konkreten nachvertraglichen Pflichten zwischen Verleiher und Spieler während der Überlassungszeit sind die ursprünglichen Rechte und Pflichten der Parteien aus dem beendeten Arbeitsvertrag. Der Inhalt und die Grenzen der nachwirkenden Pflichten sind dann durch Auslegung der beiderseitigen berechtigten Interessen bei Abschluss des Aufhebungsvertrages – unter Berücksichtigung der vertraglich feststehenden Rückkehr des Spieler und der dadurch gesteigerten Nachwirkung der Neben- und Schutzpflichten bzw. der Fürsorgepflicht – zu bestimmen.

a. Hauptleistungspflichten

Hauptleistungspflichten bestehen zwischen den Parteien während der Ausleihe nicht, da der Arbeitsvertrag aufgelöst wurde. Der Spieler ist demnach weder zur Leistungsbereitschaft und Leistungsförderung, noch zu einer aktiven Öffentlichkeitsarbeit zugunsten des Verleihers verpflichtet.[396] Der Verleiher muss für den Zeitraum der Überlassung dem Spieler kein Gehalt und keine Prämien zahlen und hat auch nicht die Pflicht, den Spieler zu beschäftigen.[397]

---

396 Zu diesen Hauptleistungspflichten des Sportlers vgl. oben C/III/1. Insbesondere zur Einordnung der Pflicht des Spielers, die Vermarktung des Vereins aktiv zu fördern, als Hauptleistungspflicht vgl. BAG, Urt. v. 5.2.1986, AP Nr. 12 zu § 339 BGB, sowie Ittmann, Pflichten des Sportlers im Arbeitsverhältnis, 2004, 88 ff.

397 Zur Gehaltszahlungs- und Beschäftigungspflicht des Vereins als Arbeitgeber vgl. oben C/IV.

b. Unterstützung und Förderung der Vermarktung des Verleihers

In Betracht kommt aber eine nachwirkende Verpflichtung des Spielers, auch während der Leihdauer zugunsten des Verleihers dessen Vermarktung zu unterstützen bzw. zumindest den Vermarktungserfolg gefährdende Handlungen zu unterlassen.

aa. Nutzung und Verwertung der Persönlichkeitsrechte des Spielers

§ 3 des Musterarbeitsvertrages der DFL sieht als Nebenleistungspflicht des Spielers vor, dass dieser dem Verein das ausschließliche Recht einräumt, „sein Bildnis, seinen Namen (auch Spitz- oder Künstlernamen), das von ihm gesprochene Wort sowie besondere fußballbezogene Persönlichkeitsmerkmale zu nutzen und zu verwerten“. Eine Nachwirkung dieser Pflicht auf den Zeitraum der Überlassung mit der Folge, dass während der Ausleihe neben dem Entleiher auch dem Verleiher diese Rechte zustehen, ist allerdings unter Berücksichtigung der Interessen der Beteiligten abzulehnen.

Dem Verleiher ist bei Abschluss des Leihgeschäfts bekannt, dass der Spieler im Rahmen des Arbeitsvertrages mit dem Entleiher diesem das (ausschließliche) Recht einräumt, während der Leihdauer insbesondere sein Bildnis und seinen Namen nutzen und verwerten zu dürfen. Er kann also bei Abschluss des Aufhebungsvertrages mit dem Spieler schon deshalb nicht davon ausgehen, dass ihm aufgrund einer nachwirkenden Pflicht des Spielers aus dem beendeten Arbeitsvertrag weiterhin ein Nutzungsrecht zusteht. Zudem ist die Einräumung des Nutzungs- und Verwertungsrechts nach § 3 Buchst. f) des Musterarbeitsvertrages ausdrücklich auf die Dauer des Arbeitsvertrages begrenzt. Auch diese Klausel spricht dafür, dass der Aufhebungsvertrag, der zwischen Verleiher und Spieler zur Ermöglichung der Ausleihe geschlossen wurde, neben den Hauptleistungspflichten regelmäßig auch diese Nebenpflicht des Spielers umfasst. Etwas anderes kann nur dann gelten, wenn bei Abschluss des Ausleihgeschäfts zwischen den drei an der Spielerleihe beteiligten Parteien ausdrücklich etwas anderes vereinbart wurde.[398]

398 Auf eine anderweitige Abrede wird sich der Entleiher allerdings in der Praxis nicht einlassen. Denn er wird nicht bereit sein, auf der einen Seite viel Geld in eine Spielerleihe zu investieren, auf der anderen Seite aber nicht nur auf die Transferrechte, sondern auch auf Erlöse durch die Vermarktung des geliehenen Spielers zu verzichten.

bb. Unterlassen konkurrierender Werbung

Fraglich ist aber, ob den Spieler nach der Auflösung des Arbeitsvertrages nicht zumindest die nachwirkende Pflicht trifft, es grundsätzlich zu unterlassen, Werbung für andere Partner als die seines ehemaligen Vereins zu betreiben.[399]

> Nach Abschluss des Auflösungsvertrages mit dem Verleiher, dessen Ausrüster Adidas ist, schließt der Spieler für die Dauer der Ausleihe einen privaten Werbevertrag mit dem Ausrüster Nike ab und wird dessen „Werbegesicht". Der Spieler hat zwar vor Unterzeichnung des Werbevertrages die Zustimmung vom Entleiher als Arbeitgeber eingeholt, nicht aber die von seinem ehemaligen Verein. Mit Ende der Leihdauer läuft auch der private Werbevertrag aus. Anschließend trägt der Spieler in Erfüllung seiner Verpflichtung aus dem Anschlussarbeitsvertrages mit dem Verleiher wieder die Sportbekleidung von Adidas.

Wäre der Spieler nicht ausgeliehen, sondern an einen anderen Verein „verkauft", wäre gegen das Verhalten des Spielers nichts einzuwenden: Der Arbeitsvertrag, mit dem dieser verpflichtet war, die Vermarktung des Vereins zu unterstützen und es grundsätzlich zu unterlassen, für andere Partner zu werben, ist beendet. Zwar stehen sich auch nach Beendigung des Arbeitsverhältnisses der Spieler und sein ehemaliger Verein nicht sofort wie Dritte gegenüber. Da jedoch der Spieler transferiert wurde und damit die Beziehung der Parteien auf eine dauerhafte Trennung angelegt ist, bestehen nur in sehr eingeschränktem Maße nachvertragliche Pflichten. Aus der allgemeinen nachvertraglichen Treuepflicht lässt sich jedoch kein generelles Verbot des ausgeschiedenen Arbeitnehmers ableiten, zu seinem ehemaligen Arbeitgeber in Wettbewerb zu treten.[400] Vielmehr bedarf es dafür einer ausdrücklichen Vereinbarung der Parteien bezogen gerade auf den nachvertraglichen Bereich.[401]

Wird der Spieler nicht „verkauft", sondern an einen anderen Verein verliehen, könnte der Fall aber möglicherweise anders zu bewerten sein. Es ist offensichtlich, dass das entsprechende Verhalten des Spielers während der Überlassungszeit den bereits erreichten Leistungserfolg ebenso wie den zu-

---

399 So zum Beispiel die Nebenpflicht von Profifußballern nach § 2 Buchst. g) des Musterarbeitsvertrages der DFL.

400 BAG, Urt. v. 15.6.1993, AP Nr. 40 zu § 611 Konkurrenzklausel; BAG, Urt. v. 7.9.2004, NZA 2005, 105; Bauer/Diller, Wettbewerbsverbote, Rn. 30; ErfK-Oetker, § 74 HGB, Rn. 1; Baumbach/Hopt, § 60, Rn. 6; Preis-Stoffels, Der Arbeitsvertrag, II W 10, Rn. 28.

401 Vgl. BAG, Urt. v. 15.12.1987, NJW 1988, 1686 (1687); Bauer/Diller, Wettbewerbsverbote, Rn. 22; Baumbach/Hopt, § 74, Rn. 1; Wertheimer, BB 1999, 1600 (1603).

künftigen gefährdet. In der Öffentlichkeit würde das Werben für den Konkurrenten des Sponsors des Verleihers als widersprüchliches Verhalten des Spielers aufgefasst werden. Insbesondere die spätere – aufgrund des Anschlussarbeitsvertrages geschuldete – Unterstützung der Vermarktung des Verleihers durch das Tragen der Ausrüstungsgegenstände wäre dann faktisch nicht mehr möglich, da der Spieler in dieser Hinsicht unglaubwürdig wäre und ein Werbeeffekt daher ausbliebe. Grundlage für ein entsprechendes Werbeverbot während der Überlassungszeit könnte gerade die gesteigerte nachvertragliche Treuepflicht des Spielers gegenüber dem Verleiher als seinem ehemaligen und auch zukünftigen Arbeitgeber sein. Fraglich ist aber, ob gegen die Annahme eines solchen Werbeverbotes während der Überlassungszeit nicht die Wertungen der §§ 74 ff. HGB sprechen.

(1) Berücksichtigung der Wertungen der §§ 74 ff. HGB

Die §§ 74 ff. HGB sind zunächst einmal auf den vorliegenden Fall anwendbar. In sachlicher Hinsicht fällt unter diese Vorschriften nach der Legaldefinition des § 74 Abs. 1 HGB jede Beschränkung des Gehilfen für die Zeit nach Beendigung des Dienstverhältnisses in seiner gewerblichen Tätigkeit. Dabei ist es für die Anwendbarkeit der Vorschriften unerheblich, ob sich das Verbot auf jeglichen Wettbewerb bezieht oder nur einzelne, genau bezeichnete Tätigkeiten umfasst.[402] Ein nachvertragliches Verbot, für andere Unternehmen als die Partner der Verleiher zu werben, hindert den Sportler gerade daran, seine Eigenvermarktung zu betreiben. Er ist im Hinblick auf den Abschluss von Werbeverträgen auch Konkurrent des Verleihers und in dessen „Wirtschaftszweig“ tätig, da sowohl er als auch die Vereine am Werbemarkt als mögliche Werbepartner auftreten.

Auch der persönliche Geltungsbereich der Normen ist eröffnet. Über ihren Wortlaut hinaus finden die §§ 74 bis 75 f HGB gemäß § 110 GewO auch auf die Beschränkung der Tätigkeit eines Arbeitnehmers nach Beendigung des Arbeitsverhältnisses Anwendung. Da Mannschaftssportler – wie oben gezeigt – Arbeitnehmer der Lizenzvereine sind, müssen die Wertungen der §§ 74 ff. HGB also auch bei der Leihgabe eines Berufssportlers berücksichtigt werden. In diesem Zusammenhang ist es auch nicht möglich, insbesondere Fußball-Profis als gut verdienende Mannschaftssportler mangels Schutzbedürftigkeit vom Anwendungsbereich der Vorschriften auszunehmen. Der Gesetzgeber hatte ursprünglich in § 75 b Satz 2 HGB vorgesehen, die Verbindlichkeit eines Wettbewerbsverbotes nicht von der Zahlung einer Entschädigung abhän-

402 Baumbach/Hopt, § 74, Rn. 6.

gig zu machen, wenn die dem Arbeitnehmer „zustehenden vertragsgemäßen Leistungen den Betrag von 8.000 Deutsche Mark[403] für das Jahr übersteigen". Im Jahre 1975 entschied jedoch das Bundesarbeitsgericht zu Recht, dass diese Vorschrift wegen ihrer Unbestimmtheit verfassungswidrig sei und auch nicht im Wege der verfassungskonformen Auslegung aufrecht erhalten werden könne.[404] Darüber hinaus sei die Unterscheidung von normal- und hochverdienenden Angestellten möglicherweise auch willkürlich, was zur Folge hätte, dass § 75 b Satz 2 HGB gegen Art. 3 GG verstoße.[405]

Die in den §§ 74 ff. HGB in Verbindung mit § 110 GewO niedergelegte gesetzgeberische Wertung ist eindeutig. Das Interesse des Arbeitgebers, durch ein Wettbewerbsverbot vor Konkurrenztätigkeiten seines ehemaligen Arbeitnehmers geschützt zu werden, ist zwar anerkannt. Jedoch wird die Freiheit des Arbeitnehmers, über seine berufliche Zukunft im Hinblick auf Arbeitsplatzwahl sowie Einkommenserzielung selbst und uneingeschränkt entscheiden zu können, der Vorrang eingeräumt und dem Interesse des Arbeitgebers übergeordnet.[406] Die §§ 74 ff. HGB dienen also dazu, die nach Art. 12 GG geschützten Rechte des Arbeitnehmers zu gewährleisten, und stellen im nachvertraglichen Bereich für Beschränkungen der Berufsfreiheit des Arbeitnehmers strenge Voraussetzungen auf. So bedarf es für ein wirksames Wettbewerbsverbot nach § 110 GewO regelmäßig einer ausdrücklichen Vereinbarung zwischen Arbeitgeber und Arbeitnehmer. Fehlt es an einer solchen Abrede, ist der Arbeitnehmer nicht kraft Gesetz zur Unterlassung von Wettbewerb verpflichtet, sondern er kann – innerhalb des gesetzlich Zulässigen – uneingeschränkt als Wettbewerber seines ehemaligen Arbeitgebers auftreten.[407]

Aufgrund der Eindeutigkeit der gesetzgeberischen Entscheidung, die in den §§ 74 ff. HGB, 110 GewO zum Ausdruck kommt, ist es demnach nicht möglich, ein Werbeverbot des verliehenen Spielers während der Überlassungszeit aus einer nachvertraglichen Treuepflicht her abzuleiten. Dies gilt auch dann, wenn man bei der Beurteilung der Frage berücksichtigt, dass den

---

403 Die im Gesetz vorgesehene Gehaltsgrenze von 8.000 DM wurde in der Folge um die jährliche Inflation angehoben und per Preisindexierung angepasst.

404 BAG, Urt. v. 2.10.1975, AP Nr. 14 zu § 75 b HGB.

405 Ob es sich tatsächlich um eine willkürliche Ungleichbehandlung handelt, hat das Bundesarbeitsgericht allerdings nach Bejahung der Unbestimmtheit der Norm offengelassen; vgl. BAG, Urt. v. 2.10.1975, AP Nr. 14 zu § 75 b HGB.

406 Bauer/Diller, Wettbewerbsverbote, Rn. 22.

407 Vgl. Bauer/Diller, Wettbewerbsverbote, Rn. 22 und 30.

Spieler während der Ausleihdauer gerade wegen der feststehenden Rückkehr gesteigerte nachvertragliche Neben- und Schutzpflichten treffen.

(2) Wettbewerbsverbot wegen Verstoßes gegen andere Verbotsnormen

Das Verhalten des Spielers während der Ausleihe wäre demnach – ohne eine ausdrückliche Wettbewerbsabrede – nur dann verboten, wenn der Spieler durch den Abschluss des Werbevertrages andere gesetzliche Grenzen überschritten hätte. Im vorliegenden Fall käme allenfalls ein Verstoß gegen § 826 BGB in Betracht. Allerdings ist zum einen bereits umstritten, ob ein aus § 826 BGB folgendes Wettbewerbsverbot überhaupt anzuerkennen ist.[408] Zum anderen schließt der verliehene Spieler den Werbevertrag mit dem Ausrüster ab, um so für sich Werbeeinnahmen zu generieren. Zwar schädigt er damit den Verleiher als seinen ehemaligen Arbeitgeber. Da dies jedoch nicht der eigentliche Zweck des Vertragsschlusses ist, fehlt es bereits tatbestandlich an einer sittenwidrigen vorsätzlichen Schädigung im Sinne des § 826 BGB.

(3) Vereinbarung eines Wettbewerbsverbotes

Dennoch hat der Verleiher natürlich ein erhebliches Interesse daran, schädigende Handlungen eines Spielers, den er nur vorübergehend – eventuell sogar ohne Erhalt einer Ausleihgebühr – an einen anderen Verein abgegeben hat, zu verhindern. Möchte der Verleiher ausschließen, dass der verliehene Spieler ihm während der Ausleihdauer Konkurrenz macht, bleibt ihm lediglich die Möglichkeit, mit dem Spieler ein nachvertragliches Wettbewerbsverbot zu vereinbaren.

(a) Schriftformerfordernis und Höchstdauer des Wettbewerbsverbotes

Auch wenn dieses Wettbewerbsverbot nicht bereits für den Fall einer späteren Spielerleihe arbeitsvertraglich vereinbart wurde, sondern erst in den Aufhebungsvertrag zwischen Spieler und Verleiher aufgenommen wird, sind hinsichtlich der Anforderungen an die Wettbewerbsabrede die §§ 74 ff. HGB zu beachten. Der Arbeitnehmer ist nämlich auch dann schutzbedürftig, wenn das Wettbewerbsverbot im unmittelbaren Zusammenhang mit der Beendigung des Arbeitsverhältnisses abgeschlossen wird.[409] Dementsprechend ist neben

408 Bejahend BAG, Urt. v. 19.5.1998, AP Nr. 11 zu § 611 BGB Treuepflicht. Ablehnend dagegen mit Hinweis darauf, dass so die Pflicht des Arbeitgebers zur Zahlung einer Karenzentschädigung nach § 74 Abs. 2 HGB ausgehebelt werden würde, Bauer/Diller, Wettbewerbsverbote, Rn. 35.

409 BAG, Urt. v. 3.5.1994, AP Nr. 65 zu § 74 HGB; Baumbach/Hopt, § 74, Rn. 4; ErfK-Oetker, § 74 HGB, Rn. 9; andere Ansicht sind aber das LAG Düsseldorf, Urt.

dem Schriftformerfordernis nach § 74 Abs. 1 HGB zu berücksichtigen, dass das Wettbewerbsverbot nicht auf einen Zeitraum von mehr als zwei Jahren von der Beendigung des Arbeitsverhältnisses an erstreckt werden kann, § 74 a Abs. 1 Satz 3 HGB. In der Praxis spielt diese zeitliche Beschränkung jedoch keine Rolle, da Ausleihgeschäfte in der Regel nur für kurze Zeiträume abgeschlossen werden.

(b) Karenzpflicht des Verleihers als Arbeitgeber

Grundsätzlich setzt § 74 Abs. 2 HGB für die Verbindlichkeit eines Wettbewerbsverbotes voraus, dass sich der Arbeitgeber verpflichtet, für die Dauer des Verbotes an den Arbeitnehmer eine Entschädigung zu zahlen. Es ist jedoch zu überlegen, ob nicht für den Fall der Spielerleihe etwas Abweichendes gilt. Denn auch wenn die gesteigert nachwirkenden Neben- und Schutzpflichten nicht dazu führen, dass sich bereits aus diesen ein nachvertragliches Wettbewerbsverbot ergibt, sondern wegen der §§ 74 ff. HGB eine entsprechende Vereinbarung der Parteien erforderlich ist, so könnten die Besonderheiten der Spielerleihe es rechtfertigen, von dem Grundsatz der Karenzpflicht des Arbeitgebers abzuweichen.

Zunächst einmal ist zu bedenken, dass die Beendigung des Arbeitsverhältnisses zum Verleiher nicht aus einer arbeitgeberseitigen Kündigung resultiert, sondern sich die Parteien auf eine Aufhebung des eigentlich noch mehrere Jahre laufenden Arbeitsvertrages verständigen. Dabei ist es bei einem Ausleihgeschäft zwingend so, dass auch der Spieler ein Interesse an der Ausleihe hat; anderenfalls würde er sich nicht auf die Spielerleihe einlassen und seine Zustimmung zum Aufhebungsvertrag verweigern. In nicht wenigen Fällen geht die Initiative auf Abschluss eines solchen Ausleihgeschäfts sogar vom Spieler selbst aus.

---

v. 6.9.1974, DB 1974, 1915 (1915 f.) sowie Bauer/Diller, Wettbewerbsverbote, Rn. 52 mit Hinweis darauf, dass nicht entscheidend sein könne, ob das Wettbewerbsverbot nach Beendigung oder bei der Beendigung des Arbeitsverhältnisses vereinbart werde. Vielmehr sei für die Anwendbarkeit der §§ 74 ff. HGB nur relevant, dass der Verzicht auf Karenzentschädigung nicht während des Bestehens des Arbeitsverhältnisses erklärt wird. Die Intention der Vorschriften sei es nämlich, den Arbeitnehmer davon abzuhalten ungünstige Arbeitsbedingungen zu akzeptieren, um einen Arbeitsplatz zu bekommen oder zu erhalten.

Ohne vorzeitige Vertragsauflösung wäre es dem Spieler nach § 60 Abs. 1 HGB bis zum Ablauf des Arbeitsvertrages[410] verboten gewesen, dem Verleiher gegenüber in Konkurrenz zu treten. Es wäre dann aber nicht sachgerecht, dem Verleiher als Folge des Aufhebungsvertrages, der zumindest auch dem Wunsch des Spielers entspricht, eine Pflicht zur Zahlung einer Entschädigung nach § 74 Abs. 2 HGB aufzuerlegen. Dementsprechend hat auch das Bundesarbeitsgericht[411] ausnahmsweise die entschädigungslose Vereinbarung eines nachvertraglichen Wettbewerbsverbotes als wirksam angesehen, wenn auf Wunsch des Arbeitnehmers ein Arbeitsvertrag aufgelöst wird, bei dessen Fortbestand der Arbeitnehmer nach § 60 HGB – wegen einer noch langen Laufzeit des Arbeitsvertrages – auf Dauer ohne Erhalt einer Karenzentschädigung dazu verpflichtet gewesen wäre, nicht in Konkurrenz zu seinem Arbeitgeber zu treten.[412]

Auch ein Vergleich mit den Alternativen der rechtlichen Gestaltung einer Spielerleihe[413] spricht für die Möglichkeit einer entschädigungslosen Wettbewerbsabrede. So hätten Verleiher und Spieler zur Ermöglichung der Leihgabe das Arbeitsverhältnis auch für die Dauer der Ausleihe ruhen lassen können, ohne den Arbeitsvertrag insgesamt aufheben zu müssen. Dann hätte aber das entschädigungslose Wettbewerbsverbot nach § 60 HGB auf jeden Fall fortbestanden.[414]

Schließlich würde die Annahme einer Entschädigungspflicht nach § 74 Abs. 2 HGB nach Vereinbarung eines nachvertraglichen Wettbewerbsverbotes bei einer Spielerleihe zu unsinnigen Ergebnissen führen. Der Verleiher würde zwar gegebenenfalls vom Entleiher eine Ausleihgebühr für den Spieler erhalten, müsste jedoch, um seine berechtigten Interessen zu wahren, mit dem Spieler eine Wettbewerbsabrede treffen und diesem in der Folge dann

---

410 Eine vorzeitige, ordentliche Kündigung durch den Spieler ist in der Regel nicht möglich, da Spieler und Verleiher einen befristeten Arbeitsvertrag abgeschlossen haben. Ein solcher Vertrag endet jedoch regelmäßig mit Ablauf der vereinbarten Zeit; eine ordentliche Kündigung ist dagegen nur dann möglich, wenn dies von den Parteien ausdrücklich so vereinbart wurde, § 15 Abs. 3 TzBfG.

411 BAG, Urt. v. 18.5.1982 - 3 AZR 1024/79, juris.

412 Vgl. BAG, Urt. v. 18.5.1982 - 3 AZR 1024/79, juris, Rn. 25 mit Hinweis auf die fehlende Schutzbedürftigkeit des Arbeitnehmers; zustimmend Bauer/Diller, Wettbewerbsverbote, Rn. 55.

413 Zu den alternativen Gestaltungsmöglichkeiten siehe unten Teil Kapitel 5/D.

414 Für die Anwendbarkeit des § 60 HGB auf ruhende Arbeitsverhältnisse zum Beispiel BAG, Urt. v. 30.5.1978, AP Nr. 9 zu § 60 HGB; ErfK-Oetker, § 60 HGB, Rn. 3; MünchKommHGB-v.Hoyningen-Huene, § 60, Rn. 16.

eine Entschädigung in Höhe der Hälfte der von dem Arbeitnehmer zuletzt bezogenen vertragsgemäßen Leistungen zahlen. Aufgrund der Gehälter im Profisport wäre die zu zahlende Entschädigung regelmäßig höher als die Ausleihgebühr, die der Verleiher für die Überlassung des Spielers erhält. Für die Vereine wäre eine Spielerleihe dann wirtschaftlich nicht mehr sinnvoll, so dass sie einem – auch vom Spieler gewollten – Ausleihgeschäft nicht mehr zustimmen würden.

(c) Schutz des berechtigten Interesses des Verleihers

Im Ergebnis ist der Spieler also zwar nicht aufgrund gesteigerter nachvertraglicher Neben- und Schutzpflichten dazu gezwungen, keine Werbung für andere Sponsoren als die des Verleihers zu machen oder anderweitige Konkurrenz zum Verleiher – wie zum Beispiel das Eröffnen eines Fan-Shops – zu unterlassen. Vereinbaren aber Verleiher und Spieler ein Wettbewerbsverbot im Rahmen des Aufhebungsvertrages, so ist der Verleiher wegen der besonderen Interessenlage und der feststehenden Rückkehr des Spielers zum Verleiher nicht zur Zahlung einer Entschädigung nach § 74 Abs. 2 HGB verpflichtet.

Unverbindlich ist aber die entschädigungslose Wettbewerbsabrede nach § 74 a Abs. 1 Satz 1 HGB, soweit sie „nicht zum Schutz eines berechtigten geschäftlichen Interesses" des Arbeitgebers dient.[415] Dementsprechend ist eine Konkurrenztätigkeit des Spielers trotz der Abrede zulässig, soweit der Spieler mit der Tätigkeit lediglich Verpflichtungen aus dem Arbeitsvertrag mit dem Entleiher erfüllt.

Würde der Spieler für Nike werben, weil Nike der Ausrüster des Entleihers ist, wäre diese Tätigkeit nicht durch die Wettbewerbsabrede mit dem Verleiher verboten, da der Spieler nach § 2 Buchst. g) des Musterarbeitsvertrages der DFL zur Unterstützung seines Arbeitgebers bei der Vermarktung verpflichtet ist. Der Verleiher weiß um die arbeitsvertraglichen Pflichten des Spielers während der Ausleihe; daher sind insoweit keine schützenswerten Interessen des Verleihers betroffen.

c. Nachwirkende Verschwiegenheitspflichten und Wahrung von Geschäftsgeheimnissen

Während des laufenden Arbeitsvertrages mit dem Verleiher ist der Spieler verpflichtet, Betriebs- und Geschäftsgeheimnisse nicht zu offenbaren.[416] So stellt es eine Pflichtverletzung dar, wenn der Spieler beispielsweise Informati-

415 Vgl. dazu auch MünchKomm-Müller-Glöge, § 611, Rn. 327; Preis, Arbeitsrecht, § 27, II 1 b) bb).
416 Zum Begriff der Betriebs- und Geschäftsgeheimnisse vgl. oben C/III/3.

onen zu spieltaktischen Varianten, zu nur intern bekannten Trainingsmethoden oder zur Aufstellung an Dritte weitergibt.[417] Geschäfts- und Betriebsgeheimnisse des Verleihers, an deren Geheimhaltung der Verleiher ein berechtigtes Interesse hat, muss der Spieler auch über die Beendigung des Arbeitsverhältnisses hinaus wahren. Eines Rückgriffs auf die nachwirkende arbeitsvertragliche Treuepflicht bedarf es dabei nicht.[418] Vielmehr ist Grundlage dieser nachvertraglichen Verschwiegenheitspflicht im Profifußball § 2 Buchst. i) a. E. des Mustervertrages der DFL, wonach

> „gegenüber außenstehenden Personen jegliche Äußerung über innere Clubangelegenheiten, insbesondere über den Spiel- und Trainingsbetrieb, zu unterlassen ist; dies gilt auch nach der Beendigung des Arbeitsverhältnisses".

Spieler und Verleiher haben also bereits im Rahmen des Arbeitsvertrages die Nebenpflicht des Spielers vereinbart, Geschäfts- und Betriebsgeheimnisse zu wahren, und den zeitlichen Geltungsbereich der Klausel ausdrücklich auch auf das Ende des Arbeitsvertrages hinaus erstreckt. Dementsprechend ist diese Klausel insoweit auch nicht vom anschließenden Aufhebungsvertrag der Parteien umfasst.

An der Wirksamkeit der Abrede bestehen keine Zweifel.[419] Die Pflicht des Spielers, auch während der Überlassungszeit Äußerungen über innere Clubangelegenheiten des Verleihers zu unterlassen, beschränkt den Spieler in keinster Weise in seiner Berufsausübung. Die Wahrung der Verschwiegenheitspflichten nach Auflösung des Arbeitsvertrages ist dem Spieler daher zumutbar.

d. Weitere nachvertragliche Neben- und Fürsorgepflichten

Den Sportler als Arbeitnehmer treffen darüber hinaus weitere allgemeine nachvertragliche Nebenpflichten aus dem Arbeitsverhältnis. So muss ein Arbeitnehmer nach Beendigung des Arbeitsverhältnisses die ihm überlassenen

---

417 Vgl. Ittmann, Pflichten des Sportlers im Arbeitsverhältnis, 2004, 161; Sutter, Rechtsfragen des organisierten Sports, 1984, 166.

418 Die Umstände des Einzelfalles können dazu führen, dass sich bereits aus dieser nachwirkenden arbeitsvertraglichen Treuepflicht eine Pflicht zur Verschwiegenheit über Betriebs- und Geschäftsgeheimnisse über das Ende des Arbeitsverhältnisses hinaus ergibt; vgl. dazu auch Preis-Rolfs, Der Arbeitsvertrag, II V 20, Rn. 55.

419 Zur grundsätzlichen Zulässigkeit der vertraglichen Vereinbarung einer nachvertraglichen Verschwiegenheitspflicht auch ohne Zahlung einer Karenzentschädigung BAG, Urt. v. 16.3.1982, NJW 1983, 134.

Arbeitsmittel an den Arbeitgeber herausgeben.[420] Zu den Arbeitsmitteln im Sport gehören insbesondere die vom Verein gestellten Ausrüstungsgegenstände wie Trainingsanzüge, Trikots oder sonstige Bekleidung. Darüber hinaus muss der Spieler gegebenenfalls den vom Verein oder Vereinssponsor gestellten Dienst-PKW abgeben.

Den Verein als Arbeitgeber trifft zwar gemäß § 109 GewO grundsätzlich die nach Beendigung des Arbeitsverhältnisses fortwirkende Pflicht zur Zeugniserteilung.[421] Im Profisport dürfte die Ausstellung eines Arbeitszeugnisses an Lizenzspieler jedoch eher unüblich sein, so dass die Spieler diesen Anspruch gegen den verleihenden Verein in der Regel nicht geltend machen werden.

e. Doping während der Ausleihe als nachwirkende Nebenpflichtverletzung?

Betrachtet man den oben geschilderten Ausgangsfall, so könnte auch das Dopen während der Überlassungszeit, das schließlich wegen der Sperre des Spielers nach dessen Rückkehr zu einer Schwächung und letztlich zum Abstieg des Verleihers führt, eine Verletzung nachvertraglicher Verhaltenspflichten aus dem aufgelösten Arbeitsvertrag darstellen. Voraussetzung dafür ist allerdings, dass es sich bei dem Verbot zu dopen, überhaupt um eine nachwirkende Nebenleistungspflicht aus dem Arbeitsverhältnis zwischen Verleiher und Spieler handelt. Dagegen spricht das Wesen nachvertraglicher Pflichten: Sie dienen regelmäßig der Sicherung des erreichten Leistungserfolges; in zeitlicher Hinsicht sind sie also gerade auf den bereits erfüllten oder in andere Weise beendeten Vertrag gerichtet.[422] Dopt sich ein Spieler und wird er daraufhin für einen solchen Zeitraum gesperrt, dass er für den Verleiher nach der Rückkehr nicht einsetzbar ist, führt dies zwar beim verleihenden Verein möglicherweise zu einem Schaden. Die Sperre des Spielers und die Nichteinsetzbarkeit beeinträchtigen jedoch nicht den bereits erreichten Leistungserfolg aus dem aufgelösten Arbeitsvertrag, sondern führen zu einer Unmöglichkeit der aufgrund des Anschlussarbeitsvertrages geschuldeten Leistungserbringung. Schon wegen dieser zeitlichen Zielrichtung ist das Dopen während der Überlassungszeit keine Verletzung nachwirkender Pflichten gegenüber dem Verleiher.

---

420 ErfK-Preis, § 611 BGB, Rn. 754.

421 Hromadka/Maschmann, Arbeitsrecht, § 10, Rn. 418 ff.; ErfK-Preis, § 611 BGB, Rn. 752.

422 Vgl. Bodewig, Jura 2005, 505.

4. Pflichten des Spielers aus dem Anschlussarbeitsvertrag

Soweit Handlungen oder Unterlassungen des Spielers während der Zeit der Überlassung an den Entleiher zwar nicht den bereits erreichten Leistungserfolg aus dem beendeten Arbeitsvertrag mit dem Verleiher gefährden, – diese also zumindest nicht als Verletzung nachwirkender Treue- und Schutzpflichten aus dem aufgehobenen Arbeitsvertrag bewertet werden können, – kann sich dennoch eine schuldrechtliche Haftung des Spielers gegenüber dem Verleiher ergeben, wenn der Spieler durch die Handlungen oder Unterlassungen Nebenpflichten aus dem bereits geschlossenen Anschlussarbeitsvertrag verletzt. Denn auch wenn Verleiher und Spieler vereinbaren, dass dieser neue Arbeitsvertrag erst nach Beendigung des Arbeitsvertrages zwischen Spieler und Entleiher in Kraft treten soll[423], ändert dies nichts an dem Umstand, dass zwischen den Parteien bereits ein Arbeitsvertrag geschlossen wurde und damit ein Schuldverhältnis besteht. Und wenn nach § 311 Abs. 2 BGB in Verbindung mit § 241 Abs. 2 BGB bereits mit Aufnahme von Vertragsverhandlungen (§ 311 Abs. 2 Nr. 1 BGB) bzw. bei der Anbahnung eines Vertrages (§ 311 Abs. 2 Nr. 2 BGB) ein Schuldverhältnis mit Rücksichtnahme- und Schutzpflichten zwischen den Parteien besteht, muss dies erst recht auch dann gelten, wenn die Parteien bereits einen Vertrag geschlossen haben, dieser aber erst zu einem späteren Zeitpunkt wirksam werden soll. Die Vereinbarung zwischen Verleiher und Spieler im Arbeitsvertrag hinsichtlich des Vertragsbeginns führt also nicht dazu, dass erst ab dem Zeitpunkt des Inkrafttretens des Vertrages zwischen den Parteien ein pflichtenbegründendes vertragliches Schuldverhältnis existiert; vielmehr hat die Vereinbarung lediglich zur Folge, dass der Vertrag im Hinblick auf die Hauptleistungspflichten (Leistungserbringung durch den Spieler als Arbeitnehmer einerseits und Pflicht zur Entgeltzahlung durch den Verein als Arbeitgeber andererseits) erst ab diesem späteren Zeitpunkt Wirkungen entfalten soll.

Dementsprechend besteht auch vor Erbringung der geschuldeten Hauptleistung eine Leistungstreuepflicht als Nebenpflicht. Der Schuldner hat alles zu tun, um den Leistungserfolg vorzubereiten und herbeizuführen, sowie alles zu unterlassen, was den späteren Leistungserfolg beeinträchtigen oder gefährden könnte.[424] Die sich im Einzelnen ergebenden Rechte und Pflichten der

---

423 Vgl. zum Beispiel die Regelung des § 10 Nr. 1 des Mustervertrages der DFL: Danach bestimmen die Parteien ein Datum, ab dem der Vertrag wirksam werden soll. Zudem ist aufschiebende Bedingung für die Wirksamkeit „die Erteilung der Spielerlaubnis nach § 13 LOS durch den Ligaverband bzw. die DFL".

424 BGH, Urt. v. 19.10.1977, NJW 1978, 260; Staudinger-Olzen, § 241, Rn. 175.

Parteien sind unter besonderer Berücksichtigung des Vertragsverhältnisses nach den Grundsätzen von Treu und Glauben gemäß § 242 BGB zu bestimmen.[425]

a. Untersuchungspflicht bei Krankheit und Verletzung

Grundsätzlich ist ein Spieler nach § 2 Buchst. c) des Musterarbeitsvertrages der DFL dazu verpflichtet,

> "sich den sportmedizinisch oder sporttherapeutisch indizierten Maßnahmen, die durch vom Club beauftragte Personen angeordnet werden, umfassend zu unterziehen. Zu diesem Zweck entbindet der Spieler den jeweils behandelnden Arzt gegenüber dem geschäftsführenden Organ des Clubs ausdrücklich von seiner ärztlichen Schweigepflicht, soweit es sich um Informationen handelt, die für das Arbeitsverhältnis von Relevanz sind."[426]

Der Spieler kann sich also nicht seinen Arzt frei auswählen, sondern muss sich bei den Ärzten der medizinischen Abteilung seines Arbeitgebers in Behandlung begeben. Da alleiniger Arbeitgeber des verliehenen Spielers der Entleiher ist, muss sich der Spieler grundsätzlich bei dessen Ärzten in Behandlung begeben.

Eine Untersuchungspflicht bei Krankheit und Verletzung während der Ausleihe auch bei den Ärzten des Verleihers scheidet auf jeden Fall aus. Zwar besteht durchaus ein berechtigtes Interesse des Verleihers an der Untersuchung und Behandlung des verliehenen Spielers. Denn eine intakte Gesundheit und somit auch die ordentliche Behandlung auftretender Verletzungen ist Grundvoraussetzung dafür, dass der Spieler nach Ende der Ausleihe und Rückkehr zum Verleiher wieder seine volle Leistung erbringen kann. Allerdings ist der Spieler aufgrund des mit dem Entleiher abgeschlossenen Arbeitsvertrags bereits verpflichtet, sich bei Krankheit oder Verletzung ausschließlich bei den Vereinsärzten des entleihenden Vereins untersuchen und behandeln zu lassen. Es käme zu einer „Pflichtenkollision", bestünde zugleich eine Nebenpflicht des Spielers, sich auch in der medizinischen Abteilung des Verleihers untersuchen zu lassen. Im Übrigen weiß der Verleiher auch bei Abschluss des Ausleihgeschäfts, dass sich der Spieler dem Entleiher gegenüber arbeitsvertraglich verpflichtet, bei Krankheit oder Verletzung dessen Ärzte aufzusuchen. Grundsätzlich sind damit auch die berechtigten Interessen

425 Staudinger-Olzen, § 241, Rn. 191.

426 Allgemein zur Untersuchungspflicht des Sportlers aufgrund des Arbeitsvertrages vgl. oben C/III/2/a sowie Ittmann, Pflichten des Sportlers im Arbeitsverhältnis, 2004, 105; Kaske, Das arbeitsrechtliche Direktionsrecht, 1983, 138.

des Verleihers ausreichend berücksichtigt, da aufgrund des professionellen Standards der Vereine eine ausreichende medizinische Betreuung gesichert ist. Hat der Verleiher Zweifel an der medizinischen Versorgung des Spielers beim Entleiher, bleibt ihm lediglich die Möglichkeit, entweder hinsichtlich der Untersuchungspflicht im Rahmen des Ausleihgeschäfts mit dem Spieler und dem Entleiher eine anderweitige Abrede zu treffen, oder aber seine erforderliche Zustimmung zur Aufhebung des Arbeitsvertrages zu verweigern und damit die Spielerleihe insgesamt zu verhindern.

b. Auskunftspflicht des Spielers hinsichtlich Krankheiten und Verletzungen

Auch wenn den Spieler zwar keine Untersuchungspflicht trifft, so ist der Spieler aber – genauso wie der Entleiher[427] – während der Überlassungszeit dazu verpflichtet, dem Verleiher auf Verlangen Auskunft über Verletzungen und den Genesungsprozess zu erteilen. Insoweit bleibt es bei einem berechtigten Interesse des verleihenden Vereins an diesen Informationen, da es ihm nur bei Kenntnis der genauen Umstände möglich ist, auf eventuelle Verletzungen des Spielers im Hinblick auf die Planung der nächsten Saison zu reagieren.

Der Verleiher kann sich die Informationen auch nicht auf einem anderen, einfacheren Weg beschaffen. Bei dem Auskunftsanspruch gegen den Entleiher handelt es sich um keinen vorrangigen Anspruch;[428] sollte der Spieler die behandelnden Ärzten des Entleihers nicht von der Schweigepflicht auch zugunsten des Verleihers befreien und einer Weitergabe von Untersuchungsergebnissen an diesen nicht ausdrücklich zustimmen, so ist der Auskunftsanspruch des Verleihers gegen den Spieler sogar die einzige Möglichkeit, die relevanten Informationen zu beschaffen.

Schließlich ist dem Spieler die Auskunftserteilung auch ohne weiteres möglich und zumutbar. Er hat nach einer Untersuchung und Behandlung in der medizinischen Abteilung des Entleihers Kenntnis von Art und Schwere seiner Verletzung sowie über die voraussichtliche Dauer des Heilungsprozesses. Darüber hinaus hat er als Patient das Recht, Aufzeichnungen und Unter-

---

427 Zum Auskunftsanspruch des Verleihers gegen den Entleiher B/IV/2/c.

428 Ebenso hat der Auskunftsanspruch gegen den Spieler keinen Vorrang, so dass auch der Anspruch gegen den Entleiher nicht wegen der Möglichkeit der Informationsbeschaffung auf einem anderen, einfacheren Wege entfällt. Vielmehr haften Entleiher und Spieler wegen der Gleichrangigkeit der Verpflichtungen dem Verleiher nach § 421 BGB gesamtschuldnerisch.

suchungsergebnisse der Ärzte – gegebenenfalls in Kopie – heraus zu verlangen[429] und an Dritte weiterzureichen.

c. Wahrung des Ansehens des Vereins und Meinungsäußerungen

Aus der Treuepflicht des Spielers als Arbeitnehmer folgt außerdem die Nebenpflicht, sich in der Öffentlichkeit derart zu äußern und aufzutreten, dass das Ansehen des Verleihers nicht beschädigt wird.[430] Der verliehene Spieler hat auch gegenüber dem Verleiher als seinem ehemaligen und – aufgrund des bereits geschlossenen Anschlussarbeitsvertrages auch – zukünftigen Arbeitgeber ein Mindestmaß an Loyalität zu wahren. Öffentliche, sachliche Kritik durch den Spieler ist zwar wegen der grundrechtlich geschützten Meinungsfreiheit zulässig. Beleidigende sowie unsachliche Äußerungen zu Trainer, Spielern oder zu anderen Angestellten des Verleihers schaden dem Ansehen des Vereins und sind zu unterlassen.[431]

> Nicht selten versuchen verliehene Spieler durch kritische Aussagen in der Öffentlichkeit über Trainer und Verantwortliche des Verleihers, den Verein dazu zu bewegen, einem Transfer am Ende der Ausleihe zuzu-stimmen, um nicht zum Verleiher zurückkehren zu müssen – oftmals sogar mit Erfolg! Sobald jedoch in diesem Zusammenhang die Grenze der sachlichen Kritik überschritten wird, stellt dieses Verhalten des Spielers eine Pflichtverletzung gegenüber dem Verleiher dar.

Insoweit sind die schützenswerten Interessen des Verleihers zu berücksichtigen. Die Öffentlichkeit – insbesondere die Pressevertreter sowie die Fans – wissen bei einem Spieler, dass dieser vom Verleiher dem Entleiher nur für eine gewisse Zeit überlassen wurde und nach Ablauf der Ausleihe wieder zum Verleiher zurückkehren wird. Dementsprechend handelt es sich bei einer unsachlichen Kritik des Spielers am verleihenden Verein nicht um eine bloß

---

429 Nach § 10 Abs. 2 der Musterberufsordnung für die deutschen Ärztinnen und Ärzte haben diese den „Patientinnen und Patienten auf deren Verlangen grundsätzlich in die sie betreffenden Krankenunterlagen Einsicht zu gewähren; ausgenommen sind diejenigen Teile, welche subjektive Eindrücke oder Wahrnehmungen der Ärztin oder des Arztes enthalten. Auf Verlangen sind der Patientin oder dem Patienten Kopien der Unterlagen gegen Erstattung der Kosten herauszugeben". Subsidiär kann sich ein Anspruch auf Einsichtnahme in die Krankenakte auch aus § 810 BGB ergeben. Allgemein zum Recht auf Einsichtnahme Hinne, NJW 2005, 2270 ff.

430 Zu der inhaltsgleichen Pflicht des Spielers gegenüber dem Entleiher gemäß § 2 Buchst. i) des Mustervertrages der DFL vgl. oben C/III/3.

431 Vgl. Kaske, Das arbeitsrechtliche Direktionsrecht, 177; allgemein zur Meinungsfreiheit im Arbeitsverhältnis Kissel, NZA 1988, 145 (150).

deliktsrechtlich zu bewertende Äußerung gegenüber einem Dritten. Vielmehr nimmt auch die Öffentlichkeit die Äußerungen des Spielers als Kritik eines vertraglich an den Verleiher gebundenen Arbeitnehmers wahr.

Die Ausführungen gelten entsprechend in Bezug auf das Verhalten des verliehenen Spielers in der Öffentlichkeit. Der Spieler hat in der Öffentlichkeit so aufzutreten, dass dadurch der Verleiher nicht in seinem Ansehen beschädigt wird.

In der Winterpause der Saison 2002/2003 wechselte der nigerianische Nationalspieler Sunday Oliseh von Borussia Dortmund leihweise zum VfL Bochum. Nach einem Spiel des VfL Bochum kam es zum Streit zwischen Oliseh und seinem Bochumer Mitspieler Vahid Hashemian. Oliseh attackierte seinen Mitspieler schließlich mit dem Kopf und brach Hashemian das Nasenbein. Daraufhin kündigten sowohl der VfL Bochum als auch Borussia Dortmund ihre Arbeitsverträge mit dem Spieler fristlos.

Neben dem VfL Bochum als Entleiher steht auch Borussia Dortmund als Verleiher gegen Oliseh ein Anspruch auf Schadensersatz zu. Das Begehen einer Straftat gegenüber einem Mitspieler stellt eine Handlung dar, die den Verein als Arbeitgeber in seinem Ansehen beschädigt. Hätte im konkreten Fall ein Sponsor seine Zusammenarbeit mit dem Verein gekündigt, weil er nicht mit einem „Schlägerclub" in Verbindung gebracht werden möchte, hätte – neben Bochum als Arbeitgeber – auch Dortmund als Verleiher Oliseh in Anspruch nehmen können, da dieser durch sein Verhalten die Nebenpflicht aus dem Anschlussarbeitsvertrag verletzt hat, das Ansehen seines zukünftigen Vereins in der Öffentlichkeit zu wahren.

d. Doping während der Ausleihe

Schließlich begeht der Spieler auch dann eine Nebenpflichtverletzung, wenn er sich – wie im oben geschilderten Ausgangsfall – während der Ausleihzeit dopt, daraufhin vom Verband gesperrt wird und in der Folge nicht einsatzfähig ist. Dem Entleiher gegenüber folgt die Pflichtverletzung bereits aus § 2a des Mustervertrages der DFL. Dem Verleiher gegenüber verletzt der Spieler durch das verbotene Doping seine Pflicht, alles zu unterlassen, was die spätere Erbringung der Leistungshandlung und damit den Vertragszweck des Anschlussarbeitsvertrages gefährden könnte.

Dopt sich der verliehene Spieler während der Ausleihe, besteht für den Verleiher – ebenso wie für den Entleiher – zunächst einmal die Möglichkeit, den bereits geschlossenen Arbeitsvertrag fristlos zu kündigen.[432] Die verbotene Leistungssteigerung durch Doping im Sport stellt eine erhebliche Pflichtverletzung dar. Gerade im Hinblick auf die Konsequenzen für den Verein als Arbeitgeber ist das Arbeitsverhältnis durch den Sportler derart erschüttert, dass es einer vorherigen Abmahnung des Spielers im Regelfall nicht bedarf.[433] Inzwischen findet sich auch im Mustervertrag der DFL in § 2a Buchst. d) eine Klausel, wonach

> „die Parteien in einem Verstoß des Spielers gegen die Anti-Doping-Vorschriften, der eine rechtskräftige Spielsperre des Spielers zur Folge hat, übereinstimmend einen wichtigen Grund sehen, der es ausschließlich dem Club erlaubt, das Vertragsverhältnis außerordentlich und fristlos zu kündigen".

Die Klausel ist jedoch in dieser Form unwirksam. Denn auch wenn das Dopen des Spielers im Regelfall einen wichtigen Grund darstellt und eine fristlose Kündigung ohne vorherige Abmahnung rechtfertigt, so ist dennoch im Einzelfall zu prüfen, ob es dem Verein als Arbeitgeber tatsächlich unzumutbar ist, dass Arbeitsverhältnis mit dem Spieler trotz seines Fehlverhaltens fortzusetzen. Eine Erweiterung des Anwendungsbereichs des § 626 BGB durch Parteivereinbarung ist unzulässig; § 626 BGB ist zwingendes Recht.[434]

Darüber hinaus kann der Verleiher den Spieler gegebenenfalls auf Schadensersatz nach § 280 Abs. 1 BGB in Anspruch nehmen, wenn beispielsweise ein Sponsor des Verleihers das Verhalten des Spielers während der Ausleihzeit zum Anlass nimmt, sein Engagement beim Verleiher mit sofortiger Wirkung zu beenden. Da dieser Schaden des Verleihers unabhängig von dem Umstand eintritt, dass der Spieler wegen der Sperre nicht in der Lage ist, seine geschuldete Leistung zu erbringen, kann der Verleiher diesen Schaden sofort und unabhängig vom Datum des Inkrafttretens des Anschlussarbeitsvertrages geltend machen. Zudem kommt ein Anspruch des Verleihers nach §§ 280

---

432 Die Erklärung der Kündigung kann sofort erfolgen. Das Wirksamwerden des bereits geschlossenen Anschlussarbeitsvertrages muss der Verleiher nicht abwarten.

433 So auch Horst/Jacobs, RdA 2003, 215 (221); Walker, in: Vieweg (Hrsg.), Doping: Realität und Recht, 135 (164); anders aber dann, wenn der Verein vom Doping des Spielers wusste oder das Doping sogar forderte, ErfK-Müller-Glöge, § 626 BGB, Rn. 92; Teschner, NZA 2001, 1233 (1238);

434 Ascheid/Preis/Schmidt-Dörner, § 626, Rn. 7; Teschner, NZA 2001, 1233 (1235). Anderer Ansicht ist Weber, Rechtliche Strukturen und Beschäftigungsverhältnisse im Fußballsport, 2008, 269, der diese Klausel im Mustervertrag für zulässig hält.

Abs. 1 und 3, 281 BGB in Betracht, da der Spieler aufgrund der Sperre nach seiner Rückkehr einen Teil seiner geschuldeten Leistung nicht erbringt.[435]

E. Auswirkungen schwerwiegender Vertragsmängel auf das Ausleihgeschäft

Nach der Darstellung der Rechtsbeziehungen zwischen den an der Ausleihe beteiligten Parteien zueinander und der sich daraus ergebenden Rechte und Pflichten ist im Folgenden zu klären, ob und wie sich ein Mangel in einem der Vertragsbeziehungen auf die übrigen im Rahmen des Leihgeschäfts geschlossenen Verträge auswirkt. Kündigt beispielsweise der verliehene Spieler seinen Arbeitsvertrag mit dem Entleiher in berechtigter Weise, weil dieser mit der Gehaltszahlung erheblich in Verzug geraten ist, stellt sich die Frage, ob die Kündigung lediglich zur Beendigung des Vertragsverhältnisses mit dem Entleiher führt oder ob durch die Kündigung das gesamte Ausleihgeschäft endet. Dieses rechtliche Problem wurde in der Saison 2008/2009 auch praktisch relevant:

> Der mit 8,5 Mio. Euro teuerste Transfer in der Geschichte Werder Bremens Carlos Alberto konnte in seiner ersten Saison in Deutschland nicht überzeugen. Daher verlieh Werder den Spieler in seine Heimat, zunächst ablösefrei an den FC São Paulo und anschließend für eine Ausleihgebühr von 1 Mio. Euro an Botafogo Rio de Janeiro. Nachdem Botafogo dem Spieler drei Monate weder das Gehalt überwies noch Prämien für an den Club abgetretene Werberechte zahlte, weigerte sich Carlos Alberto zunächst, für den Verein weiter zu spielen, und kündigte schließlich den Arbeitsvertrag.

Es wurde in der Presse darüber spekuliert, ob durch die Kündigung der Arbeitsvertrag mit Werder Bremen automatisch wieder in Kraft tritt und Carlos Alberto ab sofort wieder Arbeitnehmer Werder Bremens ist, oder ob der Spieler auf die Kulanz von Werder Bremen als Verleiher hoffen muss, dass der Verein ihn am Mannschaftstraining teilnehmen lässt und gegebenenfalls sogar sein Gehalt zahlt.[436]

---

435 Zu möglichen Schadenspositionen und zur Schadensermittlung bei Doping durch den Sportler Horst/Jacobs, RdA 2003, 215 (220 f.).

436 Letztlich musste die Frage nicht beantwortet werden. Verein und Spieler einigten sich auf eine erneute Ausleihe, diesmal an Vasco da Gama.

I. Mögliche negative Folgen für den Spieler durch die berechtigte Kündigung

Geht man davon aus, dass die Vertragsverhältnisse zwischen den drei am Ausleihgeschäft beteiligten Parteien in ihren rechtlichen Wirkungen vollkommen losgelöst voneinander zu bewerten sind, befindet sich der Spieler nach einer Kündigung des Arbeitsverhältnisses mit dem Entleiher in einer misslichen Lage: Der Arbeitsvertrag ist durch die Kündigung beendet. Der Spieler hat zwar Anspruch auf die noch ausstehende Vergütung, muss diese aber voraussichtlich in einem gerichtlichen Verfahren geltend machen ohne zu wissen, ob der Verein überhaupt noch zahlungsfähig ist.

Darüber hinaus steht dem Spieler als Arbeitnehmer nach § 628 Abs. 2 BGB ein Anspruch auf Schadensersatz zu, da seine Kündigung durch das vertragswidrige Verhalten des Entleihers veranlasst war. Insbesondere kann der Spieler nach dieser Vorschrift seinen Verdienstausfall geltend machen, der ihm in Folge der vorzeitigen Beendigung des Arbeitsverhältnisses entsteht. Er hat also Anspruch auf die entgangene Vergütung inklusive etwaiger Prämien, die er bis zum Ende des befristeten Arbeitsvertrages vom Entleiher erhalten hätte.[437] Aber auch hinsichtlich dieses Schadensersatzanspruches gilt, dass die Durchsetzbarkeit mehr als fraglich ist, wenn die Kündigung – wie im oben geschilderten Fall – gerade wegen der Nichtzahlung des Gehalts erfolgte.

Die Kündigung hätte aber nicht nur negative finanzielle Konsequenzen für den Spieler. Für ihn stellt sich zudem das Problem, dass er ab dem Zeitpunkt der fristlosen Kündigung ohne Verein ist. Er hat nicht mehr die Möglichkeit, am Training teilzunehmen und Wettkampfspiele zu bestreiten. Zwar ist der Arbeitsvertrag mit dem Verleiher bereits geschlossen; die arbeitsvertraglichen Hauptleistungspflichten, insbesondere die Beschäftigungspflicht des Verleihers, treten aber erst zu einem späteren Zeitpunkt in Kraft. Schließlich ist es ihm gerade wegen des bereits geschlossenen Arbeitsvertrages in der

437 Vgl. auch Rüsing, Sportarbeitsrecht, 2006, 83. Zwar ist grundsätzlich der Anspruch aus § 628 Abs. 2 BGB in zeitlicher Hinsicht bis zu dem Zeitpunkt begrenzt, zu dem das Arbeitsverhältnis vom Arbeitgeber hätte ordentlich gekündigt werden können, vgl. BAG, Urt. v. 26.7.2001, AP Nr. 13 zu § 628 BGB; Ascheid/Preis/Schmidt-Rolfs, § 628, Rn. 48. Da der Arbeitsvertrag zwischen Entleiher und Spieler jedoch befristet ist, endet der Vertrag mit Zeitablauf (§§ 620 Abs. 3, 15 Abs. 1 TzBfG). Eine ordentliche Kündigung gemäß § 622 BGB kommt nur dann in Betracht, wenn eine solche Möglichkeit ausdrücklich vereinbart wurde, § 15 Abs. 3 TzBfG, was in der Praxis in der Regel nicht vorkommt.

Regel zeitlich nicht möglich, sich bis zum Inkrafttreten des Arbeitsverhältnisses mit dem Verleiher einen anderen Verein zu suchen.

Es liegt also im Interesse des Spielers, diese negativen Konsequenzen einer Kündigung zu vermeiden. Fraglich ist, ob der verliehene Spieler es selbst (durch Ausübung eines Gestaltungsrechts) erreichen kann oder ob eine gesetzliche Regelung im Ergebnis dazu führt, dass durch die fristlose Kündigung nicht nur das Arbeitsverhältnis zum Entleiher, sondern das Ausleihgeschäft insgesamt endet. Dies hätte für den Spieler den Vorteil, dass er ab dem Zeitpunkt der Kündigung wieder Arbeitnehmer seines alten Vereins wäre, ihm somit ein Anspruch auf Beschäftigung zustünde, und er dem Verleiher gegenüber einen Anspruch auf Zahlung der Vergütung hätte.

II. Anfechtung des Aufhebungsvertrages

Der verliehene Spieler könnte zunächst in Erwägung ziehen, nach der Kündigung des Arbeitsvertrages mit dem Entleiher den im Zuge des Ausleihgeschäfts mit dem Verleiher geschlossenen Aufhebungsvertrag anzufechten. Immerhin war der Spieler beim Abschluss dieses Aufhebungsvertrages irrtümlich von der Zahlungsfähigkeit und Zahlungswilligkeit des Entleihers während der gesamten Ausleihdauer ausgegangen. Folge einer wirksamen Anfechtung wäre nach § 142 Abs. 1 BGB die Nichtigkeit des Aufhebungsvertrages ex tunc[438] und damit das Bestehen des ursprünglichen Arbeitsvertrages mit dem Verleiher.

Eine Irrtumsanfechtung dieser Erklärung nach den §§ 119 ff. BGB scheitert jedoch bereits am Vorliegen eines rechtlich relevanten Anfechtungsgrundes. Zwar ist die Anfechtung eines Rechtsgeschäfts nach § 119 Abs. 2 BGB wegen Irrtums über eine verkehrswesentliche Eigenschaft einer Person auch dann denkbar, wenn der Irrtum sich auf die Eigenschaften eines am Rechtsgeschäft nicht beteiligten Dritten bezieht.[439] Zahlungsfähigkeit und Zahlungswille sind aber keine Eigenschaften im Sinne dieser Vorschrift, die zur

438 Aufgrund der Schwierigkeiten bei der Rückabwicklung bereits vollzogener Arbeitsverhältnisse wirkt die Anfechtung in diesem Bereich zwar in der Regel ex nunc, vgl. BAG, Urt. v. 16.9.1982, NJW 1984, 446; Erman-Palm, § 142, Rn. 10. Dies gilt aber im konkreten Fall nicht, da weder der durch die Kündigung beendete Arbeitsvertrag mit dem Entleiher noch der wegen der Anfechtung weiterhin wirksam gebliebene Arbeitsvertrag mit dem Verleiher rückabgewickelt werden müssen.

439 Palandt-Ellenberger, § 119, Rn. 26.

Anfechtung berechtigen.[440] Vielmehr verwirklicht sich insbesondere im Falle der Insolvenz des Vertragspartners eine typische Gefahr beim Abschluss eines Rechtsgeschäfts. Diese Gefahr hat grundsätzlich allein derjenige zu tragen, der sich zum Abschluss dieses Rechtsgeschäfts entschieden hat. Die Möglichkeit der Anfechtung würde dagegen dazu führen, dass das Ausfallrisiko nachträglich – zumindest teilweise[441] – auf den Anfechtungsgegner verlagert werden würde.

Im Übrigen ist es im Rahmen eines Ausleihgeschäfts im Sport auch sachgerecht, dass der Spieler das Insolvenzrisiko im Hinblick auf den Entleiher übernimmt. Denn anders als ein klassischer Leiharbeitnehmer, der bereits bei Abschluss des Leiharbeitsvertrages mit dem Verleiher generell in spätere Überlassungen an Dritte einwilligt, ohne die Person des Dritten zu diesem Zeitpunkt überhaupt zu kennen[442], erteilt der Profisportler sein Einverständnis zu einem bestimmten Ausleihgeschäft. Dem Sportler ist also zum Zeitpunkt seiner Einwilligung bereits bekannt, mit welchem Verein er für die Dauer der Ausleihe einen befristeten Arbeitsvertrag schließen wird. Hat er Bedenken, was Zahlungsfähigkeit und Zahlungswille des Entleihers angeht, kann er seine Zustimmung zur Ausleihe verweigern; gegen den Willen des Spielers ist der Abschluss eines Ausleihgeschäfts gerade nicht möglich.

III. Bedingungszusammenhang zwischen Aufhebungsvertrag und Arbeitsvertrag

Der ursprüngliche Arbeitsvertrag des Spielers mit dem Verleiher würde auch dann automatisch wieder in Kraft treten, wenn die Parteien den Aufhebungsvertrag davon abhängig gemacht hätten, dass zwischen Spieler und Entleiher

---

440 Nach h. M. sind Zahlungsfähigkeit und Kreditwürdigkeit ausnahmsweise verkehrswesentliche Eigenschaften einer Person, wenn es um die Eigenschaften eines Darlehensnehmers im Rahmen eines Kreditgeschäfts geht, Erman-Palm, § 119, Rn. 45; Staudinger-Dilcher, § 119, Rn. 54.

441 Der Anfechtungsgegner hat gegen den Anfechtenden einen Schadensersatzanspruch nach § 122 BGB gerichtet auf das negative Interesse, so dass insoweit weiterhin der Anfechtende das Insolvenzrisiko trägt.

442 Vgl. Schüren/Hamann, Einleitung, Rn. 178. Eine solche generelle Einwilligung ist aber im Falle einer Arbeitnehmerüberlassung im Sinne des § 1 AÜG unproblematisch, da der Leiharbeitnehmer auch während der Überlassung Arbeitnehmer des Verleihers bleibt. Er hat daher bereits aus diesem Grund das Risiko der Zahlungsunfähigkeit des Entleihers nicht zu tragen.

während der Ausleihdauer ein wirksamer Arbeitsvertrag besteht. Die fristlose Kündigung des Arbeitsvertrages wäre dann der Eintritt einer auflösenden Bedingung im Sinne des § 158 Abs. 2 BGB mit der Folge, dass die Wirkungen des Aufhebungsvertrages enden und der frühere Rechtszustand wieder eintritt, also der ursprüngliche Arbeitsvertrag zwischen Verleiher und Spieler wieder auflebt.

Zwar wäre eine derartige privatautonome Gestaltung des Aufhebungsvertrages rechtlich zulässig. Insbesondere liegt kein Verstoß gegen den Grundsatz vor, dass Gestaltungsrechte bedingungsfeindlich sind[443], da im konkreten Fall nicht die Kündigung unter einer Bedingung ausgesprochen wird, sondern die Kündigung lediglich das „künftige, objektiv ungewisse Ereignis“[444] darstellt und so zum Eintritt der im Aufhebungsvertrag vereinbarten Bedingung führt. Allerdings fehlt es in der Regel an der ausdrücklichen oder konkludenten Vereinbarung einer entsprechenden auflösenden Bedingung im Aufhebungsvertrag zwischen verleihendem Verein und Spieler.

Ein Bedingungszusammenhang zwischen Wirksamkeit des Aufhebungsvertrags einerseits und Wirksamkeit des Arbeitsvertrags andererseits lässt sich auch nicht im Wege der ergänzenden Vertragsauslegung herstellen. Denn Voraussetzung für die Möglichkeit der Ergänzung des Vertragsinhalts nach § 157 BGB ist das Bestehen einer planwidrigen Regelungslücke.[445] Eine solche Regelungslücke ist jedoch nicht jede Unvollständigkeit des Vertrages. Vielmehr muss die Reglungslücke dazu führen, dass ohne die Vervollständigung des Vertrages eine angemessene, interessengerechte Lösung nicht zu erzielen ist.[446] Diese Voraussetzung ist hier nicht erfüllt. Zwar wäre es für die Parteien durchaus möglich gewesen, durch Aufnahme einer auflösenden Bedingung in den Aufhebungsvertrag, das Risiko der Zahlungsunfähigkeit des Entleihers auf den Verleiher zu übertragen. Jedoch führt auch die Nichtaufnahme einer solchen Klausel zu einem tragfähigen und vertretbaren Ergebnis, nämlich zu einer Übernahme des Insolvenzrisikos allein durch den Spieler, der der Ausleihe an den entleihenden Verein ausdrücklich zugestimmt hat. In der Regel besteht also kein Bedingungszusammenhang zwischen dem Aufhebungsvertrag mit dem Verleiher und dem Arbeitsvertrag mit dem Entleiher. Die fristlose Kündigung des Arbeitsvertrages durch den Spieler führt demnach nicht

443 Allgemein zu bedingungsfeindlichen Geschäften Erman-Armbrüster, § 158, Rn. 18.
444 Vgl. dazu Palandt-Ellenberger, Einführung vor § 158, Rn. 1.
445 BGH, Urt. v. 6.10.2006, NJW 2007, 509 (510); Erman-Armbrüster, § 157, Rn. 16.
446 BGH, Urt. v. 17.1.2007, NJW-RR 2007, 687 (690); Staudinger-Roth, § 157, Rn. 15.

nach § 158 Abs. 2 BGB zum automatischen Wiederaufleben des ursprünglichen Arbeitsvertrages mit dem Verleiher.

IV. Wegfall der Geschäftsgrundlage

Wenn die Parteien den Wirksamkeitszusammenhang der beiden Verträge nicht in Form einer Bedingung zum Vertragsinhalt gemacht haben, so ist aber durchaus denkbar, dass die Beendigung des Arbeitsvertrages mit dem Entleiher eine Störung in der Geschäftsgrundlage im Sinne des § 313 BGB darstellt[447] mit der Folge, dass dem Spieler gegen den Verleiher nach Absatz 1 ein Anspruch auf Anpassung bzw. nach Absatz 3 der Vorschrift gegebenenfalls das Recht zur Kündigung des Aufhebungsvertrages zusteht. Denn zwei rechtlich selbständige Verträge können grundsätzlich auch dadurch miteinander verbunden sein, dass die Wirksamkeit des einen Vertrages Geschäftsgrundlage für den anderen ist. Insbesondere kann die Auflösung des einen Vertrages einen wichtigen Grund zur Auflösung des anderen Vertrages bilden.[448]

1. Wirksamkeit des Arbeitsvertrages als Grundlage des Aufhebungsvertrages

Voraussetzung für die Anwendbarkeit des § 313 BGB ist die schwerwiegende Veränderung von Umständen, die von den Parteien zur Grundlage des Vertrages gemacht wurden. Insbesondere an das letzte Merkmal sind hohe Anforderungen zu stellen: Nicht jeder Umstand wird zur Geschäftsgrundlage eines Vertrages, nur weil dieser ein Motiv zum Abschluss des Vertrages war. Vielmehr muss der für die Willensbildung maßgebliche Umstand in den dem Vertrag zugrunde liegenden gemeinschaftlichen Geschäftswillen beider Parteien aufgenommen worden sein.[449] Dabei ist eine Aufnahme in die Geschäftsgrundlage im Zweifel zu verneinen[450], es sei denn, es gibt konkrete Anhaltspunkte im Rahmen der Vertragsanbahnung oder im Rahmen des Ver-

---

447 Dass keine auflösende Bedingung zum Vertragsinhalt gemacht wurde, ist Voraussetzung für die Anwendbarkeit des § 313 BGB, da das, was bereits Vertragsinhalt ist, nicht Geschäftsgrundlage im Sinne des § 313 BGB sein kann; vgl. BGH, Urt. v. 27.2.1991, NJW-RR 1992, 182; Erman-Hohloch, § 313, Rn. 18.

448 Palandt-Grüneberg, Überblick vor § 311, Rn. 17.

449 Vgl. BGH, Urt. v. 16.2.1989, NJW-RR 1989, 752 (753); Medicus/Lorenz, Schuldrecht AT, Rn. 531.

450 Palandt-Grüneberg, § 313, Rn. 9; vgl. auch Erman-Hohloch, § 313, Rn. 15 f.

tragsschlusses, die auf die Zugrundelegung dieser Umstände schließen lassen. Dies gilt im vorliegenden Fall umso mehr, als die Wirksamkeit des Arbeitsvertrages mit dem Entleiher bzw. dessen Zahlungsfähigkeit primär nur die Interessen des Spielers, nicht aber auch zugleich die des Verleihers betreffen. In der Praxis wird es jedoch an einer Erörterung dieses Punktes durch Verleiher und Spieler und der sich daran anschließenden Aufnahme in den Geschäftswillen der Parteien – ebenso wie an einer Vereinbarung einer auflösenden Bedingung – in aller Regel fehlen.

2. Keine Unzumutbarkeit hinsichtlich des unveränderten Vertrages

Darüber hinaus kommt ein Anspruch auf Vertragsanpassung (§ 313 Abs. 1 BGB) bzw. ein Recht zur Kündigung des Vertrages (§ 313 Abs. 3 BGB) nur dann in Betracht, „soweit einem Teil unter Berücksichtigung aller Umstände des Einzelfalls, insbesondere der vertraglichen oder gesetzlichen Risikoverteilung, das Festhalten an dem unveränderten Vertrag nicht zugemutet werden kann". Wenn aber wie im Beispielsfall der Entleiher seiner Vergütungspflicht nicht nachkommt und der Spieler dies zum Anlass zu einer fristlosen Kündigung nimmt, dann beruht die vorzeitige Beendigung des Arbeitsverhältnisses auf Gründen, die allein in der Sphäre des Spielers liegen. Bei mangelnder Zahlungsfähigkeit oder mangelndem Zahlungswillen des Schuldners verwirklicht sich lediglich das jedem Vertragsschluss immanente Vertragsrisiko, das vom jeweiligen Gläubiger zu tragen ist, der sich seinen Vertragspartner ausgesucht hat. Da bei Verwirklichung eines vertragstypischen Risikos dem Gläubiger stets zugemutet werden kann, dass an dem Vertrag in unveränderter Form festgehalten wird, ist auch aus diesem Grund § 313 BGB nicht anwendbar.[451]

V. Kündigung des Arbeitsvertrages als „Teilnichtigkeit" nach § 139 BGB

Schließlich könnte aber das Ausleihgeschäft insgesamt – also der Leihvertrag zwischen den beiden Vereinen, der Aufhebungsvertrag zwischen Verleiher und Spieler sowie der Abschluss der zwei neuen Arbeitsverträge – ein einheit-

451 Vgl. BGH, Urt. v. 21.9.2005, NJW 2006, 899 (901 f.); Medicus/Lorenz, Schuldrecht AT, Rn. 536 f.; Erman-Hohloch, § 313, Rn. 23 mit dem Hinweis darauf, dass bei Verwirklichung des vertragsimmanenten Risikos auch keine schwerwiegende Veränderung der Vertragsumstände gegeben und daher § 313 BGB nicht anwendbar ist.

liches Rechtsgeschäft im Sinne des § 139 BGB darstellen. Dann wäre es möglich, dass die durch die Kündigung herbeigeführte Beendigung des Arbeitsvertrages zwischen Spieler und Entleiher auch die Beendigung (ex nunc) des Auflösungsvertrages zwischen Spieler und Verleiher nach sich zieht. Voraussetzung für Anwendbarkeit des § 139 BGB ist zunächst das Vorliegen von Geschäften, die eine Einheitlichkeit in dem Sinne aufweisen, dass es sich nur um ein einziges Rechtsgeschäft handelt. Außerdem muss das Rechtsgeschäft teilbar sein. Weitere Voraussetzung ist schließlich nach dem Wortlaut der Vorschrift die teilweise Nichtigkeit.

1. Einheitliches Rechtsgeschäft

§ 139 BGB setzt voraus, dass es sich um ein einziges Rechtsgeschäft handelt. Der Begriff „einziges Rechtsgeschäft" umfasst jedoch nicht nur solche Fälle, in denen nur eine rechtsgeschäftliche Regelung, also zum Beispiel nur ein Vertrag gegeben ist. Vielmehr kann auch dann ein einziges Rechtsgeschäft im Sinne des § 139 BGB vorliegen, wenn mehrere rechtsgeschäftliche Regelungen als „verbundene Verträge" Teil eines einzigen Rechtsgeschäfts sind.[452]

Wie zu bestimmen ist, ob mehrere Verträge derart miteinander verbunden sind, dass ein einziges Rechtsgeschäft vorliegt, ist in Literatur und Rechtsprechung umstritten. Während die herrschende Lehre in der Literatur[453] sowie die Rechtsprechung[454] entscheidend auf den Einheitlichkeitswillen der Parteien zurzeit der Vornahme des Rechtsgeschäfts abstellen, finden sich in der Literatur demgegenüber auch Stimmen, die nicht in erster Linie auf den Parteiwillen, sondern darauf abstellen, ob zwischen den einzelnen rechtsgeschäftlichen Regelungen ein objektiver Sinnzusammenhang besteht.[455]

a. Einheitlichkeitswillen der Parteien

Nach der Auffassung derjenigen, die den Willen der Beteiligten in den Vordergrund stellen, sind mehrere Geschäfte dann verbundene Verträge, wenn

452 Vgl. Staudinger-Roth, § 139, Rn. 27 und 37.

453 Staudinger-Roth, § 139, Rn. 37 f. mit Hinweis darauf, dass § 139 BGB Ausfluss der Privatautonomie ist und es gerade deshalb - zumindest primär - auf den Willen der Beteiligten ankomme; so auch Erman-Palm, § 139, Rn. 21.

454 So beispielsweise BGH, Urt. v. 25.3.1987, NJW 1987, 2004 (2007).

455 So insbesondere MünchKomm-Busche, § 139, Rn. 16; den Schwerpunkt der Betrachtung auf den objektiven Sinnzusammenhang setzt auch Larenz/Wolf, § 45, Rn. 7.

diese nach dem Willen der Parteien derart voneinander abhängig sind, dass sie miteinander „stehen und fallen" sollen.[456] Dabei kann ein einziges Rechtsgeschäft im Sinne des § 139 BGB auch dann vorliegen, wenn nur eine der Vertragsparteien einen solchen Einheitlichkeitswillen erkennen lässt und der andere bzw. die anderen ihn anerkennt oder zumindest so hinnimmt.[457] Grundsätzlich muss sich der Einheitlichkeitswille aus den Erklärungen der Parteien im Wege der Auslegung nach § 133, 157 BGB bestimmen lassen. Aber auch wenn ein solcher Wille nicht offen zutage tritt, können Indizien dafür vorliegen, von einem Einheitlichkeitswillen auszugehen; so zum Beispiel kann die Einheit des Zustandekommens für ein einziges Rechtsgeschäft sprechen.[458] Schließen also die an der Spielerleihe beteiligten Parteien sämtliche Verträge bei einem gemeinsamen Treffen gleichzeitig ab, was in der Praxis gerade bei Ausleihgeschäften kurz vor Ende einer Wechselperiode vorkommen wird[459], ist dies zumindest ein starkes Indiz dafür, dass auch der Wille der Parteien auf den Abschluss miteinander verbundener Verträge gerichtet ist.

Oftmals wird es jedoch an Erklärungen der Parteien bei Abschluss der Verträge fehlen[460] und es auch keine eindeutigen Indizien geben, die auf einen Einheitlichkeitswillen der Parteien und damit auf die Verbundenheit der Verträge schließen lassen. Dann kommt es auch laut den Vertretern, die zwar

---

456 BGH, Urt. v. 8.10.1990, NJW 1991, 105 (106); Staudinger-Roth, § 139, Rn. 39.

457 Vgl. BGH, Urt. v. 26.10.1990, NJW 1991, 917; Staudinger-Roth, § 139, 39. In diesem Punkt unterscheidet sich der Anwendungsbereich des § 139 BGB von dem des § 313 BGB, wo eine einseitige Äußerung einer Erwartung durch die eine Partei und einfache Hinnahme durch die andere Partei gerade nicht ausreicht, sondern vielmehr die Aufnahme einer solchen Erwartung in die gemeinsame Grundlage des Geschäftswillen durch beide Parteien erforderlich ist, vgl. Palandt-Grüneberg, § 313, Rn. 9.

458 BGH, Urt. v. 2.2.1967, NJW 1967, 1128 (1129); Erman-Palm, § 139, Rn. 21; Staudinger-Roth, § 139, Rn. 40.

459 Aber auch die FIFA geht von der Aufnahme sämtlicher Abreden in einer Vertragsurkunde aus, vgl. Kommentar zum FIFA-Reglement bezüglich Status und Transfer von Spielern, Art. 10, Nr. 1 (dort Fn. 49). Gleiches gilt für die Leihgabe von Berufssportlern im englischen Fußball, die ebenfalls in einer Urkunde abgefasst wird, vgl. Anhang C.

460 Gerade aus diesem Grund ist es in der Regel auch nicht möglich, von der Vereinbarung einer auflösenden Bedingung bzw. von der Aufnahme der Erwartung, dass während der Ausleihe ein wirksamer Arbeitsvertrag zum Entleiher besteht, in die Geschäftsgrundlage des Aufhebungsvertrages zwischen Spieler und Verleiher auszugehen.

primär auf den Parteiwillen abstellen, entscheidend darauf an, ob der objektive Sinngehalt des Rechtsgeschäfts für dessen Einheitlichkeit spricht.[461]

b. Objektiver Sinnzusammenhang der Einzelverträge

Zwar wurde in der Regel von den Beteiligten bei Abschluss der Verträge kein Einheitlichkeitswille geäußert. Dennoch sprechen mehrere Punkte für das Bestehen eines Zusammenhangs zwischen den Verträgen.

aa. Verträge als Bestandteil eines Ausleihgeschäfts

Zunächst einmal handelt es sich auch dann, wenn mehrere Verträge zwischen den Parteien abgeschlossen werden, sowohl in der Wahrnehmung der Öffentlichkeit als auch in der Verkehrsanschauung der beteiligten Kreise weiterhin um nur ein Leihgeschäft. Wenn man sich an den Wortlaut der Verbandsvorschriften hält und für die rechtliche Auflösung des Arbeitsverhältnisses des Spielers zum Verleiher entscheidet, dann sind die insgesamt vier Einzelverträge vielmehr notwendiger Bestandteil dieses Ausleihgeschäfts. Nur so lässt sich der gemeinsame Zweck der Verträge, nämlich die zeitweise Überlassung der Arbeitskraft des Spielers an den Entleiher mit späterer Rückkehr zum Verleiher, rechtlich verwirklichen.

Gegen die Annahme eines einheitlichen Rechtsgeschäfts kann man in diesem Zusammenhang auch nicht einwenden, dass an dem Abschluss der Verträge im Rahmen eines Ausleihgeschäfts – insbesondere im vorliegenden Fall am Aufhebungsvertrag einerseits und am außerordentlich gekündigten Arbeitsvertrag andererseits – unterschiedliche Parteien mitwirken. Nach ganz überwiegender Auffassung findet § 139 BGB auch Anwendung auf mehrere Geschäfte, an denen unterschiedliche Personen als Vertragspartner beteiligt sind.[462]

bb. Interessen der Parteien bei Abschluss der Verträge

Darüber hinaus ist für jeden an der Spielerleihe Beteiligten der Abschluss des Vertrages mit der einen Partei nur dann sinnvoll, wenn auch der Vertrag mit der jeweils anderen Partei wirksam zustande kommt. So würde der verleihende Verein den Vertrag mit dem Spieler nicht auflösen, wenn nicht zugleich ein

461 Flume, Allgemeiner Teil des Bürgerlichen Rechts, § 32, 2a; Larenz/Wolf, § 45, Rn. 8; Staudinger-Roth, § 139, Rn. 38.

462 BGH, Urt. v. 30.4.1976, NJW 1976, 1931 (1932); Erman-Palm, § 139, Rn. 21; MünchKomm-Busche, § 139, Rn. 19; Staudinger-Roth, § 139, Rn. 43; a. A. Flume, Allgemeiner Teil des Bürgerlichen Rechts, § 32, 2a.

wirksamer Leihvertrag mit dem Entleiher existiert, mit dem sich dieser regelmäßig zur Zahlung einer entsprechenden Ausleihgebühr an den Verleiher verpflichtet. Der Entleiher wiederum würde diesen Leihvertrag mit dem Verleiher nicht eingehen, wenn der Spieler sich nicht zeitgleich für die Dauer der Ausleihe an ihn arbeitsvertraglich bindet. Und der Spieler wäre schließlich nicht zur Auflösung seines noch laufenden Arbeitsvertrages mit dem Verleiher bereit, wenn nicht in der Folge ein Arbeitsvertrag mit dem Entleiher für die Dauer der Ausleihe zustande kommt.

Diese Interessenlage der Parteien bei Abschluss der Verträge führt letztlich auch nicht nur zu einer rein wirtschaftlichen Verbundenheit der Verträge, die für sich genommen bereits ein Indiz für das Bestehen eines einheitlichen Rechtsgeschäfts ist.[463] Vielmehr stellt sie sogar einen rechtlichen Zusammenhang der Verträge her, welcher gegeben ist, wenn sich aus dem Wollen der Beteiligten ergibt, dass die eine Abrede nicht ohne die andere zu bestehen vermag.[464]

cc. Interessen des Verleihers und des Spielers im konkreten Fall

Schließlich sprechen im oben geschilderten Fall auch die Interessen des Verleihers sowie des Spielers für die Annahme verbundener Verträge hinsichtlich des zwischen ihnen geschlossenen Aufhebungsvertrages einerseits und des zwischen Spieler und Entleiher geschlossenen Arbeitsvertrages andererseits. Für den Spieler ist dies offensichtlich: Er hat das primäre Interesse daran, dass er auch während der Ausleihe einen Arbeitgeber als Vertragspartner hat, der in der Lage ist, ihn während der gesamten Zeit über zu beschäftigen und das Gehalt inklusive aller Prämien zu bezahlen.

Aber auch der Verleiher hat ein berechtigtes Interesse daran, dass der Entleiher seinen Verpflichtungen aus dem Arbeitsverhältnis nachkommt. Denn anderenfalls führt eine berechtigte Kündigung des Spielers dazu, dass dieser ab Ausspruch der Kündigung bis zum Ende der ursprünglich vereinbarten Ausleihdauer vereinslos ist. Der verleihende Verein hat sich aber regelmäßig nicht nur deshalb für das Ausleihgeschäft entschlossen, um für die Dauer der Ausleihe die Gehaltskosten für den Spieler zu sparen. Vielmehr verfolgt der Verleiher mit der Ausleihe des Spielers darüber hinaus weitere

463 Gerade nicht erforderlich ist im Rahmen dieses objektiven Ansatzes, dass sich dieses Interesse der Parteien bei Abschluss der Verträge auch in einem Einheitlichkeitswillen niederschlägt. Zum Begriff des rechtlichen Zusammenhangs MünchKomm-Busche, § 139, Rn. 17.

464 Vgl. MünchKomm-Busche, § 139, Rn. 18.

Ziele; so zum Beispiel verleiht er den Spieler zu Ausbildungszwecken an einen anderen Verein oder aber die Ausleihe erfolgt, damit der Spieler die erforderliche Spielpraxis bekommt. Diese Zwecke können aber gerade nicht erreicht werden, wenn der Spieler aufgrund der Pflichtverletzungen des Entleihers den Arbeitsvertrag kündigt und anschließend vereinslos ist.

Zudem ist die spätere Rückkehr des Spielers zum Verleiher wesentliches Merkmal der Spielerleihe im Sport. Der Verleiher möchte also nach der Rückkehr des Spielers dessen Arbeitskraft selbst wieder für sich nutzen können, anderenfalls hätte er sich nicht für eine Ausleihe, sondern für einen Transfer des Spielers zu einem anderen Verein entschieden. Er hat also ein Interesse daran, dass der Spieler auch während der Ausleihdauer beim Entleiher zumindest professionell trainiert, im besten Falle darüber hinaus dort auch viele Wettkampfspiele bestreitet. Nur so ist gewährleistet, dass der Spieler nach seiner Rückkehr gut in Form ist und den Verleiher sportlich weiterbringt. Ein Spieler, der eine gewisse Zeit lang weder regelmäßig trainiert hat, noch in Wettkampfspielen eingesetzt wurde, ist für den Verleiher dagegen weniger wertvoll.

Schließlich folgt aus der bereits feststehenden Rückkehr des Spielers zum Verleiher, dass dieser während der Ausleihe die Transferrechte an dem Spieler behält.[465] Selbst wenn der Verleiher den Spieler nach Ablauf der Ausleihe erneut ausleihen oder transferieren möchte, führen fehlende Spielpraxis und fehlendes Training dazu, dass die zu erzielende Ausleihgebühr bzw. Transfersumme sinkt;[466] eventuell findet sich sogar gar kein Interessent mehr für den Spieler. Die vorzeitige Auflösung des Arbeitsvertrages des Spielers mit dem Entleiher und eine anschließende Vereinslosigkeit haben im Hinblick auf eine zu erzielende Transfersumme und damit im Hinblick auf den Wert des Spielers auch finanzielle Konsequenzen für den Verleiher.

Im Ergebnis spricht auch dann, wenn die Parteien des Ausleihgeschäfts einen Einheitlichkeitswillen nicht erkennen lassen, der objektive Sinnzusammenhang der rechtsgeschäftlichen Regelungen zwischen Verleiher, Entleiher

465 MünchKomm-Häublein, § 598, Rn. 13; Rüsing, Sportarbeitsrecht, 2006, 125. Eine Leihgabe des Spielers durch den Entleiher während der Ausleihdauer („Kettenverleih") ist nach § 5 Nr. 2 LOS nicht möglich, gerade weil auch während der Ausleihe der Verleiher Inhaber der Transferrechte an dem Spieler bleibt.

466 So im Ergebnis auch das ArbG Solingen, Beschl. v. 16.1.1996, AuR 1996, 198 (199), das die nachteiligen Wirkungen fehlenden Trainings auf den Marktwert des Spielers als Argumente dafür heranzog, die Dringlichkeit eines Antrags auf Erlass einer einstweiligen Verfügung auf Teilnahme am Training zu bejahen.

und Spieler für das Vorliegen verbundener Verträge. Bei einer Spielerleihe im Sport handelt es sich also in der Regel um ein einheitliches Rechtsgeschäft im Sinne des § 139 BGB, so dass der Anwendungsbereich der Vorschrift eröffnet ist.

2. Teilbarkeit des Rechtsgeschäfts

Weitere Voraussetzung für die Anwendbarkeit des § 139 BGB ist die Teilbarkeit des Rechtsgeschäfts. Denn mangelnde Teilbarkeit bedeutet, dass der Nichtigkeitsgrund immer das gesamte Rechtsgeschäft erfasst mit der Folge, dass für § 139 BGB kein Raum ist.[467] Da ein aus mehreren Geschäften zusammengesetztes einheitliches Rechtsgeschäft stets in seine verschiedenen Einzelgeschäfte aufgeteilt werden kann[468], ist die Teilbarkeit für den vorliegenden Fall eines Ausleihgeschäfts unproblematisch zu bejahen.

3. Teilweise Nichtigkeit des Rechtsgeschäfts

Weiteres Tatbestandsmerkmal des § 139 BGB ist dem Wortlaut nach die Nichtigkeit eines Teils des einheitlichen Rechtsgeschäfts. Ein nichtiges Rechtsgeschäft liegt vor, wenn es zwar dem Tatbestand nach gegeben ist, die bestimmungsgemäßen Rechtsfolgen aber – gegebenenfalls auch aufgrund rückwirkender Nichtigkeit wie im Falle einer Teilanfechtung nach § 142 Abs. 1 BGB – von Anfang an nicht eintreten. Danach würde § 139 BGB auf den Beispielsfall keine Anwendung finden. Der Arbeitsvertrag zwischen Spieler und Entleiher ist wirksam zustande gekommen und entfaltete bis zur Kündigung des Spielers seine Rechtsfolgen. Die Kündigung führte nicht zu einer Nichtigkeit des Arbeitsvertrages ex tunc, sondern lediglich zur Beendigung des Arbeitsverhältnisses ex nunc.

In Literatur und Rechtsprechung ist jedoch anerkannt, dass § 139 BGB nicht nur auf Fälle teilweiser Nichtigkeit beschränkt ist, sondern der Rechtsgedanke des § 139 BGB über den Wortlaut der Vorschrift hinaus auch auf andere Fälle Anwendung findet. So fallen unter § 139 BGB alle Arten der Unwirksamkeit eines Rechtsgeschäfts, insbesondere Fälle der schwebenden

467 Vgl. BGH, Urt. v. 13.11.1998, NJW 1999, 351; Erman-Palm, § 139, Rn. 13; MünchKomm-Busche, § 139, Rn. 24.

468 Erman-Palm, § 139, Rn. 20; Staudinger-Roth, § 139, Rn. 62.

Unwirksamkeit.[469] Zumindest entsprechend anwendbar ist § 139 BGB auf einen teilweisen Widerruf eines schwebend wirksamen Vertrages[470] sowie bei der Erklärung eines Rücktritts, der sich nur auf einen Teil des Rechtsgeschäfts bezieht.[471] Schließlich findet § 139 BGB auch Anwendung in Fällen der Teilaufhebung.[472]

Die (entsprechende) Anwendung der Vorschrift in den genannten Fällen ist auch sachgerecht. Denn es liegt dennoch ein einheitliches Rechtsgeschäft in dem Sinne vor, dass das eine Geschäft nicht ohne das andere Geschäft gewollt ist und somit die rechtsgeschäftlichen Regelungen miteinander stehen und fallen sollen. Dies muss aber nicht nur dann Berücksichtigung finden, wenn ein Teil des Rechtsgeschäfts an einem derart schwerwiegenden Mangel leidet, dass dieser von Anfang an nichtig ist. Auch wenn sich ein wesentlicher Teil eines Rechtsgeschäfts nachträglich als unwirksam herausstellt, ergibt sich gerade aus dem objektiven Sinnzusammenhang der rechtsgeschäftlichen Regelungen bzw. aus dem gegebenenfalls sogar ausdrücklich geäußerten Einheitlichkeitswillen der Parteien, dass nach dem Rechtsgedanken des § 139 BGB auch in diesem Fall im Zweifel das gesamte Rechtsgeschäft unwirksam sein soll.[473] Aus denselben Erwägungen ist die Vorschrift des § 139 BGB über den eigentlichen Wortlaut hinaus auch dann anzuwenden, wenn ein Vertrag eines einheitlichen Rechtsgeschäfts – zum Beispiel wie im vorliegenden Fall durch eine Kündigung – beendet wird.[474] Da die Parteien das eine Geschäft nicht ohne das andere Geschäft geschlossen hätten, führt die Beendigung eines der Geschäfte in der Regel zur Beendigung des ganzen Rechtsgeschäfts.

469 Vgl. Larenz/Wolf, § 45, Rn. 3; Staudinger-Roth, § 139, Rn. 33.

470 MünchKomm-Busche, § 139, Rn. 3; Staudinger-Roth, § 139, Rn. 33. Für eine direkte Anwendung des § 139 BGB Palandt-Ellenberger, § 139, Rn. 2.

471 Das Rücktrittsrecht bezieht sich zwar nur auf einen Teil des Rechtsgeschäfts, muss bei einem einheitlichen Rechtsgeschäft hinsichtlich der verbundenen Geschäfte dann aber einheitlich ausgeübt werden, vgl. BGH, Urt. v. 30.4.1976, NJW 1976, 1931 (1932); MünchKomm-Busche, § 139, Rn. 3; Staudinger-Roth, § 139, Rn. 33.

472 Staudinger-Roth, § 139, Rn. 33.

473 Bei der Vorschrift des § 139 BGB handelt es sich um eine Auslegungsregel, die gerade der Durchsetzung der Privatautonomie der Parteien dient, vgl. Erman-Palm, § 139, Rn. 1; Larenz/Wolf, § 45, Rn. 1; Staudinger-Roth, § 139, Rn. 1.

474 So auch BGH, Urt. v. 4.5.1979, NJW 1979, 1658 (1658 f.): Die Beendigung einer Kontokorrentvereinbarung führt über § 139 BGB auch zur Beendigung des Girovertrages, wobei die direkte oder analoge Anwendung der Norm offengelassen wurde; Staudinger-Roth, § 159, Rn. 35.

4. Zulässige Berufung auf die Nichtigkeit

Der Spieler, der den Arbeitsvertrag mit dem Entleiher wegen der anhaltenden Nichtzahlung des Lohns wirksam gekündigt hat, darf sich auch auf die Wirkungen des § 139 BGB berufen. Der Grund für die Kündigung und damit für die vorzeitige Beendigung des Arbeitsverhältnisses lag nicht in der Sphäre des Spielers, den dieser hätte vermeiden können, sondern lag allein in einem Fehlverhalten des Entleihers.

Eine fristlose Kündigung des Arbeitsvertrages zwischen dem Spieler und dem entleihenden Verein hat also nicht nur die Beendigung des Vertragsverhältnisses dieser Parteien zu Folge. Sie führt gemäß der Auslegungsregel des § 139 BGB grundsätzlich auch zur Beendigung des Aufhebungsvertrages zwischen Spieler und Verleiher und zum Wiederaufleben des ursprünglichen Arbeitsverhältnisses. Etwas anderes gilt nur dann, wenn – zum Beispiel aufgrund einer entsprechenden Klausel im Aufhebungsvertrag – feststeht, dass dieser Aufhebungsvertrag geschlossen wurde, ohne ihn vom Zustandekommen bzw. vom Fortbestehen des Arbeitsvertrages des Spielers mit dem Entleiher abhängig zu machen.

VI. Übertragbarkeit auf andere Fallkonstellationen

Grundsätzlich ist das hier gefundene Ergebnis auch auf andere Fallgestaltungen übertragbar, bei denen ein Vertragsverhältnis unter einem schwerwiegenden Mangel leidet. Es ist jedoch immer genauestens zu prüfen, ob gegen die Anwendbarkeit des § 139 BGB nicht Wertungsgesichtspunkte oder anderweitige Absprachen zur Risikotragung sprechen. So kann sich der Spieler dem Verleiher gegenüber dann nicht auf die Wirkungen des § 139 BGB beziehen, wenn der Arbeitsvertrag zum Entleiher wegen eines ihm zurechenbaren Fehlverhaltens endet. Dies wäre rechtsmissbräuchlich; § 242 BGB stünde einer Berufung auf die Wirkungen des § 139 BGB entgegen.

> Kündigt beispielsweise der Entleiher den Arbeitsvertrag mit dem Spieler, weil dieser sich weigert, am Training teilzunehmen, kann sich der Spieler nicht das Wiederaufleben des ursprünglichen Arbeitsvertrages berufen. Der Grund für die Kündigung und damit für die vorzeitige Beendigung des Arbeitsverhältnisses zum entleihenden Verein lag in seiner Sphäre.

Aber auch der Entleiher könnte sich dem Verleiher gegenüber nicht auf § 139 BGB beziehen und einen Teil der von ihm bezahlten Ausleihgebühr zurückverlangen. Denn nach der hier vertretenen Ansicht soll der Verleiher durch Abschluss des Leihvertrages lediglich dazu bewegt werden, den Arbeitsvertrag mit dem Spieler aufzulösen; der Verleiher soll dagegen nicht das Personalbeschaffungsrisiko übernehmen und dafür Sorge tragen, dass der Spieler tatsächlich seine Arbeit beim Entleiher aufnimmt und seine Pflichten während der Leihdauer ordnungsgemäß erfüllt.[475] Dieses Risiko würde dem Verleiher aber nachträglich aufgebürdet, könnte sich der Entleiher auf § 139 BGB berufen.

F. Ergebnis des Kapitels

Im schriftlich abzufassenden Leihvertrag einigen sich verleihender und entleihender Verein darauf, zu welchem Zeitpunkt und für welchen Zeitraum der Spieler – gegebenenfalls gegen Zahlung einer Ausleihgebühr – an den Entleiher verliehen wird. Dabei haben die Vereine insbesondere die vom Verband vorgegebenen Wechselperioden zu beachten. Das Festlegen der Wechselfristen ist rechtmäßig, um den geordneten Ablauf des Wettbewerbs zu ermöglichen. Darüber hinaus sind im Leihvertrag weitere Abreden der Vereine möglich. Für die Spielerleihe praktisch bedeutsam sind insbesondere das Einräumen einer Kaufoption zugunsten des Entleihers sowie die (teilweise) Gehaltsübernahme durch den Verleiher während der Leihdauer, die grundsätzlich als Erfüllungsübernahme zu qualifizieren ist.

Der Leihvertrag verpflichtet die Parteien zunächst einmal dazu, den bestehenden Arbeitsvertrag zur Ermöglichung der Leihgabe aufzulösen bzw. die Ausleihgebühr zu bezahlen. Dem Verleiher steht darüber hinaus ein Auskunftsanspruch gegen den Entleiher zu, durch den er sich über Erkrankungen und Verletzungen des Spielers informieren kann, die dieser sich während der Leihdauer zuzieht. Der Verleiher ist dagegen nicht verpflichtet, den Entleiher bei Abschluss des Leihvertrages auf Einschränkungen der Spielfähigkeit bzw. der Spielberechtigung hinzuweisen. Da der entleihende Verein sich diese Informationen selbst beschaffen kann, besteht bereits zu seinen Lasten kein Informationsgefälle.

Notwendiger Inhalt des Arbeitsvertrages zwischen Spieler und Entleiher ist insbesondere die Einräumung der Nutzungsrechte an den Persönlichkeitsrechten des Spielers. Anderenfalls hätte der Spieler ein Mitbestimmungsrecht

475 Vgl. oben B/IV/1.

bei der Vergabe der Fernsehrechte bzw. könnte einer Fernsehübertragung widersprechen. Grundlage dafür sind zwar nicht die Vorschriften des Kunsturhebergesetzes; vielmehr folgt dies aus dem grundrechtlich geschützten allgemeinen Persönlichkeitsrecht des Spielers.

Aufgrund des auf die Leihdauer befristeten Arbeitsvertrages ist der Spieler zur Leistungsbereitschaft und Leistungsförderung sowie zur aktiven Öffentlichkeitsarbeit verpflichtet. Der Entleiher als Arbeitgeber muss den Spieler beschäftigen und ihm die vereinbarte Vergütung zahlen. Außerdem treffen insbesondere den Spieler zahlreichen Neben- und Nebenleistungspflichten: So besteht eine Untersuchungspflicht bei Krankheit oder Verletzung bei den Vereinsärzten des Entleihers, der Spieler hat Verschwiegenheit über interne Clubangelegenheiten zu wahren und es ist ihm verboten, zu dopen und Sportwetten auf Spiele der Liga zu platzieren.

Im Rahmen des Rechtsverhältnisses zwischen Verleiher und Spieler treffen die Parteien zum einen nachwirkende Pflichten aus dem aufgelösten Arbeitsvertrag. Wegen der bereits feststehenden Rückkehr des Spielers zum Verleiher nach Ende der Überlassungszeit ist sogar von einer gesteigerten Nachwirkung der Neben- und Schutzpflichten auszugehen. Konkret hat der Spieler beispielsweise – eine entsprechende Vereinbarung vorausgesetzt, § 74 Abs. 1 HGB – konkurrierende Werbung zu unterlassen, ohne dass der Verleiher zur Zahlung einer Karenzentschädigung verpflichtet wäre. Zudem treffen den Spieler auch während der Leihdauer Verschwiegenheitspflichten in Bezug auf interne Angelegenheiten im verleihenden Verein.

Zum anderen ergeben sich bereits Rechte und Pflichten aus dem bereits geschlossenen Anschlussarbeitsvertrag. Der Spieler ist zum Beispiel verpflichtet, dem Verleiher Auskunft über solche Krankheiten und Verletzungen zu geben, die sich über das Ende der Ausleihe hinausziehen und daher die Interessen des verleihenden Vereins berühren. Außerdem ist der Spieler dem Verleiher dazu verpflichtet, auch während der Überlassungszeit Doping zu unterlassen und das Ansehen des verleihenden Vereins zu wahren.

Auch wenn im Rahmen der Spielerleihe zwischen den Parteien vier Verträge geschlossen werden, stehen diese Verträge rechtlich nicht losgelöst voneinander dar. Vielmehr handelt es sich um wirtschaftlich und rechtlich verbundene Verträge; das Ausleihgeschäft ist daher ein einheitliches Rechtsgeschäft im Sinne des § 139 BGB. Ein Mangel in einem der Vertragsverhältnisse kann somit Auswirkungen auf das ganze Ausleihgeschäft haben. Kündigt der Spieler seinen Arbeitsvertrag, weil der Entleiher seiner Vergütungspflicht nicht nachkommt, führt dies zugleich zur Beendigung des Aufhebungsvertrages zwischen Spieler und Verleiher mit der Folge, dass das ursprüngliche Arbeitsverhältnis des Spielers zum Verleiher automatisch wieder auflebt.

Kapitel 4: Rechtmäßigkeit der Leihgabe von Berufssportlern

A. Einführung

Die Spielerleihe ist neben dem Transfer die zweite anerkannte Wechselform im Berufssport. Aber auch wenn im Fußball hundertfach Spieler den Verein im Wege der Ausleihe vorübergehend wechseln, ist allein mit dieser Praxis im Sport nicht entschieden, dass die Leihgabe von Berufssportlern in der jetzigen Form auch mit sämtlichen Rechtsvorschriften vereinbar und damit rechtmäßig ist. Die Verträge, die im Zuge der Ausleihe zwischen Spieler, Verleiher und Entleiher geschlossen werden, müssen zum einen mit den Regelungen der Sportverbände in Einklang zu bringen sein. Zum anderen müssen sie den zwingenden Vorschriften des staatlichen Rechts genügen.

B. Vereinbarkeit der Spielerleihe mit den Vorgaben der Verbandsregelwerke

I. Rechtsetzungsfähigkeit der Sportverbände

Zugunsten der Sportverbände besteht die Verbandsautonomie, das heißt der Verband kann seine eigene Organisation und die Rechtsverhältnisse seiner Mitglieder zu ihm in einer verbindlichen Weise selbst regeln.[476] Insbesondere umfasst die Vereins- und Verbandsautonomie, die einfachgesetzlich ihre rechtliche Grundlage in den §§ 21 ff. BGB findet und verfassungsrechtlich durch Art. 9 Abs. 1 GG gewährleistet ist[477], das Recht zur eigenen Rechtsetzung durch Satzungen und Nebenordnungen. In Bezug auf Spielertransfers und Spielerleihen im deutschen Berufsfußball hat die DFL von dieser Kompetenz Gebrauch gemacht und in der Lizenzordnung Spieler Regelungen für den Wechsel eines Spielers zu einem anderen Verein aufgestellt. Die Bundesligavereine als Mitglieder der DFL[478] haben diese Vorschriften zu beachten.

476 Vgl. PHB SportR-Summerer, 2. Teil, Rn. 3.

477 MünchArbR-Richardi, § 18, Rn. 50, stellt auf Art. 2 Abs. 1, Art. 12 Abs. 1 GG in Verbindung mit Art. 9 Abs. 1 GG ab und sieht darin die Grundrechtsgewährleistung der Sportorganisationen.

478 Vgl. die Präambel der DFL-Satzung.

Die Verträge, die im Rahmen eines Ausleihgeschäfts zwischen den Vereinen und dem Spieler geschlossen werden, dürfen daher den verbandsrechtlichen Vorgaben nicht widersprechen.

II. Schriftformerfordernisse

Zunächst einmal ordnen die Verbandsstatuten an, dass die Verträge schriftlich abzuschließen sind. Für die Arbeitsverträge – also den Arbeitsvertrag zwischen Spieler und Entleiher einerseits sowie für den Anschlussarbeitsvertrag zwischen Spieler und Verleiher andererseits – folgt dies aus § 6 Nr. 1 LOS. Danach bedürfen Verträge von lizenzierten Vereinen bzw. Kapitalgesellschaften mit Lizenzspielern der Schriftform. Hinsichtlich des Leihvertrages, der von den beiden Vereinen geschlossen wird, sowie hinsichtlich des Aufhebungsvertrages zwischen Verleiher und Spieler ergibt sich das Schriftformerfordernis aus § 5 Nr. 2 LOS. Diese Vorschrift ordnet an, dass „über die Ausleihe eine schriftliche Vereinbarung zwischen dem Spieler und den beiden betroffenen Vereinen / Kapitalgesellschaften zu treffen ist“.

Die an der Spielerleihe beteiligten Parteien halten sich an diese verbandsrechtlichen Vorgaben allein deshalb, weil für die Aufnahme des zu verleihenden Spielers in die Transferliste nachgewiesen werden muss, dass „bei einem Wechsel die Verträge zum Zeitpunkt der Antragsstellung [...] in beiderseitigem Einvernehmen aufgelöst worden sind“ (§ 4 Nr. 6 Buchst. a) LOS), und für die Erteilung der Spielerlaubnis zugunsten des Entleihers Voraussetzung ist, dass „dem Ligaverband ein wirksamer Vertrag zwischen Verein bzw. Kapitalgesellschaft und Spieler vorliegt“ (§ 13 Nr. 2 Buchst. b) LOS). Ohne Einhaltung der Schriftformerfordernisse könnte also eine Spielerleihe – genauso wie ein Spielertransfer – nicht verwirklicht werden; die DFL würde bereits das für einen Wechsel einzuhaltende Verfahren nicht einleiten und letztlich keine Spielerlaubnis für den verliehenen Spieler zugunsten des aufnehmenden Vereins erteilen.

Hiervon zu unterscheiden sind allerdings die materiellrechtlichen Konsequenzen, falls die Parteien die in den Verbandsstatuten vorgesehenen Schriftformerfordernisse nicht einhalten. Die Schriftformerfordernisse haben – wie gerade gezeigt – lediglich die Funktion, dem Verband gegenüber das Vorliegen der Voraussetzungen für einen anschließenden Wechsel des Spielers und für die Erteilung einer neuen Spielberechtigung nachzuweisen.[479] Die Anordnung der Schriftform in den Verbandsstatuten dient also vorrangig dem Beweis und der Klarstellung der Rechtsverhältnisse und hat nur deklaratorische Bedeutung, so dass die Nichtbeachtung der Schriftform durch die Parteien – abweichend von der Auslegungsregel des § 125 S. 2 BGB – nicht zur Nichtigkeit der Rechtsgeschäfte führt. Vielmehr sind auch mündlich getroffene Vereinbarungen in materiellrechtlicher Hinsicht wirksam. Die an der Spielerleihe Beteiligten haben dann gegenüber ihrem Vertragspartner einen Anspruch auf Nachholung der Form[480], um so die Spielerleihe auch in verbandsrechtlicher Hinsicht verwirklichen zu können.

III. Keine Bindung während der Überlassungszeit an den Verleiher

Weitere verbandsrechtliche Voraussetzungen finden sich in § 13 Nr. 2 Buchst. c) LOS sowie § 5 Nr. 8 LOS. Nach § 13 Nr. 2 Buchst. c) LOS wird dem Antrag auf Erteilung der Spielerlaubnis nur dann stattgegeben, „wenn für den gleichen Zeitraum keine anderweitigen rechtlichen Bindungen als Spieler an einen anderen Verein bzw. eine andere Kapitalgesellschaft mehr bestehen“, und § 5 Nr. 8 LOS ordnet an, dass „der Abschluss von Verträgen mit mehreren Vereinen für dieselbe Spielzeit verboten ist“. Diese verbandsrechtlichen Vorgaben werden im Falle der Spielerleihe dadurch erfüllt, dass Verleiher und Spieler ihren Arbeitsvertrag einvernehmlich aufheben. Dass trotz des Aufhebungsvertrages zwischen beiden auch während der Überlassungszeit (nachwirkende) Neben- und Schutzpflichten bestehen[481], führt nicht zu einem Verstoß gegen § 13 Nr. 2 Buchst. c) LOS. Aus dem Wortlaut der Vorschrift geht hervor, dass lediglich eine Bindung „als Spieler“ nicht mehr bestehen darf. Der verliehene Spieler darf also keinem anderen Verein als dem Entleiher gegenüber zur Erbringung sportlicher Leistungen verpflichtet sein. Dies schließen die Parteien durch den Aufhebungsvertrag für die Dauer der Spielerleihe gerade aus.

479 Diese Auslegung wird auch durch § 5 Nr. 7 LOS gestützt, der die Vereine grundsätzlich dazu verpflichtet, „sämtliche Verträge mit Spielern sowie Transfervereinbarungen mit anderen Vereinen dem Ligaverband vorzulegen“.

480 Vgl. MünchKomm-Einsele, § 125, Rn. 69.

481 Vgl. dazu oben Kapitel 3/D/IV.

IV. Bindung nach Ablauf der Ausleihe

Schließlich ist nach § 5 Nr. 2 LOS spezielle Voraussetzung eines wirksamen Ausleihgeschäfts, dass „eine vertragliche Bindung mit dem verleihenden Verein nach dem Ende der Ausleihe besteht“. Auch dieses Erfordernis, das die zeitliche begrenzte Überlassung eines Spielers von einem auf Dauer angelegten Wechsel in Form eines Transfers abgrenzt, halten die an der Ausleihe beteiligten Parteien ein. Entweder schließen Verleiher und Spieler zeitgleich mit dem Auflösungsvertrag einen neuen Arbeitsvertrag, der zeitlich nach Ablauf des Arbeitsvertrages zwischen Entleiher und Spieler in Kraft tritt. Oder Verleiher und Spieler schließen zumindest einen Vorvertrag, mit dem sich beide verpflichten, einen entsprechenden Anschlussarbeitsvertrag zu einem späteren Zeitpunkt zu schließen. In jedem Fall bindet sich der Spieler für die Zeit nach Ende der Ausleihe vertraglich an den Verleiher, so dass auch die Voraussetzung des § 5 Nr. 2 LOS erfüllt ist.

V. Kein Verstoß gegen Verbandsrecht

Im Ergebnis entspricht die von der Praxis gewählte vertragliche Konstruktion exakt den Regelungen, die die DFL in der Lizenzordnung Spieler hinsichtlich Transfer[482] und Ausleihe vorgegeben hat. Die Verbandsvorschriften stehen also der Wirksamkeit der Spielerleihe in der jetzigen Form nicht entgegen.

C. Vereinbarkeit der Spielerleihe mit staatlichem Recht

Trotz der autonomen Rechtsetzungsbefugnis der Verbände steht der Sport nicht außerhalb der staatlichen Rechtsordnung. Vielmehr folgt die Verbands- und Vereinsautonomie aus Art. 9 GG und ist damit gerade Teil des staatlichen Rechts. Vereine und Verbände müssen sich also hinsichtlich ihres Handelns ständig am Normengefüge messen lassen.[483] Zwar sind bei Anwendung und Auslegung von Normen gegebenenfalls spezielle Werte des Sports – wie zum Beispiel das allgemeine Fairness-Gebot („Fair-Play“) – zu beachten.[484]

482 Die Regelungen zum endgültigen Transfer finden auf die Ausleihe nach § 5 Nr. 2 LOS entsprechende Anwendung.

483 PHB SportR-Summerer, 2. Teil, Rn. 2.

484 PHB SportR-Pfister, Einführung, Rn. 24.

Die vom Gesetzgeber aufgestellten Grenzen der Privatautonomie, insbesondere die zwingenden Vorschriften des Arbeitsrechts, gelten aber auch im Bereich des Sports[485] und sind demnach auch bei der Beurteilung der Rechtmäßigkeit der Spielerleihe zu berücksichtigen.

I. Maßgeblichkeit des deutschen Rechts

Betrachtet man die Ausleihgeschäfte im deutschen Fußball, so werden bei weitem nicht alle Spieler innerhalb Deutschlands verliehen. Vielmehr gibt es auch eine Vielzahl von Ausleihgeschäften mit grenzüberschreitendem Bezug.

> In der Saison 2009/2010 haben die Vereine der 1. und 2. Bundesliga insgesamt 96 Spieler ver- oder entliehen. An 53 % dieser Leihgeschäfte war ein ausländischer Club beteiligt. Lediglich 45 Spieler wurden innerhalb des deutschen Fußballs verliehen.

Bei grenzüberschreitenden Spielerleihen ist vorab zu prüfen, welche Rechtsordnung auf die im Rahmen der Ausleihe geschlossenen Verträge anzuwenden und als Maßstab für die Rechtmäßigkeit dieser Verträge heranzuziehen ist. Für die Beantwortung dieser Frage ist das im EGBGB bzw. in der Rom I-VO[486] verortete Kollisionsrecht maßgeblich. Dabei ist hinsichtlich der vom Spieler unterzeichneten Arbeitsverträge einerseits und des zwischen den Vereinen geschlossenen Leihvertrags andererseits zu differenzieren.

1. Auf die Spielerarbeitsverträge anzuwendendes Recht

Für die befristeten Arbeitsverträge, die der Spieler mit dem Entleiher und dem Verleiher abschließt, findet sich der Anknüpfungspunkt in Art. 30 Abs. 2 Nr. 1 EGBGB bzw. Art. 8 Abs. 2 S. 1 Rom I-VO: Sofern die Parteien das anzuwendende Recht nicht gewählt haben, unterliegen Arbeitsverträge dem

485 Insoweit besteht also ein Vorrang des staatlichen Rechts vor den Satzungen und Ordnungen der Sportverbände, PHB SportR-Summerer, 2. Teil, Rn. 10.

486 Verordnung (EG) Nr. 593/2008 des Europäischen Parlaments und des Rates vom 17. Juni 2008 über das auf vertragliche Schuldverhältnisse anzuwendende Recht (Rom I), Amtsblatt der EU Nr. L 177 v. 4.7.2008, S. 6 ff.

Recht des Staates, in dem der Arbeitnehmer gewöhnlich seine Arbeit verrichtet.[487]

Der gewöhnliche Arbeitsort im Sinne des Art. 30 Abs. 2 Nr. 1 EGBGB bzw. Art. 8 Abs. 2 S. 1 Rom I-VO ist auch in dem Zeitraum das entscheidende Kriterium für das anzuwendende Recht, in dem der Spieler für den Entleiher spielt. Denn da der Spieler für die Dauer der Ausleihe einen neuen Arbeitsvertrag mit dem Entleiher schließt und allein dieser dem Spieler gegenüber weisungsbefugt ist, handelt es sich – anders als im Falle einer klassischen Arbeitnehmerüberlassung[488] – nicht um eine lediglich „vorübergehende Entsendung" im Sinne des Art. 30 Abs. 2 Nr. 1 EGBGB bzw. Art. 8 Abs. 2 S. 2 Rom I-VO.[489]

Im Sommer 2009 wurde der österreichische Nationalspieler Ivanschitz vom griechischen Erstligisten Panathinaikos Athen gegen Zahlung einer Ausleihgebühr von 1,5 Mio. Euro an den 1. FSV Mainz 05 ausgeliehen. Auch wenn dieser Wechsel auf Zeit erfolgte, handelt es sich nicht um eine bloß „vorübergehende Entsendung" im Sinne des Art. 30 Abs. 2 Nr. 1 EGBGB bzw. Art. 8 Abs. 2 S. 2 Rom I-VO. Denn Ivanschitz schloss im Zuge der Ausleihe einen neuen Arbeitsvertrag mit Mainz 05. Vielmehr ist auf diesen Arbeitsvertrag gemäß Art. 30 Abs. 2 Nr. 1 EGBGB bzw. Art. 8 Abs. 2 S. 1 Rom I-VO deutsches Recht anzuwenden, da der Spieler für die Dauer der Ausleihe seine Arbeit in Deutschland verrichtet.

2. Auf den Leihvertrag der Vereine anzuwendendes Recht

Welche Rechtsordnung auf den von Verleiher und Entleiher geschlossenen Leihvertrag anzuwenden ist, richtet sich grundsätzlich nach den kollisionsrechtlichen Normen der Art. 27, 28 EGBGB bzw. Art. 3, 4 Rom I-VO. Es ist aber zu beachten, dass sich bezüglich des Leihvertrages speziell die Frage stellt, ob dieser nicht wegen Verstoßes gegen die Erlaubnispflicht des § 1 Abs. 1 S. 1 AÜG unwirksam ist. Die §§ 1 - 10 AÜG gehören jedoch zu den inter-

---

487 Sogenannte „objektive Anknüpfung". Vgl. dazu ErfK-Schlachter, Art. 27, 30, 34 EGBGB, Rn. 7 ff.; MünchArbR-Oetker, § 11, Rn. 28 ff; Preis, Arbeitsrecht, § 14, III 1.

488 Vgl. Schüren/Hamann-Riederer von Paar, Einleitung, Rn. 634; Thüsing, Einführung, Rn. 55 f.

489 „Wenn die Zuordnung der Weisungsbefugnis längerfristig wechselt und der „entsendende" Arbeitgeber keine Dispositionsbefugnis über den Arbeitnehmer mehr behält, wechselt auch die maßgebliche Rechtsordnung", ErfK-Schlachter, Art. 27, 30, 34 EGBGB, Rn. 9.

national zwingenden Bestimmungen im Sinne des Art. 34 EGBGB bzw. Art. 9 Abs. 1 Rom I-VO.[490] Unabhängig von den Art. 27, 28 EGBGB bzw. Art. 3, 4 Rom I-VO haben die Vereine somit bei grenzüberschreitenden Spielerleihen stets die deutsche Erlaubnispflicht des § 1 AÜG zu beachten, sofern dessen Anwendungsbereich für Ausleihgeschäfte im Sport eröffnet ist.[491] Dies gilt sowohl für das Verleihen von Spielern an ausländische Clubs als auch für das Entleihen von Spielern von ausländischen Clubs.

II. Verstoß gegen das Teilzeit- und Befristungsgesetz

1. Die Befristungspraxis im Sport

Nicht nur in den klassischen Mannschaftssportarten wie Fußball, Handball und Eishockey, sondern generell im professionellen Sport werden mit den Sportlern und Trainern lediglich befristete Arbeitsverträge geschlossen.[492] Dies hat für die Vereine und Verbände den Vorteil, dass man sich sowohl von den Sportlern als auch von den Trainern nach Ablauf des Arbeitsvertrages problemlos trennen kann, ohne das Arbeitsverhältnis nach den §§ 620 ff. BGB kündigen und gegebenenfalls die Vorschriften des Kündigungsschutzgesetzes beachten zu müssen. Gerade um die Umgehung des Kündigungsschutzes zu vermeiden, ist eine Befristung allerdings nur unter Beachtung des Teilzeit- und Befristungsgesetzes zulässig, § 620 Abs. 3 BGB.[493] Grundsätzlich bedarf es nach § 14 Abs. 1 TzBfG für die Befristung des Arbeitsvertrages eines Sachgrundes; nur unter den Voraussetzungen des § 14 Abs. 2 TzBfG ist als „Ausnahme von der Ausnahme“[494] die sachgrundlose Befristung eines Arbeitsvertrages möglich.

---

490 So die überwiegende Ansicht: MünchArbR-Oetker, § 11, Rn. 103, m. w. N. Dasselbe Ergebnis ergibt sich dann, wenn man § 1 AÜG zu den öffentlich-rechtlichen Vorschriften zählt und an das Territorialitätsprinzip anknüpft; so beispielsweise Schüren/Hamann-Riederer von Paar, Einleitung, Rn. 613 ff.; Thüsing, Einführung, Rn. 45.

491 Vgl. dazu die Ausführungen unten III.

492 Vgl. Ascheid/Preis/Schmidt-Backhaus, § 14 TzBfG, Rn. 295; Beckmann, in: FS Arbeitsgemeinschaft Arbeitsrecht, 2006, 1145 (1154); Fischer, SpuRt 1997, 181 (184).

493 Vgl. BAG, Urt. v. 12.10.1960, AP Nr. 16 zu § 620 BGB Befristeter Arbeitsvertrag; Horst/Persch, RdA 2006, 166 (167); Beathalter, in: FS Fenn, 2000, 27 (29); Lieb/Jacobs, Arbeitsrecht, Rn. 411.

494 So Bruns, NZA 2008, 1269 (1271).

Einfluss auf die Befristungspraxis der Vereine hatte auch das „Bosman-Urteil“[495] des Europäischen Gerichtshofs. Vor dieser Entscheidung war es im Berufsfußball gängige Praxis, Verträge auf bis zu zwei Jahre zu befristen, so dass es eines Sachgrundes gemäß § 14 Abs. 2 S. 1 TzBfG regelmäßig nicht bedurfte. Der Grund für die kurze Befristung der Arbeitsverträge lag darin, dass ein Verein nach den Statuten des DFB auch dann seine Freigabe erklären musste, wenn der Spieler nach Ablauf seines Arbeitsvertrages zu einem anderen Verein wechseln wollte. Die Abgabe der Freigabeerklärung ließ sich der Verein durch Zahlung einer Ablöse vergüten. Im Jahre 1995 entschied der Europäische Gerichtshof jedoch, dass die Pflicht zur Zahlung einer Ablöse nach Beendigung des Arbeitsvertrages den Spieler in dessen Arbeitnehmer-Freizügigkeit beeinträchtige, die Verbandsstatuten insofern also gegen Art. 45 AEUV[496] verstoßen.[497] Um dennoch die Möglichkeit zu wahren, im Falle eines vorzeitigen Wechsels des Spielers eine Ablöse zu erhalten, entschlossen sich die Vereine in der Zeit nach Bosman dazu, längerfristige Verträge mit den Spielern abzuschließen.

Nunmehr werden im Berufsfußball die Arbeitsverträge mit den Spielern auf drei, vier oder fünf Jahre befristet.[498] Arbeitsrechtlich hat dies zur Folge, dass regelmäßig ein sachlicher Grund gegeben sein muss, der die Befristung des Arbeitsvertrages rechtfertigt. Fehlt ein solcher Sachgrund ist die Befristung unwirksam und der befristete Arbeitsvertrag gilt als auf unbestimmte Zeit geschlossen, § 16 S. 1 TzBfG. Der Spieler kann sich dann auf das Fortbestehen des Arbeitsverhältnisses berufen.

2. Abschluss befristeter Arbeitsverträge im Rahmen der Spielerleihe

Im Zusammenhang mit dieser generellen Befristungspraxis bei den Spielerverträgen im Sport hat das Befristungsrecht für Ausleihgeschäfte gleich in zweifacher Hinsicht Relevanz. Denn der Spieler schließt nicht nur einen auf die Dauer der Überlassung befristeten Arbeitsvertrag mit dem Entleiher, son-

495 Der Inhalt der EuGH-Entscheidung ist zusammengefasst dargestellt im PHB SportR-Summerer, 7. Teil, Rn. 65 ff.

496 Vormals Art. 39 EGV.

497 EuGH, Urt. v. 15.12.1995, Slg. I-04921 - Bosman. Sehr kritisch zur Richtigkeit dieses Urteils äußerten sich u. a. Scholz/Aulehner, SpuRt 1996, 44 ff.

498 Vgl. Beckmann, in: FS Arbeitsgemeinschaft Arbeitsrecht, 2006, 1145 (1148); Neuß, RdA 2003, 161 (169); Schamberger, SpuRt 2002, 228; PHB SportR-Fritzweiler, 3. Teil, Rn. 56; diese Entwicklung voraussehend Scholz/Aulehner, SpuRt 1996, 44 (47); Wehrheim, BB 2004, 433 (434).

dern zusätzlich – zur Sicherung seiner Rückkehr – einen weiteren befristeten Anschlussarbeitsvertrag mit dem Verleiher, der nach Ende der Ausleihe in Kraft tritt. Die Leihgabe von Berufssportlern ist in ihrer jetzigen Form also nur dann zulässig, wenn auch die Befristungen der im Rahmen der Spielerleihe geschlossenen Arbeitsverträge nach dem Teilzeit- und Befristungsgesetz rechtmäßig sind. Dies gilt im Übrigen auch dann, wenn auf die Spielerleihe das Arbeitnehmerüberlassungsgesetz Anwendung finden sollte.[499] Denn nach Aufhebung des § 3 Abs. 1 Nr. 3 AÜG a. F., der besondere Voraussetzungen für die Befristung des Leiharbeitsverhältnisses nannte, sind auf die Arbeitnehmerüberlassung seit 2004 die allgemeinen Vorschriften des Teilzeit- und Befristungsgesetzes anzuwenden.[500]

3. Die Zulässigkeit der Befristung des Arbeitsvertrages zwischen Spieler und Entleiher

a. Sachgrundlose Befristung nach § 14 Abs. 2 TzBfG

Im Profifußball werden nahezu alle Ausleihgeschäfte für die Dauer von maximal zwei Jahren abgeschlossen. In der Spielzeit 2004/2005 gab es in den fünf wichtigsten europäischen Ligen lediglich fünf der insgesamt knapp 500 Ausleihgeschäfte, die für zweieinhalb oder drei Jahre erfolgten. In den meisten Fällen muss sich ein Verein, der einen Spieler nicht dauerhaft an sich binden, sondern lediglich ausleihen möchte, mit der oben aufgezeigten Befristungsproblematik überhaupt nicht auseinandersetzen. Die Befristung des Arbeitsvertrages zwischen Spieler und Entleiher ist vielmehr in aller Regel nach § 14 Abs. 2 S. 1 TzBfG zulässig, ohne dass es eines Sachgrundes für die Befristung bedarf.

Etwas anderes gilt zum einen dann, wenn der Entleiher den Spieler für mehr als zwei Jahre ausleihen möchte. Zum anderen ist die sachgrundlose Befristung nach § 14 Abs. 2 S. 2 TzBfG nicht zulässig, wenn „mit demselben Arbeitgeber bereits zuvor ein befristetes oder unbefristetes Arbeitsverhältnis bestanden hat".[501]

499 Zur Frage, ob das Arbeitnehmerüberlassungsgesetz auf die Spielerleihe (entsprechend) anwendbar ist, vgl. unten Punkt II.

500 Vgl. Boemke/Lembke, § 3, Rn. 66; Schüren/Hamann, Einleitung, Rn. 255 ff.; MünchArbR-Schüren, § 318, Rn. 98.

501 Vor allem durch diese Einschränkung des § 14 Abs. 2 S. 2 TzBfG soll der Zweck der Norm, die Vermeidung von Kettenarbeitsverhältnissen, besonders nachdrück-

Claudio Pizarro spielte von 1999 bis 2001 bei Werder Bremen, wechselte dann zum FC Bayern München und anschließend zum FC Chelsea in die englische Premier League. Im Sommer 2008 lieh Werder Bremen Pizarro von Chelsea für ein Jahr gegen Zahlung einer Ausleihgebühr in Höhe von 1,5 Mio. Euro aus.

Zwar betrug auch im Falle Pizarros die Ausleihdauer weniger als zwei Jahre. Die Befristung des Arbeitsvertrages war dennoch zumindest nicht nach § 14 Abs. 2 S. 1 TzBfG zulässig, da zwischen Werder Bremen und dem Spieler Pizarro bereits in der Vergangenheit ein – ebenfalls befristetes – Arbeitsverhältnis bestand.

b. Vertretung eines anderen Arbeitnehmers

Nach § 14 Abs. 1 S. 2 Nr. 3 TzBfG liegt ein sachlicher Grund für den Abschluss eines befristeten Arbeitsvertrages vor, „wenn der Arbeitnehmer zur Vertretung eines anderen Arbeitnehmers beschäftigt wird". Diese Vorschrift ist immer dann einschlägig, wenn durch einen zeitweiligen Ausfall eines Arbeitnehmers der Personalbedarf des Arbeitgebers nicht mehr gedeckt ist. Insbesondere sind Krankheitsfälle unter § 14 Abs. 1 S. 2 Nr. 3 TzBfG zu fassen.

Wie bereits oben dargestellt, kann ein Motiv des Vereins, einen Spieler vorübergehend auszuleihen anstatt ihn zu „kaufen", darin bestehen, verletzungsbedingte Ausfälle im Kader zu kompensieren. Können kurzzeitige Verletzungen oder Krankheiten eines Spielers möglicherweise noch durch Ersatzspieler des eigenen Teams aufgefangen werden, so ist es bei schwerwiegenden Verletzungen wie zum Beispiel bei einem Kreuzbandriss oftmals unumgänglich, für die Dauer der Genesung einen gleichwertigen Ersatzspieler auszuleihen. Verzichtet man auf eine solche Ausleihe, kann dies erhebliche sportliche (und im Ergebnis dann auch finanzielle) Konsequenzen für den Verein haben.

Leiht ein Verein einen Spieler als Ersatz für einen verletzten Spieler aus, so ist Befristung des Arbeitsvertrages nach § 14 Abs. 1 S. 2 Nr. 3 TzBfG zulässig. Nicht zwingend erforderlich ist dabei, dass der Entleiher bei der Verletzung eines Stürmers auch einen Stürmer als Ersatzspieler verpflichtet. Die

---

lich verfolgt werden. Zudem wurde mit § 14 Abs. 2 S. 2 TzBfG eine Reglungslücke des Beschäftigungsförderungsgesetzes geschlossen, nach der es Arbeitgebern möglich war, mit demselben Arbeitnehmer nach Ablauf des mit Sachgrund befristeten Arbeitsvertrages einen weiteren sachgrundlos befristeten Arbeitsvertrag zu schließen. Vgl. dazu auch Laux/Schlachter, § 14, Rn. 93 und ErfK-Müller-Glöge, § 14 TzBfG, Rn. 92 f.

Anwendbarkeit der Vorschrift setzt nicht mehr voraus, dass die Ersatzkraft unmittelbar die Aufgaben des Vertretenen übernimmt.[502] So kann beispielsweise der Entleiher seine Taktik umstellen, nur noch mit einem Stürmer spielen und als Ersatz für den verletzten Stürmer einen Mittelfeldspieler ausleihen, ohne dass dies die Befristung des Arbeitsvertrages unzulässig machen würde.

c. Spielerleihe zur Erprobung

Sofern ein Verein einen Spieler ausleiht, um so herauszufinden, ob der Spieler überhaupt den sportlichen Anforderungen genügt bzw. die ihm zugedachte Rolle in der Mannschaft ausfüllen kann, kann eine Befristung des Arbeitsvertrages gemäß § 14 Abs. 1 S. 2 Nr. 5 TzBfG zulässig sein. Nach dieser Vorschrift ist der befristete Abschluss eines Arbeitsvertrages zum Testen der Leistungsfähigkeit und Eignung des Arbeitnehmers gestattet.[503] Da allerdings die Erprobung des Spielers nur dann sinnvoll ist, wenn auch eine anschließende (dauerhafte) Verpflichtung möglich ist, wird dieser Sachgrund regelmäßig nur dann einschlägig sein, wenn sich der Entleiher im Rahmen des Leihvertrages mit dem Verleiher zugleich eine Kaufoption gesichert hat.[504]

In zeitlicher Hinsicht steht die Dauer der Erprobung nicht im Belieben des Arbeitgebers. Die Befristung darf sich vielmehr nur auf einen solchen Zeitraum erstrecken, der auch für die Erprobung eines Arbeitnehmers erforderlich ist.[505] Im Berufsfußball dürfte daher von § 14 Abs. 1 S. 2 Nr. 5 TzBfG eine Befristung des Spielerarbeitsvertrages und damit eine Ausleihdauer von maximal einem Jahr gedeckt sein. Dies wird regelmäßig ausreichen, um sich ein Bild von der tatsächlichen Stärke eines Spielers im Team zu machen.

d. Wunsch des Arbeitnehmers

Schließlich können nach § 14 Abs. 1 Satz 2 Nr. 6 TzBfG in der Person des Arbeitnehmers liegende Gründe die Befristung des Arbeitsvertrages rechtfer-

---

502 BAG, Urt. v. 21.2.2001, AP Nr. 228 zu § 620 BGB Befristeter Arbeitsvertrag; KR-Lipke, § 14 TzBfG, Rn. 134; Laux/Schlachter, § 14, Rn. 44; Zöllner/Loritz/Hergenröder, Arbeitsrecht, § 22, I 3 c).

503 Annuß/Thüsing-Maschmann, § 14, Rn. 55. Hinsichtlich der Erprobung eines Trainers Dieterich, NZA 2000, 857 (858).

504 Zur Möglichkeit der Vereinbarung einer Kaufoption im Leihvertrag vgl. oben Kapitel 3/B/II/2.

505 Annuß/Thüsing-Maschmann, § 14, Rn. 57; KR-Lipke, § 14 TzBfG, Rn. 219; Ascheid/Preis/Schmidt-Backhaus, § 14 TzBfG, Rn. 259; Laux/Schlachter, § 14, Rn. 59; MünchArbR-Wank, § 95, Rn. 80.

tigen. Als Rechtfertigungsgrund kommt bei der Spielerleihe insbesondere der Wunsch des Spielers, verliehen zu werden, in Betracht.

Über die Ausleihe eines Spielers müssen sich nicht nur die beteiligten Vereine einigen. Auch der Spieler selbst muss dem Ausleihgeschäft zustimmen, da er mit dem Verleiher einen laufenden Arbeitsvertrag hat, der im Zuge der Ausleihe aufgelöst werden muss. Insoweit unterscheidet sich die Ausgangslage bei der Spielerleihe im Sport von der sonst bei Abschluss eines befristeten Arbeitsvertrages vorliegenden Situation: Dort steht der Arbeitnehmer vor der Wahl, den ihm angebotenen befristeten Arbeitsvertrag in dieser Form anzunehmen oder aber weiter arbeitsuchend zu sein. Im Regelfall lastet also auf dem Arbeitnehmer ein deutlich höherer Druck als auf dem Profisportler, der an einen anderen Verein ausgeliehen werden soll.

Aber auch die Rechtsprechung hat anerkannt, dass es Situationen gibt, in denen es gerade dem Wunsch des Arbeitnehmers entspricht, einen befristeten Arbeitsvertrag statt eines unbefristeten Vertrages abzuschließen. Bestehen bei Abschluss des Arbeitsvertrages objektive Anhaltspunkte[506], die einen solchen Wunsch des Arbeitnehmers dokumentieren, wird dem Arbeitnehmer der Schutz des Teilzeit- und Befristungsgesetzes nicht aufgezwungen. Vielmehr ist die Befristung des Arbeitsverhältnisses in einem solchen Fall wegen eines in der Person des Arbeitnehmers liegenden Grundes gemäß § 14 Abs. 1 S. 2 Nr. 6 TzBfG zulässig.

Bei der Spielerleihe im Berufssport folgt aus der Mitwirkungsbedürftigkeit des Sportlers, dass dieser immer auch ein eigenes Motiv zum Abschluss des Ausleihgeschäfts hat. Würde ein solches eigenes Interesse an der Ausleihe nicht existieren, würde der Spieler auf Einhaltung des Arbeitsvertrages mit dem Verleiher beharren und seine Zustimmung verweigern. Dieses Motiv des Spielers kann grundsätzlich der objektive Anhaltspunkt dafür sein, dass die Befristung des Arbeitsvertrages mit dem Entleiher auf Wunsch des Spielers als Arbeitnehmer erfolgte und diese Befristung daher nach § 14 Abs. 1 S. 2 Nr. 6 TzBfG zulässig ist. Dies gilt insbesondere dann, wenn – wie es oftmals in der Praxis der Fall ist – gerade der Spieler auf seinen Verein zukommt und ihn bittet, zeitweise den Verein verlassen zu dürfen, die Spielerleihe also gerade auf Initiative des Spielers hin erfolgte. Eine Befristung auf Eigenwunsch liegt allerdings nicht allein im Einverständnis des Spielers zum Abschluss des Ausleihgeschäfts. Es ist vielmehr entscheidend, dass sich der Wunsch und das

506 BAG, Urt. v. 6.11.1996, AP Nr. 188 zu § 620 BGB Befristeter Arbeitsvertrag; vgl. dazu auch KR-Lipke, § 14 TzBfG, Rn. 244; Laux/Schlachter, § 14, Rn. 62.

Gestaltungsinteresse des Arbeitnehmers konkret auf die Befristung beziehen, der Arbeitnehmer also auch bei einem Angebot des Arbeitgebers auf Abschluss eines unbefristeten Arbeitsvertrages nur einen befristeten vereinbart hätte.[507] Dies ist zum Beispiel bei einem Spieler zu bejahen, der bewusst für nur eine Saison – gegebenenfalls sogar unter Inkaufnahme einer Gehaltseinbuße – zu einem sportlich unattraktiveren Verein wechselt, um dort als Stammspieler die erforderliche Spielpraxis zu erhalten und sich so wieder für seinen alten Verein oder die Nationalmannschaft zu empfehlen.

4. Die Zulässigkeit der Befristung des Anschlussarbeitsvertrages zwischen Spieler und Verleiher

a. Sachgrundlose Befristung nach § 14 Abs. 2 TzBfG

Ist das im Rahmen der Spielerleihe geschlossene Arbeitsverhältnis zwischen Spieler und Entleiher regelmäßig gemäß § 14 Abs. 2 TzBfG in zulässiger Weise sachgrundlos befristet, da die Vertragslaufzeit in den meisten Fällen zwei Jahre oder weniger beträgt, kann der Anschlussarbeitsvertrag zwischen Spieler und Verleiher niemals wirksam sachgrundlos befristet werden. Für die Ausleihe ist wesentlich, dass der Spieler nach Ende der Ausleihdauer zu seinem alten Verein zurückkehrt, mit dem auch bereits vor der Ausleihe ein (befristetes) Arbeitsverhältnis bestand. § 14 Abs. 2 S. 2 TzBfG verbietet aber in einem solchen Fall gerade eine sachgrundlose Befristung, selbst wenn die Laufzeit des Vertrages zwei Jahre nicht überschreitet. Die Befristung des Anschlussarbeitsvertrages bedarf demnach stets eines Sachgrundes. Für dieses Arbeitsverhältnis, das erst nach Ende der Ausleihe in Kraft tritt, sind allerdings keine speziellen sachlichen Gründe ersichtlich, die ihren Ursprung gerade in dem Abschluss des Ausleihgeschäfts selbst haben. Vielmehr ist ein Rückgriff auf die Sachgründe erforderlich, die auch außerhalb eines Ausleihgeschäfts als Rechtfertigung für den Abschluss lediglich befristeter Arbeitsverträge diskutiert werden.[508]

507 Vgl. BAG, Urt. v. 6.11.1996, AP Nr. 188 zu § 620 BGB Befristeter Arbeitsvertrag; Ascheid/Preis/Schmidt-Backhaus, § 14 TzBfG, Rn. 351; ErfK-Müller-Glöge, § 14 TzBfG, Rn. 61; KR-Lipke, § 14 TzBfG, Rn. 244; Laux/Schlachter, § 14, Rn. 62; Preis, Arbeitsrecht, § 70, II 1 c); Zöllner/Loritz/Hergenröder, Arbeitsrecht, § 22, I 3 c).

508 Ein Rückgriff auf diese allgemein in Bezug auf befristete Arbeitsverträge im Sport diskutierten Sachgründe ist natürlich auch für das Arbeitsverhältnis zwischen Spieler und Entleiher möglich, sollte im konkreten Fall weder eine nach § 14 Abs. 2 TzBfG

b. Üblichkeit als sachlicher Grund

Auch wenn es im Sport der gängigen Praxis entspricht, die Arbeitsverträge mit den Spielern zu befristen, so kann die Üblichkeit selbst die Befristung nicht rechtfertigen. Das Bundesarbeitsgericht sieht in ihr lediglich ein Indiz dafür, dass es anzuerkennende Bedürfnisse in der Praxis gibt, befristete Arbeitsverträge abzuschließen. Die Üblichkeit stellt aber keinen Sachgrund im Sinne des § 14 Abs. 1 TzBfG dar.[509] Etwas anderes könnte allenfalls dann gelten, wenn die durchgängige Befristungspraxis im Sport dazu geführt hätte, dass die Üblichkeit zu Gewohnheitsrecht erstarkt wäre und sich daraus – unabhängig vom Teilzeit- und Befristungsgesetz – die Zulässigkeit der Befristung ergibt. Es ist jedoch zu beachten, dass der Rückgriff auf Gewohnheitsrecht in der Regel dann nicht möglich sein wird, wenn die Rechtsfrage bereits ausdrücklich gesetzlich geregelt ist.[510] Dies gilt im konkreten Fall insbesondere auch deshalb, da es sich bei den Vorschriften des Teilzeit- und Befristungsgesetzes, die die Zulässigkeit einer Befristung grundsätzlich vom Vorliegen eines Sachgrundes abhängig machen, um eine gesetzgeberische Entscheidung aus der jüngeren Vergangenheit handelt, und die Vorschrift des § 14 TzBfG sogar Teil des zwingenden Gesetzesrechts ist[511].

c. Verschleißtatbestand

Hinsichtlich der befristeten Arbeitsverträge zwischen Vereinen bzw. Verbänden und Sporttrainern hat die Rechtsprechung den sogenannten Verschleißtatbestand entwickelt. Laut Bundesarbeitsgericht kann ein Sachgrund im Sin-

---

sachgrundlose Befristung zulässig, noch die oben dargestellten speziellen Sachgründe einschlägig sein.

509 BAG, Urt. v. 29.10.1998, NZA 1999, 646 (648): Die Üblichkeit von Befristungsvereinbarungen ist nur dann von Bedeutung, wenn sie ihrerseits von einem Sachgrund getragen ist; Ascheid/Preis/Schmidt-Backhaus, § 14 TzBfG, Rn. 295 u. 37 f.; Bruns, NZA 2008, 1269 (1274); KR-Lipke, § 14 TzBfG, Rn. 208; Schamberger, SpuRt 2002, 228 (230). Maßgeblich auf die Üblichkeit stellt dagegen Imping, Die arbeitsrechtliche Stellung des Fußballspielers, 1995, 114 f., ab.

510 Ist eine Rechtsfrage ausdrücklich gesetzlich geregelt und spricht auch eine Auslegung der Vorschriften nicht gegen die Anwendbarkeit dieser Normen auf einen bestimmten Sachverhalt, dürfte es den Beteiligten regelmäßig an der Überzeugung der Notwendigkeit („opinio necessitatis") einer solchen Regelung fehlen, welche jedoch Voraussetzung für die Entstehung von Gewohnheitsrecht ist.

511 Auf diesen Aspekt stellt auch maßgeblich Bruns, NZA 2008, 1269 (1274), ab. Vgl. aber auch Larenz, Methodenlehre, 433: Es genügt, dass das nun entstandene Gewohnheitsrecht vorrangigen Rechtsprinzipien nicht widerspricht.

ne des § 14 Abs. 1 S. 2 Nr. 4 TzBfG[512] in dem Umstand liegen, dass auch die Wirkung der Persönlichkeit des Trainers über Erfolg und Misserfolg der Trainerarbeit entscheidet. Bei immer gleichbleibender Umgebung würden möglicherweise eine Ermüdung und ein Verschleiß eintreten, die die Entwicklung der zu betreuenden Sportler hemmen könnten.[513]

Es ist aber zum einen zu berücksichtigen, dass die Rechtsprechung diesen Befristungsgrund eher restriktiv handhabt. So machte das Bundesarbeitsgericht in seiner Entscheidung vom 29.10.1998 zur Voraussetzung für die Anwendbarkeit des Verschleißtatbestandes, dass die vereinbarte Befristung überhaupt geeignet ist, der Gefahr eines Verschleißes in der Beziehung zwischen Trainer und Sportler wirksam vorzubeugen. Dazu sei jedenfalls eine lange Verweildauer der betreuten Sportler erforderlich.[514] Zum anderen kann der Verschleißtatbestand – zumindest in den für die Spielerleihe relevanten Mannschaftssportarten – nicht als Sachgrund einer Befristung des Arbeitsverhältnisses zwischen Spieler und Verein herangezogen werden. Wenn nämlich die Vereine schon den Trainer ihrer Mannschaft mit Hinweis auf eine abnehmende Motivationsfähigkeit nur mit einem befristeten Arbeitsvertrag ausstattet, um ihn im Falle des Verschleißes kurzfristig wechseln zu können, können sich die Vereine hinsichtlich der Befristung der Spielerverträge nicht zugleich auf den Verschleißtatbestand berufen.[515]

d. Zukünftige Leistungsentwicklung des Spielers

Zudem wird zur Rechtfertigung der Befristung eines Spielerarbeitsvertrages angeführt, die für den Verein als Arbeitgeber bestehende Unsicherheit über die zukünftige Leistungsentwicklung des Spielers stelle einen „in der Person des Arbeitnehmers liegenden Grund“ im Sinne des § 14 Abs. 1 S. 2 Nr. 6

512 Der Verschleißtatbestand wird mehrheitlich als Sachgrund im Sinne von § 14 Abs. 1 S. 2 Nr. 4 TzBfG angesehen. So zum Beispiel Bauer/Pulz, SpuRt 2001, 56; ErfK-Müller-Glöge, § 14 TzBfG, Rn. 44; Horst/Persch, RdA 2006, 166 (167); Laux/Schlachter, § 14, Rn. 53. Bruns, NZA 2008, 1269 (1273), hält den Verschleißtatbestand für einen anderen ungeschriebenen Sachgrund.

513 BAG, Urt. v. 29.10.1998, NZA 1999, 646 (647 f.).

514 Vgl. BAG, Urt. v. 29.10.1998, NZA 1999, 646. Für Bruns, NZA 2008, 1269 (1270), ist aus diesem Grund der Verschleißtatbestand als Befristungsgrund praktisch bedeutungslos. Horst/Persch, RdA 2006, 166 (169), lehnen den Verschleißtatbestand als Sachgrund generell als ungeeignet ab.

515 Im Falle eines Verschleißes im Verhältnis Trainer zu Spielern wäre im Übrigen der Austausch der Spieler statt des Trainers im Mannschaftssport für den Verein sowohl sportlich als auch wirtschaftlich unsinnig.

TzBfG dar.[516] Teilweise wird in diesem Zusammenhang auch konkret auf die abnehmende Leistungsfähigkeit des Spielers im Alter abgestellt.[517]

aa. Unsicherheit über die Entwicklung des Leistungsvermögens

Allein die bestehende Unsicherheit darüber, ob der Spieler in zwei, drei oder vier Jahren körperlich noch in der Lage sein wird, den Profisport auf dem Niveau ausüben zu können, so wie es der Verein von ihm erwartet, kann eine Befristung des Arbeitsvertrages nicht rechtfertigen. Sollte ein Spieler in seiner Leistungsentwicklung hinter den Erwartungen seines Vereins zurückbleiben, verwirklicht sich darin ein allgemeines Risiko, das der Verein als Unternehmer zu tragen hat.[518] Es bestehen keine Anhaltspunkte dafür, warum dieses Risiko durch eine zulässige Befristung auf den Arbeitnehmer verlagert werden sollte. Vielmehr bleibt es dem Verein als Arbeitgeber unbenommen, den mangels Sachgrund unbefristeten Arbeitsvertrag im Falle einer tatsächlich eintretenden Leistungsminderung personen- oder verhaltensbedingt zu kündigen.

Anderer Ansicht ist insofern *Hausch*[519], der den Grund für eine solche Risikoverlagerung darin sieht, dass die Vereine den Nachweis der mangelnden Eignung faktisch nicht erbringen könnten. Dagegen ist jedoch einzuwenden, dass *Hausch* mit seinen Ausführungen lediglich die allgemeinen beweisrechtlichen Probleme eines jeden Unternehmers beschreibt, der einem Mitarbeiter wegen Minderleistung kündigen möchte.[520] Es ist zudem nicht ersichtlich, warum es den Vereinen im Profisport unmöglich sein soll, die mangelnde Eignung eines Spielers nachzuweisen. So bietet es sich an, anhand der tatsächlichen Einsatzzeiten eines Spielers darzulegen, dass dieser nicht (mehr) den sportlichen Anforderungen des Vereins genügt. Auf die tatsächlichen Ein-

---

516 Hausch, Langfristige Arbeitsverträge bei Lizenzfußballspielern, 2002, 8 f.; ders., SpuRt 2003, 103 (103 f.); Rybak, Das Rechtsverhältnis zwischen dem Lizenzfußballspieler und seinem Verein, 1998, 197.

517 LAG Nürnberg, Urt. v. 28.3.2006 - 7 SA 405/05, juris; Bohnau, Der Vereinswechsel des Lizenzfußballspielers, 2003, 73; Jungheim, RdA 2008, 222 (224); Rüsing, Sportarbeitsrecht, 2006, 42; so wohl auch PHB SportR-Fritzweiler, 3. Teil, Rn. 56.

518 So auch Bepler, in: FS Fenn, 2000, 43 (59); Schamberger, SpuRt 2002, 228 (230).

519 Hausch, SpuRt 2003, 103 (104 f.).

520 Allgemein zu den Schwierigkeiten, einen Arbeitnehmer wegen Schlecht- oder Minderleistung zu kündigen Beuthien, ZfA 1972, 73 ff.; Hromadka/Maschmann, § 6, Rn. 125 f.

satzzeiten stellen in diesem Zusammenhang beispielsweise auch die Verbandsstatuten von FIFA und DFL ab.[521]

Aus denselben Gründen kann auch die Möglichkeit, dass der Verein innerhalb der nächsten Jahre aufsteigen und der Spieler aus diesem Grund nicht mehr die erforderliche Leistungsfähigkeit besitzen wird[522], die Befristung des Arbeitsvertrages mit dem Spieler nicht rechtfertigen. Denn auch im Auf- sowie im Abstieg realisieren sich ausschließlich unternehmerische Risiken des Vereins. Die Zulässigkeit einer Befristungsabrede würde das Risiko der sportlichen Entwicklung des Vereins vollständig auf den Spieler verlagern, dessen Vertrag auch dann durch Zeitablauf enden würde, wenn der Verein in dieser Zeit nicht aufsteigt.[523] Allenfalls der Abschluss eines Vertrages mit einer auflösenden Bedingung für den Fall, dass der Verein auf- oder absteigt, würde die Risiken der sportlichen Entwicklung zwischen dem Spieler als Arbeitnehmer und dem Verein als Arbeitgeber angemessen verteilen und dadurch die Interessen des Vereins in zulässiger Weise wahren.[524]

Auch der Musterarbeitsvertrag der DFL sieht in § 10 Nr. 4 optional die Vereinbarung der Parteien vor, dass der Arbeitsvertrag nur für eine bestimmte Liga gilt. Bei dieser Klausel handelt es sich aber schon nicht um eine auflösende Bedingung im Sinne des § 21 TzBfG, da jede Partei das Recht hat, auf die Fortsetzung des Vertrages unter den geltenden Bedingungen zu bestehen: Steigt der Verein auf, sieht die Klausel zunächst Verhandlungen über die Vergütung des Spielers vor. Einigen sich die Parteien nicht, endet der Vertrag, es sei denn der Spieler optiert vorher durch schriftliche Erklärung auf Fortsetzung des Vertrages zu den bisherigen Bedingungen bis zum vorgesehenen Vertragsende. Beim Abstieg des Vereins gilt das Gesagte entsprechend. Einigen sich die Vereine in diesem Falle

521 So lautet Art. 15 des FIFA-Reglements bezüglich Status und Transfer von Spielern, der die Vertragsauflösung aus sportlich triftigen Grünen regelt: „Ein etablierter Berufsspieler, der während der Spielzeit in weniger als 10 % der offiziellen Spiele seines Vereins zum Einsatz gekommen ist, darf seinen Vertrag vorzeitig auflösen (sportlich triftiger Grund), wobei die Situation des Spielers zu berücksichtigen ist.“ Eine ähnliche Regelung findet sich in der Lizenzordnung Spieler für den deutschen Fußball. Nach § 8 Nr. 3 LOS kann ein Spieler seinen Vertrag aus sportlich triftigen Gründen kündigen, wenn er am Ende eines Spieljahres nachweisen kann, dass er nur in höchstens vier Pflichtspielen der Lizenzmannschaft eingesetzt worden ist.

522 Andeutungsweise so das LAG Nürnberg, Urt. v. 28.3.2006 - 7 SA 405/05, juris, Rn. 57.

523 Vgl. Bepler, in: FS Fenn, 2000, 43 (59); Hilpert, RdA 1997, 92 (98).

524 Zwar stellt § 21 TzBfG klar, dass auch für die Aufnahme einer auflösenden Bedingung in den Arbeitsvertrag ein Sachgrund erforderlich ist. Ein solcher Sachgrund ist aber dann – unter Berücksichtigung der angemessenen Verteilung der Risiken – in § 14 Abs. 1 S. 1 Nr. 1 TzBfG zu sehen; vgl. Annuß/Thüsing, § 21, Rn. 19.

nicht auf eine neue Vergütung, steht dem Verein das Optionsrecht zu, den Vertrag unter den bisherigen Bedingungen fortzusetzen.

bb. Abnehmende Leistungsfähigkeit im Alter

Zum Teil wird pauschal auf die abnehmende Leistungsfähigkeit im Alter bzw. die im Alter möglicherweise zu erwartenden körperlichen Defizite des Spielers abgestellt und so die Befristung der Arbeitsverträge älterer Profisportler gemäß § 14 Abs. 1 S. 2 Nr. 6 TzBfG gerechtfertigt.[525] Bei einer solchen Argumentation drängt sich allerdings die Frage auf, ob darin nicht eine unzulässige Diskriminierung wegen des Alters zu sehen ist.

Nach §§ 7, 1 AGG ist die Benachteiligung aus Gründen des Alters grundsätzlich verboten. Dies gilt nach § 2 Abs. 1 Nr. 2 AGG unter anderem für Entlassungs- und Beendigungsbedingungen in Arbeitsverhältnissen, so dass es auch regelmäßig unzulässig ist, bei der Befristung von Arbeitsverträgen hinsichtlich des Alters der jeweiligen Arbeitnehmer zu differenzieren.[526] Eine Rechtfertigung gemäß § 10 S. 3 Nr. 5 AGG kommt nicht in Betracht. Diese Vorschrift lässt eine unterschiedliche Behandlung von Arbeitnehmern durch eine Vereinbarung, welche die Beendigung des Beschäftigungsverhältnisses ohne Kündigung vorsieht, nur zu einem Zeitpunkt zu, zu dem der Beschäftigte eine Rente wegen Alters beantragen kann, was bei der Befristung von Arbeitsverträgen mit Profisportlern gerade nicht der Fall ist.

Die Befristung älterer Berufssportler könnte demnach allenfalls unter den Voraussetzungen des § 8 AGG gerechtfertigt sein.[527] Diese Norm lässt eine ungleiche Behandlung von Arbeitnehmern zu, wenn die Art der auszuübenden Tätigkeit oder die Bedingungen ihrer Ausübung eine wesentliche und entscheidende berufliche Anforderung darstellt. Die Leistungsfähigkeit ist auch eine solche entscheidende Anforderung, die der Berufssport an die Spieler stellt. Ohne eine entsprechende körperliche Fitness ist der Spieler als Arbeitnehmer nicht in der Lage, die ihm von seinem Verein als Arbeitgeber zugedachten Aufgaben zu erfüllen. Allerdings rechtfertigt § 8 AGG nur dann eine ungleiche Behandlung wegen beruflicher Anforderungen, wenn eine Abwägung zwischen dem Diskriminierungsschutz und der unternehmeri-

---

525 So insbesondere das LAG Nürnberg, Urt. v. 28.3.2006 - 7 SA 405/05, juris;

526 Zur diskriminierenden Befristung von Arbeitsverträgen vgl. Däubler/Bertzbach, § 7, Rn. 277 ff.

527 Bereits aus dem Wortlaut des § 10 S. 1 AGG ergibt sich, dass sich eine zulässige unterschiedliche Behandlung wegen des Alters auch aus § 8 AGG ergeben kann; vgl. Wendeling-Schröder/Stein, § 10, Rn. 4.

schen Freiheit nach dem Grundsatz der Verhältnismäßigkeit zugunsten der Interessen des Arbeitgebers ausfällt.[528]

Aus der Notwendigkeit einer Verhältnismäßigkeitsprüfung folgt zunächst einmal, dass das pauschale Berufen auf eine möglicherweise eintretende Leistungsminderung wegen des Alters des Spielers bzw. damit zusammenhängend auf zu erwartende körperliche Defizite nicht ausreichen kann, um eine Befristung des Arbeitsvertrages nach dem Teilzeit- und Befristungsgesetz rechtfertigen zu können. Dementsprechend überzeugen die Ausführungen des LAG Nürnberg nicht, das in seiner Entscheidung vom 28.3.2006 im Rahmen der Abwägung zur Begründung der Zulässigkeit der Befristung allgemein ausführte, Profifußballer im Alter von über 30 Jahren hätten ihren Leistungshöhepunkt überschritten und seien verletzungsanfälliger.[529]

> Dass Fußballspieler mit 30 Jahren ihren Leistungshöhepunkt überschritten haben, ist in dieser Pauschalität nicht haltbar. Als Gegenbeispiel sei hier der AC Mailand genannt, der 2007 die Champions League gewann und im Finale gleich neun Spieler einsetzte, die 30 Jahre oder älter waren. Jens Lehmann war zuletzt mit 39 Jahren unangefochtener Stammtorwart des VfB Stuttgart. Und Lehmanns Torwart-Kollege von Manchester United, Edwin van der Sar, nahm nach seinem 30. Geburtstag noch an drei Europa- und Weltmeisterschaften für Holland teil, wurde mit Manchester United zweimal englischer Meister, einmal Pokal-Sieger und gewann 2008 die Champions-League.

Eine zu erwartende abnehmende Leistungsfähigkeit im Alter kann aber in Einzelfällen eine Ungleichbehandlung nach dem allgemeinen Gleichbehandlungsgesetz rechtfertigen und zur Zulässigkeit der Befristung nach dem Teilzeit- und Befristungsgesetz führen, wenn zum Zeitpunkt des Vertragsschlusses objektive Anhaltspunkte dafür vorliegen, dass der Spieler im Zeitpunkt des Befristungsendes nicht mehr die erforderliche Leistungsfähigkeit besitzen wird. Derartige Anhaltspunkte sind beispielsweise dann gegeben, wenn der Spieler bereits in der abgelaufenen Spielzeit häufiger mit Verletzungen zu kämpfen hatte und aufgrund dessen nicht eingesetzt werden konnte. Dann kann der Verein als Arbeitgeber berechtigterweise davon ausgehen, dass die Verletzungsanfälligkeit mit steigendem Alter eher noch zunehmen und der Spieler in absehbarer Zeit nicht mehr die für den Profisport erforderliche

---

528 Das Erfordernis einer Verhältnismäßigkeitsprüfung folgt aus dem Tatbestandsmerkmal der „angemessenen Anforderung", § 8 Abs. 1 AGG a. E.; vgl. dazu auch Däubler/Bertzbach-Brors, § 8 Rn. 3; KR-Treber, § 8 AGG, Rn. 4; Wendeling-Schröder/Stein, § 8, Rn. 4 und 12.

529 LAG Nürnberg, Urt. v. 28.3.2006 - 7 SA 405/05, juris, Rn. 58.

Leistungsfähigkeit besitzen wird. Die Interessenabwägung würde in diesem Fall zugunsten des Arbeitgebers ausfallen; der Spielervertrag dürfte aufgrund abnehmender Leistungsfähigkeit im Alter befristet werden.

e. Flexibilisierungsbedarf im Mannschaftssport

Schließlich wird häufig als Sachgrund für die Befristung der Spielerarbeitsverträge das Bedürfnis der Vereine angeführt, durch regelmäßigen Wechsel der Spieler den Kader des Vereins verändern zu können. Allerdings muss hier unterschieden werden zwischen dem Flexibilisierungsbedarf wegen eines möglicherweise bestehenden Abwechslungsbedürfnisses des Publikums und dem Flexibilisierungsbedarf der Vereine im Hinblick auf die zukünftigen Änderungen der Personalvorstellungen bzw. der taktischen Ausrichtung.

aa. Abwechslungsbedürfnis des Publikums

Zwar ist durchaus denkbar, die von der Rechtsprechung für den Rundfunk- und Bühnenbereich anerkannten Sachgründe auf die Spielerverträge anzuwenden und zu vertreten, dass so wie im Bühnenbereich auch im Sport ein besonderes Abwechslungsbedürfnis des Publikums besteht, das „als Eigenart der zu erbringenden Leistung" nach § 14 Abs. 1 S. 2 Nr. 4 TzBfG die Befristung der Arbeitsverträge der Spieler rechtfertigt.[530] Gegen die Übertragbarkeit der im Bühnenbereich geltenden Sachgründe spricht jedoch, dass Profisportler anders als die Bühnenarbeiter keiner Tätigkeit mit Grundrechtsrelevanz nachgehen.[531] Darüber hinaus handelt es sich bei dem Abwechslungsbedürfnis des Publikums im Sport anders als im Bühnenbereich auch nicht um ein generelles Abwechslungsbedürfnis. Vielmehr werden insbesondere die Fans

530 Für die Übertragbarkeit dieses Sachgrundes auf den Bereich des Profisports LAG Nürnberg, Urt. v. 28.3.2006 - 7 SA 405/05, juris; Bepler, in: FS Fenn, 2000, 43 (60); Brömmekamp, Die Spielerleihe, 1988, 64 f.; Kania/Moritz, JuS 1996, 517 (518); Schamberger, SpuRt 2002, 228 (230); wohl auch Beckmann, in: FS Arbeitsgemeinschaft Arbeitsrecht, 2006, 1145 (1156) sowie KR-Lipke, § 14 TzBfG, Rn. 171; ablehnend Ascheid/Preis/Schmidt-Backhaus, § 14 TzBfG, Rn. 295; Hausch, SpuRt 2003, 103 (104). Zur Befristung im Bühnenarbeitsrecht vgl. Germelmann, in: FS Arbeitsgemeinschaft Arbeitsrecht, 2006, 289 ff.

531 Die Arbeit der künstlerisch tätigen Bühnenarbeiter fällt aber allein aufgrund ihrer Grundrechtsrelevanz unter den Eigenarttatbestand des Teilzeit- und Befristungsgesetzes, vgl. Bruns, NZA 2008, 1269 (1272); Germelmann, in: FS Arbeitsgemeinschaft Arbeitsrecht, 2006, 289 (291 f.), der aus diesem Grund auch nur die befristeten Arbeitsverträge der Mitarbeiter für zulässig erachtet, deren Arbeitsleistung Einfluss auf die künstlerische Entfaltung und Erscheinung des Theaterbetriebs haben kann.

eines Teams nur dann Änderungen in der Mannschaft herbeisehnen, wenn der sportliche Erfolg ausbleibt.[532]

bb. Flexibilisierungsbedarf der Vereine als Eigenart von Mannschaftssportarten

Möglicherweise rechtfertigt aber ein Bedarf an Flexibilität der Vereine selbst die Befristung der Spielerarbeitsverträge. Dieser Flexibilisierungsbedarf könnte im Ergebnis als „Eigenart der Arbeitsleistung" im Sinne des § 14 Abs. 1 S. 2 Nr. 4 TzBfG oder als eigenständiger Sachgrund[533] anzusehen sein.

Am Ende einer Saison findet, ohne dass Vereine dies verhindern könnten, hinsichtlich des Kaders eine hohe Fluktuation statt: Spieler werden von anderen Vereinen abgeworben, gegen Zahlung einer Gebühr ausgeliehen[534] oder beenden ihre Karriere; auf der anderen Seite stoßen neue junge Spieler aus der eigenen Jugend zum Kader hinzu oder kehren zum Verein zurück, da ihre Ausleihe beendet ist. Es entspricht also der Eigenart des professionellen Mannschaftssports, dass der Kader zu Beginn einer neuen Spielzeit – wenn auch nicht vollständig, so zumindest in weiten Teilen – neu zusammengestellt werden muss. Dies gilt erst recht dann, wenn ein neuer Trainer verpflichtet wurde, der nunmehr eine ganz andere Spielweise oder Taktik bevorzugt als sein Vorgänger. Weiterhin ist bereits im Begriff des Mannschaftssports angelegt, dass beispielsweise im Fußball das Aufstellen von elf individuell sehr guten Spielern nicht ausreicht, um erfolgreich zu spielen. Vielmehr müssen die Spieler von ihren Eigenschaften her zueinander passen, um so eine Mannschaft zu bilden, die den sportlichen Erfolg herbeiführen kann. Erkennt man diese Charakteristik des Mannschaftssports an, so besteht ein berechtigtes Interesse der Vereine, sich regelmäßig von ihren Spielern trennen zu können,

---

532 Vgl. Ascheid/Preis/Schmidt-Backhaus, § 14 TzBfG, Rn. 295; Beathalter, in: FS Fenn, 2000, 27 (37); Hausch, SpuRt 2003, 103 (104).

533 Die Aufzählung der Sachgründe in § 14 Abs. 1 S. 2 ist nicht abschließend, BAG, Urt. v. 13.10.2004, AP Nr. 14 zu § 14 TzBfG; Ascheid/Preis/Schmidt-Backhaus, § 14 TzBfG, Rn. 78; ErfK-Müller-Glöge, § 14 TzBfG, Rn. 5; Zöllner/Loritz/Hergenröder, Arbeitsrecht, § 22, I 3 c).

534 In diesem Zusammenhang könnte man zwar grundsätzlich vertreten, dass der Verein sich rechtlich auf den noch laufenden Vertrag mit dem Spieler berufen und so das Abwerben verhindern könnte. Faktisch sind aber die Erlöse aus Transfer oder Ausleihe gerade für die kleineren Vereine eine sehr wichtige Einnahmequellen, auf die die Vereine angewiesen sind, um die Kosten für die nächste Saison zu decken. In der Saison 2009/2010 erzielten die Vereine im deutschen Lizenzfußball durch Transfers und Ausleihgeschäfte Einnahmen in Höhe von 167,7 Mio. Euro; vgl. DFL Bundesliga 2010 – Die wirtschaftliche Situation im Lizenzfußball, 11.

ohne dafür eine Kündigung aussprechen und gegebenenfalls einen Kündigungsgrund nennen zu müssen. Nur im Falle einer zulässigen Befristung der Arbeitsverträge besitzen die Vereine die erforderliche Flexibilität, um jedes Jahr eine harmonierende – sportlich erfolgreiche[535] – Mannschaft zusammenstellen zu können.

Dass ein Flexibilisierungsbedarf der Vereine in der beschriebenen Form tatsächlich besteht, wird gerade auch durch die Üblichkeit der befristeten Spielerarbeitsverträge im Profisport bestätigt. Die Üblichkeit ist zwar – wie oben bereits ausgeführt – kein eigener Sachgrund im Sinne des § 14 Abs. 1 TzBfG.[536] Sie ist aber zumindest ein Indiz dafür, dass es anzuerkennende Bedürfnisse in der Praxis gibt, befristete Arbeitsverträge abzuschließen. Und laut *Hilpert*[537] ist seit Einführung der Fußball-Bundesliga im Jahre 1963 kein einziger Vertrag mit einem Spieler unbefristet abgeschlossen worden.

Schließlich erkennen offensichtlich auch die Spieler das Bedürfnis der Vereine zur Befristung der Spielerverträge als ein berechtigtes Interesse an. Denn weder versuchen Spieler, denen eine Verlängerung des Vertrages versagt wird, gerichtlich die Unzulässigkeit der Befristung ihres ausgelaufenen Arbeitsvertrages feststellen zu lassen.[538] Noch sind Fälle bekannt, in denen Sportler versucht haben, bereits im Rahmen der Vertragsverhandlungen mit dem Verein einen unbefristeten Vertrag durchzusetzen. Dies gilt selbst für Spitzensportler, die aufgrund ihrer herausragenden spielerischen Fähigkeiten ihren Vereinen gegenüber auf den Abschluss eines unbefristeten Arbeitsver-

---

535 Maßgeblich auf die Erfolgsorientiertheit des Sports stellen Borchard, Die Wirksamkeit der im deutschen Lizenzfußball verwendeten Musterverträge, 1999, 169, Hilpert, RdA 1997, 92 (98), sowie Beathalter, in: FS Fenn, 2000, 27 (40 f.), ab. Da aber wirtschaftlicher Erfolg das Ziel eines jeden Unternehmens ist, kann eine Befristung nicht allein mit der Erfolgsorientiertheit des Sports gerechtfertigt werden. „Eigenart der Arbeitsleistung" ist vielmehr der Flexibilisierungsbedarf der Vereine, der die Voraussetzung für das Erreichen sportlichen Erfolgs darstellt.

536 BAG, Urt. v. 29.10.1998, NZA 1999, 646 (648): Die Üblichkeit von Befristungsvereinbarungen ist nur dann von Bedeutung, wenn sie ihrerseits von einem Sachgrund getragen ist; Schamberger, SpuRt 2002, 228 (230); Bruns, NZA 2008, 1269 (1274); Ascheid/Preis/Schmidt-Backhaus, § 14 TzBfG, Rn. 295 u. 37 f.

537 Hilpert, RdA 1997, 92 (98).

538 Es ist nur ein einziger Fall bekannt, der vom LAG Nürnberg entschieden wurde. In dieser Entscheidung hatte sich der Spieler als Kläger aber auch nur hilfsweise auf die Unzulässigkeit der Befristungsabrede gestützt. In erster Linie machte er geltend, dass sich der Arbeitsvertrag aufgrund einer bestimmten Anzahl von Spieleinsätzen automatisch um ein weiteres Jahr verlängert habe. Vgl. LAG Nürnberg, Urt. v. 28.3.2006 - 7 SA 405/05, juris.

trages hätten pochen können. Auch sie haben bislang immer den Abschluss eines lediglich befristeten Arbeitsvertrages akzeptiert.

Im Ergebnis werden also die Spielerarbeitsverträge im Sport in zulässiger Weise befristet. Der aus dem Wesen des Mannschaftssports folgende Flexibilisierungsbedarf der Vereine ist eine „Eigenart der Arbeitsleistung“ im Sinne des § 14 Abs. 1 S. 2 Nr. 4 TzBfG und Sachgrund für die Befristung.[539] Demnach steht auch die Befristung des Anschlussarbeitsvertrages zwischen Verleiher und Spieler im Einklang mit den Vorschriften des Teilzeit- und Befristungsgesetzes.

III. Verstoß gegen Vorschriften des Arbeitnehmerüberlassungsgesetzes

Die Spielerleihe in ihrer jetzigen Form könnte aber gegen zwingende Vorschriften des Arbeitnehmerüberlassungsgesetzes verstoßen und aus diesem Grunde mit dem staatlichen Recht nicht vereinbar sein.

1. Überschreitung der maximalen Überlassungsdauer

Da Spieler in nicht wenigen Fällen für einen Zeitraum von mehr als einem Jahr an Dritte verliehen werden, wurde in der Vergangenheit ein Verstoß gegen die maximale Überlassungsdauer eines Arbeitnehmers diskutiert. Gemäß §§ 1, Abs. 2, 3 Abs. 1 Nr. 6, 10 Abs. 5 AÜG a. F. durfte ein Leiharbeitnehmer an den gleichen Entleiher maximal 3 Monate verliehen werden. Diese maximale Überlassungsdauer wurde durch das Beschäftigungsförderungsgesetz aus dem Jahre 1985 zunächst auf 6 Monate, anschließend per Gesetz auf 9 Monate bzw. 12 Monate verlängert. Durch das Erste Gesetz für moderne Dienst-

539 Im Ergebnis so wohl auch Ascheid/Preis/Schmidt-Backhaus, § 14 TzBfG, Rn. 298; Küpperfahrenberg, Die arbeitsrechtliche Stellung von Spielern und Trainern im Lizenzfußball, 2004, 90; Neuß, RdA 2003, 161 (169). Bepler, in: FS Fenn, 2000, 43 (60), KR-Lipke, § 14 TzBfG, Rn. 209 sowie Schamberger, SpuRt 2002, 228 (230), stellen zwar ebenfalls auf ein erhöhtes Bedürfnis an Flexibilität ab. Sie rücken aber statt der Notwendigkeit eher den Wunsch der Vereine, Spieler auszutauschen, in den Mittelpunkt ihrer Überlegungen. Die Ausführungen Schambergers insbesondere deshalb ablehnend Hausch, SpuRt 2003, 103 (104).

leistungen am Arbeitsmarkt („Hartz I")[540] ist die Höchstüberlassungsdauer schließlich ganz entfallen. Unabhängig von der Frage, ob das Arbeitnehmerüberlassungsgesetz überhaupt auf die Spielerleihe Anwendung findet, liegt in der Ausleihdauer jedenfalls kein Verstoß gegen staatliches Recht.

2. Verstoß gegen die Erlaubnispflicht

Möglich bleibt jedoch ein Verstoß gegen § 1 Abs. 1 S. 1 AÜG. Danach bedürfen Arbeitgeber, die Arbeitnehmer gewerbsmäßig an Dritte überlassen wollen, einer Erlaubnis. Besitzt der Verleiher diese Erlaubnis der Bundesagentur für Arbeit nicht, führt dies nach § 9 Nr. 1 AÜG zur Unwirksamkeit der geschlossenen Verträge. Darüber hinaus begehen Verleiher und Entleiher nach § 16 Abs. 1 Nr. 1 bzw. 1a AÜG eine Ordnungswidrigkeit, die mit einer Geldbuße bis zu fünfundzwanzigtausend Euro geahndet werden kann. Voraussetzung für einen solchen Verstoß des verleihenden Vereins gegen die Erlaubnispflicht ist allerdings, dass das Arbeitnehmerüberlassungsgesetz auf die Spielerleihe im Profisport Anwendung findet.

a. Direkte Anwendbarkeit des Arbeitnehmerüberlassungsgesetzes

Eine direkte Anwendung der Erlaubnispflicht nach § 1 AÜG auf die Leihgabe von Berufssportlern scheidet aufgrund des oben Gesagten aus. Bei dem Ausleihgeschäft im Profisport handelt es sich nicht um einen Arbeitnehmerüberlassungsvertrag im Sinne des Arbeitnehmerüberlassungsgesetzes.[541] Nach den §§ 1, 10 AÜG geht das Gesetz von einer Arbeitgeberstellung des Verleihers während der Überlassungszeit aus. Anderenfalls würde gerade § 10 Abs. 1 S. 1 AÜG keine Bedeutung haben, der ein Arbeitsverhältnis zwischen Entleiher und Leiharbeitnehmer fingiert, sofern der Leiharbeitsvertrag nach § 9 Nr. 1 AÜG unwirksam ist. Bei der Spielerleihe liegt jedoch eine andere arbeitsvertragliche Gestaltung vor: Dort hebt der Spieler seinen Arbeitsvertrag mit dem Verleiher einvernehmlich auf und schließt für die Dauer der Ausleihe einen neuen Arbeitsvertrag mit dem Entleiher. Während der Überlassungszeit ist demnach nicht der Verleiher sondern der Entleiher Arbeitgeber des Spielers.

540 BGBl. Teil I 2002, S. 4607. Ziel der Aufhebung der maximalen Überlassungsdauer war es, den praktischen Anwendungsbereich der Arbeitnehmerüberlassung zu erweitern und den neu geschaffenen „PersonalServiceAgenturen" ein effektives Arbeiten zu ermöglichen.

541 Vgl. dazu bereits die Ausführungen oben unter Kapitel 2/D/III/2.

b. Entsprechende Anwendung des § 1 Abs. 1 S. 1 AÜG auf die Spielerleihe

Möglicherweise stellt die Leihgabe von Berufssportlern aber eine verbotene Umgehung des Arbeitnehmerüberlassungsgesetzes dar. Ein Umgehungsgeschäft liegt dann vor, wenn ein Rechtsgeschäft unter Ausnutzung der rechtsgeschäftlichen Gestaltungsfreiheit einen vom Verbotsgesetz missbilligten Erfolg auf einem Weg zu erreichen sucht, den eine eng am Gesetzeswortlaut haftenden Auslegung der Verbotsnorm eigentlich nicht erfasst.[542] Ob sich die Nichtigkeit eines solchen Umgehungsgeschäfts aus einer (extensiven) Auslegung der umgangenen Norm[543] oder aus einer analogen Anwendung des Verbotsgesetzes in Verbindung mit § 134 BGB[544] ergibt, kann dabei an dieser Stelle dahinstehen.[545] Voraussetzung für eine unzulässige Umgehung der unter Erlaubnisvorbehalt stehenden Arbeitnehmerüberlassung ist jedenfalls, dass der Sinn und Zweck des § 1 Abs. 1 S. 1 AÜG für eine entsprechende Anwendung dieser Norm auf die Spielerleihe spricht, dass also insbesondere die Interessenlagen eines verliehenen Spielers einerseits und eines Leiharbeitnehmers im Falle einer gewerbsmäßigen Arbeitnehmerüberlassung andererseits vergleichbar sind.

Wesentliches Tatbestandselement eines Arbeitnehmerüberlassungsvertrages im Sinne des § 1 AÜG ist neben der arbeitsvertraglichen Gestaltung die Gewerbsmäßigkeit der Überlassung. Nur die gewerbsmäßige Überlassung von Arbeitnehmern steht unter dem Erlaubnisvorbehalt.[546] Gegen eine Vergleichbarkeit von Spielerleihe und Arbeitnehmerüberlassung und gegen eine entsprechende Anwendung von § 1 Abs. 1 S. 1 AÜG würde demnach sprechen, wenn das Verleihen eines Spielers im Profisport schon kein gewerbsmäßiges Handeln der Vereine darstellt.

---

542 Larenz/Wolf, § 40, Rn. 31; MünchKomm-Armbrüster, § 134, Rn. 11.

543 Vgl. BGH, Urt. v. 9.2.1990, NJW 1990, 1473 (1474); Erman-Palm, § 134, Rn. 18; MünchKomm-Armbrüster, § 134, Rn. 12.

544 Maßgeblich auf eine Analogie der Verbotsnorm stellt Staudinger-Sack, § 134, Rn. 149 f., ab.

545 Jedenfalls handelt es sich beim Umgehungsverbot um kein selbständiges Rechtsinstitut, Larenz/Wolf, § 40, Rn. 31; Palandt-Heinrichs, § 134, Rn. 28; so aber noch MünchKomm-Mayer-Maly/Armbrüster, 4. Auflage, § 134, Rn. 11.

546 Vgl. Boemke/Lembke, Einleitung, Rn. 10; Schaub-Koch, § 120, Rn. 12; Schüren/Hamann, § 1, Rn. 33. Dies gilt insbesondere auch im Hinblick auf die Erlaubnispflicht, weil außerhalb gewerbsmäßiger Arbeitnehmerüberlassung kein besonderes Kontrollbedürfnis besteht, vgl. BT-Drucks. 6/2303, 10.

aa. Gewerbsmäßigkeit der Spielerleihe

Laut Rechtsprechung und h. M. in der Literatur ist der Begriff der Gewerbsmäßigkeit im gewerberechtlichen Sinne zu verstehen.[547] Gewerbsmäßigkeit im Sinne des Arbeitnehmerüberlassungsgesetzes ist danach jede nicht nur gelegentliche, sondern auf eine gewisse Dauer angelegte und auf die Erzielung unmittelbarer oder mittelbarer wirtschaftlicher Vorteile gerichtete selbständige Tätigkeit.[548]

(1) Gewerbsmäßigkeit auch bei nicht ausschließlicher Arbeitnehmerüberlassung

Während es bei klassischen Leiharbeitsunternehmen das einzige Ziel des Handels ist, durch die Überlassung von Arbeitnehmern Gewinne zu erwirtschaften, verleihen Sportvereine nur als Nebengeschäft Spieler an Dritte. Wichtigste Einnahmequelle der Vereine sind nicht die Umsätze aus der Leihgabe von Spielern, sondern die Erlöse aus dem Spielbetrieb, der TV-Vermarktung sowie dem Merchandising. Dass die Ausleihe von Spielern nicht das primäre Ziel der Vereine ist, zeigt sich auch an den Arbeitsverträgen, die zwischen Verein und den Spielern geschlossen werden. Anders als Leiharbeitnehmer willigen die Spieler nicht bereits bei Abschluss des Arbeitsvertrages in spätere Ausleihgeschäfte ein, sondern erteilen ihre erforderliche Zustimmung erst im Rahmen eines konkreten Leihgeschäfts. Das Verleihen eines Spielers ist also vom Verein ursprünglich gar nicht beabsichtigt.

Grundsätzlich denkbar ist es, dass der Begriff der Gewerbsmäßigkeit Fälle, in denen die Überlassung von Arbeitskräften nicht den Hauptzweck des Unternehmens ausmacht, schon gar nicht erfasst.[549] So ging auch die Begründung der Bundesregierung zum Entwurf des Arbeitnehmerüberlassungsgesetzes davon aus, dass gewerbsmäßiges Überlassen nur dann vorliege, wenn „der Hauptzweck des Betriebs oder eines Betriebsteils darauf gerichtet ist, aus der Arbeitnehmerüberlassung einen wirtschaftlichen Gewinn zu erzielen".[550] Diese Auslegung des Begriffs der Gewerbsmäßigkeit ist jedoch nicht haltbar.

547 BAG, Urt. v. 21.3.1990, AP Nr. 15 zu § 1 AÜG; Boemke/Lembke, § 1, Rn. 43; Schaub-Koch, § 120, Rn. 12; Thüsing-Waas, § 1, Rn. 95.

548 Schüren/Hamann, § 1, Rn. 239.

549 Da das Arbeitnehmerüberlassungsgesetz aber nur auf die gewerbsmäßige Arbeitnehmerüberlassung Anwendung findet, hätte dies zur Folge, dass in derartigen Fällen die Unternehmen erlaubnisfrei Leiharbeiter überlassen dürften; vgl. Schüren/Hamann, § 1, Rn. 243.

550 BT-Drucks. 6/2303, 10.

Schon der Schutzzweck des Arbeitnehmerüberlassungsgesetzes spricht dafür, auch das Handeln sogenannter Mischunternehmen – also solcher Unternehmen, die nicht ausschließlich Arbeitnehmerüberlassung betreiben, – vom Anwendungsbereich des Gesetzes zu umfassen. Denn der verliehene Arbeitnehmer bleibt auch dann schutzbedürftig, wenn der Verleiher nur als Nebengeschäft Leiharbeiter an Dritte überlässt. Würde man den Begriff der Gewerbsmäßigkeit derart restriktiv auslegen, bestünde demnach die Gefahr der Umgehung des Arbeitnehmerüberlassungsgesetzes.[551] Auch das Verleihen von Profisportlern durch die Sportvereine, die ihre wesentlichen Einnahmen in anderen Bereichen erwirtschaften, kann also den Begriff der Gewerbsmäßigkeit erfüllen. Voraussetzung dafür ist, dass die Spielerleihe im Einzelfall in Gewinnerzielungsabsicht erfolgt.

(2) Selbständiges, auf gewisse Dauer angelegtes Handeln

Vereine schließen Leihgeschäfte als selbständige Gewerbetreibende ab. Sie tragen einerseits das unternehmerische Risiko dafür, dass die Ausleihe zustande kommt, und haben andererseits die unternehmerische Chance, durch Abschluss eines solchen Geschäfts Einnahmen zu erzielen. Darüber hinaus liegt im Abschluss von Ausleihverträgen auch eine auf gewisse Dauer angelegte, das heißt eine „nachhaltige, planmäßige, nicht nur gelegentliche, zufällige, auf lediglich vorübergehende Zeit ausgerichtete Tätigkeit".[552] Auch wenn Ausleihgeschäfte deutlich seltener abgeschlossen werden als dauerhafte Transfers von Spielern, ist die Spielerleihe die zweite anerkannte Wechselform im Fußball. Die Verbandsvorschriften ermöglichen nicht nur die Ausleihe; die Vereine machen auch von ihr stetig Gebrauch. So nahmen beispielsweise in der Saison 2009/2010 alle 18 Vereine der ersten Fußball-Bundesliga mindestens ein Ausleihgeschäft vor. Und 14 der momentan in der ersten Bundesliga spielenden Vereine haben sogar in jeder der letzten vier Spielzeiten wenigstens einen Spieler ge- oder verliehen. Ausleihgeschäfte werden im Profisport also keinesfalls nur gelegentlich und zufällig, sondern regelmäßig und planmäßig von den Vereinen vorgenommen. Insofern ist davon auszugehen, dass

---

551 Vgl. Schaub-Koch, § 120, Rn. 12; Schüren/Hamann, § 1, Rn. 243. Zu Recht stellte die Bundesregierung dann auch im Dritten Erfahrungsbericht klar, dass gewerbsmäßige Arbeitnehmerüberlassung im Sinne des Arbeitnehmerüberlassungsgesetzes unabhängig vom sonstigen Betriebszweck immer dann vorliegt, wenn die Überlassung im Einzelfall überwiegend in Gewinnerzielungsabsicht erfolgt, BT-Drucks. 8/2025, 15.

552 Schüren/Hamann, § 1, Rn. 257.

die Vereine auch zukünftig Spieler leihen und verleihen werden und damit Wiederholungsabsicht besteht.[553]

(3) Gewinnerzielungsabsicht der Vereine

Schließlich ist das Verleihen von Spielern auf die Erzielung wirtschaftlicher Vorteile gerichtet. Die Vereine verleihen die Spieler somit auch mit Gewinnerzielungsabsicht.

(a) Fußballvereine als Wirtschaftsunternehmen

Zunächst einmal sind professionell geführte Sportvereine als Wirtschaftsunternehmen anzusehen, bei denen allein deshalb eine auf Gewinn ausgerichtete Tätigkeit zu vermuten ist.[554] Ursprünglich handelte es sich zwar bei den Sportvereinen tatsächlich um rechtsfähige, nicht wirtschaftliche Vereine mit ideeller Zwecksetzung im Sinne des § 21 BGB. Durch die fortschreitende Kommerzialisierung des Sports rückte aber de facto der wirtschaftliche Geschäftsbetrieb der Vereine derart in den Vordergrund, dass selbst unter Berücksichtigung des Nebenzweck-Privilegs nicht mehr von einem Idealverein ausgegangen werden kann.[555]

> So engagiert sich zwar der FC Bayern München e.V. neben dem Fußball auch noch in sechs weiteren Sportarten wie zum Beispiel Schach und Sportkegeln. Dennoch werden die maßgeblichen Umsätze im Profifußball erwirtschaftet und auch in diese Abteilung hauptsächlich reinvestiert.[556] Eine untergeordnete Rolle nimmt der Geschäftsbetrieb im Verein daher nicht mehr ein.

---

553 Allein diese Wiederholungsabsicht führt regelmäßig zum Vorliegen des Merkmals „auf gewisse Dauer angelegtes Handeln“, vgl. Schüren/Hamann, § 1, Rn. 258.

554 Vgl. Boemke/Lembke, § 1, Rn. 52; Schüren/Hamann, § 1, Rn. 267; Ulber, § 1, Rn. 125.

555 Diese Frage ist nach wie vor umstritten: Für die Anwendung des Nebenzweck-Privilegs auf Bundesligavereine Palandt-Ellenberger, § 21, Rn 7; Staudinger-Weick, § 21, Rn. 15; wohl auch Aldermann, Lizenzfußball und Nebenzweckprivileg, 1997, 131; Erman-Westermann, § 21, Rn. 5. Zu Recht anderer Ansicht Fuhrmann, SpuRt 1995 12; Heckelmann AcP 179 (1979), 1 (40); Karsch, Der Fußballbundesligaverein als Wirtschaftsunternehmen, 2006, 17 f.; Lettl, DB 2000, 1449 (1451 f.); Malatos, Berufsfußball im europäischen Rechtsvergleich, 1987, 65 ff; PHB SportR-Summerer, 2. Teil, Rn. 60; Raupach, SpuRt 1995, 244; MünchKomm-Reuter, §§ 21, 22, Rn. 43a, der sich allerdings für eine Konzessionserteilung nach § 22 BGB ausspricht (Rn. 26 a. E.); Westermann, in: FS Rittner, 1991, 771 (780).

556 PHP SportR-Summerer, 2. Teil, Rn. 60.

Dieser Entwicklung haben inzwischen auch viele Vereine Rechnung getragen.[557] So wandelten sich bereits Mitte der 1990er Jahre alle Eishockeyvereine in Kapitalgesellschaften um.[558] In der Basketball-Bundesliga sind 17 der 18 teilnehmenden Clubs als Kapitalgesellschaft organisiert[559], in der Handball-Bundesliga immerhin 16 der 18 Teilnehmer[560]. Erstaunlicherweise finden sich aber im Profi-Fußball vergleichsweise viele Clubs, die weiterhin eingetragene Vereine sind.[561] Nur 10 Vereine der 1. Bundesliga haben bislang eine Umwandlung in eine GmbH[562], GmbH & Co. KGaA[563] oder AG[564] vollzogen. Doch auch die (noch) als Idealvereine organisierten Fußballclubs sind Wirtschaftsunternehmen. An dieser Bewertung ändert auch eine ideelle Zwecksetzung in der Satzung der Vereine nichts.

> So nennt zum Beispiel § 2 der Satzung des FC Schalke 04 e.V.[565] als Zweck und Aufgabe des Vereins: „Der Verein verfolgt ausschließlich und unmittelbar gemeinnützige Zwecke im Sinne der §§ 51-68 der Abgabenordnung. Er erstrebt die körperliche, geistige und charakterliche Bildung seiner Mitglieder – vornehmlich der Jugend – durch planmäßige Pflege der Leibesübungen. [...] Der Verein ist selbstlos tätig, er verfolgt nicht in erster Linie eigenwirtschaftliche Zwecke. [...] Im Rahmen der finanziellen Möglichkeiten können lediglich Zuschüsse an Übungsleiter oder sonst aktive Mitglieder gezahlt werden. [...] Es ist nicht zuläs-

557 Gleiches gilt im Übrigen auch für die Sportverbände, deren wirtschaftlicher Geschäftsbetrieb in der Veranstaltung der jeweiligen Bundesligen inklusive deren Vermarktung besteht.

558 Die zurzeit in der DEL spielenden Mannschaften sind fast ausschließlich als GmbH organisiert. Lediglich Adler Mannheim hat als Rechtsform eine GmbH & Co. KG gewählt.

559 Auch im Profi-Basketball ist die GmbH die vorherrschende Gesellschaftsform. Nur die EWE Baskets Oldenburg haben sich in eine GmbH & Co. KG gewandelt. Einziger eingetragener Verein ist EnBW Ludwigsburg.

560 In der 1. Handball-Bundesliga spielen mit Dormagen und Ahlen-Hamm zwei eingetragene Vereine. Die anderen Clubs wählten als Rechtsform die GmbH (10) oder die GmbH & Co. KG (5). Lediglich der TV Großwallstadt ist eine Aktiengesellschaft.

561 Dazu zählen FC Schalke 04, SC Freiburg, VfB Stuttgart, 1. FC Nürnberg, 1. FSV Mainz 05, 1. FC Kaiserslautern, FC St. Pauli und der Hamburger SV.

562 TSG 1899 Hoffenheim, Bayer 04 Leverkusen, Borussia Mönchengladbach sowie VfL Wolfsburg.

563 Borussia Dortmund, 1. FC Köln, Hannover 96 und Werder Bremen.

564 FC Bayern München und Eintracht Frankfurt.

565 Die Satzung ist abrufbar unter http://www.schalke04.de/verein/satzung.html.

sig, Personen durch Ausgaben zu begünstigen, die dem Zweck des Vereins fremd oder unverhältnismäßig hoch sind.“[566]

Fallen Wortlaut der Satzung und das tatsächliche Handeln eines Vereins auseinander, so kommt es für die Beurteilung der Frage, ob der Verein auf einen wirtschaftlichen Geschäftsbetrieb gerichtet ist, allein auf den tatsächlich verfolgten Zweck an.[567] Dem wirtschaftlich ausgerichteten Idealverein droht gegebenenfalls nach § 43 Abs. 2 BGB die Entziehung der Rechtsfähigkeit mit der Folge, dass die Mitglieder für sämtliche Verbindlichkeiten des Vereins haften.[568]

(b) Wirtschaftliche Vorteile als Ziel einer Spielerleihe

Das Verleihen der Spieler durch die Vereine erfolgt auch zur Erlangung wirtschaftlicher Vorteile. Dies ist jedenfalls dann unproblematisch zu bejahen, wenn sich der Entleiher im Leihvertrag zur Zahlung einer Ausleihgebühr verpflichtet. Dann erhält der Verleiher unmittelbar eine Gegenleistung für die Spielerleihe. Zweifelhaft könnte die Gewinnerzielungsabsicht der Vereine jedoch in den Fällen sein, in denen der Spieler kostenlos verliehen wird bzw. der Verleiher sich sogar dazu verpflichtet, auch während der Ausleihe einen Teil des Gehalts des Spielers zu übernehmen.

Für die Ausleihe von Claudio Pizarro überwies Werder Bremen dem FC Chelsea zwar eine Ausleihgebühr. Chelsea verpflichtete sich aber zugleich, während der Ausleihe weiterhin gut ein Drittel des Gehalts an Pizarro zu zahlen.

Den ukrainischen Stürmer Voronin verpflichtete Hertha BSC Berlin in der Saison 2008/2009 kostenlos. Und obwohl der FC Liverpool als Verleiher noch nicht einmal eine Ausleihgebühr kassierte, erklärte sich der Verein bei Abschluss des Ausleihgeschäfts dennoch dazu bereit, die Hälfte des Gehalts des verliehenen Spielers zu übernehmen.

566 Allein das Gehalt des Managers Felix Magath, der beim FC Schalke 04 e.V. zwischen vier und fünf Mio. Euro pro Jahr verdient, dürfte nicht mit § 2 der Satzung in Einklang zu bringen sein.

567 Vgl. Karsch, Der Fußballbundesligaverein als Wirtschaftsunternehmen, 2006, 15 f.; Erman-Westermann, § 21, Rn. 3; Palandt-Ellenberger, § 21, Rn 8; PHP SportR-Summerer, 2. Teil, Rn. 55; Sutter, Rechtsfragen des organisierten Sports, 1984, 91.

568 Fuhrmann, SpuRt 1995, 12 (13); Heckelmann, AcP 179 (1979), 1 (8 f.); Lettl, DB 2000, 1449 (1449 f.); PHP SportR-Summerer, 2. Teil, Rn. 61; Raupach, SpuRt 1995, 241 (244).

Ob ein Verleiher in Gewinnerzielungsabsicht handelt, wenn er Arbeitnehmer lediglich zur Minderung eigener Personalkosten überlässt, ist umstritten.[569] Gegen die Gewerbsmäßigkeit der Überlassung in diesen Fällen spricht zwar, dass der Verleiher durch die Arbeitnehmerüberlassung keine Einnahmen generiert, über die er anschließend frei verfügen kann. Wirtschaftlich gesehen macht es aber keinen Unterschied, ob dem Unternehmen neue Gelder als Gewinn zufließen oder ob bereits im Unternehmen befindliche Gelder, die zur Deckung fixer (Personal-)Kosten bestimmt waren, in ihrer Zweckbindung frei werden. Auch die Minderung feststehender Kosten stellt einer Verbesserung der Vermögenslage und damit wirtschaftlich einen Gewinn dar.[570] Eine Gewinnerzielungsabsicht des Verleihers ist demnach jedenfalls dann zu bejahen, wenn der Verleiher sonst keine wirtschaftlich sinnvolle Einsatzmöglichkeit für den Arbeitnehmer hat[571] und durch die Überlassung zumindest die Minderung der Personalkosten erreicht. Da aufgrund der rechtlichen Konstruktion der Ausleihgeschäfte im Profisport regelmäßig der Entleiher die Lohnkosten des Spielers während der Ausleihe übernimmt und der Verleiher seine Kosten insoweit durch die Überlassung reduziert, ist das Handeln der verleihenden Vereine auch dann auf die Erzielung wirtschaftlicher Vorteile gerichtet, wenn sie Spieler kostenlos an Dritte verleihen. Gleiches gilt auch dann, wenn der Verleiher sich zur Übernahme eines Teils der Personalkosten verpflichtet und so lediglich einen Teil der Personalausgaben einspart.

Im Falle Pizarros war das Handeln des FC Chelsea allein schon deshalb auf die Erzielung von Gewinn ausgerichtet, da die von Werder Bremen zu zahlenden Ausleihgebühr die von Chelsea weiterhin zu tragenden Personalkosten überstieg, Chelsea also im Saldo durch die Spielerleihe Einnahmen erzielte.

Mit dem Verleih von Voronin konnte der FC Liverpool wenigstens die Hälfte der für den Spieler eingeplanten Personalkosten einsparen. Für den Abschluss des Ausleihgeschäfts entschied sich Liverpool, weil man kurz zuvor den irischen Nationalstürmer Robbie Keane für 25 Mio. Euro von Tottenham verpflichten konnte und nun keine Einsatzmöglichkeit mehr für Voronin bestand.

569 Verneinend unter anderem die Rechtsprechung, vgl. BAG, Beschl. v. 10.3.2004, NZA 2004, 1340 (1343); ausführlich zum Streitstand Schüren/Hamann, § 1, Rn. 270 m. w. N.

570 Dies ist unmittelbar ablesbar, wenn die durch die Arbeitnehmerüberlassung erzielte Ausgabenminderung schließlich zu einem höheren Jahresgewinn des Unternehmens führt. Vgl. auch Schüren/Hamann, § 1, Rn. 370; ErfK-Wank, § 1 AÜG, Rn. 34.

571 In diesem Punkt liegt der Unterschied zu den von der Rechtsprechung zu entscheidenden Sachverhalten: Dort hätte der Verleiher den Arbeitnehmer auch bei sich einsetzen können, entschied sich aber dafür, den Arbeitnehmer gegen Erstattung der Personalkosten an einen Dritten zu überlassen.

bb. Schutzzweck des Arbeitnehmerüberlassungsgesetzes

Auch wenn die Leihgabe von Berufssportlern das Kriterium der Gewerbsmäßigkeit erfüllt, ist allerdings fraglich, ob der Schutzzweck des Arbeitnehmerüberlassungsgesetzes die entsprechende Anwendung der Erlaubnispflicht nach § 1 AÜG auf die Spielerleihe im Profisport rechtfertigt. Bestehen für die Spieler im Berufssport im Falle ihrer Ausleihe nicht vergleichbare Gefahren wie für Leiharbeitnehmer im Falle ihrer Überlassung an Dritte, so gibt es auch kein Bedürfnis dafür, das Verleihen durch die Vereine unter einen Erlaubnisvorbehalt zu stellen.

(1) Entstehungsgeschichte und Regelungsanliegen des Gesetzgebers

Im Zuge der Industrialisierung entstand ein erhöhter Bedarf an Arbeitsvermittlung und Arbeitnehmerüberlassung. Um ein Ausnutzen der Stellensuchenden, insbesondere ihre finanzielle Ausbeutung zu verhindern, wurde die private Arbeitsvermittlung bereits früh verboten.[572] Insoweit bestand ein staatliches Vermittlungsmonopol. Die gewerbliche Arbeitnehmerüberlassung war dagegen von dieser Entwicklung anfangs nicht erfasst. Erst durch einen Erlass vom 20.12.1941 wurde dann auch die gewerbsmäßige Arbeitnehmerüberlassung verboten. Das gewerbliche Verleihen von Arbeitnehmern – insbesondere durch Arbeitgeber, die die Arbeitnehmer ohne eigenen Betrieb nur zum Zwecke der Ausleihe beschäftigten – galt als „asozial".[573]

In der Nachkriegszeit knüpfte man an dieses Verbot an, indem man 1952 die gewerbsmäßige Arbeitnehmerüberlassung der unerlaubten Arbeitsvermittlung gleichstellte. § 37 Abs. 3 AVAVG machte jeden „Verleiher" zum „Vermittler".

> „Als Arbeitsvermittlung gilt ferner die Zuweisung von Arbeitnehmern, deren Arbeitskraft der Zuweisende regelmäßig dritten Personen für eine Beschäftigung zur Verfügung stellt, ohne selbst die Arbeit auf eigene Rechnung ausführen zu

572 Das Stellenvermittlergesetz vom 2.6.1919 versagte nach § 3 Abs. 2 Nr. 2 die Erlaubnis der Vermittlungstätigkeit, wenn „ein Bedürfnis nach Stellenvermittlung nicht vorliegt. Ein Bedürfnis ist insbesondere nicht anzuerkennen, soweit ein [...] öffentlicher gemeinnütziger Arbeitsnachweis in ausreichendem Umfang besteht". Der Arbeitsnachweis war ein Vermittlungsbüro einer Kommune, das in der Regel unentgeltlich tätig wurde.

573 Schüren/Hamann, Einleitung, Rn. 40.

> lassen und ohne selbst die Ausrüstung mit den erforderlichen Werkzeugen für die zugewiesenen Arbeitskräfte zu übernehmen."[574]

Mit Urteil vom 4.4.1967 erklärte das Bundesverfassungsgericht dann jedoch die Vorschrift des § 37 Abs. 3 AVAVG für nichtig. Das Verbot der gewerbsmäßigen Arbeitnehmerüberlassung stelle einen unverhältnismäßigen Eingriff in die Berufsfreiheit der Verleiher dar und sei aus diesem Grunde verfassungswidrig.[575]

Darauf reagierte der Gesetzgeber durch die Verabschiedung des Arbeitnehmerüberlassungsgesetzes im Jahre 1972. Er stellte das gewerbsmäßige Überlassen von Arbeitnehmern unter einen Erlaubnisvorbehalt. Aus der Begründung des Regierungsentwurfes wird deutlich, dass ein berechtigtes Interesse der Wirtschaft an der kurzfristigen Leihe von Arbeitnehmern grundsätzlich anerkannt wird.[576] So ergeben sich auch für Arbeitnehmer neue Beschäftigungsmöglichkeiten bei Unternehmen, die aufgrund der Personalbeschaffungs- und Personalverwaltungskosten anderenfalls den vorübergehenden Kräftebedarf durch Einstellungen nicht decken würden. Andererseits bestehe aber auch die Gefahr, dass die langfristige Arbeitnehmerüberlassung die Arbeit verteuere.[577] Zudem seien in wachsendem Umfang Verstöße gegen das Sozialversicherungsrecht sowie Arbeitsschutzrecht zu verzeichnen gewesen. Leiharbeitsunternehmen hätten Sozialversicherungsbeiträge hinterzogen und den Leiharbeitnehmern ganz oder teilweise den Lohn vorenthalten.[578]

Ziel des Arbeitnehmerüberlassungsgesetzes ist es demnach, die Arbeitnehmerüberlassung sozialverträglich auszugestalten und eine Ausbeutung der Arbeitnehmer zu verhindern.[579] Das Erfordernis einer Erlaubnis stellt die Verleiher unter die Aufsicht der Bundesagentur für Arbeit. Die Versagung (§ 3 AÜG) bzw. die Rücknahme und der Widerruf (§§ 4, 5 AÜG) der Erlaub-

574 § 37 Abs. 3 AVAVG i. d. F. der Bekanntmachung vom 3.4.1957, BGBl. Teil I 1957, 321 (327).

575 BVerfG, Beschl. v. 4.4.1967, AP Nr. 7 zu § 37 AVAVG.

576 Begründung zum Regierungsentwurf vom 15.6.1971, BT-Drucks. 6/2303, 9. So bereits auch das Bundesverfassungsgericht in seiner Entscheidung vom 4.4.1967, AP Nr. 7 zu § 37 AVAVG.

577 Die Gefahr der Verteuerung der Arbeitskraft durch diesen „Zwischenhandel" der Leiharbeitsunternehmen bestand deshalb, weil die Arbeitslosenquote Anfang der 70er Jahre bei unter einem Prozent lag und die Arbeitskraft knapp war.

578 Vgl. Begründung zum Regierungsentwurf vom 15.6.1971, BT-Drucks. 6/2303, 9.

579 Vgl. Schüren/Hamann, § 1, Rn. 2 f.; Thüsing, Einführung, Rn. 14; Wank, RdA 2003, 1 (2 f.); Begründung zum Regierungsentwurf vom 15.6.1971, BT-Drucks. 6/2303, 9 f.

nis macht es – im Zusammenspiel mit den Straftatbeständen und dem Katalog von Ordnungswidrigkeiten – möglich, unzuverlässige Verleiher, insbesondere Verleiher, die ihre Arbeitgeberpflichten zum Nachteil der Leiharbeitnehmer verletzen, von der Arbeitnehmerüberlassung auszuschließen und den sozialen Schutz der Leiharbeitnehmer bestmöglich zu gewährleisten.

(2) Übertragbarkeit des Erlaubnisvorbehalts auf die Spielerleihe

Berücksichtigt man den Schutzzweck des Arbeitnehmerüberlassungsgesetzes und die Funktion des Erlaubnisvorbehalts, so wird deutlich, dass die Vorschrift des § 1 AÜG nicht auf Ausleihgeschäfte im Sport übertragbar ist. Gegen die Vergleichbarkeit von Arbeitnehmerüberlassung und Spielerleihe spricht zum einen die unterschiedliche arbeitsvertragliche Ausgestaltung der Überlassungsgeschäfte. Zum anderen führt auch die Einordnung des Verleihens von Sportlern als Fall der echten Leiharbeit[580] dazu, dass der verliehene Profisportler nicht gleichermaßen schutzbedürftig ist wie ein Leiharbeitnehmer.

(a) Maßgeblichkeit des Drei-Personen-Verhältnis

Die besondere Schutzbedürftigkeit der Arbeitnehmer im Falle einer Arbeitnehmerüberlassung folgt insbesondere daraus, dass die Überlassung zwingend zu einer Drei-Personen-Beziehung führt. Der Verleiher ist auch während der Überlassung Arbeitgeber des Leiharbeitnehmers, während der Entleiher die Arbeitsleistung entgegennimmt und zur Ausübung des Direktionsrechts befugt ist. Das Erbringen der Arbeitsleistung bei einem Dritten unterscheidet die Leiharbeit von gewöhnlichen Arbeitsverhältnissen. Gerade das Auseinanderfallen von Arbeitgeberposition (Verleiher) und Leistungsberechtigung (Entleiher) erhöht die Gefahr, dass der Arbeitnehmer ausgebeutet wird. Dieser Umstand macht es erforderlich, den Leiharbeitnehmer durch spezielle Vorschriften zu schützen und darauf hinzuwirken, dass der Verleiher seine Arbeitgeberpflichten erfüllt, insbesondere seiner Lohnzahlungspflicht nachkommt und Sozialversicherungsbeiträge abführt.[581]

Dass das Dreipersonenverhältnis der Grund für die besondere Schutzbedürftigkeit des Leiharbeitnehmers ist, ergibt sich auch aus den Gründen, die es nach § 3 Abs. 1 AÜG rechtfertigen, die Erteilung einer Erlaubnis zu versagen: So fehlt beispielsweise einer Person die erforderliche Zuverlässigkeit

580 Die Spieler werden gerade nicht deshalb vom Verein eingestellt, um sie anschließend an Dritte zu verleihen.

581 Vgl. Schüren/Hamann, Einleitung, Rn. 187.

nach Nr. 1 der Norm, wenn er nicht über geordnete Vermögensverhältnisse verfügt.[582] Denn gerade weil der Verleiher keine eigene Betriebsstelle unterhält, sondern nur Umsätze durch den Verleih von Arbeitnehmern an Dritte generiert, er aber als Arbeitgeber das Lohnzahlungsrisiko auch in den Zeiten trägt, in denen er den Arbeitnehmer nicht verleihen kann, muss er über gewisse Finanzreserven verfügen, um die Ansprüche seiner Arbeitnehmer kontinuierlich erfüllen zu können.[583] Gemäß § 3 Abs. 1 Nr. 2 AÜG ist die Erlaubnis zu versagen, wenn der Antragssteller über eine unzureichende Betriebsorganisation verfügt, um seine Arbeitgeberpflichten ordnungsgemäß zu erfüllen. Auch dieser Versagungsgrund bezieht sich auf einen Umstand, der sich gerade aus dem Auseinanderfallen von Arbeitgeberposition und Leistungsberechtigung ergibt. Denn in einem Zwei-Personen-Verhältnis, in dem der Arbeitnehmer seine Leistung im Betrieb seines Arbeitgebers erbringt, besteht bereits eine derartige Gefahr der unzureichenden Betriebsorganisation nicht. Schließlich verpflichtet § 3 Abs. 1 Nr. 3 AÜG den Verleiher, dem Leiharbeitnehmer die wesentlichen Arbeitsbedingungen einschließlich des Arbeitsentgelts zu gewähren, die im Betrieb des Entleihers auch dessen Arbeitnehmern zukommen. Auch dieser Tatbestand hat nur deshalb Bedeutung, weil der Leiharbeitnehmer in die Betriebsorganisation eines Dritten eingegliedert wird.

Insoweit lässt sich festhalten, dass die arbeitsrechtliche Ausgestaltung bei einer Arbeitnehmerüberlassung, die zu einer Drei-Personen-Beziehung während der Überlassungszeit führt, nicht nur entscheidend den Vertragstypus des Arbeitnehmerüberlassungsvertrages im Sinne des § 1 AÜG charakterisiert. Vielmehr folgt aus dieser arbeitsrechtlichen Ausgestaltung sowie dem Auseinanderfallen von Arbeitgeberposition und Leistungsberechtigtem die besondere Schutzbedürftigkeit des Leiharbeitnehmers. Da die Spielerleihe im Profisport jedoch aufgrund der vertraglichen Konstruktion grundsätzlich zu einem Zwei-Personen-Verhältnis während der Überlassungszeit führt[584], scheidet es bereits deshalb aus, die Erlaubnispflicht des § 1 Abs. 1 AÜG auf das Verleihen von Sportlern entsprechend anzuwenden. Der verliehene Spie-

582 Begründung zum Regierungsentwurf vom 15.6.1971, BT-Drucks. 6/2303, 11; Schüren/Hamann, Einleitung, Rn. 187.

583 Vgl. Boemke/Lembke, § 3, Rn. 40; Schüren/Hamann, § 3, Rn. 137.

584 Dass trotz dieser rechtlichen Konstruktion die Rückkehr des Spielers zum Verleiher feststeht und deshalb während der Überlassungszeit verstärkte nachwirkende Rechte und Pflichten zwischen Verleiher und Spieler bestehen, ändert nichts an der Tatsache, dass der Spieler rechtlich nur dem Entleiher als Arbeitgeber gegenüber vertraglich zur Erbringung der Arbeitsleistung verpflichtet ist.

ler befindet sich nicht in einer Lage, in der die Gefahr der Ausbeutung im Vergleich zu einem Normalarbeitsverhältnis erhöht ist.

(b) Qualifikation der verliehenen Arbeitnehmer

Ein weiterer – entscheidender – Unterschied zwischen Spielerleihe einerseits und Arbeitnehmerüberlassung andererseits besteht in der persönlichen Qualifikation der jeweiligen Arbeitnehmer. Bei Leiharbeitnehmern handelt es sich in aller Regel nicht um hochqualifizierte Mitarbeiter.[585] Vielmehr heuern gerade solche Arbeitnehmer bei Zeitarbeitsfirmen an, die nicht die Chance haben, von Unternehmen direkt auf Dauer eingestellt zu werden. Ein arbeitsmarktpolitisch gewünschtes Ziel der Arbeitnehmerüberlassung ist es gerade, dass sich die vermittelten Arbeitnehmer auch durch die kurzfristigen Einsätze bei einem Dritten diesem als Arbeitskraft empfehlen können und es zu einer Festanstellung beim Entleiher kommt.[586] Dieses Anliegen des Gesetzgebers findet auch im Arbeitnehmerüberlassungsgesetz seinen Ausdruck: So sind nach § 9 Nr. 3 und 4 AÜG Vereinbarungen unwirksam, die es zum Ziel haben, ein Anschlussarbeitsverhältnis zwischen Entleiher und Leiharbeitnehmer zu verhindern.

Diese Qualifikation der Leiharbeitnehmer führt zu einer gewissen „Notlage" der Arbeitnehmer, bei der die Gefahr besteht, dass diese durch die Leiharbeitsunternehmen ausgenutzt wird. Profisportlern in den höchsten Spielklassen der Mannschaftssportarten sind dagegen hoch qualifizierte Arbeitskräfte, deren Einkommen bei einer Anstellung dementsprechend deutlich ausfällt. Aus diesem Grund besteht zwischen einem Profisportler und einem Verein, der den Spieler an einen Dritten ausleihen möchte, kein derartiges Verhandlungsungleichgewicht, das die Gefahr einer Ausbeutung begründet.

(c) Spielerleihe als Fall der echten Leiharbeit

Schließlich liegt auch ein wesentlicher Unterschied darin, dass die Leihgabe von Berufssportlern zwar gewerbsmäßig erfolgt, aber dennoch keinen Fall der unechten Leiharbeit darstellt. Die Spieler werden gerade nicht zu dem Zweck des Weiterverleihs an Dritte angestellt. Dementsprechend willigen die Spieler auch nicht bereits bei Abschluss des Arbeitsvertrages mit dem verleihenden

---

585 Schüren, RdA 2007, 231 (232); Wank, RdA 2003, 1 (2).

586 Sogenannter „Klebeeffekt", der die Leiharbeit zu einem Mittel der Personalgewinnung für den Entleiher macht; vgl. Schüren, RdA 2007, 231 (233); Wank, RdA 2003, 1 (4 f.). So auch bereits die Begründung zum Regierungsentwurf vom 15.6.1971, BT-Drucks. 6/2303, 13.

Verein ein, später an Dritte verliehen zu werden. Möchte ein Verein einen Spieler auf Zeit einem Dritten überlassen, genügt dafür nicht eine bloße Weisung. Vielmehr muss der Spieler bei Abschluss des konkreten Ausleihgeschäfts seine Zustimmung erteilen und den noch bestehenden Arbeitsvertrag mit dem Verleiher einvernehmlich auflösen. Dies führt dazu, dass Berufssportler nicht den Entscheidungen des verleihenden Vereins in gleicher Weise ausgeliefert sind wie Leiharbeitnehmern den Weisungen eines Leiharbeitsunternehmers.[587] Die Spieler haben die Möglichkeit, einer Leihe zu widersprechen und auf der Fortsetzung ihres ursprünglichen Arbeitsvertrages zu bestehen.

(3) Keine Notwendigkeit eines Erlaubnisvorbehalts

Zwar ist es gerechtfertigt, aufgrund des identischen Vertragsgegenstands[588] die Spielerleihe als einen Fall der Arbeitnehmerüberlassung anzusehen. Eine entsprechende Anwendung von Normen des Arbeitnehmerüberlassungsgesetzes – insbesondere der Erlaubnispflicht nach § 1 AÜG – scheidet jedoch aus. Darüber hinaus besteht auch keine Notwendigkeit, für die Leihgabe von Berufssportlern einen eigenen gesetzlichen Erlaubnisvorbehalt zu schaffen. Wegen der vertraglichen Konstruktion der Ausleihgeschäfte, die gerade nicht zum Auseinanderfallen von Arbeitgeberstellung und Dienstberechtigtem führt, sowie dem Umstand, dass es sich bei der Spielerleihe um einen Fall der echten Leiharbeit handelt, da die Spieler nicht von Anfang an in zukünftige Leihgeschäfte einwilligen, besteht bereits keine Gefahr der Ausbeutung und des Missbrauchs. Mangels Schutzbedürftigkeit der Sportler bedarf es keiner Schaffung einer dem § 1 AÜG entsprechenden Vorschrift für die Spielerleihe.

D. Ergebnis des Kapitels

Die Leihgabe von Berufssportlern steht nicht nur im Einklang mit den Vorschriften der Verbände. Ausleihgeschäfte verstoßen auch nicht gegen staatliches Recht und sind somit rechtmäßig.

---

587 Gerade der Umstand, dass der Verleiher den Arbeitnehmer im Falle der unechten Leiharbeit nicht selbst beschäftigen kann, für ihn also keine Möglichkeit der Rückkehr an einen Stammarbeitsplatz gibt, ist ein Grund für die Schutzbedürftigkeit des Leiharbeitnehmers, vgl. Zöllner/Loritz/Hergenröder, Arbeitsrecht, § 27, IV.

588 Vertragsgegenstand und Ziel der Vereinbarung der Parteien ist sowohl bei der Spielerleihe als auch bei der gewerbsmäßigen Arbeitnehmerüberlassung das zeitweise Überlassen eines Arbeitnehmers an einen Dritten.

Die Befristungen des Arbeitsvertrages zwischen Spieler und Entleiher sowie des Anschlussarbeitsvertrages mit dem Verleiher sind zulässig. Es ist charakteristisch für den Mannschaftssport, dass sportlicher Erfolg nur mit Spielern erreicht werden kann, die von ihrer Spielweise zueinander passen. Da außerdem am Ende einer Saison Spieler von sich aus den Verein wechseln oder transferiert werden, besteht ein Bedarf an Flexibilität der Vereine, sich nach einer gewissen Zeit von allen Spielern trennen zu können, ohne eine Kündigung aussprechen zu müssen. Dies stellt eine „Eigenart der Arbeitsleistung" im Sinne des § 14 Abs. 1 S. 2 Nr. 4 TzBfG dar und rechtfertigt die Befristung der Spielerarbeitsverträge. Der Arbeitsvertrag zwischen Spieler und Entleiher kann darüber hinaus oftmals auch sachgrundlos befristet werden, da die Leihdauer in den meisten Fällen zwei Jahre nicht überschreitet. Als besondere Rechtfertigungsgründe der Befristung dieses Arbeitsverhältnisses kommen zudem die Erprobung des Spielers gemäß § 14 Abs. 1 S. 2 Nr. 5 TzBfG sowie – als ein in der Person des Arbeitnehmers liegender Grund gemäß § 14 Abs. 1 S. 2 Nr. 6 TzBfG – der Wunsch des Spielers, verliehen zu werden, in Betracht.

Schließlich ist die Erlaubnispflicht des § 1 AÜG auf die Spielerleihe nicht entsprechend anwendbar. Zwar erfolgt der Verleih von Spielern gewerbsmäßig. Jedoch sind die Spieler nicht ähnlich schutzbedürftig wie Leiharbeitnehmer, was eine entsprechende Anwendung des Arbeitnehmerüberlassungsgesetzes rechtfertigen könnte. Denn zum einen kommt es im Falle der Spielerleihe nicht zu einem Auseinanderfallen von Arbeitgeberstellung und Dienstberechtigtem. Gerade dieser Umstand erhöht jedoch die Gefahr der Ausbeutung und erfordert den Schutz der Leiharbeitnehmer nach dem Arbeitnehmerüberlassungsgesetz, wie sich aus den Versagungsgründen des § 3 AÜG ergibt. Zum anderen ist die Leihgabe von Berufssportlern ein Fall der (gewerbsmäßigen) echten Leiharbeit. Auch dies führt dazu, dass weder die entsprechende Anwendung des § 1 AÜG, noch das Schaffen eines eigenen Erlaubnisvorbehalts für den Fall der Spielerleihe notwendig ist.

Kapitel 5: Weitere Gestaltungsmöglichkeiten der Leihgabe von Berufssportlern

A. Einführung

Gegenstand der bisherigen Untersuchungen der Arbeit war fast ausschließlich die Spielerleihe im deutschen Profifußball nach den Vorschriften der DFL. Denn der Berufsfußball ist in Deutschland sehr kommerzialisiert, so dass Ausleihgeschäfte in dieser Sportart sowohl in wirtschaftlicher als auch in rechtlicher Hinsicht die größte Bedeutung haben. Die im deutschen Fußball praktizierte Form der Spielerleihe ist jedoch nicht die einzig denkbare Möglichkeit, Spieler an einen anderen Verein auf Zeit zu überlassen. Dies wird deutlich, wenn man einerseits die Verbandsvorschriften im internationalen Fußball und andererseits die Regelungen der Verbände anderer Mannschaftssportarten in Deutschland betrachtet. Dort finden sich zum Teil deutlich abweichende Ausgestaltungen der Spielerleihe. So ist beispielsweise die Ausleihe im englischen Fußball in zeitlicher Hinsicht und bezüglich der Anzahl der möglichen Ausleihgeschäfte pro Saison beschränkt.[589] Im Handball dagegen sind die Möglichkeiten der Ausleihe erweitert, da dem verliehenen Spieler durch die Vereine ein Zweifachspielrecht eingeräumt werden kann.[590]

Im Folgenden sollen daher zunächst diese alternativen Ausgestaltungen von Ausleihgeschäften dargestellt werden. Anschließend ist zu prüfen, inwieweit auch im deutschen Fußball die Leihgabe von Berufssportlern rechtlich anders ausgestaltet werden kann und welche Unterschiede sich gegebenenfalls im Vergleich zur oben dargestellten Form der Spielerleihe –, insbesondere hinsichtlich der Rechtsbeziehung der am Leihgeschäft Beteiligten, – ergeben.

B. Ausleihgeschäfte im internationalen Fußball

Grundsätzlich sind die Regelungskompetenzen der FIFA und der nationalen Fußballverbände klar voneinander abgegrenzt: Wird ein Spieler zwischen Vereinen transferiert oder verliehen, die unterschiedlichen Verbänden angehören, wechselt der Spieler also grenzüberschreitend den Verein, dann ist für den Transfer bzw. die Ausleihe ausschließlich das von der FIFA erlassene

---

589 Ausführlich dazu unten B/II.

590 Vgl. C/V.

„Reglement bezüglich Status und Transfer von Spielern“[591] maßgeblich. Wechselt ein Spieler zwischen zwei Vereinen, die demselben Verband angehören, richtet sich der Transfer bzw. die Ausleihe nach den Vorschriften des nationalen Fußballverbandes. Diese nationale Regelungskompetenz stellt auch Art. 1 Abs. 2 des FIFA-Reglements bezüglich Status und Transfer von Spielern klar, wonach jeder Verband den Transfer von Spielern zwischen den eigenen Vereinen selbständig durch Verbandsvorschriften regelt.

Dennoch hat das FIFA-Regelwerk großen Einfluss auf die nationalen Verbandsvorschriften. Denn um eine einheitliche und deckungsgleiche Behandlung aller Akteure im internationalen Fußball sicherzustellen[592], müssen die nationalen Regelwerke gewissen Vorgaben des FIFA-Reglements entsprechen.[593] So werden die Verbände unter anderem verpflichtet, Art. 10 des FIFA-Reglements ohne jegliche Änderung ins nationale Verbandsrecht zu integrieren, welcher gerade die Leihgabe von Berufsfußballspielern regelt.[594] Aufgrund dessen müsste man eigentlich davon ausgehen, dass die Vorschriften und die Ausgestaltung der Spielerleihe in allen Ländern identisch sind. Tatsächlich bestehen jedoch zumindest kleinere Unterschiede zwischen der deutschen Regelung zur Spielerleihe und den entsprechenden FIFA-Vorschriften. Und sogar deutlich anders ist die Ausgestaltung der Leihgabe von Berufsfußballern im englischen Fußball.

I. Die Spielerleihe nach den FIFA-Vorschriften

1. Erfordernis eines Freigabescheins

Zunächst einmal macht Art. 9 des FIFA-Reglements die Erteilung einer Spielerlaubnis für den ausgeliehenen Spieler – zusätzlich zu den bereits oben genannten Voraussetzungen[595] – davon abhängig, dass der Spieler von dem Verband, dem der abgebende Verein angehört, einen sogenannten Freigabe-

591 Die Zuständigkeit, Vorschriften für Transfers und Ausleihgeschäfte zwischen Vereinen unterschiedlicher Verbände zu erlassen, ergibt sich aus Art. 5 FIFA-Statuten.

592 Kommentar zum Reglement bezüglich Status und Transfer von Spielern, Art. 1, Nr. 1, Rn. 2.

593 Die zwingend zu beachtenden Vorgaben ergeben sich aus Art. 1 Abs. 3 des FIFA-Reglements bezüglich Status und Transfer von Spielern.

594 Zum Wortlaut des Art. 10 des Reglement bezüglich Status und Transfer von Spielern vgl. Anlage B/II.

595 Vgl. dazu oben Kapitel 2/B/I.

schein erhalten hat.[596] Dieses zusätzliche Erfordernis trägt dem Umstand Rechnung, dass an dem Wechsel des Spielers zwei Verbände beteiligt sind. Um eine doppelte Registrierung des Berufsspielers bei beiden Verbänden zu vermeiden[597], muss der abgebende Verband durch die Erteilung des Freigabescheins dem Verband des aufnehmenden Vereins verbindlich anzeigen, dass vertragliche Beziehungen des Spielers zum alten Verein nicht mehr bestehen.[598]

2. Rechtliche Konstruktion der Spielerleihe

Nach dem Wortlaut der Lizenzordnung-Spieler müssen Verleiher und Spieler zur Ermöglichung der Ausleihe ihren Arbeitsvertrag aufheben. So ist nach § 4 Nr. 6 Buchst. a) LOS Voraussetzung für die Aufnahme in die Transferliste, dass „bei einem Wechsel die Verträge zum Zeitpunkt der Antragsstellung in beiderseitigem Einvernehmen aufgelöst worden sind". Und § 13 Nr. 2 Buchst. c) LOS macht die Erteilung der Spielerlaubnis davon abhängig, dass für den gleichen Zeitraum keine anderweitigen rechtlichen Bindungen als Spieler an einen anderen Verein bestehen. Insoweit scheint die nationale Regelung dem FIFA-Reglement zu entsprechen. Denn auch dieses macht die Erteilung des Freigabescheins ausdrücklich von einer vorzeitigen Vertragsauflösung in gegenseitigem Einvernehmen abhängig.[599]

Trotz dieses eindeutigen Wortlauts der Verbandsvorschriften geht die FIFA selbst aber nicht davon aus, dass Spieler und Verleiher ihren Arbeitsvertrag zur Ermöglichung der Ausleihe zwingend vollständig auflösen müssen. Aus dem Kommentar zum FIFA-Reglement bezüglich Status und Trans-

---

596 Der Freigabeschein ist nicht nur bei einer internationalen Ausleihe, sondern auch bei einem internationalen Transfer erforderlich.

597 Nach Art. 5 Abs. 2 des FIFA-Reglements bezüglich Status und Transfer von Spielern kann ein Spieler jeweils nur bei einem Verein registriert sein.

598 Ist der Vertrag zwischen dem ehemaligen Verein und dem Spieler noch nicht ausgelaufen oder nicht in gegenseitigem Einvernehmen aufgehoben worden, darf dem Spieler der Freigabeschein nicht ausgestellt werden; vgl. Art. 2 Abs. 4 des Anhangs 3 zum FIFA-Reglement bezüglich Status und Transfer von Spielern. Anhang 3 regelt das administrative Verfahren für Spielertransfers zwischen Verbänden. Die Vorschriften in diesem Teil sind nach dessen Art. 4 auf die Leihgabe von Berufsspielern entsprechend anzuwenden.

599 Vgl. Art. 2 Abs. 3 des Anhangs 3 zum FIFA-Reglement bezüglich Status und Transfer von Spielern.

fer von Spielern[600] ergibt sich vielmehr, dass es ausreicht, sich auf ein Ruhen des Arbeitsvertrages während der Dauer der Ausleihe zu verständigen, um im Rahmen einer internationalen Ausleihe den Anforderungen des FIFA-Reglements zu genügen. So wird an mehreren Stellen des Kommentars darauf abgestellt, die Parteien müssten einen Vertrag abschließen, damit die Wirkung des Arbeitsvertrages vorübergehend aufgehoben wird.[601] Diese vertragliche Aufhebung der Wirkungen des Arbeitsvertrages entbindet dann den ursprünglichen Klub von der Pflicht, „dem Spieler ein Gehalt zu zahlen, ihm ein angemessenes Training zu ermöglichen und/oder ihm gegenüber andere Leistungen gemäß Arbeitsvertrag zu erbringen".[602]

Eine solche rechtliche Ausgestaltung der Spielerleihe hat auch Konsequenzen für die vertragliche Sicherung der Rückkehr des Spielers: Da lediglich die Wirkungen des Arbeitsvertrages auf eine gewisse Zeit aufgehoben wurden, der Arbeitsvertrag als solcher aber noch besteht, müssen Spieler und Verleiher zur Sicherung der Rückkehr des Spielers keinen neuen Anschlussarbeitsvertrag abschließen. Nach Ablauf der vereinbarten Ausleihdauer leben vielmehr die entsprechenden Wirkungen des Arbeitsvertrages wieder auf.[603] Der ursprüngliche Arbeitsvertrag stellt demnach die rechtliche Grundlage für den Verleiher dar, nach Ende der Ausleihe beim Verband eine neue Spielberechtigung für den Spieler beantragen zu können.[604]

---

600 Der Kommentar wird von der FIFA seit 2007 herausgegeben und aktualisiert, „um den Mitgliedsverbänden, den Klubs und den Spielern sowie lizenzierten Spielervermittlern, Anwälten und anderen interessierten Parteien den Zugang und das Verständnis des Reglements zu erleichtern", vgl. Zirkular Nr. 1075; abrufbar unter http://de.fifa.com/mm/document/affederation/administration/circular_d_1075_131.pdf.

601 So zum Beispiel Kommentar zum Reglement bezüglich Status und Transfer von Spielern, Art. 10, Nr. 1 (dort Fn. 49).

602 Kommentar zum Reglement bezüglich Status und Transfer von Spielern, Art. 10, Nr. 4, Rn. 2.

603 So auch Kommentar zum Reglement bezüglich Status und Transfer von Spielern, Art. 10, Nr. 4 (dort Fn. 54).

604 Zu der Frage, ob es auch nach den Vorschriften der DFL zulässig ist, für nationale Ausleihgeschäfte diese rechtliche Ausgestaltung der Spielerleihe zu wählen, vgl. unten D/I.

3. Mindestdauer der Spielerleihe

Eine weitere Sonderregelung in den FIFA-Statuten betrifft die Mindestausleihdauer, was das (außergewöhnliche) Ausleihgeschäft von Landon Donovan in der Spielzeit 2008/2009 verdeutlicht:

> In der Winterpause der Saison 2008/2009 lieh der FC Bayern München den Stürmer Landon Donovan von Los Angeles Galaxy aus. Da die US-amerikanische Major League Soccer (MLS) ihren Spielbetrieb bereits im Frühjahr eines Jahres aufnimmt, kehrte Donovan schon Mitte März nach Los Angeles zurück. Die Ausleihe erfolgte also für lediglich zweieinhalb Monate.[605]

Nach den deutschen Verbandsvorschriften der DFL wäre die Ausleihe von Donovan rechtswidrig gewesen; ihm hätte keine Spielerlaubnis erteilt werden dürfen. § 5 Nr. 2 LOS ordnet ausdrücklich an, dass die Ausleihe sich mindestens auf die Zeit zwischen zwei Wechselperioden beziehen muss. Da aber nach § 4 Nr. 2 LOS die nach der Ausleihe nächste Wechselperiode erst „mit dem Ende der Spielzeit" beginnt, hätte der Spieler eigentlich auch bis zu diesem Zeitpunkt (also Ende Mai 2009) vom FC Bayern München ausgeliehen werden müssen.

Donovan wurde aber von Los Angeles an Bayern München ausgeliehen. Am Ausleihgeschäft waren also zwei Vereine unterschiedlicher Verbände beteiligt, so dass nicht die nationale Regelung zur Ausleihe, sondern das FIFA-Reglement bezüglich Status und Transfer von Spielern Anwendung findet. Nach Art. 10 Abs. 2 muss die Ausleihdauer zwar auch mindestens die Dauer zwischen zwei Registrierungsperioden umfassen. Da aber die an dem Spielerwechsel beteiligten Verbände unterschiedliche Wechselperioden festgelegt haben können, die sich zeitlich nicht decken, steht die Vorschrift unter dem Vorbehalt der Regelung des Art. 5 Abs. 3. Nach dieser Vorschrift „ist ein Spieler, der zwischen zwei Vereinen wechselt, die jeweils an Verbände mit sich überschneidenden Spielzeiten angegliedert sind (d. h. Spielzeitbeginn im Sommer/Herbst bzw. im Winter/Frühjahr), in der betreffenden Spielzeit unter Umständen bei offiziellen Spielen eines dritten Vereins spielberechtigt, so-

---

605 Ähnlich außergewöhnlich waren die Ausleihgeschäfte von David Beckham. Der Engländer wechselte sowohl in der Saison 2008/2009 als auch 2009/2010 auf Leihbasis von Los Angeles Galaxy zum AC Mailand. Zwar waren auch diese Wechsel ursprünglich nur bis zum Start der MLS geplant. Letztlich verzichtete aber LA Galaxy auf den Einsatz Beckhams in den ersten Saisonspielen und ermöglichte Mailand eine Ausleihe bis zum Ende der Saison. Daher stellte sich bei diesen Ausleihgeschäften die Frage nach der Rechtmäßigkeit nicht.

fern er seine vertraglichen Verpflichtungen gegenüber seinen früheren Vereinen in vollem Umfang erfüllt hat". Art. 5 Abs. 3 des FIFA-Reglements soll also gerade einen zusätzlichen Wechsel des Spielers ermöglichen, wenn der Spieler seinen vertraglichen Verpflichtungen nachgekommen ist, weil die Saison für den verleihenden Verein bereits beendet ist.[606] Auch wenn die Vorschrift dem Wortlaut nach nur eine Ausnahme für die Anzahl der möglichen Spielberechtigungen des Spielers in einer Saison aufstellt, so ist sie faktisch zugleich eine Ausnahme zur Mindestdauer der Ausleihe. Die Ausleihe von Donovan zum FC Bayern München war demnach rechtmäßig.

II. Ausleihgeschäfte im englischen Fußball

1. Zusätzliche Möglichkeit der „Kurzleihe" eines Spielers

Im englischen Fußball wird bei der Leihgabe von Spielern zwischen „Short Term Loan" (Kurzleihe) und „Long Term Loan" (langfristige Leihe) unterschieden. Die langfristige Leihe entspricht dabei im Wesentlichen der Spielerleihe, so wie sie in den Regularien der DFL für den deutschen Fußball und im FIFA-Reglement für internationale Wechsel geregelt ist. Sie erfolgt grundsätzlich für eine ganze Spielzeit.[607] Ein wesentlicher Unterschied zur deutschen Spielerleihe besteht jedoch darin, dass die Vereine pro Saison nur maximal vier Spieler durch eine solche Langzeitleihe ausleihen dürfen.[608]

Einzigartig im europäischen Fußball ist die für englische Vereine (zusätzlich) bestehende Möglichkeit, Spieler für bis zu drei Monate zu leihen bzw. zu verleihen („Short Term Loan"). Die Kurzleihe stellt demnach eine Ausnahme zur Mindestleihdauer dar, da die zwingende Vorschrift des Art. 10 Abs. 2 des

606 Dass die FIFA das Verleihen von Spielern in der Spielpause eines Verbandes an Vereine eines Verbandes, in der zur selben Zeit die Saison noch läuft, ermöglichen möchte und für zulässig erachtet, ergibt sich auch aus einem Rundschreiben an die Mitgliedsverbände aus dem März 2002 - Zirkular Nr. 801; abrufbar unter http://de.fifa.com/mm/document/affederation/administration/ps%20801%20de_101.pdf: „Bei einigen Nationalverbänden dauert die Spielzeit sechs Monate (z. B in Jamaika und den Vereinigten Staaten). Während der spielfreien Zeit besteht für die Spieler die Möglichkeit, zur Aufbesserung ihres Einkommens auf Leihbasis zu einem anderen Verein zu wechseln."

607 Vgl. 6.4.5 der "Standardised Rules" (vgl. Anhang B/III, S. 46). Wie im deutschen Fußball ist aber auch die Ausleihe vom Beginn der Saison bis zum 31.12. bzw. vom 01.01. bis zum Ende der laufenden Spielzeit möglich.

608 So 6.4.6 der "Standardised Rules".

FIFA-Reglements eigentlich vorschreibt, dass Spieler mindestens für die Dauer zwischen zwei Registrierungsperioden ausgeliehen werden müssen.[609] Obwohl die Kurzleihe dem FIFA-Reglement bezüglich Status und Transfer von Spielern widerspricht, hat die FIFA diese Kurzleihe offensichtlich akzeptiert, da die nationalen Verbandsvorschriften gemäß Art. 1 Abs. 2 des Reglements bezüglich Status und Transfer von Spielern von der FIFA genehmigt werden müssen. Und die englischen Vereine machen von der Möglichkeit, kurzzeitig Spieler zu leihen bzw. zu verleihen, auch sehr häufig Gebrauch.

> In den Spielzeiten 2004/2005 und 2005/2006 waren 199 der insgesamt 396 Ausleihgeschäfte, an denen Vereine der Premier League beteiligt waren, Kurzausleihen. Dies entspricht 50,25 % aller Leihgaben.

2. Dauer der Kurzleihe eines Spielers

Nach 6.4.4 der „Standardised Rules“ der englischen Football Association dürfen Spieler kurzzeitig ausgeliehen werden, wenn die von den Vereinen vereinbarte Überlassungszeit zumindest 28 Tage beträgt. Um noch als Kurzleihe zu gelten, darf die Leihdauer aber 93 Tage – also ca. drei Monate – nicht überschreiten. Wie schon bei der langfristigen Leihe ist auch die Anzahl an Spieler, die pro Saison per „Short Term Loan“ geliehen werden können, begrenzt: So dürfen pro Spielzeit maximal zwölf Spieler auf diese Weise verpflichtet werden.

3. „Recall Clause“

Schließlich besteht bei der Kurzleihe die – außergewöhnliche und nach den deutschen Verbandsvorschriften in dieser Form unzulässige – Möglichkeit der Vereine, eine Rückkehrklausel in den Leihvertrag aufzunehmen.

> „[...] Clubs may mutually agree, if they so wish, to include a recall clause in the agreement to enable the Club for whom the Player was originally registered to recall the Player at any time during the loan period.”[610]

---

609 Für die Ausnahmevorschrift des Art. 5 Abs. 3 ist in diesem Fall kein Raum, da die Kurzleihe den Wechsel eines Spielers zwischen zwei Vereinen der englischen Liga regelt und somit nicht zwei verschiedene Fußballverbände beteiligt sind.

610 6.4.4 der “Standardised Rules”, vgl. Anhang B/III.

Dann kann der Verleiher vom Entleiher die vorzeitige Rückkehr des Spielers verlangen, sofern er die Dienste des Spielers benötigt. Torhüter können dabei jederzeit zurückgerufen werden; bei Feldspielern kommt ein Rückruf erst nach Ablauf des ersten Monats in Betracht.

C. Die Spielerleihe im deutschen Handball

Nicht nur im Fußball, sondern in den anderen Mannschaftssportarten wie Handball, Basketball und Eishockey werden Spieler an andere Vereine auf Zeit verliehen. Die Ausgestaltung der Leihgeschäfte weicht dabei zum Teil deutlich von der Spielerleihe im Fußball ab. Exemplarisch dafür ist die Spielerleihe im deutschen Handball. Die einschlägigen Regelungen zur Leihgabe von Berufshandballern finden sich in den §§ 69 f. DHB-Spielordnung.[611] Diese Vorschriften unterscheiden sich gleich in mehrfacher Hinsicht von der Möglichkeit zur Ausleihe eines Spielers im Profifußball.

I. Altersgrenze

Im Handball konnten bislang – anders als im Berufsfußball – nur Spieler verliehen werden, die das 23. Lebensjahr noch nicht vollendet haben. Da die Ausleihe oftmals ein sogenanntes Zweifachspielrecht beinhaltet, diente die Spielerleihe im Handball offenbar insbesondere dazu, jungen Nachwuchsspielern Spielpraxis zu verschaffen. Seit der Saison 2010/2011 ist die Ausleihe von Spielern nach Vollendung des 23. Lebensjahres gemäß des neu eingefügten § 69a DHB-Spielordnung nun ebenfalls möglich.

II. Verleih des Spielers in eine andere Liga

Gemäß § 69 Abs. 1 DHB-Spielordnung kann ein Spieler grundsätzlich an einen Verein der vier höchsten Ligen verliehen werden. Ausgeschlossen sind jedoch Ausleihgeschäfte zu einem Verein, der in derselben Staffel spielt wie der Verleiher. Durch diese Vorschrift werden zum einen Interessenkonflikte vermieden.

---

611 Zum Wortlaut der Vorschriften vgl. Anhang B/IV.

Anders als im Fußball muss ein Verein nicht befürchten, dass ein von ihm ausgebildeter und verliehener Spieler durch gute Leistungen – wohlmöglich in einem Spiel gegen ihn selbst – dem Verein schadet.[612] Die Gefahr, dass ein sportlich sinnvolles Leihgeschäft schließlich negative Folgen für den Verleiher hat, besteht somit im Handball nicht. Zum anderen ist diese Vorschrift notwendig, wenn dem Spieler zusätzlich zur Ausleihe ein Zweifachspielrecht eingeräumt wird. Dann müsste bei einem Aufeinandertreffen von verleihendem und entleihendem Verein vorab geklärt werden, welcher der Vereine von seiner Spielberechtigung für den Spieler Gebrauch machen und den Spieler im Wettkampfspiel aufstellen darf.

III. Einigung über die Ausleihdauer

Wie auch im Leihvertrag zwischen Fußballvereinen müssen sich auch die Vereine im Handball in der sog. „Ausleiheanzeige" auf einen kalendermäßig bestimmten „Ausleihezeitraum" verständigen. Unbeschadet dieser Angabe endet die Ausleihe nach § 69 Abs. 1 Buchst. e) DHB-Spielordnung aber auch durch eine spätere einvernehmliche Widerrufsanzeige der beiden Vereine sowie des Spielers. Die Verbandsstatuten sehen also vor, dass eine Spielerleihe im Handball durch einfache Erklärung der an der Ausleihe beteiligten Parteien vorzeitig beendet werden kann.

Diese Regelung ist einerseits restriktiver als die „Recall Clause" im englischen Fußball. Dort kann der Verleiher unter bestimmten Voraussetzungen den Spieler sogar einseitig zurückrufen. Sie ist aber andererseits extensiver als die Möglichkeit im deutschen Fußball, eine Spielerleihe vorzeitig zu beenden. Den Vereinen ist es zwar auch hier grundsätzlich möglich, ein beispielsweise auf zwei Jahre angelegtes Ausleihgeschäft bereits nach einem Jahr vorzeitig zu beenden, indem sich die Parteien auf die vorzeitige Auflösung des Arbeitsvertrages zwischen Spieler und Entleiher sowie – per Änderungsvertrag – das vorzeitige Inkrafttreten des Anschlussarbeitsvertrages zwischen Spieler und Verleiher verständigen. Die Vereine hätten allerdings – anders als die Clubs im Handball – zwingend die Wechselperioden einzuhalten.

---

612 Dieses Problem besteht für einen Verein im Fußball, wenn er nicht im Leihvertrag auf eine Klausel besteht, wonach Einsätze des Spielers durch den Entleiher in Spielen gegen den Verleiher verboten sind; vgl. oben Kapitel 3/B/II/1.

IV. Maximale Anzahl an Spielerleihen pro Saison

§ 69 Abs. 1 Buchst. g) DHB-Spielordnung beschränkt – wie die Verbandsvorschriften der FA für den englischen Fußball – die Anzahl der Ausleihgeschäfte, die jeder Verein pro Saison vornehmen darf. So kann ein Verein im laufenden Spieljahr höchstens drei Spieler ausleihen und höchstens drei Ausleihspieler aufnehmen.

V. Zweifachspielrecht des Spielers

Der wesentliche Unterschied zwischen Ausleihgeschäften im Handball im Vergleich zu solchen im Fußball besteht in der Möglichkeit der Vereine, dem Spieler ein Zweifachspielrecht einzuräumen. Der Spieler ist dann für seinen Erstverein (Verleiher) und Zweitverein (Entleiher) spielberechtigt.[613] Auch wenn Verleiher und Entleiher nicht in derselben Staffel spielen, kann es bei Einräumung eines Zweifachspielrechts zu Konflikten kommen, sei es dass Pflichtspiele der Mannschaften sich zeitlich überschneiden oder der Spieler anderweitige arbeitsvertragliche Pflichten zeitgleich bei verleihendem und entleihendem Verein zu erfüllen hat. Für diese Fälle ordnet § 70 Abs. 2 DHB-Spielordnung den Vorrang der Entscheidungen des Verleihers an.

D. Alternative vertragliche Ausgestaltung der Spielerleihe im deutschen Fußball

Die vorstehenden Ausführungen zeigen, dass die im deutschen Profifußball gewählte Ausgestaltung der Spielerleihe sowohl in tatsächlicher als auch in rechtlicher Hinsicht nicht zwingend ist. Es stellt sich dann aber die Frage, inwieweit man mit anderen vertraglichen Konstruktionen das Ziel der Spielerleihe – das zeitweilige Überlassen der Arbeitskraft an einen anderen Verein – erreichen kann und ob diese mit Verbandsrecht und dem staatlichen Recht in Einklang zu bringen sind. Gegebenenfalls sind schließlich die Vor- und Nachteile aufzuzeigen, die diese alternativen Formen der Spielerleihe im Vergleich zur momentan praktizierten Form haben.

---

613 Ein solches Doppelspielrecht ist auch in den Verbandsstatuten des Deutschen Volleyball-Verbandes vorgesehen. Voraussetzung für die Erteilung ist allerdings, dass der Spieler Kaderspieler des DVV ist; vgl. 6.4.2 der Bundesspielordnung des DVV.

I. Suspendierung der arbeitsvertraglichen Rechte und Pflichten

Denkbar ist zunächst, dass Verleiher und Spieler zur Ermöglichung des Ausleihgeschäfts ihren noch gültigen Arbeitsvertrag nicht vollständig auflösen, sondern lediglich das zeitweilige Ruhen der Rechte und Pflichten aus dem Arbeitsverhältnis vereinbaren. Folge einer solchen Vereinbarung ist, dass während der Leihdauer sowohl der Verleiher von seiner Pflicht zur Entlohnung und zur Beschäftigung des Spielers befreit ist als auch der Spieler dem Verleiher nicht die arbeitsvertragliche Leistung schuldet.[614] Vielmehr ist der Spieler aufgrund des neuen, für den Zeitraum der Überlassung mit dem Entleiher geschlossenen Arbeitsvertrages nur diesem gegenüber zur Leistungserbringung verpflichtet. Da das Ruhen des Arbeitsverhältnisses sich auf die Zeit der Ausleihe beschränkt, leben die Rechte und Pflichten aus dem ursprünglichen Arbeitsvertrag zwischen Verleiher und Spieler anschließend automatisch wieder auf, ohne dass es dafür einer gesonderten Vereinbarung bedarf. Die Rückkehr des Spielers müsste demnach nicht durch einen Anschlussarbeitsvertrag oder Vorvertrag gesichert werden.

1. Wirksamkeit einer einvernehmlichen Suspendierung

Die Vereinbarung einer zeitweiligen Suspendierung der arbeitsvertraglichen Rechte und Pflichten ist zulässig. Aufgrund der Privatautonomie steht es den Arbeitsvertragsparteien frei, das Ruhen insbesondere der Hauptleistungspflichten zu vereinbaren.[615] In rechtlicher Hinsicht handelt es sich bei der einvernehmlichen Suspendierung nicht um einen Erlassvertrag im Sinne des § 398 BGB, sondern um einen Änderungsvertrag.[616] Problematisch wäre die Rechtmäßigkeit eines solchen Änderungsvertrages allenfalls dann, wenn das Ruhen der arbeitsvertraglichen Pflichten bereits bei Abschluss des Arbeitsvertrages zwischen den Parteien vereinbart wird. Eine derartige Klausel wäre dann auch an § 307 Abs. 1 Satz 1, Abs. 2 BGB zu messen, weil sie eine von

614 Zu den Folgen einer Suspendierung vgl. Ascheid/Preis/Schmidt, § 626, Rn. 74; ErfK-Preis, § 611 BGB, Rn. 567 ff.

615 Ascheid/Preis/Schmidt, § 626, Rn. 75; Dikomey, Das ruhende Arbeitsverhältnis, 1991, 50; ErfK-Preis, § 611 BGB, Rn. 568 sowie ErfK-Müller-Glöge, § 620 BGB, Rn. 43.

616 Dikomey, Das ruhende Arbeitsverhältnis, 1991, 48; Hager, Das ruhende Arbeitsverhältnis, 2007, 57; MünchKomm-Müller-Glöge, § 611, Rn. 978.

§ 611 Abs. 1 BGB abweichende Regelung enthält.[617] Im Berufsfußball stellt sich diese Problematik aber schon deshalb nicht, weil es praktisch nicht vorkommt, dass sich ein Spieler sofort mit Unterzeichnung des Arbeitsvertrages mit möglichen Ausleihgeschäften zu Dritten einverstanden erklärt.[618] Aus diesem Grund findet sich in den Musterarbeitsverträgen der Verbände auch keine Klausel, mit der sich die Parteien vorsorglich für den Fall des Verleihens des Spielers auf die Suspendierung der Rechte und Pflichten verständigen.

Die Vereinbarung von Verleiher und Spieler, die Pflichten aus dem Arbeitsvertrag für die Dauer der Ausleihe ruhen zu lassen, könnte aber gegen das Verbandsrecht der DFL verstoßen. Denn dem Wortlaut nach setzt beispielsweise die Aufnahme des Spielers in die Transferliste zwingend voraus, dass der Vertrag zwischen Verleiher und Spieler aufgelöst worden ist.[619] In diesem Zusammenhang ist allerdings zum einen der Sinn und Zweck der Vorschrift zu beachten. Es soll vermieden werden, dass der verliehene Spieler während der Überlassungszeit auch dem Verleiher gegenüber vertraglich gebunden ist. Könnte der Verleiher trotz der Ausleihe Einfluss auf den Spieler nehmen, wären Interessenkonflikte zu befürchten.[620] Die Suspendierung der Rechte und Pflichten aus dem ursprünglichen Arbeitsvertrag gewährleistet jedoch bereits, dass der Verleiher keinen Einfluss auf den Spieler nehmen kann. Die wesentlichen Rechte und Pflichten der Vertragsparteien ruhen wegen der Suspendierungsvereinbarung von Verleiher und Spieler. Dass trotz der einvernehmlichen Suspendierung gewisse Nebenpflichten der Parteien auch während der Überlassungszeit bestehen bleiben, begründet keine derartigen Interessenkonflikte, die durch die Verbandsvorschriften der DFL vermieden werden sollen. Der verliehene Spieler ist aufgrund des neuen befristeten Arbeitsvertrages mit dem Entleiher nur dessen Weisungen unterworfen. Zum anderen hält selbst die FIFA das Aufheben der Wirkungen des Arbeitsvertrages zwischen Verleiher und Spieler bei internationalen Ausleihgeschäften für ausreichend[621], obwohl auch das FIFA-Reglement bezüglich Status und Transfer von Spielern dem Wortlaut nach für eine Ausleihe die einvernehmliche Auflösung des Arbeitsvertrages zwischen Spieler und Verleiher vo-

617 BAG, Urt. v. 10.1.2007, AP Nr. 6 zu § 611 BGB Ruhen des Arbeitsverhältnisses; Ascheid/Preis/Schmidt, § 626, Rn. 75; ErfK-Preis, § 611 BGB, Rn. 568; MünchKomm-Müller-Glöge, § 611, Rn. 978.

618 Bei der Spielerleihe handelt es sich um einen Fall der (gewerbsmäßigen) echten Leiharbeit; vgl. Kapitel 4/B/II/2/b.

619 Vgl. § 4 Nr. 6 Buchst. a) LOS.

620 Vgl. auch Arens, SpuRt 1994, 179 (183).

621 Vgl. dazu bereits die Ausführungen und Nachweise oben unter B/I/2.

raussetzt.[622] Im Ergebnis verstößt eine Vereinbarung der Parteien, mit der sie „nur" die Wirkungen des Arbeitsvertrages für eine gewisse Zeit aufheben, nicht jedoch den Arbeitsvertrag insgesamt auflösen, also nicht gegen die Vorgaben der DFL.

2. Bewertung der Spielerleihe durch Suspendierungsvereinbarung

Zunächst einmal ist festzuhalten, dass die einvernehmliche Suspendierung, die zum Ruhen der arbeitsvertraglichen Rechte und Pflichten führt, ohne dass dadurch das rechtliche Band des Vertrages aufgelöst wird[623], das bei Abschluss des Ausleihgeschäfts Gewollte der Parteien besser abbildet als die vollständige Aufhebung des bisherigen Arbeitsvertrages mit Abschluss eines neuen befristeten Anschlussarbeitsvertrages. Ziel der Ausleihe ist nämlich gerade nicht die dauerhafte Trennung des Spielers von seinem bisherigen Verein. Vielmehr soll der Spieler nur auf Zeit in der Mannschaft eines anderen Vereins spielen und anschließend zum Verleiher zurückkehren. Die Rückkehr ist dabei Wesensmerkmal der Spielerleihe und steht bereits bei Abschluss des Ausleihgeschäfts fest.

Hinsichtlich der rechtlichen Qualifizierung der Spielerleihe und der Bewertung des Rechtsverhältnisses zwischen Verleiher und Spieler während der Ausleihe bleibt es auch bei dieser Form der Spielerleihe bei den oben gefundenen, interessengerechten Ergebnissen.[624] Im Einzelnen:

---

622 Nach Art. 2 Abs. 4 der Anlage 3 des FIFA-Reglement bezüglich Status und Transfer von Spielern darf der Verband des ehemaligen Vereins dem Verband des neuen Vereins keinen Freigabeschein für den Spieler ausstellen, wenn „die vorzeitige Vertragsauflösung nicht in gegenseitigem Einvernehmen erfolgt ist". Diese Vorschrift findet nach Art. 4 der Anlage 3 des FIFA-Reglements gerade auch auf die Leihgabe von Berufsfußballern Anwendung.

623 Vgl. Ascheid/Preis/Schmidt, § 626, Rn. 74.

624 Da das Ziel, das die Parteien durch den Abschluss ihres Vertrages erreichen wollen, nämlich das zeitweilige Spielen bei einem anderen Verein, bei beiden Ausgestaltungen der Spielerleihe dasselbe bleibt, erstaunt es nicht, dass man insbesondere bei den Rechten und Pflichten von Verleiher und Spieler während der Überlassungszeit zu übereinstimmenden Ergebnissen gelangt. Vielmehr unterstreicht dies, dass die gefundenen Ergebnisse tatsächlich interessengerecht sind und dem Willen der Parteien entsprechen.

a. Spielerleihe als Arbeitnehmerüberlassungsvertrag sui generis

Nach der oben hergeleiteten Definition der Arbeitnehmerüberlassung stellt auch die Ermöglichung der Leihgabe von Berufsfußballern durch Suspendierung der arbeitsvertraglichen Rechte und Pflichten eine solche Arbeitnehmerüberlassung dar. Vertragsgegenstand bleibt die zeitweise Überlassung der Arbeitskraft des Spielers durch den Arbeitgeber an einen Dritten. Auf die Gestaltung der arbeitsvertraglichen Beziehungen kommt es insoweit nicht an.[625]

Dennoch handelt es sich nicht um einen Arbeitnehmerüberlassungsvertrag im Sinne des § 1 AÜG, sondern um einen Überlassungsvertrag sui generis. Zwar werden lediglich die Wirkungen des Arbeitsverhältnisses zwischen Verleiher und Spieler aufgehoben, ohne den Arbeitsvertrag als solchen aufzulösen. Die §§ 1, 10 AÜG gehen allerdings davon aus, dass während der Überlassungszeit ausschließlich zum Verleiher ein Arbeitsverhältnis besteht.[626] Der verliehene Spieler muss jedoch auch dann, wenn er mit dem Verleiher das Ruhen der Rechte und Pflichten vereinbart hat, mit dem Entleiher für die Ausleihdauer einen befristeten Arbeitsvertrag schließen. Dies ergibt sich aus § 13 Nr. 2 Buchst. b) LOS: Danach ist Voraussetzung für die Erteilung einer Spielerlaubnis, dass „ein wirksamer Vertrag zwischen Verein bzw. Kapitalgesellschaft und Spieler vorliegt". Gleiches gilt auch für internationale Ausleihgeschäfte nach den Regularien der FIFA: „Der Spieler und der neue Klub müssen für die Dauer der Leihgabe jedoch in jedem Fall einen Arbeitsvertrag abschließen."[627]

b. Ausleihe als eigenständige Wechselform

Ermöglichen Verleiher und Spieler den Abschluss des Ausleihgeschäfts, indem sie sich auf ein Ruhen der Hauptleistungspflichten verständigen, so spricht – neben dem Existieren gesteigerter Nebenpflichten während der Überlassungszeit und den beim Verleiher verbleibenden Transferrechten[628] – auch das im Vergleich zum Transfer sich unterscheidende Vertragsverhältnis zwischen Verleiher und Spieler dafür, dass es sich bei einer Ausleihe nicht um einen besonderen Fall des Transfers[629], sondern tatsächlich um eine eigene

---

625 Vgl. oben Kapitel 2/E.

626 Ramm, ZfA 1973, 263 (281 f); Schüren/Hamann, Einleitung, Rn. 175.

627 Art. 10 des Kommentars zum FIFA-Reglement bezüglich Status und Transfer von Spielern.

628 Vgl. dazu oben Kapitel 3/D/IV.

629 Die Vertreter dieser Ansicht stellen ja gerade maßgeblich darauf ab, dass sowohl bei einem Transfer als auch bei einer Ausleihe der Arbeitsvertrag zwischen Verleiher

Wechselform handelt. Während bei einem Transfer zwingend der Arbeitsvertrag zwischen Verleiher und Spieler aufgelöst werden muss, bleibt als Folge der Suspendierungsvereinbarung der Parteien auch während der Ausleihdauer ein rechtliches Band zwischen Verleiher und Spieler bestehen. Dieses rechtliche Band (und das automatische Wiederaufleben der Vertragspflichten nach Ablauf der Überlassungszeit) sind die Begründung dafür, dass der Verleiher auch während der Leihe die Transferrechte am Spieler behält. Auch die FIFA sieht in dem grundsätzlich noch bestehenden Arbeitsverhältnis den Grund für das weitere Mitspracherecht des Verleihers bei Wechseln während der Überlassungszeit. Die Regelung in Art. 10 des FIFA-Reglements bezüglich Status und Transfer von Spielern bzw. in § 2 Nr. 5 LOS, die die Weiterveräußerung des Spielers durch den Entleiher von der Zustimmung des Verleihers abhängig macht, sind dann rein deklaratorisch.

c. Schutz- und Nebenpflichten des Spielers

Auch während der Ausleihe treffen den Spieler dem Verleiher gegenüber Schutz- und Nebenpflichten. Zur Herleitung dieser Pflichten bedarf es jedoch keines Rückgriffs auf die (gesteigerten) nachvertraglichen Nebenpflichten des aufgehobenen Arbeitsvertrages bzw. auf die Leistungstreuepflicht als Nebenpflicht des bereits geschlossenen Anschlussarbeitsvertrages. Vielmehr führt eine Auslegung der Parteierklärungen unter Berücksichtigung der Interessen der Parteien bei Abschluss des Ausleihgeschäfts zu dem Ergebnis, dass sich die Suspendierung nur auf bestimmte Rechte und Pflichten – vor allem natürlich auf die Hauptleistungspflichten – bezieht. Die Nebenpflichten des Spielers während der Ausleihdauer – so zum Beispiel die Pflicht, auch während der Überlassungszeit den Verleiher nicht durch Aussagen in der Öffentlichkeit zu schädigen und Doping zu unterlassen[630], – sind von der Suspendierungsvereinbarung dagegen nicht erfasst, sondern finden ihre Rechtsgrundlage in dem ruhenden Arbeitsverhältnis zwischen Verleiher und Spieler.

Ein Unterschied ergibt sich allerdings in Bezug auf das Verbot des Spielers, während der Ausleihe in Konkurrenz zum Verleiher zu treten: Da der Arbeitsvertrag zwischen Verleiher und Spieler nicht durch eine einvernehmliche Aufhebung beendet ist, sondern sich die Parteien lediglich auf das Ruhen

---

und Spieler aufgelöst wird und somit beiden Wechselformen dieselbe vertragliche Gestaltung zu Grunde liegt; vgl. Bohnau, Der Vereinswechsel des Lizenzfußballspielers, 2003, 155; Malatos, Berufsfußball im europäischen Rechtsvergleich, 1987, 123.

630 Vgl. oben Kapitel 3/D/IV/4/c sowie Kapitel 3/D/IV/4/d.

des Arbeitsverhältnisses verständigt haben, stehen der Annahme eines solchen Wettbewerbsverbotes nicht die §§ 74 ff. HGB entgegen. Vielmehr folgt das Wettbewerbsverbot des Spielers während der Ausleihe aus § 60 Abs. 1 HGB, das während des rechtlichen Bestandes des Arbeitsverhältnisses und damit auch während der Suspendierung des Arbeitsverhältnisses gilt.[631] Dass die Wirksamkeit des Wettbewerbsverbotes aus § 60 Abs. 1 HGB gerade nicht die Zahlung einer Karenzentschädigung durch den Arbeitgeber voraussetzt, ist interessengerecht, wie die Ausführungen zu § 74 Abs. 2 HGB zeigen.[632]

d. Kein Verstoß gegen § 1 AÜG und das Befristungsrecht

Die Spielerleihe, die durch eine Suspendierungsvereinbarung der Parteien ermöglicht wird, verstößt auch weder gegen § 1 AÜG noch gegen die Vorschriften des Teilzeit- und Befristungsgesetzes. Eine direkte Anwendung des Arbeitnehmerüberlassungsgesetzes scheidet aus, da es sich gerade nicht um einen Überlassungsvertrag im Sinne des § 1 AÜG handelt. Eine entsprechende Anwendung der Erlaubnispflicht kommt ebenfalls nicht in Betracht. Insoweit bleibt es auch bei dieser rechtlichen Ausgestaltung des Leihgeschäfts dabei, dass ein Berufsfußballer, der an einen anderen Verein verliehen werden soll, nicht vergleichbaren Gefahren ausgesetzt ist wie ein klassischer Leiharbeitnehmer.

Schließlich ist die Befristung des Arbeitsvertrages zwischen Verleiher und Spieler regelmäßig wegen des bei Mannschaftssportarten bestehenden Flexibilisierungsbedarfs der Vereine gemäß § 14 Abs. 1 S. 2 Nr. 4 TzBfG gerechtfertigt. Die besondere Problematik der Befristung des Anschlussarbeitsvertrages entfällt, da die Wirkungen des Arbeitsverhältnisses lediglich zeitweise aufgehoben sind und nach Ende der Leihdauer automatisch wieder aufleben Eines solchen Anschlussarbeitsvertrages zur Sicherung der Rückkehr des Spielers bedarf es somit gar nicht.

---

631 Vgl. dazu ErfK-Oetker, § 60, Rn. 3; auf den konkreten Einzelfall abstellend Dikomey, Das ruhende Arbeitsverhältnis, 1991, 109.

632 Nach der hier vertretenen Ansicht ist die Wirksamkeit eines von Verleiher und Spieler im Rahmen des Aufhebungsvertrages vereinbarten nachvertraglichen Wettbewerbsverbotes wegen der bereits feststehenden Rückkehr des Spielers in Ausnahme zu der Vorschrift des § 74 Abs. 2 HGB nicht von der Zahlung einer Karenzentschädigung abhängig, vgl. oben Kapitel 3/D/IV/3/b/bb.

II. Vertragsbeitritt des Entleihers

Grundsätzlich denkbar ist es, die Spielerleihe dadurch zu ermöglichen, dass der Entleiher dem Vertrag zwischen Verleiher und Spieler beitritt.[633] Folge eines solchen Vertragbeitritts wäre eine zeitweise Aufspaltung der Arbeitgeberstellung. Der Entleiher hätte aufgrund dessen einen eigenen Anspruch auf die Arbeitsleistung des Spielers und könnte dem Spieler Weisungen erteilen. Diese Vertragsgestaltung bietet sich für Ausleihgeschäfte im Profisport deshalb an, weil es sich bei der Spielerleihe um einen Fall der echten Leiharbeit handelt, es also gerade nicht so wie bei der gewerbsmäßigen Arbeitnehmerüberlassung im Sinne des Arbeitnehmerüberlassungsgesetzes zu einem ständigen Wechsel der Entleiher kommt.[634]

Ein Vertragsbeitritt des Entleihers zur Ermöglichung der Spielerleihe würde jedoch gegen die Statuten der DFL verstoßen. Sinn und Zweck der Vorschriften der Lizenzordnung Spieler, die vorschreiben, dass der Vertrag zwischen Verleiher und Spieler aufgelöst worden ist bzw. dass während der Ausleihe keine anderweitigen rechtlichen Beziehungen des Spielers zu anderen Vereinen bestehen, ist es, Interessenkonflikte zu vermeiden und so den geordneten Verlauf der Saison zu gewährleisten. Zwar muss – trotz des Wortlauts der Verbandsnormen – der ursprüngliche Arbeitsvertrag zwischen Verleiher und Spieler nicht vollständig aufgehoben werden. Die Verbände erlauben es ja sogar, dass der Verleiher auch während der Überlassungszeit einen Teil des Spielergehalts bezahlt.[635] Dem Verleiher darf aber zumindest für die Dauer der Ausleihe kein eigener Anspruch auf die Arbeitsleistung und kein Weisungsrecht gegenüber dem Spieler als Arbeitnehmer zustehen.[636] Der Vertragsbeitritt des Entleihers führt jedoch lediglich dazu, dass auch er die Stellung eines Arbeitgebers einnimmt, ohne jedoch die Arbeitgeberposition des Verleihers dadurch für die Zeit der Leihgabe zu beenden. Eine eindeutige arbeitsvertragliche Zuordnung des verliehenen Spielers würde also gerade nicht stattfinden.

---

633 Zur Zulässigkeit vgl. Palandt-Grüneberg, § 398, Rn. 45.

634 Aus diesem Grund lehnt Schüren den Vertragsbeitritt zur Begründung einer primären Leistungspflicht gerade ab, vgl. Schüren/Hamann, Einleitung, Rn. 157. Für den Fall der echten Leiharbeit aber Heinze, ZfA 1976, 183 (201 ff.).

635 Zur Möglichkeit, eine entsprechende Regelung in den Leihvertrag aufzunehmen, vgl. Kapitel 3/B/II/3.

636 Vgl. dazu oben D/I/1. Das Ruhen der arbeitsvertraglichen Rechte und Pflichten steht daher im Einklang mit den Verbandsvorschriften.

III. Spielerleihe als gewerbsmäßige Arbeitnehmerüberlassung im Sinne des Arbeitnehmerüberlassungsgesetzes

Schließlich kommt es auch in Betracht, die Leihgabe von Berufssportlern als gewerbsmäßige Arbeitnehmerüberlassung im Sinne des Arbeitnehmerüberlassungsgesetzes auszugestalten. Charakterisierend dafür wäre, dass nur der Verleiher während der Ausleihe Arbeitgeber des Spielers ist, der Spieler aber seine Arbeitsleistung für den Entleiher erbringt.[637] Diese arbeitsvertragliche Konstruktion kann grundsätzlich durch zwei unterschiedliche Abreden erreicht werden: Entweder ändern Verleiher und Spieler ihren Arbeitsvertrag derart, dass der Arbeitsvertrag für die Dauer der Ausleihe als echter Vertrag zugunsten Dritter im Sinne des § 328 Abs. 1 BGB einen Anspruch des Entleihers begründet. Oder aber der Verleiher tritt seinen Anspruch auf die Arbeitsleistung gemäß § 398 BGB an den Entleiher ab.[638] Rechtsgrundlage des sich aus dem echten Vertrag zugunsten Dritter bzw. aus der Abtretung ergebenden Forderungsrechts des Entleihers wäre jeweils die von den Vereinen getroffene Vereinbarung über die Ausleihe.

Unabhängig von der Frage, ob die Leihgabe dann aufgrund des § 1 AÜG erlaubnispflichtig wäre oder ob es bei der Unanwendbarkeit des Arbeitnehmerüberlassungsgesetzes bliebe, verstößt auch diese Form der Spielerleihe gegen die Vorschriften der DFL. Anders als im Falle eines Vertragsbeitritts spricht zwar nicht gegen die Zulässigkeit, dass während der Überlassungszeit nur der Verleiher Inhaber des Anspruchs auf die Arbeitsleistung und des Weisungsrechts sein darf. Denn sowohl der Abschluss eines echten Vertrages zugunsten Dritter als auch die Abtretung einer Forderung führen gerade dazu, dass ausschließlich der Dritte bzw. der Zessionar Anspruchsberechtigter ist. Allerdings ist nach § 13 Nr. 2 Buchst. c) LOS Voraussetzung für die Erteilung einer Spielerlaubnis die Vorlage eines wirksamen (Arbeits-)Vertrages zwischen Verein bzw. Kapitalgesellschaft und Spieler. Das Verbandsregelwerk geht also

---

637 Vgl. BAG, Urt. v. 25.10.2000, AP Nr. 15 zu § 10 AÜG; BAG, Urt. v. 3.12.1997, AP Nr. 24 zu § 1 AÜG; ErfK-Wank, Einleitung AÜG, Rn. 23; Schüren, RdA 2007, 231 (234); Schüren/Hamann, § 1, Rn. 33; Thüsing, Einführung, Rn. 2.

638 Auch dann müsste aber der Spieler mitwirken und der Abtretung zustimmen. Dies ergibt sich aus § 613 S. 2 BGB, wonach der Anspruch auf die Dienste - abweichend von § 398 BGB - im Zweifel nicht übertragbar ist.

zwingend vom Bestehen eines Arbeitsverhältnisses zwischen Spieler und Entleiher für die Dauer der Ausleihe aus.[639]

Darüber hinaus entspricht der Abschluss eines Arbeitsvertrages zugunsten des Entleihers bzw. die Abtretung des Anspruchs auf die Arbeitsleistung an den Entleiher nicht dem Gewollten der Parteien. Denn in der Regel soll der entleihende Verein während der Ausleihe auch die Gehaltskosten tragen.[640] Nur deshalb ist es für die Verleiher sinnvoll, auch dann Spieler an Dritte zu überlassen, wenn diese zur Zahlung einer Ausleihgebühr nicht bereit sind. Sowohl im Falle eines Vertrags zugunsten Dritter als auch bei Abtretung des Anspruchs auf die Arbeitsleistung bliebe dagegen der Verleiher Vertragspartner des Spielers. Er und nicht der Entleiher wäre dem Spieler gegenüber zur Gehaltszahlung verpflichtet.

E. Ergebnis des Kapitels

Die Ausgestaltung der Spielerleihe, so wie es die Lizenzordnung Spieler für den deutschen Fußball vorsieht, ist nicht die einzig denkbare Möglichkeit, Leihgaben von Berufssportlern an andere Vereine zu ermöglichen. Dies zeigt insbesondere die Kurzleihe im englischen Fußball, die eine abweichende Regelung zur Mindestleihdauer eines Spielers schafft und offensichtlich dennoch weder zu einem missbräuchlichen Ausnutzen von Leihgeschäften noch zu Wettbewerbsverzerrungen führt. Weitere alternative Ausformungen der Spielerleihe sind die vorzeitige Beendigung einer Ausleihe durch Rückruf („Recall Clause") bzw. durch einvernehmlichen Widerruf sowie die Ausstattung des verliehenen Spielers mit einem Zweifachspielrecht.

Auch hinsichtlich der rechtlichen Ausgestaltung der Spielerleihe sind Alternativen zu der in den Regularien der DFL vorgesehenen Form denkbar.

639 So auch der Kommentar zum FIFA-Reglement bezüglich Status und Transfer von Spielern, Art. 10, Rn. 1: „Der Spieler und der neue Klub müssen für die Dauer der Leihgabe jedoch in jedem Fall einen Arbeitsvertrag abschließen."

640 Dass aber auch eine Vereinbarung zwischen den Vereinen zulässig ist, nach der sich der Verleiher an den Gehaltskosten beteiligt oder diese sogar auch während der Ausleihe vollständig trägt, ergibt sich beispielsweise aus dem Kommentar zum FIFA-Reglement bezüglich Status und Transfer von Spielern, Art. 10, Nr. 4, Rn. 2 (dort Fn. 55). Auch im englischen Vertragsformular, das im Falle einer Ausleihe von den Parteien auszufüllen ist, ist zwingend anzugeben, wer nach der Absprache der Vereine die Lohnkosten des Spielers trägt.

Statt ihren Arbeitsvertrag zur Ermöglichung der Ausleihe einvernehmlich aufzulösen, können Verleiher und Spieler sich auf ein Ruhen ihres Arbeitsverhältnisses verständigen. Eine solche Suspendierungsvereinbarung bildet zum einen den Willen der Parteien bei Abschluss eines Leihgeschäfts besser ab. Die vollständige Loslösung des Spielers ist bei einer Spielerleihe gerade nicht gewollt, sondern die Rückkehr des Spielers zum Verleiher nach Ende der Leihdauer steht von Anfang an fest. Zum anderen bestätigen die Folgen einer einvernehmlichen Suspendierung, die zum Ruhen der arbeitsvertraglichen Rechte und Pflichten führt, dass die bei einer Spielerleihe, die durch Aufhebung des Arbeitsvertrages zwischen Verleiher und Spieler erreicht wird, entwickelten Ergebnisse interessengerecht sind. So spricht auch diese alternative rechtliche Ausgestaltung der Leihgeschäfte dafür, dass die Leihgabe von Berufssportlern kein besonderer Fall des Transfers, sondern eine eigenständige Wechselform ist. Auch ist es beispielsweise im Falle der Ausleihe gerechtfertigt, dem Spieler für die Zeit der Überlassung ein Wettbewerbsverbot aufzuerlegen, ohne dass der Verleiher verpflichtet wäre, dem Spieler eine Karenzentschädigung zu zahlen. Schließlich steht auch die Spielerleihe, die durch Ruhen des Arbeitsverhältnisses zwischen Verleiher und Spieler ermöglicht wird, im Einklang mit den Verbandsvorschriften der DFL und verstößt weder gegen § 1 AÜG noch gegen Normen des Teilzeit- und Befristungsgesetzes.

Zusammenfassung der Ergebnisse

1. Professionelle Mannschaftssportler sind Arbeitnehmer der Vereine, für die sie spielen. Sie unterstehen hinsichtlich Zeit, Dauer und Ort der Tätigkeit dem Weisungsrecht der Vereine, sind in die Vereinsstrukturen eingegliedert und erbringen daher ihre Leistung in persönlicher Abhängigkeit.

2. Nach der derzeitigen Rechtslage sind sämtliche Arbeitsgesetze auch auf professionelle Mannschaftssportler anzuwenden. Bereits mangels Definierbarkeit ist es nicht möglich, Spitzensportler vom Anwendungsbereich arbeitsrechtlicher Normen auszunehmen. Darüber hinaus ist es auch unzulässig, im Wege der teleologischen Reduktion Arbeitnehmern, die eine bestimmte Gehaltsgrenze überschritten haben, das Berufen auf arbeitsrechtliche Vorschriften zu verwehren.

3. Möchte man Topverdiener in zulässiger Weise vom Anwendungsbereich bestimmter Arbeitsgesetze ausnehmen, ist hierfür ein gesetzgeberisches Tätigwerden erforderlich. Nur eine vom Gesetzgeber erlassene Vorschrift kann die Durchbrechung des grundsätzlich zwingenden Charakters des Arbeitsrechts für eine bestimmte Gruppe von Arbeitnehmern rechtfertigen.

4. Mit Abschluss des Leihvertrages verpflichtet sich der verleihende Verein dem entleihenden Verein gegenüber zur Auflösung des mit dem Spieler bestehenden Arbeitsvertrages. Gegenstand der Vereinbarung ist damit der auf die Dauer der Ausleihe beschränkte Verzicht des Verleihers, selbst eine Spielerlaubnis für den Spieler zu beanspruchen.

5. Beim Leihvertrag handelt es sich nicht um einen Arbeitnehmerüberlassungsvertrag im Sinne des Arbeitnehmerüberlassungsgesetzes. Anders als es § 1 AÜG voraussetzt, steht im Falle der Spielerleihe nicht der Verleiher, sondern der Entleiher während der Überlassungszeit in einem arbeitsrechtlichen Verhältnis zum Spieler.

6. Unter den Begriff der Arbeitnehmerüberlassung im Sinne einer Vertragsgattung fällt jede Vereinbarung, mit der ein Arbeitgeber einem Dritten die Arbeitskraft eines Arbeitnehmers auf Zeit überlässt. Auch eine Definition, die den Vertragsgegenstand in den Mittelpunkt stellt und auf die Arbeitgeberstellung des Verleihers als charakteristisches Merkmal verzichtet, erfüllt ihre Funktion, Arbeitnehmerüberlassung von anderen Formen drittbezogenen Personaleinsatzes abzugrenzen. Folglich kann die Leihgabe von Berufssportlern als Arbeitnehmerüberlassung sui generis bezeichnet werden.

7. In verbandsrechtlicher Hinsicht stellt die Leihgabe von Sportlern eine zweite, vom Transfer zu unterscheidende Wechselform dar. Sowohl der fehlende Übergang der Transferrechte auf den aufnehmenden Verein als auch der Einfluss der feststehenden Rückkehr des Spielers auf das Rechtsverhältnis zwischen Verleiher und Spieler unterscheiden Ausleihe und Transfer in wesentlicher Weise voneinander.

8. Den Verleiher trifft im Rahmen des Abschlusses des Leihvertrages keine Pflicht, den Entleiher auf Einschränkungen der Spielfähigkeit bzw. der Spielberechtigung hinzuweisen. Der Entleiher ist selbst in der Lage, sich Informationen zu möglichen Verletzungen bzw. Sperren des Spielers zu beschaffen, so dass bereits kein Informationsgefälle besteht. Er hat demnach gegen den verleihenden Verein keinen Anspruch auf Schadensersatz nach §§ 241 Abs. 2, 280 Abs. 1 BGB, sollte er den Spieler nach der Verpflichtung nicht einsetzen können.

9. Dem Verleiher steht gegen den Entleiher ein Anspruch auf Auskunft bezüglich Verletzungen zu, die sich der Spieler während der Ausleihe zuzieht, sofern der Spieler der Weitergabe der entsprechenden Informationen zustimmt. Inhaltlich hat der Entleiher dem Verleiher sämtliche Untersuchungsergebnisse in Kopie zur Verfügung zu stellen.

10. Neben dem sportlichen Einsatz zugunsten des Entleihers ist Hauptleistungspflicht des entliehenen Spielers, bei der Öffentlichkeitsarbeit des Vereins mitzuwirken. Hauptleistungspflichten des Entleihers sind die Zahlung der vereinbarten Vergütung sowie die vertragsmäßige Beschäftigung des Spielers. Aufgrund der Besonderheiten des Mannschaftssports steht dem Spieler allerdings grundsätzlich kein Anspruch auf Einsatz in Wettkampfspielen zu.

11. Trotz Auflösung des Arbeitsvertrages zwischen Verleiher und Spieler zur Ermöglichung der Ausleihe besteht zwischen ihnen auch während der Überlassungszeit eine Sonderverbindung. Die Parteien treffen nachwirkende Pflichten aus dem aufgelösten Arbeitsvertrag, wobei wegen der bereits feststehenden Rückkehr des Spielers zum Verleiher nach Ende der Überlassungszeit sogar von einer gesteigerten Nachwirkung der Neben- und Schutzpflichten auszugehen ist.

12. Sofern Verleiher und Spieler eine entsprechende Vereinbarung in den Aufhebungsvertrag aufnehmen, hat der Spieler konkurrierende Werbung zu unterlassen. Gerade wegen der gesteigerten nachvertraglichen Pflichten ist ei-

ne solche Vereinbarung der Parteien zulässig, ohne dass der Verleiher zur Zahlung einer Karenzentschädigung verpflichtet wäre.

13. Aufgrund des bereits geschlossenen Anschlussarbeitsvertrages hat der Spieler dem Verleiher Auskunft über Krankheiten und Verletzungen zu erteilen, die sich über das Ende der Ausleihe hinausziehen und daher die Interessen des verleihenden Vereins berühren. Zudem ist der Spieler dem Verleiher dazu verpflichtet, auch während der Überlassungszeit Doping zu unterlassen und das Ansehen des verleihenden Vereins zu wahren.

14. Auch wenn zur Ermöglichung der Spielerleihe insgesamt vier Verträge geschlossen werden, handelt es sich beim Ausleihgeschäft um ein einheitliches Rechtsgeschäft im Sinne des § 139 BGB. Ein Mangel in einem der Vertragsverhältnisse kann somit Auswirkungen auf das ganze Ausleihgeschäft haben.

15. Kündigt der Spieler seinen Arbeitsvertrag, weil der Entleiher seiner Vergütungspflicht nicht nachkommt, führt dies zugleich zur Beendigung des Aufhebungsvertrages zwischen Spieler und Verleiher mit der Folge, dass das ursprüngliche Arbeitsverhältnis des Spielers zum Verleiher automatisch wieder auflebt.

16. Die Leihgabe von Berufssportlern verstößt nicht gegen die Vorschriften des Teilzeit- und Befristungsgesetzes. Es besteht ein Bedarf an Flexibilität der Vereine, sich nach einer gewissen Zeit von allen Spielern trennen zu können, ohne eine Kündigung aussprechen zu müssen. Dies stellt eine „Eigenart der Arbeitsleistung" im Sinne des § 14 Abs. 1 S. 2 Nr. 4 TzBfG dar und rechtfertigt die Befristung der Spielerarbeitsverträge. Der Arbeitsvertrag zwischen Entleiher und Spieler kann darüber hinaus regelmäßig gemäß § 14 Abs. 2 TzBfG ohne sachlichen Grund befristet werden, da nahezu alle Leihgeschäfte für die Dauer von maximal zwei Jahren geschlossen werden.

17. Der Verleih von Spielern im Profisport erfolgt gewerbsmäßig. Die Erlaubnispflicht des § 1 AÜG ist auf die Spielerleihe dennoch nicht entsprechend anwendbar. Bei der Spielerleihe kommt es nicht zu einem Auseinanderfallen von Arbeitgeberstellung und Dienstberechtigtem. Gerade dieser Umstand erhöht jedoch die Gefahr der Ausbeutung und erfordert den Schutz der Leiharbeitnehmer nach dem Arbeitnehmerüberlassungsgesetz, wie sich aus den Versagungsgründen des § 3 AÜG ergibt.

18. Als alternative rechtliche Ausgestaltung der Spielerleihe kommt in Betracht, dass sich Verleiher und Spieler auf ein Ruhen ihres Arbeitsverhältnis-

ses verständigen, statt ihren Arbeitsvertrag vollständig aufzulösen. Eine solche Vereinbarung ist verbandsrechtlich zulässig und steht auch im Einklang mit dem staatlichen Recht. Darüber hinaus bildet eine solche Suspendierungsvereinbarung den Willen der Parteien bei Abschluss des Leihgeschäfts besser ab. Eine vollständige Loslösung des Spielers ist gerade nicht gewollt, sondern die Rückkehr des Spielers zum Verleiher steht bereits von Anfang an fest und ist Wesensmerkmal der Spielerleihe.

Anhang

A. Auszug aus dem Musterarbeitsvertrag der Deutschen Fußball Liga GmbH

§ 1 Grundlagen des Vertragsverhältnisses

Der Club stellt den Spieler nach den Bestimmungen dieses Vertrages als Lizenzspieler im Sinne des Ligastatuts des „ Die Liga – Fußballverbandes e.V." (Ligaverband) an.

Die Satzungen und Ordnungen des Ligaverbandes und des Deutschen Fußball-Bundes (DFB) sowie der Regional- und Landesverbände, die in ihren jeweiligen Fassungen die allgemein anerkannten Grundsätze des deutschen Fußballsports darstellen, sind auch aufgrund dieses Vertrages maßgebend für die gesamte fußballsportliche Betätigung.

Der Spieler erkennt sie – insbesondere die Satzung des Ligaverbandes, das Ligastatut (hier insbesondere die Lizenzordnung Spieler [LOS]), die Satzung des DFB, die Spielordnung des DFB, das Regionalligastatut des DFB, die Rechts- und Verfahrensordnung des DFB, die Schiedsrichterordnung des DFB, die Jugendordnung des DFB und die Anti-Doping-Richtlinien des DFB mit den dazu erlassenen Aus- und Durchführungsbestimmungen – in ihrer jeweils gültigen Fassung ausdrücklich als für ihn verbindlich an und unterwirft sich diesen Bestimmungen. […]

Der Spieler erkennt darüber hinaus die Statuten und Reglemente der FIFA und der UEFA, insbesondere das FIFA-Reglement bezüglich Spielerstaus und Transfer von Spielern, in ihrer jeweils gültigen Fassung ausdrücklich als für ihn verbindlich an. Er unterwirft sich den Entscheidungen der zuständigen Organe und Rechtsorgane der FIFA und der UEFA. […]

§ 2 Pflichten des Spielers

Der Spieler verpflichtet sich, seine ganze Kraft und seine sportliche Leistungsfähigkeit uneingeschränkt für den Club einzusetzen, alles zu tun, um sie zu erhalten und zu steigern und alles zu unterlassen, was ihr vor und bei Veranstaltungen des Clubs abträglich sein könnte. Gemäß diesen Grundsätzen ist der Spieler insbesondere verpflichtet

a) an allen Spielen und Lehrgängen des Clubs, an jedem Training – gleich ob allgemein vorgesehen oder besonders angeordnet –, an allen Spielerbesprechungen und an allen sonstigen der Spiel- und Wettkampfvorbereitung dienenden Veranstaltungen teilzunehmen. Dies gilt auch, wenn ein Mitwirken als Spieler oder Ersatzspieler nicht in Betracht kommt. Der Spieler ist bei entsprechender Anweisung auch verpflichtet, an Spielen oder am Training der zweiten Mannschaft des Clubs teilzunehmen, falls diese in der Oberliga oder einer höheren Spielklasse spielt;

b) sich im Falle einer beruflich relevanten Verletzung oder Erkrankung im Rahmen seiner Tätigkeit als Lizenzspieler bei dem vom Club benannten Arzt unverzüglich vorzustellen;

c) sich den sportmedizinisch oder sporttherapeutisch indizierten Maßnahmen, die durch vom Club beauftragte Personen angeordnet werden, umfassend zu unterziehen. Zu diesem Zweck entbindet der Spieler den jeweils behandelnden Arzt gegenüber dem geschäftsführenden Organ des Clubs ausdrücklich von seiner ärztlichen Schweigepflicht, soweit es sich um Informationen handelt, die für das Arbeitsverhältnis von Relevanz sind;

d) an Reisen im In- und Ausland, unter Nutzung der vom Club bestimmten Verkehrsmittel teilzunehmen, sofern dem nicht ausnahmsweise wichtige gesundheitliche Gründe entgegenstehen;

e) an allen Darstellungen und Publikationen des Clubs oder der Spieler zum Zwecke Öffentlichkeitsarbeit für den Club, insbesondere in Fernsehen, Hörfunk und Presse, sowie bei öffentlichen Anlässen, Ehrungen, Veranstaltungen, Autogrammstunden etc. teilzunehmen bzw. mitzuwirken. Bei diesen und bei den unter a) genannten Veranstaltungen ist die vom Club gestellte Sportkleidung (Clubanzüge, Reisekleidung, Spielkleidung, Trainings- und Spielschuhe sowie alle sonstigen Bekleidungs- und Ausrüstungsgegenstände) entsprechend der jeweiligen Weisung des Clubs zu tragen. Der Club behält sich vor, die von ihm gestellte Sportkleidung mit Werbung zu versehen;

f) von Sponsoren des Clubs zur Verfügung gestellte Gebrauchsgüter (z.B. Kraftfahrzeuge) bei dienstlichen Anlässen ausnahmslos und bei privaten Unternehmungen regelmäßig zu nutzen;

g) Werbung für andere Partner als die des Clubs, auch durch oder auf der Bekleidung, nur mit vorheriger Zustimmung des Clubs zu betreiben. Der

Club kann diese Zustimmung insbesondere dann verweigern, wenn durch Werbemaßnahmen des Spielers berechtigte Interessen des Clubs beeinträchtigt würden. Dies ist insbesondere der Fall, wenn der Spieler beabsichtigt, Werbung für Unternehmen zu betreiben, die in Konkurrenz zu den Partnern des Clubs stehen. Eine einmal gegebene Zustimmung kann widerrufen werden, sofern sachliche Gründe hierfür vorliegen;

h) alle für die Dauer des Vertrages vom Club oder dessen Ausrüstern bzw. Sponsoren zur Verfügung gestellten einheitlichen Bekleidungs- und Ausrüstungsgegenstände pfleglich zu behandeln und bei Beendigung des Vertragsverhältnisses dem Club zurückzugeben;

i) sich in der Öffentlichkeit und privat so zu verhalten, dass das Ansehen des Clubs, der Verbände und des Fußballsports allgemein nicht beeinträchtigt wird. Stellungnahmen in der Öffentlichkeit, insbesondere Interviews für Fernsehen, Hörfunk und Presse, bedürfen, soweit sie im Zusammenhang mit dem Spielbetrieb, dem Club oder dem Arbeitsverhältnis stehen, der vorherigen Zustimmung des Clubs jedenfalls dann, wenn der Spieler Gelegenheit hatte, diese zuvor einzuholen. Gegenüber außenstehenden Personen ist jegliche Äußerung über innere Clubangelegenheiten, insbesondere über den Spiel- und Trainingsbetrieb, zu unterlassen; dies gilt auch nach der Beendigung des Arbeitsverhältnisses;

j) sich auf alle sportlichen Veranstaltungen des Clubs gewissenhaft vorzubereiten. Dazu gehört insbesondere, den Anweisungen des Trainers bezüglich der Lebensführung Folge zu leisten, sofern sie sich auf die sportliche Leistungsfähigkeit des Spielers beziehen;

k) die sportliche Fairness gegenüber allen am Spiel- oder Trainingsbetrieb beteiligten Personen einzuhalten, insbesondere die durch die Schiedsrichter und Schiedsrichterassistenten eines Spieles getroffenen Entscheidungen unwidersprochen hinzunehmen;

l) sich im Falle einer Vermittlung nur der Dienste eines Rechtsanwalts oder einer Person, die sich im Besitz einer von einem Mitgliedsverband der FIFA ausgestellten Spielervermittlerlizenz befindet, zu bedienen;

m) es zu unterlassen, auf Spiele (auch einzelne Spielaktionen), Ergebnisse oder Tabellenplatzierungen der Liga, für die der Club zum jeweiligen Zeitpunkt lizenziert ist, Wetteinsätze zu platzieren oder dies über Dritte zu tun;

n) es zu unterlassen, Siegprämien von clubfremden Personen anzunehmen.

Der Spieler versichert ausdrücklich, dass er weder direkt noch indirekt über Anteile und/oder über Optionen für Anteile an lizenzierten Kapitalgesellschaften der deutschen Lizenzligen verfügt und solche Anteile bzw. Optionen während der Dauer dieses Vertrages auch nicht erwerben wird. Der Erwerb von Aktien des eigenen Clubs ist gestattet. Es besteht in diesem Fall eine Anzeigepflicht gegenüber dem Club und dem Ligaverband bzw. der DFL Deutsche Fußball Liga GmbH.

§ 2a Dopingverbot

a) Doping ist verboten. Der Spieler erkennt die nationalen und die internationalen Anti-Doping-Bestimmungen – insbesondere die Anti-Doping-Richtlinien des DFB und deren Anhänge, das UEFA-Dopingreglement sowie das FIFA-Reglement für die Dopingkontrollen bei FIFA-Wettbewerben und außerhalb von Wettbewerben – in ihrer jeweils gültigen Fassung ausdrücklich als für ihn verbindlich an: Er unterwirft sich insbesondere auch den Bestimmungen der durch die Anti-Doping-Kommission des DFB angeordneten Doping- und der durch die NADA angeordneten Trainingskontrollen.

b) Als Doping im Sinne dieses Vertrages gilt besondere: [...]

c) Die verbotenen Substanzen und Methoden sind in Anhang A der Anti-Doping-Richtlinien des DFB aufgeführt, die dem Spieler vom Club in gesonderter Weise ausgehändigt werden. [...]

d) Die Parteien sehen in einem Verstoß des Spielers gegen die Anti-Doping-Vorschriften, der eine rechtskräftige Spielsperre des Spielers zur Folge hat, übereinstimmend einen wichtigen Grund, der es ausschließlich dem Club erlaubt, das Vertragsverhältnis außerordentlich und fristlos zu kündigen.

§ 3 Nutzung und Verwertung der Persönlichkeitsrechte im Arbeitsverhältnis

a) Der Spieler räumt dem Club, sofern und soweit seine Tätigkeit als Lizenzspieler und nicht ausschließlich seine Privatsphäre berührt ist, das ausschließliche Recht ein, sein Bildnis, seinen Namen (auch Spitz- und Künstlernamen), das von ihm gesprochene Wort sowie besondere fußballbezogene Persönlichkeitsmerkmale uneingeschränkt zu nutzen und zu verwerten.

Die hier eingeräumte wirtschaftliche Verwertung der Persönlichkeitsrechte in Bezug zu der Tätigkeit des Spielers als Lizenzspieler ist etwa gegeben bei einer Verwertung durch Fernsehen, Internet, mobile Dienste, Computerspiele, Sammelbilder u. Ä.

Zu der ausschließlich der Privatsphäre des Spielers zugeordneten und bei diesem verbleibenden wirtschaftlichen Verwertung der Persönlichkeitsrechte gehören insbesondere schriftstellerische Tätigkeiten sowie die Testimonial-Werbung für nicht fußballbezogene Produkte. Die Regelung des § 2 lit. g) dieses Vertrages bleibt hiervon unberührt.

Die vorgenannten Aufzählungen sind nur beispielhaft und nicht abschließend.

Falls der Spieler die dem Club zur exklusiven Verwertung eingeräumten Persönlichkeitsrechte durch Eigenvermarktungsmaßnahmen auch selbst wirtschaftlich verwerten möchte, bedarf es dazu stets der vorherigen schriftlichen Zustimmung durch den Club. Diese ist zu erteilen, falls dem nicht ausnahmsweise ein besonderes berechtigtes Interesse des Clubs entgegensteht.

Der Spieler erklärt, die wirtschaftliche Verwertung seiner Persönlichkeitsrechte, sofern und soweit seine Tätigkeit als Lizenzspieler berührt wird, keinem anderen eingeräumt zu haben.

b) Der Club ist in dem Umfang der Einräumung berechtigt, das Bildnis, seinen Namen (auch Spitz- und Künstlernamen), das von ihm gesprochene Wort sowie besondere fußballbezogene Persönlichkeitsmerkmale des Spielers uneingeschränkt zu nutzen und zu verwerten, insbesondere sie dem DFB, dem Ligaverband oder der DFL Deutsche Fußball Liga GmbH zur Erfüllung ihrer vertraglichen Verpflichtungen einzuräumen.

Der Spieler erkennt ausdrücklich an, dass die Verwertung der oben genannten Rechte für die Maßnahmen im Rahmen der Gruppenvermarktung der Bundesliga und/oder der 2. Bundesliga und/oder weiterer Wettbewerbe des Ligaverbandes nach § 16 der Ordnung für die Verwertung kommerzieller Rechte (OVR) auch durch den Ligaverband bzw. die DFL Deutsche Fußball Liga GmbH erfolgen kann. Unter Gruppenvermarktung verstehen die Arbeitsvertragsparteien alle Vermarktungsmaßnahmen, welche die Vereine bzw. Kapitalgesellschaften der Bundesliga und/oder der 2. Bundesliga in ihrer Gesamtheit oder in wesentlichen Teilen umfassen.

Der Club kann die ihm von dem Spieler eingeräumten Rechte gegenüber Dritten auch gerichtlich geltend machen. Er ist berechtigt, bei der Übertragung der hier eingeräumten Rechte auf den DFB, den Ligaverband oder die DFL Deutsche Fußball Liga GmbH auch die Befugnis zu übertragen, die betreffenden Rechte gegenüber Dritten gerichtlich geltend zu machen.

c) Die Einräumung der Nutzungs- und Verwertungsrechte bezieht sich auch auf den Bereich aller gegenwärtigen und künftigen technischen Medien und Einrichtungen einschließlich Multimedia-Anwendungen (Internet, Online-Dienste, mobile Dienste, etc.) und Softwareprodukte, insbesondere interaktive Computerspiele. Dies gilt insbesondere für die vom Club veranlasste oder gestatte Verbreitung von Bildnissen des Spielers als Mannschafts- oder Einzelaufnahmen in jeder Abbildungsform, auch der virtuellen Darstellung, besonders auch hinsichtlich der Verbreitung solcher Bildnisse in Form von Spielszenen und/oder ganzer Spiele der Lizenzmannschaft, um somit Interessenten Nutzungen hieran zu ermöglichen.

d) Der Spieler stellt den Club außerdem jederzeit seine Autogrammunterschrift im Originalschriftzug, als Faksimile oder in gedruckter Form für Zwecke der Öffentlichkeitsarbeit und/oder zur Wiedergabe auf vom Club beschafften Souvenir- und Verkaufsartikeln – ggf. auch in Verbindung mit Werbung Dritter – zur Verfügung.

e) Die aus der wirtschaftlichen Verwertung der eingeräumten Rechte erzielten Erlöse stehen ausschließlich dem Club zu, soweit nicht in diesem Vertrag ausdrücklich Abweichendes geregelt ist.

f) Die Rechteeinräumung ist grundsätzlich begrenzt auf die Laufzeit dieses Arbeitsvertrages. Diese Begrenzung gilt nicht für die mediale und multimediale Nachverwertung in Form von Archivbildern. Außerdem gilt für die Vermarktung und den Vertrieb von Produkten eine Abverkaufsfrist von 5 Jahren. Die Parteien sind sich einig, dass mit der vertraglichen Vergütung auch die Rechteeinräumung abgegolten ist.

§ 4 Pflichten des Clubs

1. Vergütung und andere geldwerte Leistungen:

Der Spieler erhält

a) Ein monatliches Grundgehalt von Euro …………… .

b) Soweit weitere Vergütungen und andere geldwerte Leistungen vereinbart worden sind, sind diese in einer Anlage zum Vertrag enthalten. Die Anlage ist Bestandteil dieses Vertrages.

[...]

2. Weitere Pflichten des Clubs:

Der Club verpflichtet sich neben der Bezahlung der vereinbarten Vergütung und anderer geldwerter Leistungen (Ziffer 1) insbesondere zu Folgendem:

a) Qualifizierte Fachkräfte für einen geordneten Spiel- und Trainingsbetrieb zu stellen;

b) Spiel- und Trainingsstätten, Umkleide- und Sanitärräume nach den technischen Richtlinien des DFB bzw. des Ligaverbandes bereitzustellen und zu unterhalten;

c) Sportmedizinische und sporttherapeutische Betreuung in ausreichendem Maße zur Verfügung zu stellen;

d) Sportkleidung zu stellen;

e) Den Spieler bei entsprechender Berufung für Länderspiele und Auswahlspiele des DFB und seiner Mitgliedsverbände, Vorbereitungslehrgänge und Trainingslager nach den Bestimmungen der Lizenzordnung Spieler (LOS) und der DFB-Spielordnung abzustellen. Entsprechendes gilt für die Abstellung ausländischer Spieler für die Auswahlmannschaften anderer der FIFA angehörenden Nationalverbände;

[...]

§ 5 Einsatz und Tätigkeit

Einsatz und Tätigkeit des Spielers werden nach Art und Umfang vom geschäftsführenden Organ oder von den von ihm Beauftragten bestimmt.

Der Spieler hat den Weisungen aller kraft Satzung oder vom geschäftsführenden Organ mit Weisungsbefugnis ausgestatteter Person – insbesondere des Trainers – vor allem auch hinsichtlich des Trainings, der Spielvorbereitungen, seiner Teilnahme am Spiel, der Behandlungen sowie aller sonstigen Clubveranstaltungen zuverlässig und genau Folge zu leisten.

§ 6 Vertragsstrafe

Bei Verstößen des Spielers gegen seine Pflichten gem. § 2 lit. a) bis g), i) bis k), m), n), § 2a, § 7 und § 8 dieses Vertrages ist der Club – unbeschadet seines Rechts zur Kündigung des Vertrages aus wichtigem Grund – im Rahmen der gesetzlichen Bestimmungen in jedem Einzelfall berechtigt, Vertragsstrafen gegen den Spieler festzusetzen. Als Vertragsstrafen werden vorgesehen Verweis, Ausschluss von Clubveranstaltungen sowie Geldbußen bis zur Höhe von Euro …. (max. ein monatliches Bruttogehalt).

Diese Vertragsstrafen können auch nebeneinander verhängt werden. Weitergehende Schadensersatzansprüche bleiben unberührt. Auf die Bestimmung des § 14 dieses Vertrages wird ausdrücklich verwiesen.

§ 7 Urlaub

Der Spieler hat Anspruch auf einen Jahresurlaub von 24 Werktagen. Als Werktage gelten alle Kalendertage, die nicht Sonn- oder gesetzliche Feiertage sind.

Der Urlaub ist in der pflichtspielfreien Zeit zu nehmen und zum Zwecke der Erholung zu nutzen. Pflichtspiele sind Meisterschaftsspiele, Pokalspiele (DFB und Liga) sowie von der FIFA bzw. der UEFA genehmigte europäische Vereinswettbewerbsspiele. Der Urlaub bedarf stets der ausdrücklichen Einwilligung durch den Club.

Soweit § 11 Abs. 1 BUrlG nicht zwingend ein anderes bestimmt, gilt für die Berechtigung des Urlaubsentgeltes Folgendes: [...]

Ein Anspruch auf Urlaubsgeld besteht nicht.

§ 8 Krankheit

a) Der Spieler versichert sich auf seine Kosten gegen Krankheit. Er erhält vom Club einen Zuschuss zum Krankenversicherungsbeitrag nach den gesetzlichen Bestimmungen.

Der Spieler hat jeden Fall der Arbeitsunfähigkeit unverzüglich dem Club mitzuteilen und binnen drei Tagen eine ärztliche Bescheinigung vorzulegen, aus der sich auch die voraussichtliche Dauer der Arbeitsverhinderung ergibt. Dauert die Arbeitsunfähigkeit länger als in der Bescheinigung angegeben, so ist der Spieler verpflichtet, innerhalb von drei Tagen eine Folgebescheinigung vorzulegen.

b) Verletzt sich der Spieler oder erkrankt er anderweitig, ohne dass ihn hieran ein Verschulden trifft, so hat er Anspruch auf Fortzahlung seiner Vergütung nach den gesetzlichen Bestimmungen (§ 3 EntgFG). Nach Ablauf der gesetzlich vorgeschriebenen Frist von sechs Wochen entfallen für die weitere Dauer der Erkrankung die Ansprüche auf die vereinbarten Vergütungen.

Der Anspruch auf Lohnfortzahlung umfasst neben dem monatlichen Grundgehalt gegebenenfalls auch anteilig die für die jeweiligen Pflichtspiele im Zeitraum von sechs Wochen ab Arbeitsunfähigkeit gezahlten Prämien nach der Prämienordnung des Clubs für Lizenzspieler, soweit diese Lohnbestandteile sind. Die Prämienfortzahlung erhält der Spieler in diesem Fall nach Maßgabe der folgenden Regeln: [...]

c) Wird der Spieler ausnahmsweise und aus wichtigem Grund (z.B. wegen auswärtiger Erkrankung oder Verletzung) nicht vom Clubarzt selbst behandelt, so gestattet er dem Clubarzt oder einem vom Club beauftragten Arzt die diesem notwendig erscheinende Untersuchung, die Einholung von Auskünften und sonstige zweckmäßig erscheinende Rückfragen oder Maßnahmen. Insoweit befreit er schon jetzt die behandelnden Ärzte gegenüber dem geschäftsführenden Organ des Clubs ausdrücklich von ihrer ärztlichen Schweigepflicht, soweit es sich um Informationen handelt, die für das Arbeitsverhältnis von Relevanz sind.

§ 9 Dauernde Spielunfähigkeit

Der Club ist berechtigt, den Spieler auf Kosten des Clubs für den Todesfall oder für den Fall der dauernden vollständigen Spielunfähigkeit durch Unfall oder Krankheit zu versichern. Soweit hieraus Ansprüche entstehen, tritt sie der Spieler hiermit an den Club ab, der die Abtretung annimmt.

§ 10 Vertragsbeginn und –ende

1. Vertragsbeginn

Dieser Vertrag wird am .... wirksam. Aufschiebende Bedingung für die Wirksamkeit ist:

- die Erteilung der Spielerlaubnis nach § 13 Lizenzordnung Spieler (LOS) durch den Ligaverband bzw. die DFL Deutsche Fußball Liga GmbH;

- (evtl. weiterer Grund) ....

2. Vertragsende

Dieser Vertrag endet, vorbehaltlich der unter 3) und 4) getroffenen optimalen Vereinbarungen am ......

Er endet vorzeitig, wenn eine Partei das Vertragsverhältnis aus wichtigem Grund kündigt (§ 626 BGB). Insbesondere ist der Club berechtigt, das Vertragsverhältnis aus wichtigem Grund zu kündigen, wenn die Lizenz des Spielers erlischt bzw. entzogen, zurückgegeben oder versagt wird.

Die Parteien sehen zudem übereinstimmend den Abstieg des Clubs aus der 2. Bundesliga und/oder dessen Versetzung in eine Amateurspielklasse als einen wichtigen Grund an, der es ausschließlich dem Club erlaubt, das Vertragsverhältnis außerordentlich und fristlos zu kündigen.

3. Verlängerungsoptionen

Optional, Zutreffendes bitte ankreuzen:

□ Dieser Vertrag verlängert sich jeweils um ... Jahr(e), es sei denn, eine der Vertragsparteien teilt der anderen bis zum dem jeweiligen Ablauf der Vertragszeit vorausgehenden 30. April schriftlich mit, dass sie an der Beendigung des Vertragsverhältnisses zum Ablauf der jeweiligen Vertragszeit festhalte. Geht eine solche Erklärung nachweislich fristgerecht ein, so endet das Vertragsverhältnis bei Ablauf der jeweils laufenden Vertragsperiode, ohne dass es einer Kündigung bedarf.

□ Der Spieler und der Club verpflichten sich, diesen Vertrag unter den bisherigen Bedingungen um ... Jahr(e) fortzusetzen, falls der jeweils andere es wünscht. Club und Spieler müssen bis zu dem der Vertragsbeendigung vorausgehenden 30. April schriftlich erklärt haben, ob sie von der Option Gebrauch machen wollen. Geben weder der Club noch der Spieler eine solche Erklärung fristgerecht ab, so endet der Vertrag an dem oben unter Ziffer 2) bestimmten Datum.

4. Weitere optionale Vereinbarungen

Optional, Zutreffendes bitte ankreuzen:

□ Steigt der Club während der Laufzeit dieses Vertrages aus der Bundesliga ab, so können die Vertragsparteien bis zum 30. Juni vor Beginn der Spielzeit in der neuen Spielklasse die Vergütung des Spielers unter Berücksichtigung der dann gegebenen Möglichkeiten des Clubs in schriftlicher Form neu vereinbaren. Führen die Verhandlungen zu keinem Ergebnis, so endet der Vertrag zum 30. Juni des entsprechenden Jahres, es sei denn, der Club optiert vorher durch schriftliche Erklärung auf Fortsetzung des Vertrages zu den bisherigen Bedingungen bis zum vorgesehenen Vertragsende.

□ Entsprechend dem ausdrücklichen Wunsch des Spielers besitzt dieser Vertrag nur Gültigkeit für die 2. Bundesliga. Für diesen Fall optional, zutreffendes bitte ankreuzen: [...]

□ Entsprechend dem ausdrücklichen Wusch des Spielers besitzt dieser Vertrag nur Gültigkeit für die Lizenzligen (Bundesliga und 2. Bundesliga). Für diesen Fall optional, Zutreffendes bitte ankreuzen: [...]

§ 11 Transferbestimmungen

Bei einem Transfer des Spielers gelten die in § 1 dieses Vertrages aufgeführten Bestimmungen.

Insbesondere das Ligastatut und die Spielordnung des DFB – in der jeweils gültigen Fassung.

Für einen Transfer zu einem ausländischen Club gelten zusätzlich die Bestimmungen der FIFA bzw. der UEFA in der jeweils gültigen Fassung.

Vereinbarungen über Transferentschädigungszahlungen zwischen Club und Spieler sind unzulässig. Sie können nur von Clubs getroffen werden.

§ 12 Sonstige Vereinbarungen

[...]

§ 13 Datenschutz und weitere Bestimmungen

Die Daten dieses Vertrages dürfen an den Ligaverband, die DFL Deutsche Fußball Liga GmbH und an den DFB zum Zwecke der Speicherung und Verarbeitung in einer Spielerdatenbank übermittelt werden. Der Ligaverband, die DFL Deutsche Fußball Liga GmbH und der DFB dürfen die Daten im Rahmen der Spielerverwaltung und -vermittlung sowie der ihnen durch Satzungen und Ordnungen zugewiesenen sonstigen Aufgaben speichern, nutzen und verarbeiten, insbesondere auch Dritten gegenüber offen legen. Dies gilt nicht für Angaben über Vergütungen und andere geldwerte Leistungen.

Die Unwirksamkeit einzelner Vertragsbestimmungen hat auf die Wirksamkeit des Vertrages im Übrigen keinen Einfluss. In diesem Fall richtet sich der Inhalt der betroffenen Klauseln nach der gesetzlichen Regelung.

Änderungen, Ergänzungen und Aufhebungen dieses Vertrages werden erst mit ihrer schriftlichen Festlegung wirksam. Mündliche Nebenabreden haben keine Gültigkeit. Abweichungen hiervon können nur schriftlich getroffen werden; auch das Schriftformerfordernis selbst ist nur schriftlich abdingbar. Eine Offenlegung des Vertrages gegenüber Dritten ist nicht zulässig mit Ausnahme gegenüber dem Ligaverband, der DFL Deutsche Fußball Liga GmbH und dem DFB.

Ausschließlicher Gerichtsstand für den Fall, dass der Spieler keinen allgemeinen Gerichtsstand im Inland hat oder nach Vertragsschluss seinen Wohnsitz oder gewöhnlicher Aufenthaltsort im Zeitpunkt der Klageerhebung nicht bekannt ist, sowie der Erfüllungsort für alle mit dem Vertrag zusammenhängenden Ansprüche ist der Sitz des Clubs.

Der Vertrag ist in deutscher Sprache gefasst. Für ausländische Spieler kann auf Wunsch des Spielers eine englische, französische oder spanische Übersetzung (FIFA-Sprachen) erstellt werden. Im Zweifel gilt die deutsche Fassung.

§ 14 Ausschlussfrist

Im Interesse der Planungs- und Rechtssicherheit für Spieler und Club sind die beiderseitigen Ansprüche aus diesem Vertrag, insbesondere aus §§ 4 Ziffer 1) und 6, von den Vertragsparteien innerhalb von der sechs Monaten nach Fälligkeit, im Falle der Beendigung des Arbeitsverhältnisses jedoch innerhalb von drei Monaten nach der Beendigung schriftlich geltend zu machen, andernfalls sind die erloschen, sofern ein solcher Verfall nicht durch zwingende gesetzliche Bestimmung ausgeschlossen ist. Ansprüche nach § 3 sind hiervon ausdrücklich ausgenommen.

B. Verbandsvorschriften zur Leihgabe von Berufssportlern

I. § 5 Nr. 2 Lizenzordnung Spieler

„Ein Spieler kann an einen anderen Verein oder eine Kapitalgesellschaft als Lizenz- oder Vertragsspieler ausgeliehen werden. Die Bestimmungen betreffend den endgültigen Transfer eines Spielers gelten entsprechend. Über die Ausleihe ist eine schriftliche Vereinbarung zwischen dem Spieler und den beiden betroffenen Vereinen/Kapitalgesellschaften zu treffen.

Die Ausleihe muss sich mindestens auf die Zeit zwischen zwei Wechselperioden beziehen.

Voraussetzung ist weiterhin, dass eine vertragliche Bindung mit dem verleihenden Verein nach dem Ende der Ausleihe besteht.

Ein Verein, der einen Spieler ausgeliehen hat, darf diesen nur dann zu einem dritten Verein transferieren, wenn dazu die schriftliche Erlaubnis des verleihenden Vereins und des Spielers vorliegt.“

II. Art. 10 des FIFA-Reglements bezüglich Status und Transfer von Spielern

1. Ein Berufsspieler kann an einen anderen Verein ausgeliehen werden. Dazu bedarf es einer schriftlichen Vereinbarung zwischen ihm und den betreffenden Vereinen. Bei einer Leihgabe gelten die gleichen Bestimmungen wie bei einem Spielertransfer, einschließlich der Bestimmungen bezüglich Ausbildungsentschädigung und Solidaritätsmechanismus.

2. Vorbehaltlich Art. 5 Abs. 3 wird ein Spieler mindestens für die Dauer zwischen zwei Registrierungsperioden ausgeliehen.

3. Ein Verein, der die Dienste eines Spielers leihweise in Anspruch nimmt, darf diesen nur dann zu einem dritten Verein transferieren, wenn dazu die schriftliche Erlaubnis des ausleihenden Vereins sowie des betreffenden Spielers vorliegt.

III. Auszug aus den 6.4.4 bis 6.4.6 der FA Standardised Rules

6.4.4 Short Term Loan Transfers – Loans of Contract Players shall be allowed to or from clubs in membership of: [...]

The Competition shall not approve more than TWO short term loan transfers to or from any one club including FA Premier League or Football League clubs at any one time.

A Club can have up to a MAXIMUM of 12 Players on short term loan during the season. The minimum period of a short term loan transfer must be 28 days with a maximum of 93 days in any one season. [...]

The Player being taken on short or long term loan must sign a Competition contract registration form, which will be valid for the full period of the loan, including any extension to the loan period. [...]

If the short term loan transfer is extended, only the Club for whom the Player was originally registered will be allowed to cancel the agreement at any time within the extension period.

In the case of a goalkeeper, Clubs may mutually agree, if they so wish, to include a recall clause in the agreement to enable the Club for whom the Player was originally registered to recall the Player at any time during the loan period. Players, other than goalkeepers, may NOT be recalled within the first month (i.e. 28 days) of any loan period. [...]

The short term loan transfer of a Player must be continuous. If the same Player is taken on loan at a later date, this second loan period will count against the permitted number of short term loan transfers.

A Player cannot play for a Club on a short term loan for more than 93 days in any one Season.

6.4.5 Long Term Loan Transfers shall be for a Playing Season or from the commencement of the Playing Season to 31st December or from 1st January (the January Transfer Window) to the end of the Playing Season. [...]

6.4.6 The maximum number of Short Term Loans will be 12 per Season and Long Term Loans will be 4 per Season. [...]

A Club may name up to a maximum of 5 Players on a Team Sheet who are either Long Term Loans, Short Term Loans or Work Experience Players with no more than 2 from any one Category.

IV. §§ 69 f. der Spielordnung des Deutschen Handballbundes

§ 69 Ausleihe von Spielern

(1) Ein Verein der Bundesliga und der Zweiten Bundesliga (Erstverein) darf einen Spieler mit vertraglicher Bindung an einen anderen Verein (Zweitverein) zum Einsatz in der Bundesliga, Zweiten Bundesliga, Regionalliga oder Oberliga (vierthöchste Klasse) – jedoch nicht in derselben Staffel – unter folgenden Voraussetzungen ausleihen:

a) Der Spieler hat das 23. Lebensjahr am Tage der Ausleiheanzeige an den zuständigen Ligaverband noch nicht vollendet.

b) Der Spieler hat sein Einverständnis zur Ausleihe an den bestimmten Zweitverein schriftlich erklärt. Er kann zur Abgabe der Einverständniserklärung nicht im Voraus verpflichtet werden.

c) Die Ausleihe muss dem jeweils zuständigen Verband spätestens eine Woche vor dem ersten Spieleinsatz für den Zweitverein und vor dem 16. Januar eines Jahres zugegangen sein.

d) Notwendiger Bestandteil der schriftlichen Ausleiheanzeige sind die rechtsverbindlichen Einverständniserklärungen des Spielers, des Erstvereins und des Zweitvereins sowie die Angabe des kalendermäßig bestimmten Ausleihezeitraumes.

e) Die Ausleihedauer endet – unbeschadet der Angabe in der Ausleiheanzeige – auch durch spätere einvernehmliche Widerrufsanzeige der beiden Vereine und des Spielers, darüber hinaus zwangsläufig mit Ende des Spielervertrages (Erstverein), spätestens jedoch mit dem Ende der Spielsaison, die auf die Vollendung des 23. Lebensjahres des Spielers folgt, sofern zu diesem Zeitpunkt ein Vertrag des Spielers mit dem Erstverein besteht.

f) Die Ausleihe desselben Spielers ist während eines Spieljahres nur einmal und nur an einen Verein möglich.

g) Der Erstverein kann im laufenden Spieljahr pro Mannschaft höchstens drei Spieler ausleihen, der Zweitverein höchstens drei Ausleihe-Spieler aufnehmen.

(2) Während der Ausleihedauer bleibt der Vertrag des Spielers mit seinem Erstverein gültig. An diesen Vertrag ist die Ausleihe gebunden.

(3) Die Ausleihe eines Spielers gilt nicht als Vereinswechsel.

(4) Bei Vorliegen der Voraussetzungen gemäß Abs. 1 Buchst. a) - g) gilt die Spielberechtigung für den Zweitverein als erteilt. Eine Wartefrist entfällt.

(5) Die Ligaverbände können für ihren Bereich abweichende Regelungen treffen.

§ 70 Zweifachspielrecht

(1) Der gemäß § 69 ausgeliehene Spieler ist für seinen Erstverein und den Zweitverein gleichzeitig in den Bundesligen- und Regionalligamannschaften sowie den Mannschaften der vierthöchsten Liga (Oberliga) (und nur in diesen) spielberechtigt (Zweifachspielrecht), wenn

- das Zweifachspielrecht in der Ausleiheanzeige (s. § 69 Abs. 1 Buchst. c) und d)) erklärt worden ist und

- der Spieler das 23. Lebensjahr am Tage der Ausleiheanzeige noch nichtvollendet hat.

Eine im Erstverein bestehende Jugendspielberechtigung bleibt hiervon unberührt.

(2) Die Entscheidungen des Erstvereins sind bei Interessenkollision, Bestimmung des Spieleinsatzes etc. vorrangig (nur interne Wirkung zwischen Erst- und Zweitverein).

(3) Wird gegen einen Spieler eine Sperre verhängt, gilt diese für beide Vereine. Für die vorzeitige Entsperrung gemäß § 21 Rechtsordnung sind die Spiele der Mannschaft des Vereins maßgeblich, in der der Straftatbestand erfüllt wurde.

C. Offizielles Vertragsformular der FA für die Leihgabe von Spielern

THE FOOTBALL ASSOCIATION (Form H2)

THE FA PREMIER LEAGUE/THE FOOTBALL LEAGUE

TEMPORARY TRANSFER OF REGISTRATION OF A CONTRACT PLAYER

FROM ONE CLUB TO ANOTHER

1. It is hereby agreed that the League Registration of.......................................

(hereinafter referred to as the Player) be temporarily transferred from

....FC to ....FC

for the period ……….......................to ....

2. During such period the Player will be paid by..FC

as follows:

(a) Basic Wage ....per week.

(b) Other financial provisions:

3. It is agreed that during the period of the loan the Player will not participate in either The Football Association Challenge Cup Competition or the Football League Cup Competition without the prior written permission of the loaning Club. (Clubs are advised to record any such permission in Clause 6 below.)

4. During the period of the loan the Player will be subject to the regulations and discipline of the loanee Club, in accordance with the Rules of the FA Premier League or the Regulations of the Football League, dependent on the League in which the Club is in membership and will be covered under and in accordance with the terms of the private medical scheme of ....FC

5. At the end of the stated period the Player's registration will automatically revert to...FC

6. Any other provisions

N.B. Any other attached appendices must be countersigned by all three parties.

7. Signed on behalf of ....FC

....Club Signatory ....Date

Signed on behalf of...FC

....Club Signatory ....Date

Signed by Player* .... Date ....

*I certify that the above information is correct and I consent to the information that I have provided on this form being used in the manner set out in The Football Association Limited Privacy Statement.

The Player hereby consents to The Football League disclosing the identity of the Club with whom he is registered together with the date of that registration to such bodies as The Football League may reasonably determine for the purpose of disseminating that information into the public domain for reporting purposes.

Did the loanee Club use the services of an agent ....Yes/No

Did the loaning Club use the services of an agent ....Yes/No

Did the Player use the services of an agent................Yes/No

Clubs are advised to contact their National Football Association in order to determine the number of disciplinary points recorded against the Player prior to signing.

This form must also be used for any extension of a temporary transfer.

£1.00 is charged for this form.

THE FOOTBALL ASSOCIATION Form H2

THE FA PREMIER LEAGUE/THE FOOTBALL LEAGUE

TEMPORARY TRANSFER OF REGISTRATION OF A CONTRACT PLAYER

FROM ONE CLUB TO ANOTHER

I hereby certify that I have this day registered the Temporary Transfer of ….......................... From ....FC to................................FC

For the period ....to...inclusive

Date...Signed ....

Literaturverzeichnis

A. Rechtswissenschaftliche Literatur

Adolphsen, Jens: Grundfragen und Perspektiven der Sportschiedsgerichtsbarkeit, SchiedsVZ 2004, S. 169 - 175

Aldermann, Sabine: Lizenzfußball und Nebenzweckprivileg, Dissertation, Tübingen 1996

Annuß, Georg; Thüsing, Gregor: Teilzeit- und Befristungsgesetz, 2. Auflage, Frankfurt/Main 2006 – zitiert: Annuß/Thüsing-*Bearbeiter*, §, Rn.

Arens, Wolfgang: Transferbestimmungen im Fußballsport im Lichte des Arbeits- und Verfassungsrechts, SpuRt 1994, S. 179 - 188

Ascheid, Reiner; Preis, Ulrich; Schmidt, Ingrid: Kündigungsrecht: Großkommentar zum gesamten Recht der Beendigung von Arbeitsverhältnissen, 3. Auflage, München 2007 – zitiert: Ascheid/Preis/Schmidt-*Bearbeiter*, §, Rn.

v. Bar, Christian: "Nachwirkende" Vertragspflichten, AcP 179 (1979), S. 452 - 474

Bauer, Jobst-Hubertus; Diller, Martin: Wettbewerbsverbote: rechtliche und taktische Hinweise für Arbeitgeber, Arbeitnehmer und Organmitglieder, 5. Auflage, München 2009 – zitiert: *Bauer/Diller*, Wettbewerbsverbote, Rn.

Bauer, Kilian; Pulz, Fabian: Die Befristung von Trainerverträgen im Spitzensport, SpuRt 2001, S. 56 - 58

Baumbach, Adolf; Hopt, Klaus J.: Handelsgesetzbuch, 34. Auflage, München 2010 – zitiert: Baumbach/Hopt-*Bearbeiter*, §, Rn.

Beathalter, André: Das Ende befristeter Trainerverträge?, in: Sportler, Arbeit und Statuten: Herbert Fenn zum 65. Geburtstag, Berlin 2000, S. 27 - 42

Becker, Michael Nikolaus: Verfassungsrechtliche Schranken für die Regelung des Lizenzfußballsports in der Bundesrepublik Deutschland, Dissertation, Mainz 1982 – zitiert: *Becker*, Verfassungsrechtliche Schranken für die Regelung des Lizenzfußballsports, 1982, S.

Beckmann, Paul-Werner: Der Profi: Sonderarbeitsrecht für Sportler?, in: Arbeitsgemeinschaft Arbeitsrecht im Deutschen Anwaltverein: Festschrift zum 25-jährigen Bestehen, Bonn 2006, S. 1145 - 1168

Bepler, Klaus: Lizenzfußballer: Arbeitnehmer mit Beschäftigungsanspruch?, in: Sportler, Arbeit und Statuten: Herbert Fenn zum 65. Geburtstag, Berlin 2000, S. 43 - 84

Beuthien, Volker: Lohnminderung bei Schlechtarbeit oder Arbeitsunlust?, ZfA 1972, S. 73 - 84

Bodewig, Theo: Vertragliche Pflichten „post contractum finitum", Jura 2005, S. 505 - 512

Boemke, Burkhard: Annahmeverzug des Entleihers bei Nichtbeschäftigung des Leiharbeitnehmers?, BB 2006, S. 997 - 1003

Boemke, Burkhard; Lembke, Mark: Arbeitnehmerüberlassungsgesetz, 2. Auflage, Frankfurt/Main 2005

Bohnau, Markus: Der Vereinswechsel des Lizenzfußballspielers in arbeitsrechtlicher Betrachtung, Dissertation, Bielefeld 2003 – zitiert: *Bohnau*, Der Vereinswechsel des Lizenzfußballspielers, 2003, S.

Borchard, Michael: Die Wirksamkeit der im deutschen Lizenzfußball verwendeten Musterverträge, Dissertation, Bielefeld 1999

Brömmekamp, Utz: Die Spielerleihe: tatsächliche und alternative Formen der vorübergehenden Spielerüberlassung im Fußballsport, Dissertation, Bielefeld 1988 – zitiert: *Brömmekamp*, Die Spielerleihe, 1988, S.

Bruns, Patrick: Befristung von Arbeitsverträgen mit Sporttrainern, NZA 2008, S. 1269 - 1274

Buchner, Herbert: Das Recht der Arbeitnehmer, der Arbeitnehmerähnlichen und der Selbständigen – jedem das Gleiche oder jedem das Seine?, NZA 1997, S. 1144 - 1153

ders.: Die Rechtsstellung der Verbandsspieler, NJW 1976, S. 2242 - 2246

ders.: Die Rechtsverhältnisse im deutschen Lizenzfußball, RdA 1982, S. 1 - 12

Bühler, Michael: Ist der Urlaubsentgeltanspruch von Profifußballern noch zeitgemäß?, SpuRt 1998, S. 143 - 147

Canaris, Claus-Wilhelm: Ansprüche wegen positiver Vertragsverletzung und Schutzwirkung für Dritte bei nichtigen Verträgen, JZ 1965, S. 475 - 482

Däubler, Wolfgang: Anmerkung zu BAG, Urt. v. 15.11.1989, AP Nr. 6 zu § 611 BGB Berufssport.

Däubler, Wolfgang; Bertzbach, Martin: Allgemeines Gleichbehandlungsgesetz, 2. Auflage, Baden-Baden 2008 – zitiert: Däubler/Bertzbach-*Bearbeiter*, §, Rn.

Dieterich, Thomas: Die Befristung von Trainerverträgen im Spitzensport, NZA 2000, S. 857 - 863

Dikomey, Christa: Das ruhende Arbeitsverhältnis, Dissertation, Heidelberg 1991

Dreier, Thomas; Schulze, Gernot: Urheberrechtsgesetz, 3. Auflage, München 2008 – zitiert: Dreier/Schulze-*Bearbeiter*, §, Rn.

Erfurter Kommentar zum Arbeitsrecht: Müller-Glöge, Rudi; Preis, Ulrich; Schmidt, Ingrid (Hrsg.), 10. Auflage, München 2010 – zitiert: ErfK-*Bearbeiter*, §, Rn.

Erman: Bürgerliches Gesetzbuch, Band I, 12. Auflage, Münster und Köln 2008 – zitiert: Erman-*Bearbeiter*, §, Rn.

Fischer, Ulrich: Europäischer Profi – Mannschaftssport oder: Arbeits(kampf)recht gegen Wettbewerbsrecht – Eine Konferenzschaltung, SpuRt 2004, S. 251 - 252

ders.: Europäischer Profi – Mannschaftssport, Arbeitsrecht gegen Wettbewerbsrecht, FA 2005, S. 98 - 101

ders.: Europäischer Profi – Mannschaftssport, Arbeitsrecht gegen Wettbewerbsrecht, FA 2003, S. 136 - 139

ders.: Die Spitzensportler des Mannschaftssports – Arbeitnehmer?, SpuRt 1997, S. 181 - 185

Flume, Werner: Allgemeiner Teil des Bürgerlichen Rechts II Das Rechtsgeschäft, 3. Auflage, Berlin u. a. 1979

Fritzweiler, Jochen: Neueste Rechtsprechung zum Sportrecht, NJW 2000, S. 997 - 1000

Fritzweiler, Jochen; Pfister, Bernhard; Summerer, Thomas: Praxishandbuch Sportrecht, 2. Auflage, München 2007 – zitiert: PHB SportR-*Bearbeiter*, Teil, Rn.

Fuhrmann, Claas: Idealverein oder Kapitalgesellschaft im bezahlten Fußball?, SpuRt 1995, S. 12 - 14

Gemeinschaftskommentar zum Kündigungsschutzgesetz und zu sonstigen kündigungsschutzrechtlichen Vorschriften: Etzel, Gerhard u.a, 9. Auflage, Köln 2009 – zitiert: KR-*Bearbeiter*, §, Rn.

Germelmann, Claas-Hinrich: Die Befristung im Bühnenarbeitsrecht – einige Probleme, in: Arbeitsgemeinschaft Arbeitsrecht im Deutschen Anwaltverein: Festschrift zum 25-jährigen Bestehen, Bonn 2006, S. 289 - 312

Gitter, Wolfgang; Schwarz, Wolfgang: Sport und Sozialversicherung, RdA 1982, S. 37 - 46

Haas, Ulrich; Reimann, Christoph: Das "Fernsehrecht" an Sportveranstaltungen als Abwehrrecht, SpuRt 1999, S. 182 - 187

Hager, Michael: Das ruhende Arbeitsverhältnis, Dissertation, Hamburg 2007

Hausch, Tobias: Langfristige Arbeitsverträge bei Lizenzfußballspielern, Dissertation, Bonn 2002

ders.: Zulässigkeit der Befristung von Lizenzspielerverträgen – ein Tummelfeld von Begründungsversuchen, SpuRt 2003, S. 103 - 105

Heckelmann, Dieter: Der Idealverein als Unternehmer?, AcP 179 (1979), S. 1 - 56

Heermann, Peter W.: Ausschließlichkeitsbindungen in Sponsoringverträgen aus kartellrechtlicher Sicht, CaS 2009, S. 226 - 237

ders.: Die Geltung von Verbandssatzungen gegenüber mittelbaren Mitgliedern und Nichtmitgliedern, NZG 1999, S. 325 - 333

Heinze, Meinhard: Rechtsprobleme des sog. echten Leiharbeitsverhältnisses, ZfA 1976, S. 183 - 214

Henssler, Martin; Preis, Ulrich: Diskussionsentwurf eines Arbeitsvertragsgesetzes, Stand: Oktober 2007, abgedruckt in: NZA 2007, Beilage zu Heft 21, S. 6 - 32

Hertzberg, Martin: Zulässigkeit der Befristung von Sporttrainerverträgen, FA 2000, S. 110 - 113

Hilpert, Horst: Sport und Arbeitsrecht, RdA 1997, S. 92 - 100

Hinne, Dirk: Das Einsichtsrecht in Patientenakten, NJW 2005, S. 2270 - 2273

Horst, Johannes; Jacobs, Constanze: Arbeits- und verbandsrechtliche Konsequenzen des Dopings, RdA 2003, S. 215 - 222

Horst, Johannes; Persch, Sven: Zur Anwendung des Verschleißtatbestandes im Sport, RdA 2006, S. 166 - 171

Hromadka, Wolfgang: Arbeitnehmerbegriff und Arbeitsrecht – Zur Diskussion um die "neue Selbständigkeit", NZA 1997, S. 569 - 580

ders.: Arbeitnehmer, Arbeitnehmergruppen und Arbeitnehmerähnliche im Entwurf eines Arbeitsvertragsgesetzes, NZA 2007, S. 838 - 842

Hromadka, Wolfgang; Maschmann, Frank: Arbeitsrecht Band 1 Individualarbeitsrecht, 4. Auflage, Berlin und Heidelberg 2008

Hueck, Alfred; Nipperdey, Hans Carl: Lehrbuch des Arbeitsrechts, Erster Band, 7. Auflage, Berlin und Frankfurt/Main 1963

Humberg, Andreas: Die Aufnahme des Sports in das Grundgesetz, ZRP 2007, S. 57 - 60

Imping, Andreas: Die arbeitsrechtliche Stellung des Fußballspielers zwischen Verein und Verbänden, Dissertation, Köln 1995 – zitiert: *Imping*, Die arbeitsrechtliche Stellung des Fußballspielers, 1995, S.

Ittmann, Benjamin Erasmus: Pflichten des Sportlers im Arbeitsverhältnis, Dissertation, Baden-Baden 2004

Jaschke, Günter: Schriftlicher Bericht des Ausschusses für Arbeit und Sozialordnung (10. Ausschuss) über den von der Bundesregierung eingebrachten Entwurf eines Gesetzes zur Regelung der gewerbsmäßigen Arbeitnehmerüberlassung, zu BT-Ds. VI/3505, S. 1 - 5

Jungheim, Stephanie: Das neue Modell der DFL zur Vermarktung der Bundesliga-Medienrechte, SpuRt 2009, S. 13 - 16

dies.: Vertragsbeendigung bei Arbeitsverträgen von Lizenzfußballspielern, RdA 2008, S. 222 - 232

Kania, Thomas: Betriebsräte in Lizenzfußballvereinen, SpuRt 1994, S. 121 - 129

Kania, Thomas; Moritz, Norbert: Der praktische Fall – Arbeitsrecht: Ein bedingter und befristeter Arbeitsvertrag, JuS 1996, S. 517 - 522

Karsch, Tobias: Der Fußballbundesligaverein als Wirtschaftsunternehmen und Arbeitgeber, Dissertation, Baden-Baden 2006 – zitiert: *Karsch*, Der Fußballbundesligaverein als Wirtschaftsunternehmen, 2006, S.

Kaske, Joachim: Das arbeitsrechtliche Direktionsrecht und die arbeitsrechtliche Treuepflicht im Berufssport, Dissertation, Bayreuth 1983 – zitiert: *Kaske*, Das arbeitsrechtliche Direktionsrecht, 1983, S.

Kissel, Otto Rudolf: Arbeitsrecht und Meinungsfreiheit, NZA 1988, S. 145 - 154

Knauth, Klaus-Wilhelm: Die Rechtsformverfehlung bei eingetragenen Vereinen mit wirtschaftlichem Geschäftsbetrieb: dargestellt am Beispiel der Bundesliga-Fußballvereine, Dissertation, Köln 1976 – zitiert: *Knauth*, Die Rechtsformverfehlung bei eingetragenen Vereinen, 1976, S.

Konzen, Horst: Arbeitsrechtliche Drittbeziehungen – Gedanken über Grundlagen und Wirkungen „gespaltener Arbeitgeberstellungen“, ZfA 1982, S. 259 - 310

Küpperfahrenberg, Peter: Die arbeitsrechtliche Stellung von Spielern und Trainern im Lizenzfußball, Dissertation, Hamburg 2004

Küttner, Wolfdieter; Röller, Jürgen: Personalbuch 2009 – Arbeitsrecht, Lohnsteuerrecht, Sozialrecht, 16. Auflage, München 2009 – zitiert: Küttner-*Bearbeiter*, Personalbuch 2009 Stichwort, Rn.

Larenz, Karl: Lehrbuch des Schuldrechts Erster Band Allgemeiner Teil, 14. Auflage, München 1987

Larenz, Karl; Wolf, Manfred: Allgemeiner Teil des Bürgerlichen Rechts, 9. Auflage, München 2004

Laux, Helga; Schlachter, Monika: Teilzeit- und Befristungsgesetz, München 2007 – zitiert: Laux/Schlachter-*Bearbeiter*, §, Rn.

Leitner, Ulrich: Abgrenzung zwischen Werkvertrag und Arbeitnehmerüberlassung, NZA 1991, S. 293 - 298

Lettl, Tobias: Wirtschaftliche Betätigung und Umstrukturierung von Ideal-Vereinen, DB 2000, S. 1449 - 1454

Lieb, Manfred; Jacobs, Matthias: Arbeitsrecht, 9. Auflage, Heidelberg 2006

Loewenheim, Ulrich; Meessen, Karl; Riesenkampff, Alexander: Kartellrecht, 2. Auflage, München 2009 – zitiert: Loewenheim/Meessen/Riesenkampff-*Bearbeiter*, §, Rn.

Malatos, Andreas: Berufsfußball im europäischen Rechtsvergleich, Dissertation, Saarbrücken 1987

Marschner, Andreas: Die Abgrenzung der Arbeitnehmerüberlassung von anderen Formen des Personaleinsatzes, NZA 1995, S. 668 - 670

Maschmann, Frank: Die mangelhafte Arbeitsleistung, NZA Beilage Heft 1/2006, S. 13 - 21

Mayer-Maly, Theo: Das Leiharbeitsverhältnis, ZfA 1972, S. 1 - 34

Medicus, Dieter; Lorenz, Stephan: Schuldrecht I, Allgemeiner Teil, 18. Auflage, München 2008 – zitiert: *Medicus/Lorenz*, Schuldrecht AT, Rn.

Menke, Johan-Michel: Profisportler zwischen Arbeitsrecht und Unternehmertum – Ein Beitrag zum Arbeitnehmerbegriff am Beispiel des Berufsfußballers, Dissertation, Hamburg 2006 – zitiert: *Menke*, Profisportler zwischen Arbeitsrecht und Unternehmertum, 2006, S.

Meyer-Cording, Ulrich: Die Arbeitsverträge der Berufsfußballspieler, RdA 1982, S. 13 - 16

Mikosch, Ernst: Arbeitnehmerbegriff und Schutzzwecke des Arbeitsrechts, in: Festschrift für Manfred Löwisch, München 2007, S. 189 - 204

Müller, Thomas: Allgemeine Vorschriften und Abweichungen vom Gesetz im Entwurf eines Arbeitsvertragsgesetzes (ArbVG-E), AuR 2008, S. 206 - 209

Münchener Handbuch zum Arbeitsrecht: Richardi, Reinhard und Wlotzke, Otfried (Hrsg.), Band 1: Individualarbeitsrecht; Band 2: Kollektivarbeitsrecht/Sonderformen; 3. Auflage, München 2009 – zitiert: MünchArbR-*Bearbeiter*, §, Rn.

Münchener Kommentar zum Bürgerlichen Gesetzbuch: Rebmann, Kurt; Säcker, Franz Jürgen; Rixecker, Roland (Hrsg.), Band 1/Teilband 1: Allgemeiner Teil, 5. Auflage, München 2006; Band 2: Schuldrecht Allgemeiner Teil, 5. Auflage, München 2006; Band 3: Schuldrecht Besonderer Teil I, 5. Auflage, München 2008; Band 4: Schuldrecht Besonderer Teil II, 5. Auflage, München 2009; Band 5: Schuldrecht Besonderer Teil III, 5. Auflage, München 2009 – zitiert: MünchKomm-*Bearbeiter*, §, Rn.

Münchener Kommentar zum Handelsgesetzbuch: Schmidt, Karsten (Hrsg.), Band 1, 2. Auflage, München 2005 – zitiert: MünchKommHGB-*Bearbeiter*, §, Rn.

Nasse, Roland F.: Das Recht des Sportlers am eigenen Bild, SpuRt 1995, S. 145 - 148

Neuß, Jörg: Neuregelung des Transferwesens im professionell betriebenen Fußballsport – Eine erste Bestandsaufnahme, RdA 2003, S. 161 - 171

Osterloh-Konrad, Christine: Der allgemeine vorbereitende Informationsanspruch: zivilrechtliche Auskunfts- und Rechenschaftsansprüche und ihre Funktion im Zivilprozess, Dissertation, München 2006 – zitiert: *Osterloh-Konrad*, Der allgemeine vorbereitende Informationsanspruch, 2006, S.

Ouart, Peter E.: "50+1"-Regelung: Wie geht es im Profifußball weiter?, WRP 2010, S. 85 - 92

Palandt: Bürgerliches Gesetzbuch, 69. Auflage, München 2010 – zitiert: Palandt-*Bearbeiter*, §, Rn.

Pfister, Bernhard: Rechtsverhältnisse zwischen den Teilnehmern sportlicher Wettbewerbe, SpuRt 2002, S. 45 - 49

Poschenrieder, Franz-Joachim: Sport als Arbeit: Konsequenzen aus arbeitsrechtlicher Sicht unter Einbeziehung der Grundrechte, Dissertation, München 1977 – zitiert: *Poschenrieder*, Sport als Arbeit, 1977, S.

Preis, Ulrich: Arbeitsrecht, Individualarbeitsrecht, 3. Auflage, Köln 2009 – zitiert: *Preis*, Arbeitsrecht, §, Nr.

ders.: Der Arbeitsvertrag: Handbuch der Vertragspraxis und -gestaltung, 3. Auflage, Köln 2009 – zitiert: Preis-*Bearbeiter*, Der Arbeitsvertrag, Teil, Rn.

Rade, Katja; Stobbe, Thomas: Auswirkungen des Bilanzrechtsmodernisierungsgesetzes auf die Bilanzierung von Fußballspielerwerten in der Handelsbilanz – Kriterien zur Aktivierung immaterieller Vermögensgegenstände nach altem und neuem Recht, DStR 2009, S. 1109 - 1115

Ramm, Thilo: Die Aufspaltung der Arbeitgeberfunktion (Leiharbeitsverhältnis, mittelbares Arbeitsverhältnis und Gesamthafenarbeitsverhältnis), ZfA 1973, S. 263 - 295

Raupach, Arndt: "Structure follows Strategy" – Grundfragen der Organisation des Zivil- und Steuerrechts im Sport – dargestellt am Thema "Profigesellschaften", SpuRt 1995, S. 241 - 249

Rebhahn, Robert: Der Arbeitnehmerbegriff in vergleichender Perspektive, RdA 2009, S. 154 - 175

Rein, Michael: Kontrolle einseitiger Verlängerungsoptionen in einem Spielervertrag, NZA-RR 2009, S. 462 - 465

Reuter, Dieter: Probleme der Transferentschädigung im Fußballsport, NJW 1983, S. 649 -656

ders.: Anmerkung zu BAG, Urt. v. 17.1.1979, AP Nr. 2 zu § 611 BGB Berufssport

Rüsing, Jörg: Sportarbeitsrecht, Berlin 2006

Rybak, Frank: Das Rechtsverhältnis zwischen dem Lizenzfußballspieler und seinem Verein, Dissertation, Frankfurt/Main 1998

Schamberger, Michael: Die arbeitsrechtliche Zulässigkeit langfristiger Vertragsbindung bei Berufsfußballspielern, SpuRt 2002, S. 228 - 233

Schaub, Günter: Arbeitsrechts-Handbuch, 13. Auflage, München 2009 – zitiert: Schaub-*Bearbeiter*, Arbeitsrechts-Handbuch, §, Rn.

Schimke, Martin; Menke, Johan-Michel: Vertragstypen-Freiheit im Profi-Mannschaftssport, SpuRt 2007, 182 - 184

Schmidt, Karl Heinrich: Zur Frage der Arbeitnehmereigenschaft der Vertragsspieler im DFB und der Rechtsnatur des Spielervertrages, AuR 1961, S. 329 - 334

Scholz, Rupert; Aulehner, Josef: Die „3 + 2"-Regel und die Transferbestimmungen des Fußballsports im Lichte des europäischen Gemeinschaftsrechts, SpuRt 1996, S. 44 - 47

Schricker, Gerhard: Urheberrecht Kommentar, 3. Auflage, München 2006 – zitiert: Schricker-*Bearbeiter*, §, Rn.

Schüren, Peter: Leiharbeit in Deutschland, RdA 2007, S. 231 - 235

Schüren, Peter; Hamann, Wolfgang: Arbeitnehmerüberlassungsgesetz, 4. Auflage, München 2010 – zitiert: Schüren/Hamann-*Bearbeiter*, §, Rn.

Schumacher, Thorsten: Ad hoc-Publizitätspflichten börsennotierter Fußballclubs, NZG 2001, S. 769 - 779

Seiter, Hugo: Vertrags- und arbeitsrechtliche Probleme der Werbung durch Spitzensportler, in: Grunsky, Wolfgang (Hrsg.), Werbetätigkeit und Sportvermarktung: verbands-, vertrags- und arbeitsrechtliche Probleme, Heidelberg 1985, S. 41 - 66

Staudinger: Kommentar zum Bürgerlichen Gesetzbuch mit Einführungsgesetz und Nebengesetzen, §§ 21 - 79 Allgemeiner Teil 2, Neubearbeitung 2005; §§ 90 - 131, Neubearbeitung 2004; §§ 134 - 163 Allgemeiner Teil 4, Neubearbeitung 2003; Einleitung zu §§ 241ff sowie §§ 241 - 243, Neubearbeitung 2009; §§ 255 - 304 Leistungsstörungsrecht I, Neubearbeitung 2009; §§ 433 - 487 Kaufrecht und Leasingrecht, Neubearbeitung 2004 – zitiert: Staudinger-*Bearbeiter*, §, Rn.

Strätz, Hans-Wolfgang: Über sog. "Nachwirkungen" des Schuldverhältnisses und den Haftungsmaßstab bei Schutzpflichtverletzungen, in: Festschrift für Friedrich Wilhelm Bosch, Bielefeld 1976, S. 999 - 1013

Streinz, Rudolf: Anmerkung zu EuGH, Urt. v. 13.4.2000, Slg. I-02681, JuS 2000, S. 1015 - 1017

Stückemann, Wolfgang; Flesch, Oliver: Zeitliche Begrenzung von Sporttrainerverträgen im Bundesligasport, FA 2002, S. 101 - 104

Sutter, Thomas: Rechtsfragen des organisierten Sports unter besonderer Berücksichtigung des Einzelarbeitsvertrages, Dissertation, Bern 1984 – zitiert: *Sutter*, Rechtsfragen des organisierten Sports, 1984, S.

Teschner, Carsten: Doping als Kündigungsgrund, NZA 2001, S. 1233 - 1239

Thüsing, Gregor: Arbeitnehmerüberlassungsgesetz, 2. Auflage, München 2008 – zitiert: Thüsing-*Bearbeiter*, §, Rn.

Ulber, Jürgen: Rechtliche Grenzen des Einsatzes von betriebsfremden Arbeitnehmern und Mitbestimmungsrechte des Betriebsrats, AuR 1982, S. 54 - 65 *ders.*: Arbeitnehmerüberlassungsgesetz – Basiskommentar zum AÜG, Frankfurt/Main 2008

Verse, Dirk A.: Die „50+1"-Regel zwischen Verbandsautonomie und Wettbewerbsfreiheit, CaS 2010, S. 28 - 39

Vieweg, Klaus: Sponsoring und Sportrecht (Teil I), SpuRt 1994, S. 6 - 10

Walker, Wolf-Dietrich: Beweisrechtliche und arbeitsrechtliche Probleme des Dopings, in: Vieweg, Klaus (Hrsg.), Doping: Realität und Recht, Berlin 1998, S. 135 - 176

ders.: Die Vertragsstrafe im Arbeitsvertrag des Sportlers am Beispiel des Lizenzfußballspielers, in: Festschrift für Volker Röhricht, Köln 2005, S. 1277 - 1296

Wank, Rolf: Arbeitnehmer und Selbständige, München 1988

ders.: Neuere Entwicklungen im Arbeitnehmerüberlassungsrecht, RdA 2003, S. 1 - 11

Weber, Hansjörg: Anmerkung zu BAG, Urt. v. 8.11.1978, AP Nr. 2 zu § 1 AÜG

Weber, Lars: Rechtliche Strukturen und Beschäftigungsverhältnisse im Fußballsport am Beispiel von Spielern, Trainern und Schiedsrichtern im Bereich der Bundesligen und der Regionalliga, Dissertation, Hamburg 2008

Wehrheim, Michael: Bilanzierung von Aufhebungszahlungen im Lizenzfußball, BB 2004, S. 433 - 435

Weiand, Neil George: Form, Inhalt und Abschluß von Sportsponsoringverträgen, SpuRt 1997, S. 90 - 93

Weisemann, Ulrich: Sport, Spiel und Recht, 2. Auflage, München 1997

Wendeling-Schröder, Ulrike; Stein, Axel: Allgemeines Gleichbehandlungsgesetz, München 2008 – zitiert: Wendeling-Schröder/Stein-*Bearbeiter*, §, Rn.

Wertenbruch, Johannes: Vertragsnatur, Gewährleistung und Bilanzierung beim Spielerkauf nach Bosman, in: Festschrift für Volker Röhricht, Köln 2005, S. 1297 - 1306

ders.: Die Ad-hoc-Publizität bei der Fußball-AG, WM 2001, S. 193 - 195 *ders.*: Die „Gewährleistungsansprüche" des übernehmenden Bundesligavereins bei Transfer eines nicht einsetzbaren DFB-Lizenzspielers, NJW 1993, S. 179 - 184

Wertheimer, Frank: Bezahlte Karenz oder entschädigungslose Wettbewerbsenthaltung des ausgeschiedenen Arbeitnehmers?, BB 1999, S. 1600 - 1603

Westerkamp, Georg: Ablöseentschädigungen im bezahlten Sport, Dissertation, Münster 1980

Westermann, Harm Peter: Der Sportler als „Arbeitnehmer besonderer Art" – Zur Durchdringung von arbeitsrechtlichen Regelungen durch vereins- und verbandsautonomen Bestimmungen, in: Reschke, Eike (Hrsg.), Sport als Arbeit: Zur rechtlichen Stellung von Amateuren und Profis, Heidelberg 1985, S. 35 - 55

ders.: Das Recht des Leitungssports – ein Sonderprivatrecht?, in: Festschrift für Fritz Rittner, München 1991, S. 771 - 791

Willemsen, Heinz Josef; Müntefering, Michael: Begriff und Rechtsstellung arbeitnehmerähnlicher Personen: Versuch einer Präzisierung, NZA 2008, S. 193 - 201

Wüterich, Christoph; Breucker, Marius: Das Arbeitsrecht im Sport, Stuttgart 2006 – zitiert: – zitiert: *Wüterich/Breucker*, Das Arbitsrecht im Sport, Teil, Rn.

Zöllner, Wolfgang; Loritz, Karl-Georg; Hergenröder, Curt Wolfgang: Arbeitsrecht, 6. Auflage, München 2008

B. Vorschriften und Veröffentlichungen der Verbände

Basketball Bundesliga GmbH: BBL-Lizenzstatut (Stand: 2009/2010), Online in Internet: http://www.beko-bbl.de/pics/medien/1_1254759409/Beko_BBL_Lizenzstatut_2009-2010.pdf (Letzte Einsichtnahme: 16.09.2010)

Deutscher Eishockey Bund e.V.: DEB-Spielordnung (Stand: 12.7.2008), Online in Internet: http://www.deb-online.de/neu/impressum/satzung/2008/deb-spielordnung_12.07.08.pdf (Letzte Einsichtnahme: 16.09.2010)

Deutscher Fußball Bund e.V.: DFB-Satzung, Online in Internet: http://www.dfb.de/uploads/media/02_Satzung-2010.pdf (Letzte Einsichtnahme: 16.09.2010)

ders.: DFB-Spielordnung Online in Internet: http://www.dfb.de/uploads/media/05_Spielordnung-2010.pdf (Letzte Einsichtnahme: 16.09.2010)

ders.: Mustervertrag für Vertragsspieler, Online in Internet: http://www.dfb.de/uploads/media/Mustervertrag_Vertragsspieler_03-2008.pdf (Letzte Einsichtnahme: 16.09.2010)

Deutscher Fußball Bund e.V.; Die Liga - Fußballverband e.V.: DFB/Ligaverband-Grundlagenvertrag (Stand: 1.7.2009), Online in Internet: http://www.dfb.de/uploads/media/13_DFB_Liga_Grundlagenvertrag-2010.pdf (Letzte Einsichtnahme: 16.09.2010)

Deutscher Handball Bund e.V.: DHB-Spielordnung (Stand: 1.7.2010), Online in Internet: http://www.dhb.de/fileadmin/redakteure/03_downloads/Spielordnung.pdf (Letzte Einsichtnahme: 16.09.2010)

Deutsche Volleyball Liga e. V.: DVL-Lizenzstatut (Stand: 15.5.2010), Online in Internet: http://www.dvl-wiki.de/wiki/Lizenzstatut (Letzte Einsichtnahme: 16.09.2010)

Deutscher Volleyball-Verband: Bundesspielordnung (Stand: 06/2010), Online in Internet: http://volleyball-verband.de/filerepository/FNB2cZf2ZHAPhWwpW5ur.pdf (Letzte Einsichtnahme: 16.09.2010)

DFL Deutsche Fußball Liga GmbH: DFL-Satzung (Stand: 17.8.2010), Online in Internet: http://www.bundesliga.de/media/native/dfl/satzung/satzung_dfl_2010-08-17_stand.pdf (Letzte Einsichtnahme: 16.09.2010)

dies.: Bundesliga Report 2009, Online in Internet: http://bundesliga.de/media native/newsletter/80644_report_2009_internet_kl.pdf (Letzte Einsichtnahme: 16.09.2010)

dies.: Bundesliga 2010 – Die wirtschaftliche Situation im Lizenzfußball, Online in Internet: http://static.bundesliga.de/media/native/dfl/100122_dt_dfl_bl_2010.pdf (Letzte Einsichtnahme: 16.09.2010)

Die Liga - Fußballverband e.V.: Ordnung für die Verwertung kommerzieller Rechte (Stand: 18.08.2010), Online in Internet: http://www.bundesliga.de/media/native/dfl/ligastatut/neue_lo/ordnung_fuer_die_verwertun

g_kommerzieller_rechte_2010-08-18_stand.pdf (Letzte Einsichtnahme: 16.09.2010)

dies.: Lizenzierungsordnung (Stand: 18.08.2010), Online in Internet: http://static.bundesliga.de/media/native/dfl/ligastatut/lizenzierungsordnung_lo_2010-08-18_stand.pdf (Letzte Einsichtnahme: 16.09.2010)

dies.: Lizenzordnung Spieler (Stand: 18.8.2010), Online in Internet: http://static.bundesliga.de/media/native/dfl/ligastatut/lizenzordnung_spieler_los_2010-08-18_stand.pdf (Letzte Einsichtnahme: 16.09.2010)

Fédération Internationale de Football Association: FIFA-Statuten (Stand: August 2009), Online in Internet: http://de.fifa.com/mm/document/affederation/document/affederation/federation/01/24/fifastatuten2009_d.pdf (Letzte Einsichtnahme: 16.09.2010)

dies.: FIFA-Reglement bezüglich Status und Transfer von Spielern (Stand: 10/2009), Online in Internet: http://de.fifa.com/mm/document/affederation/administration/66/98/97/regulationsstatusandtransfer_de_1210.pdf (Letzte Einsichtnahme: 16.09.2010)

dies.: Kommentar zum FIFA-Reglement bezüglich Status und Transfer von Spielern, Online in Internet: http://de.fifa.com/mm/document/affederation/administration/51/56/07/transfer_commentary_06_de_1841.pdf (Letzte Einsichtnahme: 16.09.2010)

Osnabrücker Schriften zum Unternehmens- und Wirtschaftsrecht

Herausgegeben von Andreas Fuchs, Markus Stoffels und Dirk A. Verse

Band 1 Malte Richter: Die Verwendung von Ratings zur Regulierung des Kapitalmarkts. Eine vergleichende Untersuchung nach US-amerikanischem und deutschem Recht. 2008.

Band 2 Dietmar Haffa: Lock-up Vereinbarungen – Veräußerungsbeschränkungen für Altaktionäre beim Börsengang. 2008.

Band 3 Martin Eimer: Zeichnungsverträge und Zeichnungsvorverträge. Zu den Rechten und Pflichten aus dem Vertrag über die Vorerhöhungsgesellschaft. 2009.

Band 4 Tobias Mischitz: Die Bedeutung von Nachfragemacht für die Beurteilung von Einkaufskooperationen im EG-Kartellrecht. 2008.

Band 5 Matthias Decker: Öffentlich-rechtlicher Rechtsschutz der Zielgesellschaft und ihrer Aktionäre in Übernahmesituationen. Eine materiell- und prozessrechtliche Analyse. 2009.

Band 6 Tim Gero Joppich: Die Kodifikation des Transparenzgebots in § 307 BGB. Die Prinzipien der Transparenzkontrolle unter besonderer Berücksichtigung der Arbeitsvertragskontrolle. 2009.

Band 7 Rachid René Wiersch: Der gutgläubige Erwerb von GmbH-Anteilen. 2009.

Band 8 Oliver Kirchwehm: Reformen der Corporate Governance in Japan und Deutschland. Eine gesellschaftsrechtliche Betrachtung. 2010.

Band 9 Christian Spruß: Die Einbeziehung Allgemeiner Geschäftsbedingungen im deutschen Recht unter besonderer Berücksichtigung des europäischen Rechts und des UN-Kaufrechts. 2010.

Band 10 Jost Onstein: Der Beirat einer mittelständischen GmbH als Instrument guter Unternehmensführung. Ein Beitrag zur Corporate Governance-Diskussion in kleinen und mittleren Familienunternehmen. 2010.

Band 11 Verena Förster: Die Vereinbarung variabler Zinssätze in AGB. 2010.

Band 12 Christian Karbaum: Kartellrechtliche Compliance - Rechtsgrundlagen und Umsetzung. 2010.

Band 13 Dirk Schnelle: Die Berufsbildung der Volontäre und Praktikanten. 2010.

Band 14 Hanno Teuber: Die Beeinflussung von Börsenkursen. Kurspflege und Marktmanipulation. 2011.

Band 15 Michael Berkemeyer: Die Leihgabe von Berufssportlern. 2011.

www.peterlang.de